Wat mijn moeder mij
nooit verteld heeft

Ander werk van dezelfde auteur:

En wanneer zag jij voor het laatst je vader?
Als dat zou kunnen
De rechtvaardiging van Gutenberg

BLAKE MORRISON

Wat mijn moeder mij nooit verteld heeft

Vertaling Ronald Cohen

Nijgh & Van Ditmar
Amsterdam 2003

Voor mijn neven en nichten van beide kanten

Oorspronkelijke titel *Things My Mother Never Told Me*,
Chatto & Windus, Londen
Copyright © Blake Morrison 2002
Copyright © Nederlandse vertaling Ronald Cohen /
Nijgh & Van Ditmar 2003
Boekverzorging Tessa van der Waals / Nanja Toebak
Foto omslag uit het familiealbum van Blake Morrison
Foto auteur Harry Cock
NUR 302 / ISBN 90 388 4939 7

Een vermakelijke gedachte, dat ik veel dingen die ik niemand
zou vertellen, wel aan het publiek vertel.

MONTAIGNE

Achter het lijk in de kast, achter de geest in de fles,
Achter de zuipende man en de dansende vrouw,
Achter de blik van vermoeidheid, de hoofdpijn, de zucht,
Zit altijd een ander verhaal, meer dan je zeggen zou.

AUDEN

Inhoud

Crownhill, Plymouth, 20-1-43

Beste Agnes (in het vervolg te noemen Gennie),
Even een krabbeltje om je te laten weten dat deze onverlaat nog
springlevend is. Jammer dat je niet naar het station kon komen
om hem uit te zwaaien. Het was ook erg egoïstisch van hem het
voor te stellen. Hij (voortaan te noemen ik) zou dan zomaar een
arme, weerloze Gennie in het donker in Manchester hebben ach-
tergelaten.
Hoe gaat het met jou? Nog altijd druk, zeker? Ikzelf heb het
sinds ik hier terug ben erg druk gehad en het ziet ernaar uit dat
ik het binnenkort nog een verduveld stuk drukker ga krijgen. Ze
willen dat ik om 08.30 op tien kilometer hiervandaan zieken-
rapport ga doen. De zieke zal dan waarschijnlijk ikzelf zijn.
Ik ben sinds mijn terugkeer maar één avond uit geweest, dus ik
vind dat ik me heel keurig gedraag, vind je ook niet? Jij daaren-
tegen zult wel op de oude voet doorgaan, neem ik aan.
Liefs,
Arthur

Hope Ziekenhuis, Pendleton, Salford 6, 27-1-43

Beste Arthur,

Hartelijk bedankt voor je brief die ik afgelopen week ontving.
Was nogal verbaasd dat ik iets van je hoorde, al heb je inder-
daad gezegd dat je me een keer zou schrijven!
Het leven is hier sinds je vertrek heel rustig geweest, want ieder-
een gedraagt zich heel fatsoenlijk. Ik vond het grapje in je brief
over 'op de oude voet doorgaan' niet erg leuk – ik heb zelfs niet
zitten 'roken en drinken'. Feitelijk lig jij met het avondje uit dat
je hebt gehad al één op me voor – en waarschijnlijk zullen het er
nu ondertussen wel meer zijn.
Ik was gisteren bij het Assisenhof in Lancaster, maar ik heb niet
hoeven te getuigen – ze bekenden allemaal schuld en de aborteu-
se kreeg een halfjaar. (...)
Als je vindt dat ik een antwoord heb verdiend voor mijn moeite,
schrijf me dan nog eens.
Agnes

Het ene moment poseert ze in toga en met academisch hoofddeksel voor de foto, het andere zit ze op de boot. Dat doe je
wanneer je jong en Iers bent: weg, zo snel als je kunt. Amerika
was haar eerste gedachte. Maar gezien haar opleiding en artsen-
titel hoeft ze niet zo ver te gaan. De crisis in Engeland is haar
kans. Omdat veel van hun eigen mensen zijn opgeroepen zitten
ze daar te springen om artsen – zelfs jonge, vrouwelijke artsen
uit Ierland, zoals Agnes O'Shea. Het was vooral de naam van het
ziekenhuis die haar aantrok: Hope. Wat doet het ertoe dat het in
Salford ligt, volgens de verhalen een akelige stad. Haar vriendin
Mary Galvin zal over een paar maanden volgen. Ook verscheidene andere meisjes die ze uit Dublin kent maken de oversteek.
Het is een braindrain waar de Ierse regering van De Valera achter staat: ginds in Engeland kunnen deze artsen leren hoe je

slachtoffers van een luchtaanval behandelt, een nuttige ervaring mocht Ierland, ondanks zijn neutraliteit, worden aangevallen. Maar zo'n terugkeer, gewapend met kennis, staat niet op haar agenda. Als alles goed gaat wil ze tot het eind van de oorlog in Engeland blijven, misschien langer. Thuis in Kerry is een jongen, Tom, een huisvriend, met kastanjebruine ogen, en nog een andere, Billy Rattigan, die haar probeerde te verlokken met een auto als verlovingscadeau. Maar niemand zal haar ervan kunnen weerhouden de boot te nemen.

Zomer 1942. Mijn moeder (nog niet mijn moeder) is onderweg. Ze staat aan de reling, zoals miljoenen voor haar: dromer, gelukzoeker, economische migrant. In haar kielzog wordt Dun Laoghaire kleiner. Zeemeeuwen cirkelen als besmeurde engelen boven haar hoofd. Aan de andere kant van het water ligt Hope.

1 Hoeveel kinderen?

Vlak voordat ze stierf joeg mijn moeder me eens de doodschrik op het lijf. Ik zocht haar op in Cromwell's, een verpleeghuis in het dorp in Yorkshire waar ze veertig jaar had gewoond. Toen ik klein was was Cromwell's het Manor House Hotel, een bedrijf dat maar geen succes had, hoe vaak het ook van eigenaar wisselde. Mijn moeder gruwde van de grijze, stenen naargeestigheid van het gebouw en toen het een verpleeghuis werd zei ze dat ze liever een overdosis nam dan dat ze 'daarginds eindigde'. Maar toen ze te ziek werd om zich thuis te kunnen redden leek dat uiteindelijk de enige verstandige optie. Ze verfoeide de onwaardigheid, maar legde zich neer bij de logica. Vrienden en buren konden op bezoek komen. Mijn zus woonde juist aan de overkant.

De kamers in Cromwell's zijn naar Engelse dichters genoemd en toen mijn moeder werd opgenomen kwam ze in Larkin te liggen, geen goed voorteken. De kamer was allerminst ongezellig, maar dit was een tehuis voor de bejaarde en de stervende en ik vroeg me af wat Larkin, de hofdichter van de dood, ervan zou hebben gevonden op deze manier te worden herdacht. Na verloop van tijd veranderde mijn moeder van kamer. Het personeel zag dat ze verpieterde en verhuisde haar naar Byron, vlak bij de hoofdingang waar altijd wel iemand langs liep. Ze zou niet beter worden – een schimmelinfectie, aspergillus, had bezit van haar longen genomen – maar men meende dat ze in een drukker deel van het huis misschien zou opfleuren, want Larkin was een somber achterafje. De verhuizing wierp vruchten af. Een maand Byron en ze leek een heel stuk opgekikkerd. De laatste keer dat ik haar had bezocht, op een dagretour vanuit Londen, had ze zo lang en druk gepraat dat ik uitgeteld vertrok, en het was alsof ik verpleging nodig had, terwijl zij onwankelbaar door bleef branden.

Deze keer was ik in Hull geweest, voor een congres dat toevallig over Larkins poëzie ging, en dat was een mooi excuus om op weg naar huis bij mijn moeder langs te gaan. Van Hull naar Skipton is bepaald geen kippeneindje, maar ze liggen tenminste in hetzelfde deel van het land. Zweterig van twee treinen en een taxi liep ik op zondagmorgen om een uur of elf zonder te kloppen bij haar binnen – en bleef abrupt staan en begon achteruit te lopen. Ik had de verkeerde kamer, dacht ik. Maar de naam op de deur was Byron. O, dan hadden ze er de verkeerde vrouw in gelegd – die kleine gestalte met dat dunne, witte haar onder de lakens kon onmogelijk mijn moeder zijn. Maar het, zij, was haar wel: ik herkende het mohair vest op de stoel naast het bed en de radio die ze van haar huis had meegenomen. 'Mam,' zei ik verschillende malen en toen ontwaakte de oude dame uit een foetale slaap en begroette ze me. Ik schoof de gordijnen wijdopen en hielp haar overeind, zag toen pas de blauwe plek opzij op haar gezicht waar ze drie avonden eerder was gevallen. Om haar oog zaten witte pleistersliertjes – zoals de rimpels die je krijgt wanneer je op een zomerdag zonder zonnebril hebt zitten lezen. Door de blauwe plek en de pleisters zag ze er komisch uit, net een *black and white minstrel,* maar het leek niet tot haar door te dringen. We bleven tot ver na het lunchuur praten. Later kwam mijn zus Gill langs. Tegen de tijd dat ik bij mijn moeder wegging was ze onmiskenbaar mijn moeder weer. Maar ik was geschokt dat ik haar niet had herkend.

Ze was die dag oud en breekbaar, 'niet haarzelf', stond op het punt dat voor altijd te worden. En toch leek mijn vergissing symptomatisch. Het was alsof ik haar eigenlijk niet echt kende. Alsof ze altijd al iemand anders was geweest.

Drie weken later, half juli, was ik weer terug, op een dag dat de zon van verre heuvels binnenstroomde. Haar huis had sinds haar vertrek naar Cromwell's leeggestaan. Maar nu stonden de deuren in de warmte open en wemelde het gazon van familie. 'Een echt familiedagje', zou mijn vader het hebben genoemd, al was het familiedagje eigenlijk meer het einde van een familie. Koekoeksbloemen en fluitenkruid omzoomden de oprit. Wolkentoefjes zweefden voor de zon, als wilden ze uit respect nu en dan een schaduw werpen. Van de andere kant van de tuin hoorde ik het geluid van een suizende slag en een doffe tik die ik die dag net zo vond klinken als een hamer die een stuk bot trof. De Open Britse golfkampioenschappen waren net begonnen en de kinderen, die in de garage een oude, houten *driver* hadden opgediept, sloegen af in de richting van het sappige, groene weiland. Het weidegras was dik en de voorraad golfballen was al van twintig naar vier geslonken. Nog even en dan zou ook de laatste voorgoed in de ruigte verloren zijn gegaan.

Bij de begrafenis van mijn vader, vijf jaar eerder, was de dorpskerk stampvol geweest. Vandaag hadden we ons afgevraagd of er wel iemand zou komen. Ik voelde bijna hoe mijn moeder de kerk met haar geest probeerde te dwingen leeg te blijven, zodat ze ongemerkt, zonder drukte, weg kon glippen. Zo was ze, of zo was ze geweest. Rustig, op zichzelf, niet iemand die de aandacht op zich vestigde. Hoewel ze net als hij dokter was, huisarts, was ze een vrouw van haar tijd geweest, respectvol naar haar man en in grote gezelschappen niet op haar gemak. De

zachte stem, de tere grijze ogen, de gedempte kleuren – ze zeiden allemaal hetzelfde: 'Waarom zou iemand geïnteresseerd zijn
in mij?' Maar toen we bij de kerk kwamen leek hij voor haar
toch even vol te zitten als indertijd voor hem. Niet dat mijn zus
en ik, in onze bank op de voorste rij, op de beste plaats zaten om
koppen te tellen. En niet dat aantallen een oordeel over een leven geven. Maar het deed ons goed dat we in onze rug vrienden
en patiënten voelden dringen.

Onder de aanwezigen was tante Beaty, een vrouw van wie
mijn vader bijna tien jaar 'idolaat' (zijn woorden) was geweest.
Beaty, helemaal geen tante, maar de andere vrouw. Beaty, bron
van mijn moeders stille lijden toen ze op middelbare leeftijd
was, maar later haar vertrouweling en hartsvriendin. Beaty,
wier verhouding met hem het onderwerp was waar beiden in
de nasleep van zijn dood over spraken toen ze zich vastklampten aan wat ze met elkaar gemeen hadden: het feit dat ze van
hem hadden gehouden. Dat alles – zowel de verzoening als de
pijn – was nu verleden tijd. En Beaty zat weer in mijn ouders
huis, samen met haar man Sam, na afloop van de kerkdienst. Er
was een tijd dat haar aanwezigheid bij een familiebijeenkomst
misschien zou hebben geleid tot gêne bij mijn vaders verwanten, bij de mensen die er iets over hadden gehóórd. Vandaag
was Beaty welkom. Ze werd voor kanker behandeld. Je zou je
geen vrouw kunnen voorstellen die zo weinig overspelig was
als zij.

'Het komt door de medicijnen,' zei ze en ze klopte op haar
taille, alsof ik haar verweet te zijn aangekomen. 'Toen je moeder
me de laatste keer zag zei ze: "Ik vond het dertig jaar geleden
niet erg om de bevalling te doen toen Josephine werd geboren,
maar deze keer hoef je niet bij me aan te kloppen."' Ze lachte.
'Als iemand anders het had gezegd zou ik het haar kwalijk hebben genomen.'

'Ik zal u nog wat bijschenken,' zei ik.

'Ho-ho, ik moet nog rijden.' Ze keek om zich heen. 'Een goede opkomst.'

'Ja. Alleen niemand van haar kant, behalve...'

'Heb je ze kunnen bereiken?'

'Iedereen die ik in haar adresboekje heb kunnen vinden,' zei ik. 'Maar het is een heel eind hiernaartoe. En haar broers en zussen zijn allemaal dood. Eileen was de laatste. Zij overleed een paar weken geleden. Ik weet niet eens of mam het wel wist.'

'Ze waren met hun tienen, niet?'

'Zoiets ja. Een heleboel, in elk geval.'

Ik liep met mijn wijn verder en vulde glazen bij. Een vlekkerige hand reikte naar de mijne en omvatte hem, een à twee paar ogen hielden me staande. Ze hadden met me te doen – hadden ook met zichzelf te doen, want naar alle waarschijnlijkheid was het spoedig hun beurt. Mijn ouders, mijn peetouders, de wederhelft van de mensen die er vandaag waren, zweefden ergens in de vergetelheid. Op de schoorsteenmantel stond een foto van mijn ouders trouwen. Van de rij grinnikende gezichten was oom Ron – de man van mijn vaders zus Mary (zelf al meer dan tien jaar dood) – de enige die nog in leven was. Zelfs Ron, met zijn keurige snorretje en tandartsenprecisie, was de laatste tijd bergafwaarts gegaan. Vandaag zat hij in zijn eentje in een leunstoel, een eind van het gezelschap vandaan. De recente operatie wegens mondkanker bemoeilijkte hem het spreken en hij bette zijn mond met tissues. In elk geval, zo zei ik bij mezelf, was hij met de auto gekomen, kon hij voor zichzelf zorgen, kon hij de kruiswoordpuzzel in de *Telegraph* oplossen en naar muziek luisteren. Je kon dus best tachtig worden en nog in leven zijn.

Ik wierp een blik op mijn zus Gill die met een schaal saucijzenbroodjes rondging. We waren nu wees, te oud om dat hetzelfde te laten betekenen als wat het in de boeken van Dickens betekent, te menselijk om dat niet te laten tellen. Niet aan denken, dacht ik. Denk aan de leuke tijden. Blijf lachen en de glazen bijschenken. Gemakkelijker gezegd dan gedaan. Mijn vader was snel gestorven en we konden hem ons in blakende gezondheid herinneren, van nog maar een paar weken voor zijn begrafenis. Mijn moeder was vanaf het moment dat hij overleed langzaam gestorven – een weduwe en troosteloos, met al de naamloze kwalen van het ouder worden. En toen kwam aspergillus, een witte schimmel die haar longen vulde. Het kostte moeite je te herinneren wanneer ze er nog gezond had uitgezien. Maar op haar verjaardag, drie maanden terug, hadden we haar van Cromwell's hiernaartoe gehaald en haar een gebakje en champagne gegeven, en ze had in dit huis gezeten, frêle glunderend in een leunstoel met twee badges op haar vest gespeld: 'Tachtig jaar jong' en: 'Het kan me eerlijk gezegd geen donder schelen, schat.' De leeftijd der zeer sterken: het had haar verbaasd dat ze het had gehaald, terwijl haar man en haar broers en zussen hadden moeten afhaken. Nu was ook zij terug bij af, was ze alleen nog maar as in een pot. Maar in april had ze gelachen. En over die dag spraken we nu en dat ze hier had gezeten en haar zegeningen had geteld, terwijl ze zich opmaakte om na het feest te sterven.

Een goed leven... verlost van haar lijden... het is voor haar het beste. Haar vrienden schudden me de hand en verdwenen de een na de ander, en in het schemerdonker werden hun achterlichten kleiner. Ik zocht een stapel borden bij elkaar waarvan het wilgenpatroon was beschilferd met kliekjes van de vol-au-vent en droeg ze naar mijn zus bij het aanrecht.

De condoleancereceptie was voorbij en van mijn moeders familie was niemand gekomen. Toch mocht ze haar neven en nichten graag en toen haar broers en zussen nog leefden hadden ze allemaal contact met elkaar proberen te houden. Oom Joe, die altijd bij ons aan kwam wanneer hij voor zaken uit Ierland over was en die met mijn vader whisky ging zitten drinken; tante Kitty, broodmager, nasaal, glanzende ogen, die eveneens verschillende malen op bezoek kwam; tante Eileen, die alzheimer had gekregen, maar wier gevatheid nog dezelfde was toen we haar de laatste keer zagen; tante Sheila natuurlijk, een onderwijzeres in de Midlands, eenzaam en ongetrouwd, die jarenlang bij ons had gelogeerd tijdens de schoolvakanties; en dan was er nog een – ik had er geen naam of gezicht bij, maar had mijn moeder niet eens verteld dat ze een broer die op sterven lag morfine had gegeven? Met haar erbij waren het er zes.

'Ik dacht dat ze met hun achten waren,' zei mijn zus.

'Echt waar?'

'Ze had toch een broer die Patrick heette?'

'Dat moet dan die broer zijn geweest die ze morfine gaf.'

'En was er niet een oudere zus, Criss?' vroeg Gill.

'Niet dat ik weet.'

'Ze had mam min of meer opgevoed, dacht ik.'

'Dan moet ze wel een heel stuk ouder zijn geweest.'

'Dat zal dan wel.'

Gill wist het niet, of wilde het niet weten. Het praten scheen haar pijn te doen, maar de echte pijn was het verdriet. Ik voelde het zelf ook. Maar misschien voelde zij het meer. Bovendien had ze haar eigen zorgen – ernstige problemen met haar gezichtsvermogen. Het was een heel zware last, boven op een sterfgeval. En nu ik nog, met mijn zinloze vragen.

Later die avond werden Gill en ik samen snotterig dronken – op witte wijn, de melk van de vergetelheid. Aanvankelijk waren we nog vrij kalm, maar toen begon de boel flink uit de hand te lopen. Omdat we pas wees waren geworden, waren we allebei in een gewelddadige stemming. Was er iets te knokken of te kezen geweest, dan zou het ons niet mooier zijn uitgekomen, maar we hadden alleen elkaar, dus we sloegen aan het ruziën. Gill zei, uiteraard wist ik wel dat zij, mam, meer van haar, Gillian, had gehouden dan van mij – een opmerking die precies zo aankwam als de bedoeling was. Ik twijfelde er niet aan dat mijn moeder van Gill hield: ik hoorde nog steeds haar schreeuw van veertig jaar terug toen boven de klerenkast omkantelde en ze als een gek de trap oprende en Gill eronder vandaan trok. Maar ik twijfelde er niet aan dat mijn moeder ook van mij had gehouden. Het was laag om zo te beginnen – kinderen die om een lijk zaten te kibbelden. Ik zei tegen Gill dat ze gemeen was. Zij schold me uit voor rotzak. Oude grieven werden opgehaald: de keer dat ik in mijn trapauto tegen haar op was gereden; de keer dat ze uit de visboot was gestapt en bijna in het water was gegleden, omdat ik, op de kant, haar geen hand wilde toesteken. We draaiden in kringen rond, als dieren in een kooi, totdat de uitputting of de rede de overhand kreeg, en we maakten het weer goed en zaten voor de televisie weg te doezelen bij de nasmeulende kooltjes van onze woede. Op een gegeven moment kwamen haar twee kinderen uit de tuin binnen en gingen op eigen houtje naar bed. En op een gegeven moment kwam haar man Wynn thuis van de kroeg. Maar Gill sliep veilig door. Ze sliep nog steeds toen ik in het donker wegsloop, naar mijn moeders slaapkamer liep en in haar bed kroop.

Ik had er vaker in geslapen. De keren dat ik de reis naar het noorden had ondernomen om haar in Cromwell's op te zoeken was ik vaak de nacht overgebleven en omdat haar bed het enige in het huis was dat was opgemaakt, leek die plaats me het geschiktst. Nu was mijn moeder, vijf dagen koud, een geest geworden, maar ik had geen reden bang te zijn. Ze behoorde niet tot het spokende soort en ze zou het een fijne gedachte hebben gevonden dat het bed werd gelucht. Het enige dat niet lekker lag was haar matras – de bultige sponslaag die ze, ondanks haar rugpijn, nooit de moeite waard had gevonden te vervangen. Ik lag erop te woelen, kwaad op de zuinigheid die haar elk comfort had laten verloochenen en nu mij loochende. De geuren die van haar kussen opstegen waren verzachtend als een hoestdrankje, maar ik kon de slaap niet vatten. Onbenoembare schuldgevoelens lagen naast me op het matras en grauwden me uit het donker toe. *Je had meer kunnen doen.*

Ik knipte het licht aan om me ervan te vergewissen dat de kamer leeg was. Dat was hij – veel te leeg. De kuil in het matras was als een afdruk van haar afwezigheid, de holte haar lengte en lichaamsvorm. Toen mijn vader stierf was het gemakkelijk geweest: het ene ogenblik was hij er, het andere niet, en ik rouwde om het leven – de vonk, de energie, de eigenzinnige geest – dat de leegte had gevuld. Bij mijn moeder was het ingewikkelder. Zijzelf was ingewikkelder, moeilijker te plaatsen. Haar ogen, op de ingelijste foto op de vensterbank, leken te vervagen, haar gelaatstrekken terug te wijken. Ik was moe. Het was een lange dag geweest. Ik moest nodig slapen. Dobberend op het holle matras probeerde ik haar broers en zussen te tellen. Zes? Acht? Wat gaf het eigenlijk? Maar aan de andere kant, waarom wist ik het niet? Het was ontegenzeglijk een manco het niet te weten – en die nacht van de begrafenis voelde vreemd.

Mijn moeder, nu koud geworden, had ook mij in de kou laten staan. Wie was ze? Of, om de correcte werkwoordstijd te gebruiken, wie was ze geweest?

Ze was opgegroeid in Ierland, zoveel wist ik tenminste. Maar wanneer mensen me vroegen waar precies in Ierland gaf ik hun jarenlang wisselende antwoorden. Kerry of Limerick, Kenmare of Killarney, Kilkenny of Enniskerry of Kildare – ze had het me verteld, meer dan eens, maar ik was het vergeten. Toen ik vijf was gingen we naar Ierland op vakantie – de eerste en laatste keer. Wat ik me ervan kon herinneren – of wat ik er, als herinnering voor mij, aan foto's van had – waren paarden, blote voeten, een houten schuur, een lang zandstrand, een kuil in de grond met pasgeboren puppy's, een kruidenier met erbuiten een bank en een hond.

Ik had op die vakantie tantes, ooms en neven en nichten ont-moet. Maar het was niet iets wat we herhaalden. Af en toe nam mijn moeder de boot uit Liverpool of Holyhead en ging ze terug voor een begrafenis, of voor een paar dagen ertussenuit. Maar we mochten niet met haar mee. Mijn vaders familie – zijn ou-ders, zijn zus Mary en haar vier kinderen – woonde nog geen uur van ons vandaan. We waren elke kerst bij hen; ook de mees-te vakanties. Mijn neven en nichten van die kant – de Astle's, mijn échte neven en nichten – waren bijna broers en zussen. 'Fa-milie' betekende Lancashire en een web van bloedverwanten van mijn vaders kant. Ierland leek een heel continent van ons vandaan te liggen en mijn moeders familie leek even vaag als een stam in het Amazonegebied.

De vaagheid was des te groter, omdat foto's ontbraken. Er was helemaal niets wat uit mijn moeders jeugd dateerde. Hoe zagen haar ouders eruit? Ik had geen idee en ik werd niet aan-gemoedigd ernaar te informeren. Na haar dood vond ik bij toe-val een verkreukelde foto van een man en een vrouw, zij poseer-de zedig met een ruikertje, hij zat hoger dan zij, met snor, mid-denscheiding en een dandyeske das. Ik herkende het echtpaar niet. Ze hadden niets van de Morrisons. Pas later, toen ik mijn neven en nichten ontmoette en andere foto's zag, kreeg ik de bevestiging dat het de ouders van mijn moeder waren. De foto lag weggestopt tussen albums met mijn vaders foto's, verlan-gend om niet te worden opgemerkt. Pakte ze hem er soms stille-tjes uit? Ik had geen idee.

In het begin van de jaren negentig had ik haar eens, toen ze ziek was, met opzet uitgebreid ondervraagd over haar jeugd, bang dat dit mijn laatste kans was er iets over te horen. Hoewel ze aan het bed was gekluisterd deed ze haar best te ontkomen.

'Mijn jeugd? Ach, daar is niets aan,' zei ze en ze zond me weg om dit te doen of dat te pakken, alles om mijn vragen maar niet te hoeven beantwoorden. Ten slotte bleef ik gewoon met mijn opschrijfboekje zitten, zoon die onderzoeksjournalist was geworden.

'Mijn vader heette Patrick O'Shea,' zei ze met een zucht. 'Mijn moeder heette Margaret – Margaret Lyons, voordat ze met hem trouwde.'

'En waar groeide u ook alweer op?'

'In Killorglin. K-I-dubbel L-O-R-G-L-I-N. Bij Killarney, in County Kerry. Het huis stond in Langford Street, midden in de stad. We zijn er een keer geweest toen jullie klein waren, weet je nog?'

'Niet echt. En wat deed uw vader?'

Ik vond het gênant dat ik het vroeg. Wat iemands vader deed was een vraag die je misschien een nieuwe vriend zou stellen, of de uitwisselingsstudent die een week bij je tienerzoon kwam logeren. Maar het was niet iets wat je je bejaarde moeder vroeg.

'Hij zat in de wolhandel. Hij ging drie à vier keer per week de markten af om wol in te kopen en die verkocht hij en verscheepte hij, naar Bradford waar hij het vak had geleerd, of soms naar Amerika. Hij had een grote loods waar hij de wol opsloeg. Had gehad. Op een nacht brandde die tot de grond toe af, met alle wol die erin lag, klaar om te worden geëxporteerd. Ik moet toen een jaar of tien zijn geweest, schat ik. Ik kan me er niet veel van herinneren, behalve veel ach en wee bij ons thuis, en geschreeuw en tranen, want hij was niet verzekerd, en de geur van smeulende wol die maandenlang in het stadje bleef hangen. Toch hadden we het wel goed – hij had ook het winkeltje naast ons huis en het café aan de overkant.'

Die nacht van de begrafenis, in mijn eentje in bed, kon ik me de rest van het gesprek niet meer herinneren. Maar terug in Londen diepte ik het opschrijfboekje op – en ontdekte ik dat ze het ook over haar moeder had gehad: 'Meer een dame in goeden doen dan een huisvrouw. Ze wist niet eens hoe ze een ei moest koken. Hoefde ze ook niet. Ze had een meid in dienst en die had ze van zonsopgang tot middernacht.' Er stond ook de naam van nog eens vier broers in, broers die ik geen van allen ooit had ontmoet: Paul ('het zwarte schaap van de familie'), William ('studeerde rechten aan Trinity, maar dreef later het familiecafé'), Peter ('een stuk ouder, het lievelingskind van mijn moeder, hij droeg een plusfour en was heel lang, anders dan de rest van ons – hij stierf op zijn drieëntwintigste') en Dan ('ook een stuk ouder, hem kan ik me nog vager herinneren, maar ik weet dat hij tbc had en naar Zwitserland ging, of was het Californië, enfin, de kuur hielp niet – hij stierf rond dezelfde tijd als Peter').

Op hoeveel broers en zussen kwam ik nu? Op negen? Tien? En hoe zat het met Criss, de zus die Gill had genoemd: waar paste zij tussen? Ik moest denken aan een beroemd essay van L.C. Knights dat ik in mijn studietijd had gelezen, 'Hoeveel kinderen had Lady Macbeth?' De kern van het essay was, zo herinnerde ik me vaag, dat Shakespeares tekst zichzelf tegensprak ('Ik heb gezoogd,' zegt Lady M, 'en weet hoe teer/de liefde is tot de zuig'ling die men voedt', maar voor de rest wijst niets in het toneelstuk erop dat ze kinderen had). Ook in het geval van mijn moeders broers en zussen was verwarring troef: met hun hoevelen was Agnes O'Shea thuis geweest?

Het was herfst toen ik weer naar Yorkshire ging. Zware regenbuien hadden de akkers langs de Aire onder water gezet. Er moesten dingen met de notaris worden besproken. Er moesten ook spullen worden verdeeld, dit voor Gill en dat voor mij. Lang voordat ze stierf had mijn moeder, 'om gekibbel te voorkomen', ons laten instemmen met een lijst van spullen die we wilden hebben. Het werkte, maar het maakte de procedure er niet minder pijnlijk op. Ik voelde me leeg en loodzwaar – niet gewoon verweesd, maar ook beroofd van mijn oudste vertrouweling. Toch kon ik niet doen alsof ik me net zo voelde als toen mijn vader stierf. Niet dat ik een greintje minder van mijn moeder hield; in veel opzichten had ik met haar zelfs een hechtere band gehad. Maar zij had ons ruim de tijd gegeven aan haar vertrek te wennen. En nu ze weg was waren de emoties die ik voelde vertrouwd en klonken de condoleanties die de mensen ons stuurden even leeg. 'Op het eerste sterven volgt geen ander,' schreef Dylan Thomas, als verwijzing naar een eeuwig leven, maar ook als beschrijving van het verdriet dat de tweede keer niet zo'n meedogenloze klap is. Andere dingen grepen me erger aan. Het huis opruimen bijvoorbeeld (ze zou niet komen helpen), of bij mijn telefoon zitten die nu met stomheid was geslagen (ze zou niet bellen). Maar behalve het gevoel van verlies was er nog een ander gevoel: dat ik haar sowieso al nooit had gevonden.

Dat gevoel groeide toen ik onder de rafelige, groenleren klep van haar bureau op een brief van een zekere Margaret stootte, een vrouw die zei mijn moeders achternicht te zijn: 'Mijn grootmoeder was uw zus Madge.' Margaret woonde in de Midlands. Ze was met haar stamboom bezig en vroeg zich af of mijn moeder behulpzaam kon zijn. De brief dateerde van 1994 en niets wees erop dat mijn moeder hem had beantwoord. Ik schreef Margaret terug, vertelde haar wat ik wist en vroeg of ze was opgeschoten; ik zei niet dat mijn moeder het nooit over een zus Madge had gehad. Haar antwoord kwam een paar weken later. Ze sloot er een stamboom bij. Er stonden een paar vraagtekens in en enkele data waarvan ik wist dat ze niet klopten. Maar in haar stamboom stond een zekere Christine – waarschijnlijk Criss – en ook een zekere Jenny. Ik had mijn twijfels over Jenny; de naam klonk niet erg Iers. Niettemin begon de familie van mijn moeder uit te dijen.

Waarom had ze het tegen mij nooit over een Madge of een Criss gehad? Ze was de laatste jaren van haar leven soms verward geweest. Zo was er die keer dat ze dacht dat ik mijn vader was. Zo was er die keer dat ze dacht dat er drommen mensen bij haar in de kamer waren. Zo was er die keer dat ik opbelde en dat ze me zei even te blijven hangen terwijl ze mijn vrouw Kathy riep die boven was. Kathy zat thuis bij mij, maar voor ik iets kon zeggen hoorde ik mijn moeder 'Kathy' roepen en het verscheidene minuten blijven roepen; maar uiteindelijk gaf ze het op en verontschuldigde ze zich – heel vreemd, maar Kathy moest de deur zijn uitgegaan. Op zulke momenten dacht ik 'alzheimer' en nam ik aan dat ze haar zinnen begon te verliezen en was ik bang dat zij ze helemaal zou hebben verloren (en ik haar) voordat ze was overleden. Hoewel geen enkele arts met zekerheid kon zeggen wat de oorzaak van haar momenten van verwardheid was, waren er mogelijkheden te over: ze at niet gezond, sliep niet goed, haalde haar pillen door elkaar, dronk gin na het innemen van haar medicatie en had misschien lichte beroertes gehad.

Maar in Cromwell's, waar ze goede zorg kreeg, was ze helderder dan ze in jaren was geweest. Ze had ook helder geleken op die dag dat ik haar over haar broers en zussen ondervroeg toen ze minstens twee namen wegliet. Wat zat er precies achter?

Killorglin, 13-9-44

Beste Arthur,
Je doet me de suggestie drie maanden hier thuis bij mijn ouders te blijven. Nee, dank je feestelijk en als jij in zo'n gat zou wonen zou je er net zomin drie maanden blijven. Het is maar een stadje – meer een dorp eigenlijk, waar je niets anders kunt doen dan roddelen, en als ik niet bij iedereen op bezoek ga om goedendag te zeggen, zeggen ze dat ik het hoog in mijn bol heb sinds ik hier weg ben gegaan. Je moet echt in zo'n plaats wonen om te weten hoe het is. Twee weken is voor mij meer dan genoeg. Langer, en ik zou kierewiet worden.

Zoekend naar antwoorden, of misschien gewoon naar een vakantie, schreef ik mijn nicht Marguerite. Ik wist dat ze niet alleen in Killorglin woonde, maar ook dat ze er vakantiebungalows verhuurde. Ik boekte voor eind oktober voor een week, de herfstvakantie, en nam met mijn gezin de nachtferry van Swansea naar Cork. De zon kwam op toen we over de rivier de Laune reden en er aankwamen. Marguerites bungalows keken uit op het water en we parkeerden buiten. De waterplanten schudden hun tressen. Zwanen knikten diep voorover en onthoofden zich in de stroom. Vier vrouwen voeren in een scull voorbij en een stuurman in een motorboot jutte hen op. Marguerite verwelkomde ons met boter, brood en melk, en vertelde over de andere familieleden die ik moest ontmoeten. Haar zus Gina had de winkel – nu een bloemisterij – in Langford Street. Rhetta, een andere nicht, dreef het café aan de overkant, het heette nog altijd O'Shea's en haar zus Ann hielp er een handje. Ik kon iets van oom Joe in Marguerite zien – ook iets van tante Sheila en mijn zus Gill. Killorglin was vertrouwd en vertrouwelijk, een plaats die uit de mist oprees, net als de plotselinge berg die we konden zien, de hoogste van Ierland, de Carrauntoohil. Was dit een voorvaderlijke herinnering die bij me opkwam? Het feit dat mijn moeder hier was opgegroeid? Of dat ik hier zelf als kind was geweest? Het voelde in elk geval als een soort thuiskomen. Ik moest oppassen. Als ik niet uitkeek zou ik nog sentimenteel worden.

Toen we de volgende dag de toeristische tocht om de Ring van Kerry maakten vroeg ik me bij elke stopplaats af of mijn moeder hier als kind ook een stop had gemaakt. Ik stond bij de waterval van Torc en een fijne nevel woei ervanaf, en mijn ogen werden vochtig bij de gedachte dat ze deze rotsen met schoolvriendinnetjes beklom, of (later) met 'kornuiten' van de medische faculteit, jongelui van wie er één misschien (net als ik nu) zou hebben verlangd naar een reactie van haar, de vluchtige streling van haar koude lippen, de aanraking van haar bevroren hand. We reden verder. Had ze ooit aan het Iskanamacteery-meer gezeten? Of langs de *Gap of Dunloe* gewandeld? Of de Ballaghbeama-pas genomen? Hoe vaak was ze in Cahersiveen geweest, de plaats waar Daniel O'Connell, de grote vrijheids-strijder, was geboren? Zou ze 's zomers de cursus in Ballinskel-ligs hebben bezocht waar kinderen Iers leren spreken? Zo ja, waarom had ze mij dan nooit één woordje Iers geleerd? Een dichter, een zekere Michael McKenna, droeg eens een boek aan haar op: 'Voor mijn liefste Agnes, met heel mijn hart.' Hoe heel-hartig was zijn liefde echt? Had ze zijn liefde beantwoord? Kon poëzie haar ontroeren? Of trof ze voldoende poëzie aan in de plaatsnamen die hier waren: Sneem, Tahilla, Barfinnihy, Parknas-illa, Innisfallen, Knocknabula, Coomaglaslaw, Cahernageeha, Coomcalee? Dit was Europa's westelijke rand en ik voelde me jubelend elegisch over de beschaving die hier eens was geweest, of over het volk, of misschien gewoon over die ene persoon. Ter-wijl ik met slenterpas oude plekken bezocht voelde ik me als Thomas Hardy die om zijn vrouw rouwde.

Onze laatste stop was het strand bij Ross Beigh. Hier, wist ik, gingen mijn moeder en haar talloze broers en zussen elke juni per ezelskar naartoe. Patrick O'Shea had een eenentwintigjarig huurcontract voor twee belendende huisjes op het strand en het gezin bleef daar totdat in september de school weer begon. Het was maar een kilometer of vijftien van Killorglin, maar destijds voor hen (en nu voor mij) een ander land, een ander jaargetijde. Hoge duinen met helm. Lange witte zandstroken. De donkere aardhoop van het Seefin-gebergte erachter. En het uitzicht over Dingle Bay. Ik moest het allemaal hebben gezien toen ik vijf was – net als mijn moeder toen zij vijf was. Maar ik kon het me niet meer herinneren en ik wist niet hoe ik me haar moest herinne-ren. Ik had het meisje uit County Kerry nooit gekend, alleen de vrouwelijke arts uit Yorkshire en de moeder van twee kinderen.

Maar wat dan nog? Waarom zou ze niet, als ze er nou zin in had, haar jeugd voor me verborgen houden? Hield ik immers niet zelf dingen voor mijn kinderen verborgen? Hebben we niet allemaal geheime plekjes die alleen voor onszelf zijn? De kinderen holden voor ons uit en lieten maagdelijke voetafdrukken in de duinen achter. Waarom zou deze plek, enkel omdat mijn moeder hier eens had gespeeld, iets speciaals hebben? Afkomst is iets wat bij het verleden hoort. Wortels hebben voor mannen en vrouwen geen concreet nut. Alles waar mijn moeder door was gevormd had niets met mij uit te staan.

Die avond gingen we met Marguerite, haar man Sean en haar moeder Bridie naar het café – niet het familiecafé O'Shea's dat een no-nonsense dranklokaal was (lange bar, tv, een handvol vaste klanten met hun pint Guinness), maar naar Bianconis, een eetcafé dat rumoerig was en zich op een ander publiek richtte. We bestelden voor ons allemaal een gemengde visschotel. Bridie – mijn tante Bridie – zag er met haar zeventig-en-nog-wat jaren flink uit. Als weduwe van oom Joe was zij de laatste schakel met mijn moeders generatie, de hoeder van hun verhalen. Misschien zou zij me het een en ander kunnen vertellen. Dit café was er niet de plaats voor, maar ik maakte een afspraak voor de volgende dag.

Ze woonde in het oorspronkelijke huis in Langford Street, naast de bloemenwinkel van haar dochter Gina. Op weg naar binnen maakte ik even een praatje met Gina – knap, blond, goedlachs – die anjers stond bij te snijden, met achter haar een vrolijk gekleurde uitstalling van huwelijksboeketten en opzij een roze-witte grafkrans met het woord 'Mam'. Bridie had een pot thee gezet. Ze had bovendien drie handgeschreven blaadjes voor me, overgeschreven, zo zei ze, uit het persoonlijke opschrijfboekje van mijn grootvader Patrick O'Shea, een boekje dat na zijn dood in het bezit van oom Joe was gekomen. Het was zijn lijst van de kinderen O'Shea, netjes genummerd, met bovenaan de naam van hun ouders.

Patrick ('Paddy') J. O'Shea (geb. 1867), wolhandelaar, gehuwd met Margaret Lyons (geb. 1874), 20 jan 1894.

1. Kind (zoon), geb. 6 dec 1894, zelfde dag overleden
2. John, geb. 22 jan 1896
3. Mary Christine (Criss) O'Shea, geb. 3 dec 1896
4. Kind (dochter), geb. 29 nov 1897, zelfde dag overleden
5. Margaret (Madge), geb. 15 april 1899
6. Daniel, geb. 30 april 1900
7. James Joseph, geb. 14 mei 1901, overl. 7 feb 1902
8. Johanna, geb. 7 sept 1902, overl. 2 juli 1903
9. Michael, geb. 7 nov 1903, overleden
10. Gerald, geb. 26 dec 1904, overleden
11. Patrick, geb. 15 jan 1906
12. Peter, geb. 13 okt 1907
13. Eileen, geb. 27 dec 1908
14. Kind (doodgeboren zoon), geb. aug 1909 (als gevolg van handtastelijkheid van ambtenaar pensioenfonds)
15. William, geb. 23 mei 1910
16. Julia (Sheila), geb. 15 aug 1912
17. Joseph, geb. 23 maart 1914
18. Paul, geb. 26 april 1915
19. Agnes, geb. 18 april 1917
20. Kitty, 8 sept 1918

Bridie zei dat ik mocht houden wat ze had opgeschreven. Voorzichtiger dan wanneer het pagina's uit het *Book of Kells* waren geweest legde ik de drie blaadjes in mijn opschrijfboekje. Ik had de inhoud nog niet echt in me opgenomen. Ook kon ik niet met Bridie meelachen over het idee dat iemand zo'n groot gezin wilde hebben – kwam zij immers ook niet uit een groot gezin en hadden Joe en zij in een latere, anticonceptie-bewustere tijd niet zelf zeven of acht kinderen gehad? In plaats daarvan keuvelden we over de wolhandel die Joe vanaf de binnenplaats, voor haar raam, had gedreven. Hoewel het huis zelf bescheiden was, was de binnenplaats lang en diep, met voldoende ruimte voor verschillende schuren en loodsen. Bridie zei het niet, maar nu snapte ik pas hoe onaannemelijk het eigenlijk geweest moest zijn dat het bedrijf naar Joe ging. John, die achttien jaar ouder was dan hij, zou het oorspronkelijk geërfd moeten hebben, maar hij was in 1918, op zijn vierentwintigste, overleden. Daniel, de volgende zoon, stierf in 1931 aan tbc; in datzelfde jaar stierf ook Peter, aan buikvliesontsteking na een geperforeerde blindedarm. Tegen die tijd hadden de twee volgende zoons zichzelf al buitenspel gezet: Patrick, die een jaar ouder was dan Peter, had medicijnen gestudeerd en William, drie jaar jonger, rechten (al zou hij later het café runnen). De andere zoons waren bij hun geboorte of kort erna overleden. Al met al was dat de reden dat het wolbedrijf van de familie uiteindelijk aan mijn oom Joe was toegevallen, het zeventiende kind en de elfde zoon.

Terug in onze vakantiebungalow bekeek ik Bridies drie handgeschreven blaadjes opnieuw en voelde ik me getroost door de profusie, of transfusie, van O'Shea's – het nieuwe bloed in mijn bloed. Al die namen en rugnummers: zowat twee complete elftallen. Of in elk geval één elftal plus reserves. Twintig kinderen in vierentwintig jaar: gemeten naar alle maatstaven niet gering. Bijna een kwart eeuw zwangerschappen en geboorten: hoe kon mijn moeder zeggen dat haar moeder een vrouw was die haar tijd in zalig nietsdoen versleet? In enkele gevallen zat er tussen twee kinderen minder dan een jaar, nauwelijks lang genoeg om een vrouw gelegenheid te geven bij te komen van de laatste bevalling voordat ze aan de volgende begon. Het tweede en het derde kind, John en Criss, kwamen nauwelijks tien maanden na elkaar. Was Margaret O'Shea (geboren Lyons) zo'n vrouw bij wie kinderen 'er zomaar uit floepten'? In overleveringen en schuine moppen plegen vrouwen die zich zo gemakkelijk voortplanten als zij, voor hun veertigste de geest te geven, op te zijn. Maar zij werd tweeënzeventig. Ze had bijna twee generaties aan kinderen voortgebracht: een Victoriaans-Edwardiaanse periode en daarna een Edwardiaanse-Georgische periode. Maar hoe verschillend verging het die twee generaties. Van de kinderen in de eerste helft stierven er zes in de kleuterleeftijd en nog eens twee voor hun dertigste. Alleen Criss en Madge bleven in leven. De lichting 1901-1904 was het ergst: vier kinderen dood, elk jaar één. Miniatuurlijkkistjes werden het familiemeubilair. Mijn grootouders – *mijn grootouders*: omdat ik hen nooit had gekend voelde het nog altijd raar dat te zeggen – moeten toen overwogen hebben ermee te stoppen: tien geboorten in tien jaar, waarvan maar vier in leven bleven. Gelukkig (gelukkig voor mijn moeder, gelukkig voor mij) gingen ze door. En hoe. Nog eens tien kinderen, van wie negen de volwassen leeftijd bereikten en acht een hoge leeftijd. Alleen die ene doodgeboren zoon ontsierde de jaren 1906-1918. De opmerking die mijn grootvader over het doodgeboren kind had gemaakt – 'als gevolg van handtastelijkheid van ambtenaar pensioenfonds' – deed vermoeden dat hij er nog steeds verbitterd over was, al had hij tegen die tijd nauwelijks gebrek aan erfopvolgers. Waar kwam de handtastelijkheid door? Een woordenwisseling tussen de belastingen en hem? Was hem onrecht aangedaan of werd hij vervolgd? Of was zijn verbittering ten dele schuldgevoel, omdat het incident was uitgelokt door een overtreding of frauduleuze handeling van zijn kant? De ergste gebeurtenis zou in 1918 plaatsvinden: in het geboortejaar van Kitty, de laatste in de rij, overleed John, de oudste nog levende zoon. Hij stond vooraan in de rij om het familiebedrijf te leiden. Maar toen gebeurde... wat? De loopgraven? De Ierse *Troubles*? Ik zei tegen mezelf dat ik het de volgende keer dat ik Bridie sprak moest vragen ('Het was de griep,' zei ze later – hij was een van de twintig miljoen mensen die dat jaar tijdens de grote epidemie stierven). Daarna geen kinderen meer.

Maar zouden ze toch al niet ermee opgehouden zijn? Margaret was vierenveertig en ze moest zich, in de bescheiden accommodatie die het echtpaar had, hebben gevoeld als het oude vrouwtje uit het kinderrijmpje dat met haar massa kroost in een oude schoen woonde. Ik had me laten vertellen dat de kinderen aan de tegenoverliggende zijden van Langford Street sliepen: de jongens in het café, de meisjes boven de winkel, een dubbele-slaapzaalregeling. In de ene schoen was geen plaats voor hen allemaal.

Ze waren dus met z'n twintigen. Slechts dertien waren verder gekomen dan de kleuterleeftijd en drie waren er overleden voordat ze een naam hadden gekregen. Maar toch was het raar dat mijn moeder, die pediatrie als specialisme had en die vertelde hoe ondersteboven ze elke keer was wanneer ze de bevalling van een dode baby deed, nog nooit over die andere broers en zussen had gesproken, of over die broers en zussen die het niet waren geworden. Al waren ze dan van vóór haar tijd, mijn moeder moest van hen hebben geweten. Waarom die stilte? Waarom niet gewoon gezegd dat ze er een van de twintig was, of op zijn minst een van de dertien? Het gênante zat hem misschien hierin dat door zulke aantallen haar Ierse afkomst aan de grote klok werd gehangen. Een heleboel anderen in de diaspora hadden op dezelfde manier met hun wortels geknoeid. In die tijd, in elk geval in Engeland, lag op Ierse afkomst een smet – van boeren-naïviteit, armoede en wapensmokkel – en emigranten deden er goed aan zich ervan te ontdoen. In deze tijd lag de situatie anders. De Keltische Tijger brulde en riep zijn jongen terug naar huis. Het was chic om Iers en een van de velen te zijn: had *Angela's Ashes* (een verhaal over armoede, kindersterfte en tbc in Limerick) niet in de hele wereld een snaar getroffen? We waren nu allemaal Iers, of hoopten het te zijn. Toen ik later die dag, mijn laatste in Killorglin, naar de stadsbegraafplaats ging om het familiegraf te zoeken, viel mijn oog onwillekeurig op de GB-kentekenplaat van een auto die bij het hek geparkeerd stond: Brits, net als ik, op voorvaderlijke Keltische speurtocht.

Er lagen hier zoveel O'Shea's begraven dat ik al begon te wanhopen ooit de goede grafsteen te vinden, maar toen zag ik de vierkante, grijze plaat, 'in liefhebbende gedachtenis aan Patrick J. (Paddy) O'Shea', met Margaret en vier van hun kinderen – Johnny, Daniel, Peter en Sheila – eronder gebeiteld. De plaat stond op een rechthoek van gravel die met een ijzeren stang werd gescheiden van het gemeenschappelijke gras. Andere verwanten en neven lagen er in de buurt begraven. Ik stond tussen hen in en het was geen gevoel van glamour of verbondenheid dat over me kwam, maar nietigheid. Mijn moeder was er een van tientallen en ik was een loot tussen tientallen andere loten. Het was maar goed dat ik hier niet was gekomen om me bijzonder te voelen.

Slechtgehumeurd keerde ik op de veerboot naar huis terug en ik probeerde me te verzetten tegen het gevoel dat ik was verraden. Had ze niet vaker over haar verleden kunnen praten? Ik had geen geschiedenis van mishandeling en verwaarlozing achter de rug, dus dat kon ik haar niet voor de voeten werpen. Integendeel, ik had mijn jeugd altijd een gelukkige tijd gevonden. 'Niemand is voor zijn ouders een wereldwonder,' schreef Montaigne, maar toch hadden mijn ouders me het gevoel gegeven dat ik het liefste kind van de wereld was. Had mijn moeder datzelfde gevoel gehad toen zij klein was? Hoe kun je je het liefste kind van de wereld voelen wanneer je de negentiende van twintig bent?

Ons gezin had de klassieke samenstelling van de jaren vijftig à zestig gehad: pa, ma, jongen, meisje, auto, tv en hond. Ook de samenstelling van het gezin in Killorglin was klassiek voor zijn tijd, zij het zelfs naar Zuid-Ierse begrippen aan de hoge kant (in 1909 vond de *News of the World* dat een Iers gezin met vijf zonen en negen dochters voldoende nieuwswaarde bezat om er een foto van te plaatsen; de O'Shea's zaten in dezelfde categorie). Een groot gezin heeft zijn voordelen, zegt men: het is goed voor de karaktervorming, de kleintjes kunnen met elkaar spelen, je kunt in de massa opgaan, enzovoort. Maar hoe hecht kan de band zijn die zulke kinderen met hun ouders hebben? In zijn opschrijfboekje had Patrick O'Shea zich in de geboortedatum van mijn moeder vergist en er twee dagen naast gezeten. (In de papieren van het University College in Dublin wordt de fout herhaald.) Hoe graag mijn grootouders het ook hadden gewild, ze hadden maar heel weinig tijd voor mijn moeder, of voor haar alleen. Vertelde ze mijn zus daarom dat ze was opgevoed door Criss, al twintig toen ze werd geboren? Er zou wel iets voor te zeggen zijn. Ook Madge, Eileen en zelfs Sheila, haar oudere zussen, zouden een handje geholpen kunnen hebben. Maar Criss, de oudste zus, zou andere redenen hebben gehad haar te willen bemoederen. Op haar zestiende of zeventiende was ze zwanger geraakt, naar zeggen van een soldaat. Haar ouders hielden het stil en stuurden haar weg om het kind – een jongen – in het geheim te krijgen (een zwangerschapsafbreking zou absoluut uit den boze zijn geweest). Nadat haar kind ter adoptie was afgestaan keerde Criss terug naar Langford Street waar mijn moeder was geboren, een baby voor wie ze kon zorgen alsof het de hare was. Toen ontmoette ze Patrick Joy, een boer die acht jaar ouder was dan zij, en ze trouwde met hem en kreeg een zoon. Wist Patrick van haar eerdere kind? Zo ja, dan zou hij het misschien niet eens erg hebben gevonden, want hij had een goede aansporing gekregen om met Criss te trouwen: het geschenk van haar ouders in de vorm van een aanzienlijke boerderij, een 'hofstede' zelfs, die de naam Mount Rivers droeg. Het staat in elk geval vast dat William, de zoon van Criss en Patrick, opgroeide zonder van het bestaan van zijn halfbroer te weten. Het was dan ook een hele schok voor hem toen het kind dat ze ter adoptie had afgestaan, inmiddels een man van zeventig geworden, een paar jaar terug in Killorglin opdook, op zoek naar bloedverwanten. Criss was dus kennelijk een meisje met geheimen. Het lijdt geen twijfel dat haar eerste kind een geheim was waar haar jongste zussen geen deelgenoot van waren. Misschien werd in het bed in Langford Street er wel over gefluisterd, maar mijn moeder was te jong om het te begrijpen.

Er waren veel dingen die ze misschien niet geweten zou hebben, maar er waren ook dingen die ze wel had geweten, maar voor zich had gehouden. Hoe moest ik daarop reageren? Kwaadheid was eigenlijk niet erg op haar plaats. Daar miste ik haar veel te veel voor en een beetje knoeien met je familiegeschiedenis kon je nauwelijks een misdaad noemen. Een heleboel mensen schamen zich over hun afkomst. Als mijn moeder, die bezig was met een eigen carrière tussen vertegenwoordigers van de Engelse middenklasse, enigszins aarzelde om zich als de nummer negentien van twintig kinderen te presenteren, was dat alleszins begrijpelijk. Ze had een nieuwe identiteit voor zichzelf bedacht – en wel zo grondig dat ze had verzuimd haar eigen kinderen te vertellen hoe de vork in de steel zat. Misschien ook haar man: had ze hem verteld hoeveel O'Shea's er waren? Maar wat deed het er eigenlijk toe. Het was haar gemakkelijk te vergeven. Er wás haar eigenlijk niets te vergeven. Ze had toch niet iemand vermoord of bigamie gepleegd? Toch was ik kriegelig, net als een afgewezen minnaar.

Maar de afgewezen minnaar heeft tenminste nog zijn herinneringen. Maar hoe moest ik me mijn moeder herinneren? Ze was een zwijgzame, kameleontische, zichzelf wegcijferende vrouw geweest. Toen mijn nicht Kela oude foto's van haar bekeek zei ze: 'Ze was zo onbereikbaar. Net als een pagina in een modeblad. Afwezig, zelfs wanneer ze aanwezig was, als je begrijpt wat ik bedoel.' Ik knikte. Op haar afstudeerfoto's staat een knap meisje met donker haar, de blik op halve afstand, een academisch hoofddeksel zwierig schuin, een royale haarkrul tot op haar rug. Op foto's vanaf haar dertigste is ze slank en jong als een eerstejaars, niet een huisarts-moeder van twee kinderen. Toch zag je ook daar de onbereikbaarheid waar Kela het over had, en de aanpassing aan de omgeving. Afwezig, zelfs wanneer ze aanwezig was: dat was het precies. Vriendinnen beschreven haar als een 'stil water met een diepe grond'. Nu zag het ernaar uit dat de diepe grond zelfs verborgen was gebleven voor de mensen die dicht bij haar stonden. Toen ik tien was was ze eens met een ingepakte koffer de trap afgekomen, haar gezicht stond uitdrukkingsloos en ze had gezegd dat ze een paar dagen wegging en dat ik me niet ongerust hoefde te maken. Ik was gek van ongerustheid geweest en had niet geweten hoe ik het moest opvatten. Later schreef ik het toe aan een crisis (of een ultimatum) die te maken had met mijn vader en Beaty. Maar had het ook iets anders geweest kunnen zijn, de discrepantie tussen het leven dat ze achter zich had gelaten en het leven dat ze voor zichzelf had gemaakt? In mijn hoofd begon ik de geschiedenis te herschrijven. Was ze niet altijd al ontwijkend geweest? Neem bijvoorbeeld die vakantie in Ierland die ik haar zo'n jaar na mijn vaders dood had voorgesteld? Ze had destijds een kampeerauto gehad, een Hymer. We hadden met ons tweeën kunnen gaan, langs de oude plekjes rijden, familie opzoeken. Maar ze had aangevoerd dat ze een gebroken arm had – vroeg of we niet konden wachten tot ze sterker en fitter was, beter in staat om te reizen. De gebroken arm had haar er niet van weerhouden thuis met vriendinnen op stap te gaan. Ik had eigenlijk meer moeten aandringen. Toen mijn vader nog leefde was ze altijd volgzaam geweest, een rustige schaduw aan de rand van zijn blakerende zon. Na zijn dood had ze al zijn koppigheid geërfd, zijn 'Ik doe verdorie waar ikzelf zin in heb'. Precies wat je van een kameleon kon verwachten. Maar ik had de kameleon niet gezien. Ik dacht dat zij zij was, Kim, de zachtaardige dokter, de vrouw en weduwe, mijn moeder.

Tijdens de lange avonden van een Engelse winter betrapte ik me erop dat ik tegen haar zat aan te zeuren. Mam, je had toch wel tegen het eind toen je niets meer te verliezen had, een beetje openhartiger kunnen zijn? Het zou misschien een heel stuk hebben gescheeld als je iets had verteld – zowel voor jezelf als voor mij. Ik kon er toch niets aan doen dat ik niet vaker kon komen? Toe nou mam, vertel nou iets. En als je kunt, waar je maar bent, vertel eens hoe Criss was. En over je broer Paul en alles wat je je van je eerste jaren kunt herinneren.

'Zeg, je zit me toch niet uit te horen?' zou ze net als vroeger reageren. 'Wat schiet je ermee op? Het is al zo lang geleden. *Ik* ben al van zo lang geleden.'

'Ik wil gewoon een duidelijker beeld van het verleden hebben.'

'Dat kun je toch niet. Die tijd is voorbij.'

'Vertel me dan iets over die broers en zussen van u – degenen die ik niet heb gekend.'

'Ik heb ze zelf amper gekend. Wat heb je eraan?'

'Het zou een stuk schelen, denk ik.'

'Het scheelt niets. Je bent alleen maar verdrietig, dat is het. Vergeet het toch.'

Ze had gelijk, zoals altijd. Het scheelde niets. En toch wilde ik haar echt beter begrijpen. Er was in de tijd Voordat Ze Mij Had een ander leven geweest en ik had er nu een flauw idee van gekregen: Langford Street, vakanties in Ross Beigh, kostschool in Killarney, haar vriendin Mary Galvin die voorstelde scheikunde te gaan studeren en mijn moeder, driester, ambitieuzer, die zei: 'Waarom geen medicijnen?' Toen University College in Dublin waar ze, vroegrijp, op haar zestiende naartoe ging, tegen een jaarlijks collegegeld dat varieerde van vier guineas tot meer dan dertig (met in 1938 zes guineas extra voor snijzaal). Toen afstuderen in 1942. Toen Engeland tijdens de oorlog. Toen mijn vader. Toen trouwen. Toen kinderen. Maar wat had haar ertoe gebracht het verleden te begraven of af te zweren? Op school, waar ik Engels kreeg van Paddy Rogers, een Ier, was ik verrukt geweest toen Stephen Dedalus in James Joyce's *Een portret van de kunstenaar als jongeman* uit de netten van familie, geloof en land bleef en wegvloog. Een uitzonderlijke en onvoorstelbaar gevaarlijke onderneming, leek het. Maar had mijn moeder die vlucht ook niet gemaakt?

Ik dacht dat er geen antwoord op mijn vragen was. Toen schoten de brieven me te binnen. Eerlijk gezegd was ik ze eigenlijk nooit vergeten. In zijn werkkamer, onder een deken onder een geïmproviseerde tafel naast de drankkast, had mijn vader een stapel plastic boodschappentassen staan. In de tassen zaten bruin papieren pakken en in de pakken zaten folio-enveloppen en in de enveloppen zaten nette stapels brieven. Ik had geen idee hoeveel brieven er waren of wat erin stond en toen hij nog leefde had ik er niet bepaald belangstelling voor gehad. Toen mijn moeder na zijn dood kasten en laden opruimde had ze gezegd dat zij ze weg ging gooien.

'Nee,' zei ik, opeens bijgelovig. 'Niet wegdoen. Je weet maar nooit.'

'Wie zou nou een hoop oude brieven willen lezen,' mopperde ze.

'Ik denk dat hij wilde dat ze bewaard bleven,' protesteerde ik.

'Nee, hij kon gewoon niets weggooien.'

Dat was waar. Alles wat eens iets was geweest, bewaarde hij voor een mogelijke reïncarnatie – en dat impliceerde een huis (plus garage, plus schuur, plus allerhande bijgebouwen) vol nutteloze voorwerpen. Ook de stapel enveloppen zou nutteloos kunnen zijn. Ik had geen reden anders te veronderstellen. Alleen was daar het feit dat hij er zorgvuldig een deken overheen had gelegd. En dat het me bijstond dat hij eens had gezegd dat het brieven uit de oorlog waren. En in de rouwperiode die op zijn dood volgde voelde ik me godvruchtig. Waar hij was vergaan waren deze brieven bewaard gebleven. Elke keer wanneer ik terug was werd ik me sterker van hun aanwezigheid bewust. Het was haar huis en zij had er zeggenschap over, maar ik moest er niet aan denken dat mijn moeder ze zou verscheuren of verbranden. Toen ik vaker bij haar op bezoek kwam in verband met haar breuken en ziekten zorgde ik ervoor dat ik elke keer controleerde of de brieven nog onder de deken lagen. Toen ze vier maanden voor haar dood in Cromwell's werd opgenomen verhuisde ik de boodschappentassen naar een klerenkast. Haar werkster, zo was mijn redenering, zou ze per ongeluk voor oud papier kunnen houden en ze weg kunnen gooien. Waar ik echt bang voor was, was dat mijn moeder, wanneer ze oog in oog met de dood stond, misschien zou vragen ze te vernietigen. Wel, in dat geval zou ze het mij moeten vragen, want ik was de enige die hun geheime bergplaats kende. Gelukkig deed ze het niet. Ik voelde me al schofterig genoeg. En verdrietig bovendien: ik kon haar elk moment verliezen, dus ik zou wel gek zijn als ik ook nog de brieven verloor.

Ongeveer een maand voor haar dood besloot ik niets te riskeren en de brieven mee te nemen naar Londen. Het was een rotstreek, ik geef het ruiterlijk toe, maar in elk geval liet ik de enveloppen onaangeroerd, durfde ik er niet aan te komen zolang ze nog leefde. Toen ze overleed voelde het nog steeds verkeerd – het kwam te snel, het vooruitzicht was te triest. Het idee dat ik ze in mijn bezit had was eigenlijk de belangrijkste reden geweest waarom ik ze zo graag had willen hebben. Ze waren mijn erfdeel, samen met het porselein, de Lowry-drukken en een paar meubelstukken. Maar nu ik ze had was ik gewoon niet in staat ernaar te kijken. Die hele winter en herfst lagen ze daar, onaangeroerd.

In de bittere kou van het nieuwe jaar vermande ik me en deed ik willekeurig een pak open. De brieven dateerden uit

1944. Ik was bij toeval op het archief van mijn ouders verkering gestoten.

Je laatste brief aan mij had vertraging, omdat de 'M' op een 'H' leek en hij bezorgd werd bij een zekere Harrison in een andere sectie. Je zult in de toekomst minder dokter moeten zijn als je me schrijft. Brieven die vertraging hebben is frustrerend. Maar eens zullen we elkaar de rest van ons leven dingetjes kunnen toefluisteren.

Lag ik maar in je armen (hier, of bij Tante) en kon ik je maar zeggen hoeveel ik van je houd. Waarom zijn we toch zo verliefd op elkaar geworden, lieveling? Ik zou heus niet willen dat we elkaar nooit hadden ontmoet, maar het zou wel verstandiger zijn geweest. Het is allemaal zo hopeloos. Als je me nu zou zien, zou je me iets zien doen wat je me altijd hebt willen zien doen: huilen. Het kost me tijden dit te schrijven – de interrupties komen ditmaal niet door anderen, maar door mezelf.

Het tweede front is een feit. Hoorde het net in de mess op het overzeese nieuwsbulletin van 3 uur: 11.000 vliegtuigen, 4.000 grote schepen, geslaagde landingen.
Ik hoop dat alles goed blijft gaan en dat er niet al te veel informatielekken zijn geweest. Wees alsjeblieft voorzichtig, lieveling. Ik voel me zo godvergeten machteloos hier in deze rustige, bewolkte hitte. Heb ik je al verteld dat onze nieuwe maj. nooit is aangekomen, omdat hij onderweg is gesneuveld?

Knalnieuws, vind je niet – eerst Rome en nu dit. Ik hoorde om 5 uur 's morgens honderden vliegtuigen overkomen, maar dacht geen moment aan het tweede front. Het is zo raar om hier net als andere keren gewoon te zitten, terwijl al die spannende dingen gebeuren – het doet me wensen dat ik iets kan bijdragen, vandaar dat ik me afvraag hoe jij je voelt. Maar ik ben in elk geval blij dat je bent waar je nu bent.

Ja, lieveling, je zit er aardig aan vast nu je 'Ik houd van jou' hebt gezegd, in elk geval op papier. Ik zal al het bewijsmateriaal bewaren, zodat ik ze, wanneer je op een dag in een vreselijke mopperbui bent (na een vermoeiende dag met de drie kinderen) tevoorschijn kan halen en jou kan zeggen je mond te houden en ze te lezen. Dan zul je naar me toekomen, je armen om me heen slaan en zeggen: 'Ik meen het echt, weet je dat.'

'Ik zal al het bewijsmateriaal bewaren,' beloofde hij. En dat had hij gedaan ook. Het waren er duizenden – roddelbrieven, eenzame brieven, boze brieven, bange brieven, brieven over de manier waarop ze na de oorlog wel of niet samen een leven zouden opbouwen. Ik trok het hele voorjaar uit om ze door te werken. In mijn werkkamer in de kelder was het koud, maar de brieven waren als de gloed van hete stenen. Ik zou grote moeite hebben gehad mijn gedrag tegenover anderen te verklaren. 'Heb je de nieuwste Updike al gelezen?' 'Nee, ik lees op dit moment mijn vader en moeder.' Zelfs mij kwam het vreemd voor. De therapeut in mijn hoofd zei dat ik in de ontkenningsfase zat, dat dit gewoon het hulpeloze verlangen was mijn ouders weer in levenden lijve te zien. Ik bedankte de therapeut voor deze observatie, maar kwam tot de slotsom dat het kletskoek was. Als ik ze immers inderdaad terug wilde hebben, waarom verdiepte ik me dan niet in de herinneringen aan de tijd die ik met hen had gehad toen ze over de dertig en ouder waren – de snuisterijen, de agenda's en fotoalbums? Maar nee, ik ging helemaal op in twee mensen die jonger waren dan ik, op een tijdstip dat ik nog niet bestond. Ik wist dat er over de hele wereld soortgelijke brievenverzamelingen op zolders en in koffers moesten liggen. Sommige zouden zijn geschreven door overlevenden van de holocaust, door mensen van het verzet, generaals in de woestijn, getuigen van gedenkwaardige gebeurtenissen – mensen die dramatische verhalen te vertellen hadden. Maar dat maakte de brieven van mijn ouders er niet minder speciaal op. Het feit dat ik een verslag had van wat ze op bepaalde dagen een halve eeuw geleden deden en dachten kwam me meer dan uitzonderlijk voor. Ze waren arts, geen schrijver, maar ze hadden geschreven – en zich aan elk woord vastgeklampt.

Natuurlijk had ik een gevoel of ik een grens overschreed. Al was dit dan een kostbare schat die mijn vader voor zijn erfgenamen had bewaard, zoals de meeste schatten was ook deze verzegeld geweest. Ik voelde me vooral een heiligschenner wanneer ik de brieven van mijn moeder las, dunne blauwe blaadjes luchtpostpapier die met verroeste, zestig jaar oude nietjes aan elkaar vastzaten. Ik zag in mijn verbeelding hoe mijn vader haastig de enveloppe openscheurde, de woorden van zijn geliefde telkens weer overlas en dan liefdevol deze nietjes erdoorheen sloeg. Hij had de brieven in pakken van ongeveer vijftig stuks opgeborgen om ze later op zijn gemak te herlezen en om ze (zoals hij in die brief van 7 juni 1944 zegt) na de oorlog als wapen te gebruiken. Ik had geen idee of mijn ouders hun brieven ooit in vredestijd hadden herlezen. Maar nu zat ik ze te lezen – na eerst, om het voor mezelf gemakkelijker te maken, de nietjes eruit te hebben gehaald. De brieven waren geen handgranaten. En mijn ouders konden niet in mijn gezicht ontploffen. Maar toch leek het gevaarlijk er aan te zitten.

Afgezien van hun eigen brieven waren, frustrerend genoeg, de brieven van zíjn vrienden en familieleden de enige die er verder nog lagen. Mijn moeder was geen bewaarderig type en niets van haar kant had het overleefd. Maar toch, hoe meer ik las (en herlas en onderzocht en er vragen over stelde), des te meer begreep ik dat hier een verhaal werd verteld. Mijn ouders waren niet de enige hoofdpersonen; ook anderen speelden er een rol in, niet op de laatste plaats Mary, mijn vaders zus en in de oorlog mijn moeders beste vriendin. Het was geen relaas van waaghalzerijen of epische grandeur. Er waren geen weekenden met Churchill op zijn landgoed Chequers, of samenzweringen om Hitler om te brengen. Maar op kalme manier – op háár kalme manier – roerde het verhaal alles aan wat iedereen aangaat: liefde, identiteit, familie, geslacht, werk, nationaal bewustzijn en geloof. Het was een verhaal dat veel verklaarde. Een verhaal vol dingen die mijn moeder me nooit had verteld.

2 Oonagh, Agnes, Gennie, Kim

AGNES AAN ARTHUR, 27-1-43

(...) Reswick en ik hadden afgelopen week een flinke ruzie – hij was een paar dagen bijzonder akelig. Ik ben naar Brown toegestapt en heb hem gezegd dat ik weg wilde. Ik denk dat hij wel vermoedde wat erachter zat en hij heeft met Reswick gepraat, en die bood me later zijn excuses aan en zei dat hij zich zorgen had zitten maken over zijn examenuitslag en dat voortaan alles beter zou gaan. Ik heb toen opnieuw met Brown gepraat en hem gezegd dat ik toch weg wilde, maar hij zei toen dat we een herenakkoord hadden dat ik minstens een halfjaar zou blijven. Toen hij het zo stelde had ik voor mijn gevoel natuurlijk geen andere keus. Reswick blijft aardig en hij heeft me zondag een keizersnede laten doen, maar het zal vast niet voor lang zijn.

Ik zag onlangs op een middag die marinejongen in Sissons zitten – hij was zoals gewoonlijk alleen. Dat is alles wat de lokale roddels betreft, denk ik.

Ze heeft gevoel voor verloskunde, dat zegt iedereen. Althans, dat zeggen de vrouwen. De verpleegkundigen, de vroedvrouwen en de moeders in het Hope. De artsen – mannen – doen neerbuigend, leggen haar de grondbeginselen net zo omstandig uit als wanneer ze het tegen een debiel uit de veenkoloniën zouden hebben. Misschien komt het door haar jeugdigheid. Hoewel ze vijfentwintig is, zou ze voor zeventien kunnen doorgaan en de mannen behandelen haar overeenkomstig, alsof ze een foetus niet van een femur kan onderscheiden. Misschien is het haar sekse. Onder de jongens doet het grapje de ronde dat 'wijfjesdokters' te weinig hersens hebben voor het werk. Of misschien is het omdat ze knap is en dus dom – niet dat zij zichzelf knap vindt, maar mannen, vooral getrouwde mannen, laten niet na het haar te zeggen. Reswick, die jong, vrijgezel en opvliegend is, is tenminste niet zo. En het werk neemt haar helemaal in beslag. Het ergst vindt ze de vrije uren, de eindeloze tijd die moet worden gedood. Wanneer Mary Galvin er is (die kent ze van jongs af aan) heeft ze tenminste een vriendin met wie ze iets kan doen (of niets kan doen). Maar tot die tijd is er alleen haar zus Sheila die lesgeeft in Londen, te ver weg om op haar zeldzame vrije dagen eventjes naartoe te gaan. Een paar verwante geesten zou een heel stuk schelen. De verpleegkundigen zijn best aardig, maar Mider – de kraamafdeling – is niet de plaats om zielsverwanten te vinden, laat staan mannen. Ze begint een gevoel te krijgen of ze is gestrand, alsof ze op een afdeling zit die geïsoleerd is. Dan hoort ze in oktober dat er een feest is en grijpt ze de uitnodiging met beide handen aan. Er werken op andere afdelingen artsen die ze graag zou willen ontmoeten.

Maar ze ontmoet Arthur Morrison. Hij is op weekendverlof (een zogenaamde '48') van Plymouth waar hij bij de Royal Air Force in opleiding is. Ze heeft de zusters over een zekere Arthur horen praten. Een wildebras, zeggen ze – een drinker, een deugniet en een flirt. Is dit wel dezelfde man? Het blauwe luchtmachtuniform staat hem niet slecht, maar ze had zich een lange Don Juan voorgesteld. Met een glas in zijn ene hand en een sigaret in zijn andere doet hij haar aan iemand denken – haar vader, realiseert ze zich met groeiende verslagenheid. 'Goeie God, ze hebben een vrouw aangenomen,' zegt hij wanneer ze aan elkaar worden voorgesteld. Ze neemt aan dat deze lompheid een pose is, al weet je het maar nooit bij Engelsen, vooral niet bij Engelsen in uniform. Hoe meer strepen, des te arroganter, net of een vrouw – elke vrouw – staat te trappelen om ze te krijgen. 'Ik hoor dat je in Ierland in zes maanden kunt afstuderen,' zegt hij plagerig. 'In drie,' antwoordt ze. 'Als je vrouw bent.' Dan schiet het haar te binnen: het handschrift van Arthur Morrison op de status van een patiënt die ze een week terug zag. Een heel duidelijk handschrift, naar doktersmaatstaven, maar de diagnose die hij stelde was, op zijn zachtst gezegd, nogal dubieus. Als hij niet oppast zal ze het hem zeggen ook. Maar tegen die tijd is hij attent – biedt haar een drankje aan, een rokertje, flirt en vraagt haar ten dans. Hij danst als een beer, het gevolg van hetzij bier, hetzij onbekendheid met de foxtrot. Ook zijn handen om haar middel zijn onzeker en dat vindt ze een geruststelling: men heeft haar gewaarschuwd voor Engelse casanova's. In elk geval is het dansen snel afgelopen, want een luchtalarm (zoals gewoonlijk vals) maakt een voortijdig einde aan de avond. Ze nemen vluchtig afscheid van elkaar. Geen kus. Ook geen groot verlies, als hij vrouwelijke artsen tenminste zo laag aanslaat als hij doet voorkomen.

De volgende morgen verschijnt hij op haar afdeling. 'Was toevallig in de buurt,' zegt hij, maar dat betwijfelt ze, te meer omdat hij haar uitnodigt voor een kop koffie. Ze zitten in de deprimerende kantine en wisselen roddels en oorlogsnieuws uit. Grimmy – arts-assistent chirurgie – heeft iets met zuster Ross. Monty heeft zojuist Rommel bij El Alamein verslagen – het begin van het einde, zeggen de kranten. Hun eigen oorlog begint pas. Hij heeft bij het Coastal Command gezeten en zij in haar Engelse ziekenhuis, nog niet eens drie maanden.

'Waarom Plymouth?' vraagt ze.

'Voor mijn opleiding,' zegt hij. 'Tot mijn detachering naar overzee.'

'Wanneer is dat?'

'Over een paar weken.'

'Ik dacht morgen,' zegt ze, met een blik op zijn uniform.

'Je moet altijd voorbereid zijn.'

'En waar sturen ze je heen?'

'Dat hebben ze niet gezegd,' zegt hij, maar hij praat over de plaatsen waar hij graag heen zou willen gaan en zij – als een plagerige persiflage op een afscheid – poetst zijn koperen knopen voor hem op terwijl hij praat. Iedereen die het tweetal ziet zou zeggen dat ze verkikkerd op elkaar zijn. Ze treuzelen bij hun niet-opgedronken koffie en het moment dat Reswick visite begint te lopen verstrijkt. Hoe is het om te vliegen, vraagt ze. Gedoseerd leuk, zegt hij, maar als ovc, officier van gezondheid, heeft hij alleen maar de grondbeginselen geleerd, voor noodgevallen ('De hele bemanning was dood en toen vroegen ze Muggins hier de kist thuis te brengen'). Heldendaden in de lucht laat hij aan Michael over, de man van zijn zus Mary, drager van het *Distinguished Flying Cross,* het Vliegerskruis. Wat hemzelf betreft, zegt hij, hij is 'veel te winderig'. Ze schiet in de lach om zijn eerlijkheid. De meeste mannen in uniform scheppen graag op; deze man is vertederend feilbaar. Ze staan op het punt een nieuwe afspraak te maken, maar dan komt Mike Winstanley binnen ('Ben je weer bezig, Arthur?') en het moment gaat voorbij en ze holt weg om zich aan te sluiten bij Reswicks visites.

En in de weken die verstrijken, met de hectiek op de Kraam en haar drukker wordende sociale leven en het uitblijven van een berichtje uit Plymouth, wijdt ze geen gedachten meer aan Arthur.

Vlak voor kerst is er weer een feest – een groter ditmaal, in de kantine van het Hope. Twee jonge Ierse zusters staan erop dat ze met hen meegaat, 'om ons te beschermen tegen de casanova's', en ze drinken op haar kamer met z'n allen een fles sherry. De ene komt uit Dublin, de andere uit Galway, en terwijl ze in kleermakerszit op het bed zitten en uit theekopjes de sherry naar binnen gieten, jammeren ze over de vreselijke mannen in het Hope die niet in de schaduw kunnen staan van de mannen thuis. Het geluid van een spelende band schalt hun al tegemoet lang voordat ze bij het feest zijn.

In shady shoals, English soles do it.
Goldfish, in the privacy of bowls, do it.
Let's do it, let's fall in love.

Haar hoofd tolt van de herrie en de sherry. De kantine, ontdaan van tafels, versierd met hulst en mistletoe, ziet er bijna feestelijk uit, maar niemand heeft het lef te gaan dansen. Aan een geïmproviseerde bar staat een drietal blauwe en kaki uniformen – militaire artsen die met verlof thuis zijn. Aanvankelijk herkent ze hem niet. Maar de kleine met de brede borst en een pint in de hand is ontegenzeglijk Arthur.

'Ah, de Ierse dame,' zegt hij.

'De Ierse dames,' corrigeert ze hem. 'We nemen de boel over.'

'Arthur Morrison,' zegt hij met een knik naar haar twee metgezellen. 'Ik heb hier vroeger gewerkt.'

'Maar wat doe je vanavond dan hier?' vraagt ze, lomper dan ze het bedoelt.

'Ze zitten nog altijd te sodehannesen met mijn detachering.'

'Je bent vast veel te belangrijk om risico's voor te nemen?'

'Veel te onbelangrijk om zich druk over te maken, zul je bedoelen. Iets drinken?'

Hij gaat iets halen en ze weet dat het fout is. 'Mijn hoofd is niet gemaakt voor gin,' zegt ze tegen hem wanneer hij een twee-de en een derde bestelt. Op de een of andere manier is haar glas altijd vol. Wil dat zeggen dat ze drinkt, of juist dat ze niet drinkt? Rustig nou, zegt ze tegen zichzelf. Maar alles lijkt erg snel te gaan. Opeens verschijnt Mike Winstanley, met een andere arts, en samen sleuren ze de twee verpleegkundigen mee.

'Ik wil wedden dat Mike een flirt met jou heeft,' zegt Arthur.

'Ik ben toch immers een vrouw? Er zou wel iets heel erg mis moeten zijn als hij het niet deed.'

'Ik heb ook een flirt. Terry, een meisje uit Plymouth. Nog niets serieus, maar ze is een schoonheid.'

Niets serieus, maar ze merkt dat ze zich boos over hem maakt. En over de manier waarop hij kijkt hoe ze reageert. En over zijn glimlach wanneer hij ziet dat ze het niet leuk vindt. Tenminste, het lijkt op een glimlach. Haar blikveld is helemaal scheef ge-zakt. Het zou een frons kunnen zijn.

'Ter-ry,' zegt ze, balancerend op de lettergrepen. 'Malle naam voor een meisje.'

'Jaloers?' vraagt hij.

'Waarom zou ik?'

'Ze hoopt dat we ons gaan verloven.'

'Fijn voor je.'

'Maar ik houd de boot af.'

'Waarom, als ze immers zo'n schoonheid is?'

'Wil je dansen?'

'Ik heb niet zo'n zin.'

'Dan zal ik het met een zuster moeten stellen,' zegt hij en hij snelt weg. Afgaande op zijn blik toen ze hem weigerde zou ze zeggen dat hij een oogje op haar heeft. Of speelt hij gewoon een spelletje? Ze weet het niet. Plof maar – hij mag zijn Terry hou-den en de zusters erbij, wat kan het haar schelen? Ze draait haar rug naar de dansvloer en knoopt een gesprek aan met Guffy, de anesthesist van het Hope wiens slechte adem legendarisch is.

Het grapje gaat dat hij patiënten onder narcose brengt door tegen ze aan te ademen. Verbaasd over haar aandacht bestelt hij er nog een voor haar – nee, echt niet, ze moet niet meer, maar ze neemt het toch. Voordat ze het weet danst ze met hem. Dankbaar voor het steuntje laat ze haar arm op de zijne rusten, drapeert zich vervolgens op zijn schouder. De band zingt over naderend onheil, maar ondertussen zijn er maanlicht en muziek. De twee Ierse verpleegkundigen lachen haar bemoedigend toe wanneer ze hen voorbij zweeft. Over zijn schouder trekt ze een grimas naar hen. Liefde en romantiek? Met Guffy? Zijn ze nou helemaal gek geworden?

Arthur, terug aan de bar wegens een tekort aan danspartners, doet alsof hij niet kijkt. Hoewel hij haar amper kent merkt hij dat ze te veel op heeft. Guffy! Hij heeft de neiging haar in haar eigen vet gaar te laten koken. Maar wanneer Moriarty, of was het Coward, zegt: 'Je moet haar echt gaan redden, Arthur,' loopt hij bruusk als een oude hertenbok naar hen toe en tikt af: 'Mag ik deze dans van je?' Zonder te protesteren glijdt ze in zijn armen. Het lied heeft meer uptempo, al zou je dat uit de manier waarop ze op hem leunt niet zeggen. *'Oh I love to climb a mountain,'* mompelt ze mee, maar hij schijnt de woorden niet te kennen. Als hij het zou proberen zou ze zich door hem laten kussen. Waarom probeert hij het nou niet? Ze dansen wang aan wang, dus het zou heel normaal zijn. Maar wanneer ze zich achterover buigt en zijn oog vangt, glijdt het van haar weg, alsof het zich geneert. Waarover? Haar zweverigheid? Omdat mensen kijken? Het is een opluchting wanneer de zoenerige nummers ophouden en de muziek luider en sneller wordt. Iedereen gaat nu de dansvloer op – zelfs de pimpelaars, de drinkebroers die nooit bij de bar weggaan. In tegenstelling tot wat hij denkt voelt ze zich vrij nuchter, nuchter genoeg om te weten dat ze de volgende ochtend hiervoor zal moeten boeten. Ze laten elkaar los en vormen met de anderen een grote kring voor de finale – linkerbeen in, rechterbeen in, een hele meute die de hokey-cokey doet: '*That's what it's all about.*' Wanneer de band ophoudt klinken er kreten om meer en de band gaat er met genoegen op in. Maar ze is moe en de onstuimigheid is te veel voor haar. Samen zitten ze de toegift uit, hij met een pint, zij met een glas lauw water.

Om twaalf uur gaan de lichten aan. Ze zou nu eigenlijk moeten opstappen, de twee verpleegkundigen staan te wachten, maar hij laat haar niet gaan. Terwijl iedereen geleidelijk verdwijnt, verre deuren onder de sterren dichtslaan, rekken ze tijd. 'Je hebt het koud,' zegt hij en hij neemt haar hand in de zijne. 'Zullen we een haardvuur zoeken?' Sterke, zwarte koffie zou beter zijn, maar ze lopen naar de conversatiekamer van de artsen en die is warm, sjofel en (zoals ze hadden gehoopt) leeg. Op de afgetrapte bank staren ze naar het flakkerende kolenvuur. En wat misschien niets zou zijn geworden groeit nu uit tot iets waar dit over gaat.

ARTHUR AAN AGNES, 24-8-44

Heb ik je ooit goed ingeprent wat voor effect het op me had toen je op een ochtend in oktober 1942 mijn knopen opwreef? En dat ik jou toen (bijna) vergat totdat ik weer met weekendverlof kwam? En dat ik je nonchalant aansprak? En dan die eerste avond toen iedereen was vertrokken en jij met mij op de bank zat voor een dovend haardvuur en mij toen helemaal uitgelaten kuste, ondanks alles wat je had gehoord?

Dus later zou hij haar het voorval nog eens in herinnering brengen. De beslissende eerste kus. De avond waar alles uit voortvloeide. Maar ik moet het niet overdrijven. De knopen, het haardvuur, de kus, de bank en (zoals hij haar telkens zou voorhouden) de drank – voor mij betekenen ze heel veel, want daarzonder zou ik niet zijn geboren. Maar in het geheel der dingen was dit geen cataclysmische gebeurtenis. Beiden zouden anderen ontmoet kunnen hebben. Ze zouden andere kinderen gehad kunnen hebben. Voor hen zou het leven anders zijn geweest en voor mij zou het niet zijn begonnen, maar we zouden geen van allen hebben geweten wat we zouden missen en de eeuw zou nagenoeg op dezelfde manier zijn verlopen.

Maar toch – laat me deze vraag stellen. Hoe groot was de kans dat mijn ouders elkaar zouden ontmoeten? Vrij groot: ze waren allebei arts en ongeveer even oud, en de geneeskunde is, net als de meeste beroepen, een kleine wereld. Vrij klein: ze kwamen uit een ander land en het was oorlog. Ze ontmoetten elkaar door hun werk, in een ziekenhuis – maar eigenlijk ook weer niet, want hij was er al weg voordat zij kwam en hij was maar voor even terug. Ze ontmoetten elkaar op een feest en vonden elkaar aardig – maar hij was min of meer verloofd met een vrouw in Plymouth en zij had verschillende bewonderaars, van wie één een huisvriend. Hij was te klein en te dol op bier naar haar smaak; en zij was niet blond of geboezemd genoeg naar de zijne. Zij stond ambivalent tegenover Engeland en wist niet hoe lang ze er zou blijven. Hij stond ambivalent tegenover vrouwelijke artsen – had graag knappe meisjes om zich heen, maar voelde zich bij verpleegkundigen meer op zijn gemak. Met beiden ging het voor de wind – ze hadden een veelbelovende carrière voor de boeg. Maar waar ze ook maar naartoe op weg waren, het was niet waarschijnlijk dat het naar dezelfde plaats zou zijn.

Hoe groot was de kans dat ze elkaar die kerst weer tegen zouden komen (wat verschillende malen gebeurde, voornamelijk in kroegen) nadat ze elkaar op de bank hadden gekust? Niet zo groot. Hij was tien dagen thuis en wilde haar zien, maar hij schrok ervoor terug toen hij zich haar gezwalk met Guffy op de dansvloer herinnerde. Ze hield van de manier waarop hij kuste, maar ze vond hem pedant (zo dronken was ze nou ook weer niet geweest) en trouwens, hij zou toch gauw naar overzee vertrekken. En toen ze in het nieuwe jaar afscheid van elkaar namen en beloofden elkaar te zullen schrijven, hoe groot was de kans dat ze zich aan die belofte zouden houden? Op z'n hoogst fifty-fifty. Het was een soort 'Ik bel je nog wel', meer niet. En zelfs als ze hun belofte zouden nakomen zou de zaak misschien al snel zijn doodgebloed. Ze waren niet verliefd op elkaar en in de eerste roes van 1943 wisten ze geen beiden waar ze stonden. Maar desondanks wisselden ze eind januari brieven uit – hij plaagde haar er een beetje mee dat ze hem niet naar het station van Manchester had gebracht, zij vergastte hem op het relaas van recente rechtszittingen die ze had moeten doormaken (waaronder een in Lancaster waar een aborteuse terechtstond). De brieven waren omzichtig. Maar er waren ook telefoontjes, 's avonds laat, na een paar glazen. Hij had het uitgemaakt met Terry, vertelde hij haar. 'Wat je in Plymouth uitvoert zijn jouw zaken,' zei ze; voor hetzelfde geld was het tussen Terry en hem nog dik aan. Maar het feit dat hij haar vertelde dat het uit was, leek toch wel veelzeggend – te meer toen hij haar begin februari (zijn detachering had vertraging opgelopen) uitnodigde het daaropvolgende weekend kennis te maken met zijn ouders.

Hoe groot was de kans dat hij haar bij hem thuis zou uitnodigen, nog maar enkele weken nadat ze elkaar hadden ontmoet? De meeste Engelsen, zo had ze gemerkt, zagen hun woning als een vesting – een donker kasteel waar je je in terugtrok, niet (zoals in Ierland) een open huis met drank en *craic*. In het halfjaar in het Hope had niemand haar zelfs maar op de thee gevraagd. Ze voelde zich dus gevleid door de uitnodiging. Maar kreeg het ook benauwd. Wat betekende het, in Engeland, wanneer je werd gevraagd kennis te maken met de ouders van een man? Was het de prelude tot iets anders? Zou het er onofficieel toegaan? Wat moest ze aan? Stel dat zijn ouders en zus tegen haar waren? Wat verwachten zijn vader en moeder? Wisten ze zelfs van haar bestaan af? Hoe meer ze erover nadacht, des te meer ze erover tobde. Ze had er graag met iemand over gepraat. Maar met wie?

Hoe groot was de kans dat ze elkaar zouden ontmoeten, met elkaar zouden dansen, elkaar zouden kussen en – binnen enkele weken – naar zijn huis zouden gaan om kennis te maken met zijn ouders? En dat hun relatie stand zou houden, ook al waren ze dan van elkaar gescheiden? En dat zij stand zouden houden wanneer vrienden en verwanten sneuvelden? En dat al hun meningsverschillen zouden worden bijgelegd, zodat ze met elkaar konden trouwen? Oneindig klein. En toch gebeurde het onvermijdelijk. Zoals altijd in de liefde, bij elke twee mensen, voltrok het zich onverbiddelijk, tegen alle verwachtingen in.

Zijn ouderlijk huis is een roodbakstenen villa die op een helling in Worsley is geprikt en uitkijkt op het landgoed Bridgewater. Windyridge, noemen ze het. Vijf slaapkamers, centrale verwarming, erker, glooiend voorgazon, garage en appelboomgaard achter – het is een huis gebouwd voor een Manchesterse zakenman, handig voor de stad, maar ook solide en *verheven*. Kathleen, Arthurs moeder, lijkt er even nietig in als een erwt onder een matras. Ze is een vrouw met stralende ogen en krulletjes en ze is zo klein dat ze, wanneer ze de kip controleert die in de bovenste oven van de Aga ligt te braden, zich nauwelijks hoeft te bukken. Agnes vindt haar lief, niet in de laatste plaats omdat ze hun tijd gunt alleen te zijn. Als een opgewonden jongen laat Arthur haar het huis zien en drijft hij haar van kamer naar kamer, al lijkt niet zozeer het huis hem met de meeste trots te vervullen en ook niet de met onkruid begroeide en met rood gravel bedekte tennisbaan achter de boomgaard, als wel zijn rode MG-sportwagen (in reparatie) in de houten schuur. Ze houdt van de ruimte van Windyridge, al vindt ze het wel buitenissig: zoveel kamers en door zo weinig mensen bewoond. Ze vraagt zich af hoe de arme Kathleen zich er redt nu Mary is getrouwd en Arthur in Plymouth zit en Ernest, hun vader, de hele dag op zijn werk is.

Om half twee komt Ernest thuis van zijn bowlingclub. Hij doet zijn best aardig te zijn, zwengelt aan Agnes' arm en biedt haar een sherry aan, maar ze vindt hem ontzettend onheilspellend. Hij is niet groot, maar door zijn borstkas, zijn kaken, zijn kalende hoofd, zijn bulderstem, zijn absolute overtuigingen doet hij haar aan Winston Churchill denken. Hij werkt in de stad, in John Dalton Street, en staat aan het hoofd van Dorning & Morrison, een zaak die hij van zijn vader heeft geërfd. Mijnen, spoorwegen, kanalen, waterreservoirs, grote landgoederen, je kunt het zo gek niet bedenken of hij doet de raming en de taxatie. Door de oorlog gaan de zaken de laatste tijd een beetje minder. 'Maar het land moet nog altijd kolen en treinen hebben', zegt hij. 'We knokken door.' Ook Kathleen – 'mams', zoals hij haar noemt – komt uit een familie van ingenieurs. Blakemore & Co was eens de grootste fabrikant van bouten en moeren in heel Lancashire – zij waren het die de duizend ton bouten leverden waarmee de Merseytunnel bij elkaar wordt gehouden. 'We zijn bouten- en moerenlui', zegt hij, terwijl ze naar de eetkamer lopen waar Kathleen op hem zit te wachten om het vlees aan te snijden. 'Je moet ons nemen zoals we zijn. Niks geen vormelijkheid hier.'

Maar voor Agnes was de lunch in Windyridge het toppunt van vormelijkheid. Borden met wilgenmotief, vleesbestek, witkanten servetten, de klok op de schoorsteenmantel die door elk hiaat in het gesprek heen tikt – het is heel erg Engelse middenklasse. Als een gast een mes verkeerd vast zou houden – het handvat ordinair in een hoek tussen duim en wijsvinger in plaats van keurig eronder – zou het vergrijp zwijgend worden geregistreerd en zouden de bijbehorende sociale gevolgtrekkingen worden gemaakt. Ze is blij dat ze thuis tafelmanieren heeft geleerd en dat ze, wanneer Ernest vraagt wat haar vader doet, kan zeggen: 'Hij zit in de wolhandel', wat als een respectabel beroep klinkt.

'En aan welke universiteit ben je afgestudeerd?'

'Het University College in Dublin.'

'Dus je wortels liggen in...'

'Ik kom uit County Kerry. Dat ligt in het...'

'Het zuiden, ja ik weet het.'

Ze wist dat beiden het al hadden bedacht, los van het feit of Arthur hen nu van tevoren had ingeseind of niet. Hoewel haar accent sinds haar komst in Engeland minder geprononceerd is geworden, is haar Kerryse zinsmelodie er nog altijd wel. Toch voelt ze zich niet op haar gemak. Door de manier waarop Ernest 'wortels' zei is het alsof ze een knolraap is of zoiets. En is ze paranoïde, of had dat 'zuiden' echt een scherpe klank? Hij kijkt haar door zijn stalen bril strak aan, niet onvriendelijk, maar wel ondoorgrondelijk. Had hij liever gehad dat ze uit Belfast kwam? Het geluid van messen die over borden schrapen bezorgt haar een koude rilling. Het gesprek kabbelt voort, van Monty naar Hitler en Goebbels, van spaghettivreters en Jappen naar *jerry's*, moffen. Tegen de tijd dat Kathleen de sagopudding opdient voelt Agnes zich al niet meer op haar gemak. Ernest heeft uitgesproken meningen, want hij heeft in de laatste oorlog als onderkorporaal bij de *Artists' Riffles* gediend en 'weet dus het een en ander over de mof'. En wat hij over hen weet is voor hem reden eraan te twijfelen of de vijandelijkheden wel zo snel voorbij zullen zijn.

'We zijn aan de winnende hand,' zegt Arthur. 'Hitler weet dat hij zijn langste tijd heeft gehad.'

'Maar dat zal hem er niet van weerhouden tot het bittere eind door te vechten,' zegt Ernest. 'Vanaf dit moment zal elke druppel bloed die wordt vergoten, voor niets zijn.'

'Ik heb te doen met de moeders,' zegt Kathleen en haar hand rust op de opscheplepel in de pyrexschaal. 'Mevrouw Strachan, mevrouw Plowright, mevrouw Craughton...'

'Het is niet onze bedoeling dat jij ook in dat rijtje komt, snoes.'

'Mij overkomt echt niets, mams,' zegt Arthur.

'Dat zei je neef Dan in 1940 ook.'

'Hij heeft pech gehad. Maar in elk geval heeft hij zijn steentje bijgedragen.'

'Gewoon kop laag houden en dekken op je voorman,' zegt Ernest tegen Arthur. 'Dat is mijn advies.'

'Gewoon een lafbek zijn, bedoelt u.'

'Beter een levende lafbek dan een dode held. De enige lafbekken in deze oorlog zijn de landen die er niet bij betrokken willen raken. De godvergeten neutralen.'

Verbeeldt ze het zich, of ontweek Ernest zonet inderdaad haar blik?

'Ze noemen het vriendschappelijke neutraliteit,' gaat hij verder. 'Wat is er verdikkie zo vriendschappelijk aan als je je afzijdig houdt wanneer mensen hun keel wordt doorgesneden?'

'Als individu kun je er best bij betrokken raken, zelfs als je land zich afzijdig houdt,' zegt Arthur, die de portee van zijn vaders woorden begrijpt. 'Wij hebben bijvoorbeeld een Zweed in onze mess.'

'Maar waarom doen hun vervloekte leiders het dan in hun broek? Hoe kunnen ze op hun handen blijven zitten wanneer hun buurman aan flarden wordt geschoten?'

'Ierland is uiteraard neutraal,' zegt Agnes, alsof Ernest een heel ander land op het oog moest hebben gehad. 'Maar veel mensen in Ierland zijn het niet eens met De Valera.'

'Ik ben blij dat te horen,' zegt Ernest.

'Er is nog altijd kans dat de Ieren erbij komen,' zegt Arthur.

'Maar zelfs dan is het nu te laat,' snauwt Ernest. 'Denk eens aan al onze schepen die in de Ierse wateren door de mof zijn getorpedeerd. En aan al onze vliegtuigen die zijn neergestort, omdat ze door hun brandstof heen waren en niet op Ierse luchthavens mochten landen. En ondertussen houden honderden Duitse spionnen zich schuil in hotels in het zuiden.'

Sinds ze in Engeland is heeft Agnes een heleboel verhalen gehoord over spionnen die de toeristenindustrie van Kerry een flinke injectie geven. Misschien zijn die verhalen waar, maar persoonlijk is ze er nog nooit een tegengekomen. En er zijn meer verhalen: over trawlervissers die in Dingle Bay vis en sigaretten aan de bemanning van Duitse U-boten verkopen; over de IRA die Hitler hielp bij het bombardement van Belfast; over de censurering van kranten door de Ierse overheid om te voorkomen dat kritiek op de nazi's werd geleverd. Ook Ernest heeft die verhalen gehoord. Maar zijn vijandigheid heeft een andere reden, zo ontdekt ze later. In 1939 ontplofte een IRA-bom in Manchester, niet ver van zijn werk, en daarbij kwam een viskruier om het leven. Smerige Ierse turfstekers. Allemaal ruziezoekers. Niet te vertrouwen. Werkschuwe schijtlaarzen meestal. Roepen altijd dat ze het slachtoffer van de geschiedenis zijn. Het zijn eerder verwende kinderen. Het hele land was voor de komst van de Engelse kolonisten een groot veenmoeras. Een beetje dankbaarheid in plaats van geweren en gejammer zou wel op zijn plaats zijn. En nu laten ze zich ook nog door de nazi's als achterdeur gebruiken. Op wiens hand zijn ze eigenlijk? Als De Valera een beetje hersens had bood hij Engeland alle hulp aan en dan zou Churchill hem in ruil waarschijnlijk Ulster geven. Maar die vuilak is met geen tien paarden de oorlog in te krijgen. Niet door de Amerikanen die na Pearl Harbor zijn gaan meedoen. Zelfs niet door de bombardementen van de Luftwaffe op Belfast en (per ongeluk) op Dublin toen honderden om het leven kwamen. Lafbekken en ratten, dat zijn het. We zouden hun geen voedsel en kolen meer moeten sturen en die schoften laten creperen... En als Agnes er niet was geweest zou Ernest nog veel meer over het onderwerp hebben gezegd, zo weet het gezin uit ervaring. Vandaar dat ze proberen de lont uit het kruitvat te halen. 'Zullen we naar de zitkamer gaan voor de thee?' stelt Kathleen voor en in dezelfde adem zegt Arthur: 'Twee broers van Agnes zitten in het leger.'

'Patrick zit als officier in Afrika,' bevestigt ze. 'Hij is achter in de dertig. Paul is iets ouder dan ik en hij zit bij het leger in Frankrijk.'

'Je zult wel trots op ze zijn,' zegt Ernest.

'Mijn zwager Jerry zit ook bij het leger.'

'Jerry? Het is maar te hopen dat hij dan een paar *jerry's* te grazen neemt.'

'En ik heb nog meer familie in uniform.'

'Maar ik neem aan dat ze, wanneer ze met verlof zijn, in burger moeten lopen, omdat De Valera niet wil toegeven dat het oorlog is, alleen een "noodsituatie".'

'Het wordt hier een noodsituatie als jullie nu niet naar de andere kamer gaan,' zegt Kathleen en ze jaagt iedereen uit zijn stoel.

In de zitkamer laten ze het onderwerp verder rusten. 'Het is gewoon typisch paps, het heeft niets met jou te maken,' zal Arthur later tegen Agnes zeggen, terwijl hij haar een kneepje in de hand geeft, en ze zal proberen hem te geloven. Niet dat zulke opvattingen nieuw voor haar zijn. Ze heeft gehoord hoe mensen praten, ze leest de krant, ze kent haar geschiedenis. Toch zet ze haar stekels op. De Ierse neutraliteit is een complex probleem. Snapt Ernest dan niet wat erachter zit: dat een land dat pas zelfstandig is geworden, een beetje onafhankelijkheid en zelfrespect probeert te tonen? Is het wel eerlijk om te spreken van 'in hun broek doen' wanneer tienduizenden Ieren uit vrije wil met de geallieerden meevechten? Als het aan haar lag zou Ierland meer hulp bieden. Maar die zelfingenomenheid. Zijn de Engelsen in het verleden niet nazi's voor de Ieren geweest? Natuurlijk, de Ieren zouden minder over de geschiedenis moeten zeuren, maar de Engelsen zouden er meer aan moeten denken.

Zwijgend, beliegend beleefd, nipt ze van haar thee. Ze heeft geen zin in een conflict, en in een nieuw land, waar ze zich op de tast een weg door de labyrinten van de etiquette moet zoeken, voelt ze zich op onvertrouwde grond. Met Ernest in discussie gaan zou net zo zijn als met Churchill de degens kruisen. Mettertijd zal ze zich misschien in staat voelen hem van repliek te dienen – als tenminste de omgang met Arthur tegen die tijd niet is doodgebloed. Wie weet wat de toekomst brengen zal. In het vervagende winterlicht drinkt ze haar thee en luistert ze naar Ernests strijdplan voor Sicilië. Ze houdt haar mond dicht en haar mening voor zich en wordt zo on-Iers als maar kan.

Cherry Trees, St Mary's Ave, Northwood, 6-3-43

Lieve Gennie,
Ik ben wel reuze rap met schrijven, vind je niet? Je zult zo wel merken waarom.(...)

Ik heb haar de hele tijd Agnes genoemd. Maar Arthur gebruikt een andere naam. Voor hem is ze 'Gennie' en met 'Lieve Gennie' begint hij zijn brieven. Een andere vrouw zou het misschien vervelend hebben gevonden dat hij zich er niet toe kan zetten haar voornaam te gebruiken. Maar ze heeft hem verteld dat ze die naam net zo walgelijk vindt als hij. Een maagd uit de derde eeuw die traditioneel wordt afgebeeld met een lam in haar armen: de associaties met díe Agnes zijn niet gewenst. Lammeren betekenen schapen en schapen betekenen de huiden die in de wolopslagplaats van haar vader liggen opgestapeld – de wereld die ze achter zich heeft gelaten. Dus hoewel ze zelf gewetensvol met Agnes ondertekent en Gennie niet wil gebruiken (zelfs niet wanneer haar zus Mary haar ook zo noemt) is ze bereid een naamsverandering in overweging te nemen. In mei 1943 biedt ze hem Oonagh aan: 'Het schoot me een paar dagen geleden te binnen. Het is Iers voor Agnes (hier uitgesproken als Juna, maar in Ierland als Oena). Wat denk je ervan?' Niet veel, blijkbaar. Hij neemt het niet over en zij voelt zich te weinig Oonagh om erop aan te dringen.

Negen maanden later proberen ze haar nog altijd ter wereld te brengen en te dopen. 'We zijn de naamgeving vergeten,' schrijft ze in februari 1944, na een weekend met hun tweeën. 'Heb je er sindsdien nog over nagedacht?' Ja, dat heeft hij, is zijn antwoord, maar 'ik kan nog geen goede naam bedenken. Sherry vind ik niet mooi. Heb jij niet een suggestie? Iets wat kort en bondig is, maar niet al te jongensachtig zoals Bobby, want dat past niet bij jou. Wat vind je van Billie? Klinkt wel lief. Enfin, nu ben jij weer aan de beurt, snoes?' In een PS voegt hij eraan toe. 'Wat denk je van Kim als bijnaam? KIM.' Bobby, Billy, Kim. Valt het haar niet op dat die namen ook allemaal mannennamen zijn? Zo ja, vindt ze zijn androgynie dan niet raar? Is het jongensachtige 'Terry' (zijn vriendin in Plymouth) ook een eigen bedenksel, zijn versie van Teresa? Niet minder verontrustend is zijn gebruik van 'snoes': zo noemt zijn vader zijn moeder en zo noemt hij (de zoon van zijn vader) zijn nieuwe liefde. Toch komt ze niet met een reactie op zijn namen en koosnamen, met uitzondering van de klacht dat 'het met de naamgeving heel slecht gaat. (...) Had ik maar een fatsoenlijke naam gekregen'. Ten slotte ondertekent ze maar met een '?' in plaats van met Agnes, alsof ze niet zeker weet wie ze is. Tien dagen later, na opnieuw een weekend met hun tweeën, accepteert ze zijn suggestie en ondertekent ze haar brief met 'Kim'. Dus het is Kim. Ze is herboren, herdoopt en heruitgevonden en Kim zal ze de rest van haar leven blijven.

Was dit mijn moeders eerste fout, een capitulatie die de trend zette voor verscheidene andere? Het is *My Fair Lady* in het echt, Eliza die door Henry Higgins zo wordt getransformeerd dat ze haar plaats in de Engelse bourgeoisie kan innemen. Niet dat het me iets kan schelen of ze nu Oonagh, Agnes, Gennie of Kitty heet, maar waarom liet ze hem erover beslissen? In de loop der tijd verbleekte ook haar accent. (Bij meneer Kelly, een Ierse tuinman die ze jaren later in dienst had, zou ze soms terugkeren naar de tongval van Kerry. En na de dood van mijn vader werd volgens vriendinnen die tongval sterker. Maar toen ze op middelbare leeftijd was zou niemand hebben geweten waar ze vandaan kwam.) Arthur gedroeg zich als een dwingeland – waarom kon hij haar niet accepteren zoals ze was? Toch staat er in zijn brieven niets waaruit je zou kunnen opmaken dat hij haar accent erg vond en ze stond onder geen enkele druk van naam te veranderen. Als ze tegen hem had gezegd: 'Wat denk je wel, jij. Het is Agnes en het blijft Agnes,' zou hij hebben gejammerd en gezeurd, maar ten slotte zou hij zijn bijgedraaid. Het feit dat ze het herdopingsplan aanvaardde bewijst dat ze bereid was haar identiteit af te werpen. Het hoorde bij het doorsnijden van de streng die haar met Ierland verbond. Hij zag het en moedigde het aan. Maar de aanzet was al gegeven.

Een naam is belangrijk. Toen ze trouwde en geen O'Shea meer heette, werd ze dokter A. Morrison, en dat was verwarrend, ja zelfs zelfdepreciërend, want mijn vader had dezelfde naam en titel. Hij bood een uitweg aan door zich dokter A.B. Morrison te noemen. Maar omwille van de eenvoud wilden patiënten haar liever als 'mevrouw de dokter' kennen en een paar noemden haar zelfs de Dokteres, om haar te onderscheiden van de Dokter. Ook thuis heerste verwarring. Ze was eraan gewend geweest om als kind haar ouders mammie en pappie te noemen. Maar hij noemde de zijne mams en paps en dat 'normale' *Engelse* gebruik won het toen ze zelf kinderen kregen. Voor ons was ze mams, of ze het leuk vond of niet (na een tijdje vond ík het niet leuk, gebruikte ik liever 'mam', of het volksere 'onze mam'). Met ons bedoel ik niet alleen Gill en mij, maar ook mijn vader – die noemde haar mams, zelfs wanneer wij er niet bij waren, en zelfs toen zijn eigen moeder nog leefde. Van meet af aan lijkt hij hen als elkaars dubbel te hebben beschouwd. 'Wanneer ik mijn ouders in Windyridge schrijf, zet ik K.M. Morrison op de enveloppe,' liet hij haar in 1944 weten (K.M. stond voor Kathleen Mildred). 'Voeg ik er een "I" aan toe, dan schrijf ik aan mijn toekomstige vrouw.'

Zijn vrouw kende hij als mams, zijn maîtresse Beaty noemde hij tante en Terry was de naam die hij aan onze labrador gaf. Een psychoanalyticus zou hier misschien zijn tanden in willen zetten. Maar mij gaat het om mijn moeder – de glibberigheid van haar namen en haar verlangen een nieuw persoon te zijn.

ARTHUR AAN KIM, Northwood, 6-3-43

Ik ben wel reuze rap met schrijven, vind je niet? Je zult zo wel merken waarom.

Ik arriveerde tegen 7 uur 's avond in Londen en was tegen 8 uur in Northwood. Kreeg vervoer (samen met twee vrijwilligsters van de WAAF) naar Cherry Trees, eigendom van lt.kol. Verband (een naam die je gemakkelijk kunt onthouden) die overzee is. Mevrouw Verband is erg aardig, evenals haar dochter (18, knap – jammer dat ik niet lang blijf). Doorgereden naar HK, ongeveer anderhalve kilometer verderop, en daar hoorde ik van Commodore Biggs (de hoogste officier van gezondheid) dat ik minstens voor een jaar naar IJsland ga – ik vertrek binnenkort. Een paar biertjes gedronken en een spelletje snooker gespeeld.

Maar nu ter zake. Ik denk dat ik zondag verlof kan krijgen. Kom je over? De kans is namelijk groot dat ik je een hele tijd niet zal zien en dat ik hier niet meer zal zijn wanneer je de volgende keer een weekend vrij hebt. Ik zou om 7 uur klaar kunnen zijn, dus ik zou in Londen kunnen zijn om (...).

POTVERDORIE.

Ik ben net naar beneden geroepen – ik vertrek nu, of liever, over

3 uur, voor een paar weken Belfast, dus ik moet weer inpakken.
Wat een pech. Ik bel je uit Belfast. Pas goed op jezelf, snoes.

KIM AAN ARTHUR, Hope Ziekenhuis, Salford, 8-3-43

Ik was gisteren op bezoek bij Mary. Je vader zei: 'Weet je waar
Arthur zit? In Belfast.' Ik vroeg hun hoe ze het wisten en je moe-
der zei dat de centralist het hun maandagavond had verteld. Ik
moest net doen of ik ervan opkeek, maar verd**, wat voelde ik
me een hypocriet. Toen ze weg waren zei Mary: 'Je wist zeker
allang waar hij zat,' dus ik vertelde haar het hele verhaal en ze
moest er wel om lachen.
Ik bleef tot 9.15, liep toen van Windyridge naar Worsley Court
House, en het hele stuk ernaartoe vroeg ik me af wat het eigen-
lijk was wat ik miste en toen besefte ik dat er niemand was die
me haastig naar de bus toe bracht.
Gek dat je je het telefoontje van zaterdagnacht (om half drie)
niet meer kunt herinneren. Misschien is het maar goed ook. Je
was vrij resoluut dat het A zou zijn als ik in Belfast was. Ik op
mijn beurt was net zo resoluut dat het B zou zijn (wat het uiter-
aard overal zou zijn geweest), maar daar was jij het niet mee
eens.

Omdat de kans om Arthur te zien haar is ontnomen brengt ze de
dag met zijn zus door. Mary is net drieëntwintig geworden, maar
het grapje gaat dat ze pas vijf is, want haar verjaardag valt op 29
februari en dat komt maar eens in de vier jaar voor. Ze noemen
haar 'Ukkie', maar dat is ze niet, zeker nu niet, acht maanden in
verwachting van haar eerste kind. Ondanks haar traagheid (dikke buik, dikke voeten) is ze nadrukkelijk in Windyridge aanwezig. Ze heeft niet zo'n dreunende stem als Ernest, maar ze weet
hoe ze een standpunt moet overbrengen, hoe ze de woorden die
belangrijk zijn moet beklémtonen door vlak ervoor een páúze in

te lassen en dan met stémverheffing door te spreken (en zo nodig ook een uitroepteken toe te voegen!). Terwijl ze Gennie samenzweerderig bij een arm neemt zegt ze te hopen dat hij, paps, het haar niet moeilijk zal maken. Dat maakte hij het Michael namelijk wel – totdat ze met elkaar trouwden en dat snoerde hem kennelijk de mond. Michael is er dat weekend niet. Hij was van plan geweest met haar mee te komen, uit Oakington bij Cambridge waar zijn basis is, maar ze hadden hem daar veel te hard nodig voor bombardementsvluchten. Tijdens de lunch – roastbeef en yorkshirepudding, een speciaal feestmaal ter ere van haar verjaardag – praat Mary veel over Michaels operationele vluchten: de nachtelijke luchtaanvallen, de witte, zijden sjaal die hij als mascotte draagt, het stukje van een vliegtuigromp dat hij haar eens als herinnering heeft gegeven (afkomstig van een Duits vliegtuig, een Heinkel, dat boven de Noordzee was neergeschoten). Agnes is dankbaar voor het gebabbel. Het is heel anders dan de laatste keer toen ze hier was en moest huiveren van de spanning en het geschraap over borden. O, Mary en Ernest sputteren en foeteren tegen elkaar, maar het is maar vader-en-dochtergebekvecht. Het voelt als een echt gezin. Als thuis.

Na de lunch maken Mary en zij een wandeling. Ze hebben elkaar maar eenmaal ontmoet, met kerst, en ze hebben nooit echt met elkaar gepraat, maar het is alsof ze Mary al haar hele leven kent. Waar is die Engelse gereserveerdheid gebleven? Het komt er allemaal uit, haar hele levensverhaal. Dat Mary Michael op een tram zag toen ze nog maar net véértien was. Dat hij haar voor elke dans inpikte tijdens het Inter-Varsity Bal van Kerstmis 1937. Over de brieven die hij haar schreef uit zijn school in Bolton. Over de brieven die hij haar schreef toen hij bij het familiebedrijf kwam, een leerlooiers- en leerverffabriek. Over de brieven die hij haar schreef uit de RAF-bases in Chippenham, Doncaster en Upper Heyford, met de belofte: 'Ik zal jou tot de mijne maken en spoedig ook.' En dat gebeurde. Bij hun huwelijk in 1940 was Arthur getuige. Agnes heeft inmiddels de foto's gezien waarop Michael staat, met zijn koelbloedige oogopslag en het uiterlijk van een filmster. Ze heeft ook de brief gezien die Michael Arthur schreef toen zijn neef in 1940 sneuvelde. 'Hoewel ik weet dat je kapot zult zijn over Dan, hoop ik van harte dat je in de zeer nabije toekomst alles weer "afgewogen" kunt zien.' Laconiek, onverstoorbaar, met beide benen op de grond: was er ooit een man meer het prototype van de klassieke RAF-vlieger dan Michael Thwaites? Voordat ze trouwden, zo vertelt Mary haar, had ze zich doodverveeld (het enige korte baantje dat ze heeft gehad was bij een bank in Manchester). Maar de afgelopen twee jaar zijn zalig geweest – in elk geval de verlofdagen wanneer ze kunnen zwemmen, dansen, tennissen, wandelen, samen alleen zijn.

Een laagvliegend toestel dat uit het niets komt aansnorren jaagt hun de doodschrik op het lijf. Mary legt een hand op haar buik, als om haar ongeboren kind te beschermen. Kon ze ook Michael maar beschermen, want ze wil best toegeven dat ze bang is. Het zijn niet de angsten die ze voor hun trouwen had (was hij wel een aanpakker? zou hij haar wel trouw zijn? had hij in de leerhandel wel goede vooruitzichten?), maar de stress dat hij zoveel uren vliegt. Hoelang kan hij de rubberen bal van het squadron blijven, de man die telkens terug komt stuiteren? Waarom toch die drang zich te blijven bewijzen? Hij doet graag luchthartig over zijn bombardementsvluchten. De wolkjes van het vijandelijke afweergeschut zijn 'eigenlijk wel gezellig', zegt hij, en het lichtspoor dat naar de hemel stijgt is 'net als belletjes in een glas champagne'. Kop op en tanden op elkaar, wat er ook gebeurt: dat is zijn leus. Maar het valt niet mee, nooit te weten of hij terugkeert. 'Het zal mij niet overkomen,' zegt hij, maar stel je eens voor van wel? Bij een bepaalde operationele vlucht was de fakkelmarkering van de start- en landingsbaan in een moeilijke richting uitgezet, dus bij het opstijgen raakte hij de boomtoppen en toen hij landde zat er een enorme tak in zijn onderstel. Een andere keer vloog hij naar Hamburg en nadat hij zijn bommen had afgeworpen – het opvlammende gevoel van triomf toen gasbedrijven, fabrieken en ziekenhuizen in vuur en vlam gingen – zat hij als een mot gevangen in de gloed van veertig zoeklichten en raakte hij (na te zijn ontsnapt) uit koers, kwam op een haar na tegen een sperballon aan en vloog vervolgens bij het landen in brand. Zijn hele bemanning bracht er gelukkig het leven af, zij het dat de telegrafist een bevriezing had opgelopen doordat zijn radioset kaduuk was gegaan en hij de hele terugweg twee draadjes tegen elkaar had moeten tikken. Zulke verhalen doen Mary's zenuwen geen goed, maar het is beter je geen illusies te maken. De laatste tijd vliegt Michael operaties naar het Ruhrgebied, de Plofbelt, en is hij nog laconieker geworden, heeft hij het over 'een kanjer van een plof' en 'het feest kan beginnen' en 'één minuut voor bowling' en '*flak* waar je op kon staan en overheen lopen'. O, ze weet best waarom hij haar de details bespaart – er moet rekening worden gehouden met de gezondheid van het kind – maar ze is bang dat hij de gevaren onderschat. 'Ik probeer gewoon op mijn eigen knullige manier van Engeland een plek te maken waar het voor mijn vrienden en verwanten goed toeven is,' schreef hij eens. Bewonderenswaardige gevoelens. Maar wat heb je eraan een beter Engeland op te bouwen als je er zelf niet van kunt genieten? Zodra deze operationele tour voorbij is wil ze dat hij wordt overgeplaatst naar een post die een beetje minder in de frontlijn ligt.

Het kind is een andere reden voor bezorgdheid. Natuurlijk, ze wil op een goedkope manier bevallen – waarom zou een volkomen natuurlijk proces een hoop geld moeten kosten? Maar zijn de gewone klinieken alleen bestemd voor de armen, of kunnen vrouwen uit haar klasse er ook heen? Ze zou het kind best thuis willen krijgen als het niet zo'n drukte voor mams zou zijn. In sommige delen van het land heb je kraamklinieken voor officiersvrouwen, maar ze betwijfelt of hun tarieven betaalbaar zijn voor haar. Nee, het zal wel een openbare kliniek worden. Als ze Agnes eerder had ontmoet had ze misschien naar het Hope kunnen gaan. Maar Ernest heeft iets vernomen over de Doriscourt, een kraaminrichting in Whalley Range, en hij heeft haar daar provisorisch ingeschreven. Het betekent wel dat ze een paar dagen van Michael weg zal moeten, maar hij zal toch wel missies aan het vliegen zijn. 'Wat trekken vrouwen aan bij een bevalling?' vraagt ze Agnes, terwijl beiden langzaam naar Windyridge terugwandelen. Ze heeft Arthur gevraagd of hij haar kan helpen aan zo'n jasschort die operatiezusters aanhebben bij een operatie – zo een die je helemaal bedekt, behalve een deel van je rug. Ze vindt het namelijk gênant te worden onderzocht, weet je, en ze zou liever niet ongekleed willen bevallen. Ze vraagt zich ook af of ze wel tegen de pijn zal kunnen. En ze kan ook geen naam bedenken. Mark Morrison Thwaites? Lawrence Blakemore Thwaites? Het idee is dat de achternaam van haar ouders bewaard blijft, maar tot nu toe heeft ze nog niets gevonden wat goed klinkt. 'Heb jij misschien een suggestie?'

Agnes heeft er geen. Het is al inspannend genoeg zich in de stortvloed van Mary's tobberijen staande te houden. Wat een bizar koppel moeten ze zijn geweest, zoals ze daar voetje voor voetje voortschuifelen, Mary zo opgeblazen en zij zo mager. Toch is Mary de gespannendste van de twee, terwijl Agnes de taak heeft haar een hart onder de riem te steken. Wat doet een naam er eigenlijk toe? Robert Maurice Thwaites? Edgar Blakeson Thwaites? Als ze elkaar beter zouden kennen zou ze Mary hebben gezegd zichzelf te ontzien en gewoon rustig af te wachten. Maar Mary's getob heeft eigenlijk weinig met naamgeving te maken. Het is een uitlaatklep voor andere angsten, angsten die Mary – terwijl ze haar stralende dochtersgezicht trekt – weer wegstopt wanneer beiden de oprijlaan van Windyridge oplopen.

Hoe gaat het, snoes? Heb je al besloten van me te houden? Ik voel me hier momenteel behoorlijk eenzaam nu ik je 's avonds niet meer kan bellen. Wat zou het me reuze veel waard zijn als ik met mijn rug tegen jou aan kon gaan slapen.

Twee uur nadat ik je telefonisch had gesproken was ik al onderweg. We hadden vrij veel overgewicht door bagage en bommen en het was pikkedonker en het regende. Ze wilden dat we zouden opstijgen van een korte startbaan, maar de vlieger weigerde – en dat was maar goed ook, want we konden nog maar net van de grond komen. Bij het aanbreken van de dag begonnen we uit te kijken naar onderzeeërs in de buurt van een konvooi, maar het was erbarmelijk weer en we konden niets vinden. De tocht daarna verliep zonder bijzonderheden, behalve dat we met behoorlijke snelheid door [GECENSUREERD] kwamen. Om 3 uur 's middags kregen we IJsland in zicht – kilometers en kilometers moerassig, guur en oninteressant land met op de achtergrond besneeuwde bergen. De wegen – als je ze tenminste wegen kunt noemen – waren een verzameling poelen en tijdens de rit werd ik alle kanten op gesmeten.

Het is hier net als november thuis. Maar in de mess en onze kwartieren zitten we hoog en droog. De jongens zijn best aardig en zodra ik mijn draai heb gevonden zal ik me hier ongetwijfeld best vermaken. Ik kwam hier aan op de vooravond van een fuif (een zeldzame gebeurtenis, met vrouwen erbij), maar ik was veel te moe (en tegen de tijd dat de vrouwen kwamen veel te dronken) om het te waarderen.

Schrijf me lange, gezellige brieven, snoes, dan heb ik tenminste iets om te beantwoorden zonder dat ik het aan de stok krijg met de censors. Verwijs niet naar de inhoud van deze brief – er staat niets onvoorzichtigs in, maar ik betwijfel of het langs de censor komt. Ik zal er een gewoonte van maken minstens eens per week dit soort korte briefjes te schrijven in plaats van een lange elke twee maanden.

PS: Vergeet niet regelmatig naar mijn ouders toe te gaan en op hen te letten voor me.

KIM AAN ARTHUR, Hope Ziekenhuis, 25-4-43

Even een krabbeltje voordat ik vertrek – ik ga vanavond naar Dublin. Hoorde van Kitty dat mammie zich de laatste tijd niet goed voelt en naar Dublin is gegaan voor een specialist. Ik zei dat ik direct zou komen en droeg haar op hun plaatselijke politie te vragen mij een telegram te sturen – anders zou ik geen paspoort kunnen krijgen. In de tussentijd stuurde pappie me een telegram uit Dublin om me te zeggen dat mammie weer was opgeknapt en dat ik niet hoefde te komen, maar tegen die tijd had ik al een beslissing genomen.

Ik ging naar Liverpool met Mary Galvin, mijn oude vriendin van thuis. Toen we bij het paspoortenbureau kwamen was het kwart over één en het sloot officieel om één uur, maar het was nog open en ik ging naar binnen. Ze zeiden dat het onmogelijk lukte, want een paspoort duurde uren of zelfs wel dagen. Maar toen ze mijn oude paspoort hadden doorgekeken en het telegram hadden gezien en een briefje dat Brown me had meegegeven en toen ze merkten dat ik arts was, bleek er toch wel iets geregeld te kunnen worden. Mary, die zich op de achtergrond hield, zei dat de verandering van houding verbazingwekkend was. Ze vroegen ons ergens een kop koffie te gaan drinken en dan terug te komen. Tegen die tijd waren we hard toe aan iets stevigers dan koffie en dus gingen we ergens goed eten en om 3 uur waren we terug voor het paspoort: zonder problemen.

Ik vertrek vanavond om 10.20 naar Holyhead. Blijf waarschijnlijk een paar dagen weg. Ik denk niet dat er iets ernstigs met mammie aan de hand is, maar ik zou haar graag willen

zien en ik sta te trappelen om uit het Hope weg te gaan. Het zal
bovendien heerlijk zijn het goede, oude Dublin weer te zien.
Mike Winstanley is vandaag gestraald voor zijn examen. Hij
was behoorlijk kwaad, want hij dacht dat hij het deze keer had
gehaald. Ze hebben geadverteerd voor een Assistent Obst., à
£350 per jaar, en ze hebben me gezegd dat ik het waarschijnlijk
kan krijgen als ik erop solliciteer. Maar ik heb geen zin in nog
eens een halfjaar hier.

Zijn vertrek naar IJsland gaat gepaard met enige vreemde
kunstgrepen waar ze bij betrokken raakt. Om te voorkomen dat
zijn ouders zich over zijn reis ongerust zullen maken besluit hij
hun niet te vertellen waar hij heen gaat. Zelfs wanneer ze erachter komen dat hij op het punt staat te vertrekken (zijn vlucht is
als gevolg van tegenslagen en slecht weer vertraagd) drukt hij
haar op het hart zijn einddoel geheim te houden – alleen zij mag
weten dat hij onderweg is, hun zal hij wel een telegram sturen
wanneer hij veilig is aangekomen. Het tekent de vlucht die hun
relatie heeft genomen dat zij zich bij zijn leugentjes laat betrekken. Toch zijn hun brieven nog vrij formeel. Het zijn pas de eerste uitwisselingen ('van wederzijds vuur', had ik er bijna aan toegevoegd, maar er is nog niets van vuur te bekennen). Het kan
nog alle kanten op. Ze zouden het contact kunnen verliezen of
sneuvelen, of ze zouden kunnen vergeten hoe de ander eruitziet. 'Wil je me s.v.p. een foto sturen?' vraagt hij. 'De meeste jongens hebben om hun bed allemaal foto's van hun vrouw hangen
(gek is dat, tussen twee haakjes – bijna alle kerels zijn hier getrouwd) en ik wil me niet tevredenstellen met naakttekeningen
en zo.' Al gauw doet ze hem eenzelfde verzoek, om 'die foto van
jou als kind op de stoep met Mary, die foto die je moeder op de
schoorsteenmantel in de eetkamer heeft staan'. Hij eindigt elke
brief met liefs en kusjes – dertien x'en, zijn geluksgetal. Maar hij
heeft over haar geen zekerheid. 'Heb je al besloten van me te

houden?' vraagt hij. Waar ze geen antwoord op geeft. Ze is nog aan het denken, dus nee, nog niet.

April in IJsland is een barre maand. De RAF-basis even buiten Reykjavik is moerassig en guur. De wegen zitten vol kuilen en lavamodder, zijn praktisch onbegaanbaar voor de logge, oude Albion-ambulances. Er staat een gierende wind en ze krijgen op een en dezelfde dag allerlei soorten weer over zich heen. Maar hij heeft een eigen slaapkamer (een van de voordelen als je offi cier van gezondheid bent), het eten is uitzonderlijk goed (met elke morgen eieren), er is een bad met warm water in de Ziekenboeg (de ZB, zoals de afkorting is) en er is per hut een oppasser die de bedden opmaakt. Bier kost negen penny, whisky zes en gin drie; niet slecht. Sigaretten zijn zes penny de twintig. Reyky zelf is modern maar primitief, en heeft een zwembad en vier bioscopen. De jongens van het squadron zijn best aardig. En wat de meisjes betreft, zo vertelt hij, 'ze lijken nogal op elkaar en hebben een bleek gezicht. Maar al met al, als je hier een jaar zit zul je ze wel vrij knap vinden.'

Omdat hij 's ochtends na elven geen patiënten meer heeft en er weinig administratief werk is stort hij zich op het opknappen van de nissenhut die hij met zeven anderen deelt. Hij bouwt een kast met een schuin aflopende deur die een schrijfblad kan worden. Hij bekleedt de wanden van zijn slaapplaats met dekens en stopt de rattengaten dicht. Hij bedenkt een systeem om water te verwarmen door tegen de zijkant van de kolenkachel een benzineblik op te hangen. Liever had hij iets *serieus* omhanden gehad, maar deze klusjes houden hem tenminste van de straat. Niet dat de vliegers meer actie zien dan hij. De rol van het Coastal Command, het maritieme commando van de RAF, valt in drieën uiteen: verkennen (vanuit Reyky), escorteren (zorgen voor een veilige doortocht van en naar Groot-Brittannië van Amerikaanse schepen en vliegtuigen) en opsporen van Duitse U-boten. 'Een vliegtuig kan net zomin een U-boot buiten gevecht stellen als een kraai het kan opnemen tegen een mol,' verklaart Dönitz, de opperbevelhebber van de Duitse marine, en in de eerste oorlogsjaren lijkt hij gelijk te hebben. Maar door de komst van geallieerde toestellen met een groter bereik en door verbeterde radarapparatuur begint het tij te keren. IJsland mag dan onherbergzaam zijn, afgezien van de crashes is het geen gevaarlijk oord. Als luchtmachtarts is Arthur op de hoogte van de aandoeningen waar vliegers normaliter mee te kampen hebben: anoxie, aëro-embolie, vermoeidheid, bevriezing en schroeiwonden. Hij is ook bekend met het verschijnsel vliegangst en hij heeft er bij de zeldzame keren dat hij ermee te maken krijgt alle begrip voor. Wie zou immers niet stijf staan van angst in een zwaarbeladen vliegtuig op een bevroren startbaan? Wie zou niet in zijn broek schijten als een Duitse jager op zijn hielen zit? Maar het voornaamste probleem in IJsland is neerslachtigheid. Door de monotone omgeving en lange avonden is het (aldus meldt de officiële medische geschiedschrijving van de oorlog) 'een plaats waar men snel last krijgt van verveling, zwaarmoedigheid en verlies van werklust'. Maar wanneer het eindelijk lente is en de vijandelijkheden worden opgevoerd (in mei worden zestig U-boten gesignaleerd en worden er zeven tot zinken gebracht) verdwijnt gelukkig de neerslachtigheid waar de bemanningen last van hebben en kan Arthur beginnen te genieten van de voordelen die de plaats biedt: warmwaterbronnen, verse zalm en koolvis, kroegen en koffiehuizen. Iedereen zegt dat hij er moe uitziet, maar dat komt alleen door zijn 'suboculair oedeem' (wallen onder de ogen, in normale spreektaal). Hij slaapt tien uur per nacht – en droomt van zijn meisje in het Hope Ziekenhuis.

Zij, onder Reswick, heeft het drukker dan ooit. Naast haar werk op de Kraam heeft ze ook te maken met een stroom spoedopnamen – geen bombardementsslachtoffers, maar longontstekingen, zo veel dat elk leeg bed is bezet en volwassenen naar de kinderafdeling worden gestuurd. 'De zusters protesteren hevig,' vertelt ze Arthur, 'maar Brown zegt dat hij de longontstekingen toch ergens kwijt moet. Ik schoot hem aan over het opnemen van een inoperabele kanker op mijn afdeling, maar hij zei alleen: "Die heeft nog maar twee weken te leven". Gelukkig leefde hij maar twee dagen. Ze hebben nog een afdeling open moeten gooien, eentje met tachtig bedden voor chronische vrouwen, maar dat heeft de druk allerminst weggenomen.'

Tegen het werk is ze goed bestand, tegen de chaos niet. Op een dag hebben Reswick en zij opnieuw een aanvaring wanneer hij haar tijdens een operatie afsnauwt, omdat ze hem niet snel genoeg een scalpel aangeeft (wie denkt hij wel dat ze is – een verpleegster? zijn loopjongen?). Weer gaat ze linea recta naar Brown, de grote baas, en zegt ze dat ze weg wil. Weer haalt hij haar over haar ontslag niet in te dienen – nog niet. Haar broer Patrick zegt dat ze dienst zou moeten nemen bij het Royal Army Medical Corps. 'Vanaf mijn afstuderen heeft hij al gewild dat ik dat deed,' vertelt ze Arthur. Maar Patrick zelf heeft er verre van goede ervaringen mee. Als luitenant-kolonel bij het Britse leger in Sierra Leone loopt hij furunculose op – een lelijke steenpuistenziekte. De ovc keurt hem af en dat opent de deur naar een bruin bureaubaantje in Engeland. Maar Patrick, beledigd, beklaagt zich bij een superieur en wordt voor vijf jaar naar India overgeplaatst, als commandant van een Veldhospitaal. 'Vreselijk stom, maar echt iets voor hem,' zegt ze en ze komt tot de slotsom dat drie leden van de O'Shea-clan al meer dan voldoende bijdrage aan de Britse oorlogsinspanning zijn.

Niet dat zij er geen bijdrage aan levert. Wanneer er levens verloren gaan, wat is er dan belangrijker dan nieuw leven ter wereld te brengen?

Waarschijnlijk heeft Gennie je al een heleboel verteld, maar ik zal bij het begin beginnen.

Toen ik zaterdag opstond voelde ik me vrij beroerd en ik ging 's middags liggen, maar rond half zeven zei ik voor de grap tegen mams: 'Ik denk dat ik weeën heb.' Mijn rug deed pijn en de weeën bleven om de tien minuten komen. Tegen negenen kon ik niet meer rechtop zitten wanneer er een wee kwam en wilde ik het liefst op handen en voeten kruipen. Mams besloot Agnes te vragen wat ze ervan vond en die zei dat ik beter naar het ziekenhuis kon.

De hoofdzuster was op de verloskamer bezig en kon niet komen, dus ze brachten me naar bed en gingen weg. Later ben ik erachter gekomen dat de zuster toen zelf naar bed is gegaan. Om 1 uur kwam de hoofdzuster binnen met een injectienaald en ze zei dat ik erdoor in slaap zou vallen. Goeie God, slaap! Het werd er alleen maar 20x erger op, want ik kreeg een kurkdroge mond en ik viel er natuurlijk niet van in slaap, dus ik sleepte me door de nacht heen en praatte onophoudelijk. Voor je medische informatie, mijn vliezen braken om 3 uur 's nachts (ik wed dat de ogen van de censor uit hun kassen zullen rollen als hij dit leest). Ik weet niet hoe laat ik precies naar de verloskamer ging, misschien tussen 10 en 11 uur, maar de dokter keek erg verbaasd toen hij me onderzocht en hij zei dat de baby klaar was om te worden geboren. Hij zei dat ik mijn best moest doen en dat ik haar dan in 2 à 3 seconden zou krijgen, dus ik zei: 'Goeie hemel, zomaar in mijn blootje?' en draaide me op mijn zij. Eerlijk gezegd durfde ik haar niet geboren te zien worden – ik wilde haar natuurlijk direct hebben en ik wilde haar horen huilen, maar ik durfde haar niet te zien voordat ze was verzorgd. Maar goed, ik zei tegen mezelf dat ik me niet moest aanstellen en het kwartier erop kroop voorbij en ik raakte steeds meer uitgeput. Ten slotte

zei hij dat de baby niet goed lag en dat hij de tang zou gebrui-
ken en een narcotiseur zou roepen, en die kwam direct. Ze bon-
den me als een kip op en gaven me ether – je weet hoe afschuwe-
lijk ik dat spul vind, maar ik had uiteraard geen keus. Ik kwam
om twee uur bij en hoorde tot mijn verbazing dat het een meisje
was, want iedereen had gezegd dat het een jongen zou zijn. Ik
was ontzettend teleurgesteld dat het me niet was gelukt haar zelf
te krijgen, zonder narcotiseur, maar dat is dus het hele verhaal.
Ze heeft donker haar dat nu een tikkeltje blonder aan het worden
is en het groeit aan beide kanten, net als bij paps, en haar voor-
hoofd is erg Morrison. Maar vanaf haar wimpers naar beneden
lijkt ze verschrikkelijk veel op Michael – iedereen ziet het direct en
dat is absurd wanneer ze zo piepklein en vrouwelijk is. Ze heeft
donkere, groenblauwe ogen en een donkere perzikenkleur. Haar
handjes zijn schattig. Ze is een vastberaden ukkie bovendien – ze
klemt haar lippen op elkaar en doet gewoon niet waar ze geen zin
in heeft. Ik lach me dood, want ik weet precies hoe ze zich voelt.
Ik hoop dat je het leuk vindt om peetvader te zijn. Zoals je zelf
zegt, het is het waard, maar ik snap de vrouwen niet die er di-
rect weer een willen hebben. Het heeft me ontzettend veel moeite
gekost haar borstvoeding te geven en zaterdag besloten ze op de
fles over te gaan, want, zeiden ze, ik maakte me zoveel zorgen
over Michael dat het invloed had op mijn melk. Ik vond het na-
tuurlijk verschrikkelijk, want ik vind het heerlijk haar te voeden
en ik had het gevoel dat ik tekortschoot, dus ik vermande me en
het resultaat is dat ik haar nog steeds voed, en zo te zien is ze
heel tevreden. De nachtzuster zei dat de moeilijkheid vast niet
kwam door mijn huidige geestelijke toestand, maar door de
schok die ik kreeg voordat ze werd geboren.

De schok die Mary kreeg voordat ze haar kind ter wereld bracht,
was een telegram van het ministerie van Luchtmacht met de
tekst 'Tot onze spijt moeten we u meedelen dat..' Arthur was nog

in Engeland toen het aankwam. Hij haalde Mary zelfs in Oaking-ton op en reed haar naar Windyridge. Was het vijf weken later gebeurd, dan zou Michael zijn kind nog hebben gezien. Maar misschien krijgt hij zijn kind nog wel te zien. Het enige wat men nu immers weet is dat op de nacht van de elfde maart 'de Stir-ling die hij als gezagvoerder vloog, was vertrokken voor een operationele vlucht boven vijandelijk gebied en niet was terug-gekeerd'.

Vanaf dat moment is Mary zowel vanuit Windyridge als van-uit haar bed in de Doriscourt verbeten bezig geweest meer bij-zonderheden boven tafel te krijgen, bombardeert ze Jan en al-leman met brieven en telefoontjes. Had Michael ervaring in het vliegen van Stirlings? Zou het toestel een mechanisch defect gehad kunnen hebben? Was hij zonder voldoende voorberei-ding vertrokken? Kon hij te laag, respectievelijk te hoog heb-ben gevlogen? Welke procedures waren er als het toestel per parachute moest worden verlaten? Had hij zijn witzijden ge-lukssjaal om gehad? Waarom was er geen radiocontact toen hij in moeilijkheden raakte? Sommige van haar vragen zijn erg re-levant. De onbetrouwbaarheid van de Stirling is in RAF-kringen bijvoorbeeld algemeen bekend. Door de geringe klimsnelheid waarmee hij, wanneer hij een volle bommenlast voert, hoogte wint is het toestel de albatros onder de bommenwerpers en staat hij veel vaker bloot aan verliezen dan de Manchester, de Halifax en de Lancaster. Maar majoor (later luitenant-kolonel) Hamish Mahaddie, wiens bemanning Michael pas heeft overge-nomen, zegt hier tegen Mary niets over. Evenmin vertelt hij haar dat de bombardementsvluchten naar het Ruhrgebied – 'Happy Valley', zoals de vliegers het noemen – op 5 maart dras-tisch zijn opgevoerd. Integendeel, hij doet zijn best haar gerust te stellen. Michael was een uitmuntend vlieger. Drie andere le-den van de bemanning waren eveneens in staat het toestel te vliegen. Stuttgart was een gemakkelijk doel en bood Michael en zijn 'baroe'- of nieuwelingenbemanning een goede gelegenheid met elkaar kennis te maken. Luitenant-kolonel Donaldson komt met hetzelfde leuterverhaal. Maj. Thwaites vloog 'een beproefde oldtimer' (oldtimer? hoeveel troost kon ze daaruit putten?). Er zaten twee ontsnappingsluiken in het toestel, beide dicht bij de vlieger. De hoogte van de bomaanval was ongeveer 16 000 voet – niet lager dan normaal. Al de andere toestellen van het squadron waren veilig teruggekeerd. Wat het radiocontact betrof, 'door een noodsignaal wordt informatie prijsgegeven en dat zou ertoe kunnen leiden dat de vijand in actie komt teneinde te profiteren van een aangeschoten kist. Het is daarom verstandiger radiostilte in acht te nemen.' De zes andere bemanningsleden die aan boord waren, zo schrijft Donaldson, waren kap. Thompson, 2e luit. Bywater, 2e luit. Luton, sm. Clift, sm. Stewart en sm. Urwin. Hij vindt het erg dat hij niet meer informatie voor haar heeft, maar de vader van de 2e luit. Thompson is lijfwacht van de premier en deze volgt de zaak op de voet, en men heeft goede hoop dat men spoedig iets zal vernemen. 'Ik wil u verzoeken, mevrouw Thwaites, zich geen zorgen te maken,' schrijft Donaldson. 'Uw angst zal nodeloos blijken te zijn wanneer uw echtgenoot in ons midden terug is. Wij hebben er alle vertrouwen in en ik wil dat u het ook hebt.'

Vertrouwen is nauwelijks het goede woord. Daar heeft Mary al veel te veel verhalen van Michael voor gehoord. Haar hoofd zit vol beelden die hij erin heeft geplant. Zijn toestel snelt door een woud van duisternis, maar een jager doemt uit het niets op en bijt zich eraan vast, als een terriër aan de onderbuik van een hertenbok, en spieren scheuren en ribben kraken en bloed spuit uit gapende gaten... Ze hoort niets, ziet alles – hoe kan Mary er nog alle vertrouwen in hebben? Maar aanvankelijk, zo zegt iedereen, houdt ze zich opmerkelijk kranig. Geen nieuws is goed nieuws, zegt Arthur, en ze is half-en-half geneigd hem te geloven. Maar tegen de tijd dat het kind wordt geboren is er al een maand verstreken en wanhoop neemt bezit van haar. De zusters van de Doriscourt laten haar met rust, brengen het kind alleen bij haar op de momenten dat het moet worden gevoed. Dat is standaardprocedure, zeggen ze – 'jonge moeders hebben hun rust nodig' – maar ze vraagt zich af of men de diagnose 'postnatale depressie' bij haar heeft gesteld en vindt dat ze niet kan worden vertrouwd. Maar volgens haar is het volkomen logisch dat ze onder deze omstandigheden in de put zit – en als ze haar baby vasthoudt wordt ze er wreed aan herinnerd dat Michael het niet kan. 'O, Arthur, ik ben zo bang,' schrijft ze. 'Hoe hoog is het percentage mannen dat werkelijk wordt gered, vraag ik me af. We verliezen er zovelen en ze kunnen toch niet allemáál nog in leven zijn? Bovendien was het een nachtjager en naar het schijnt werd Michael onder vuur genomen voordat hij zijn bommen had afgeworpen, dus het vliegtuig zou gewoon ontploft kunnen zijn en in dat geval zijn ze allemaal dood.' Ze heeft gelijk over het grote aantal verliezen. Sinds Bomber Command, het bombardementscommando van de RAF, het aantal operationele vluchten naar het Ruhrgebied heeft verdubbeld, is ook het aantal manschappen dat is gesneuveld of als vermist wordt opgegeven verdubbeld: elke nacht keert een op de twintig mannen niet terug. Churchill en Roosevelt staan pal achter het offensief en Bomber Harris, de commandant van Bomber Command, voert de druk zoveel mogelijk op. In mei worden de dammen in de Ruhr gebombardeerd en wordt de campagne een groot succes genoemd. Maar is Michael een van de slachtoffers? Een van de spaanders die vielen toen Harris begon te hakken?

Een van Mary's mindere zorgen is het feit dat ze geen naam voor het kind heeft. 'Ik heb aan Lindsay, Shirley of Felicity gedacht, maar ik kan over geen van die namen een besluit nemen.' In zijn antwoord probeert Arthur haar te helpen en haar gerust te stellen over de ontwikkeling van het kind. 'Ik weet heel zeker, snoes, dat de schok die je hebt gehad geen invloed op het kind gehad zal hebben, want ze was op dat moment al acht maanden. Het is een ouderwetse theorie, gebaseerd op een à twee kinderen die abnormaal waren. (...) Wat de naam betreft, ik vind Felicity niet zo mooi – Lindsay ook niet, eigenlijk. Lindy wel. Je moet een pakkende naam uitkiezen die niettemin ongewoon klinkt – een naam die je kunt roepen wanneer een hele groep kinderen aan het spelen is, bijvoorbeeld op het strand, een naam die karakteristiek is, kort en lief.' Een nuttig advies, zegt Mary tegen Agnes, maar ze volgt het niet op. Wanneer ze haar broer de daaropvolgende keer schrijft vertelt ze: 'Ik ben vandaag naar de stad gegaan om het wurm dat ik onwillekeurig Duppie noem aan te geven. Maar ik heb haar de naam Anne Lindsay Mikela Thwaites gegeven – een hele mondvol, dat is waar.' Inderdaad, een hele mondvol, want ze laat nog allerlei achterdeurtjes open. De naam die ze voorlopig de mooiste vindt is Mikela. Maar laat Michael maar beslissen als en wanneer hij komt.

Alsof Michaels verdwijning al niet erg genoeg is volgt kort erop een nieuwe slag: de dood van Benjamin Blakemore, de grootvader van Arthur en Mary, 'geroepen tot het Hogere Leven op 25 mei 1943: "Naar zijn huis bij God waar het beter toeven is/Doch zijn liefde zal altijd bij ons zijn".' Arthurs commandant in Reykjavik geeft hem buitengewoon verlof om de begrafenis bij te wonen. Buitelingsverlof, zo noemt hij het zelf tegenover Kim, want de belangrijkste reden dat hij komt is om haar te zien. Niet dat hij zijn bezoek had aangekondigd. Wanneer Mary haar na de teraardebestelling op het kerkhof in Birkdale uitnodigt voor de thee in Windyridge, verwacht ze er alleen bejaarde leden van de Morrisonfamilie aan te treffen – maar daar staat hij, in de keuken om haar te verrassen. Hoewel het voor hen beiden frustrerend is dat ze niet meer tijd hebben – hij moet dezelfde avond alweer weg – kan ze zich in elk geval weer voor de geest halen hoe hij eruitziet. De enige foto die ze van hem heeft is het kiekje waar ze om heeft gevraagd, een kleine jongen op een stoep, en ondanks zijn regelmatige luchtpostbrieven leek hij al een spookbeeld te zijn geworden. Zijn arm om haar schouder in de tuin is het bewijs dat hij echt bestaat.

Twee naamgevingen en een begrafenis (en bovendien een man die wordt vermist). Twee naamgevingen die evenzeer met dood als met geboorte te maken hebben. Agnes berooft zichzelf van het leven om eerst Gennie te worden en vervolgens Kim – een geslachtloze, afkomstloze naam waarmee de vrouw die ze was wordt begraven. En Mary's kind wordt Mikela, naar haar afwezige vader. Het zou mooi zijn als we een huwelijk zouden hebben, als tegenwicht tegen die geboorten en dood, maar er ligt er geen in het verschiet. Mijn ouders (nog niet mijn ouders) hebben met het idee liefde geflirt. Maar wanneer het nieuwe van het Hope en haar hoop eraf is en de zomer naar IJsland komt, begint hun romance de eerste scheuren te vertonen.

3 IJsland/Ierland

ARTHUR AAN KIM, IJsland, 16-6-43

Hoe gaat het, snoes? Ik zal nooit je gezicht vergeten toen je vorige week maandag de keuken inkwam om te helpen met de thee – en mij daar aantrof. Ik vond het alleen jammer dat er zo weinig tijd was om samen te zijn en helemaal geen tijd voor ons alleen. De terugtocht was bar en boos. En we waren nauwelijks geland of we kregen te horen dat het toestel na het onze (het was louter toevallig dat ik er niet in zat: we waren namelijk in twee groepen verdeeld) was neergestort en reddeloos in brand was gevlogen – iedereen vond de dood. De jongens hier hadden het al gehoord en waren er vrij zeker van dat ze op mijn begrafenis zouden zijn. Ik kan alleen maar hopen en bidden – meer voor mijn ouders en zus dan voor mij – dat het noodlot me nog een paar jaar zal sparen. De dag erop hadden we een kleine crash op het vliegveld. En vervolgens had ik een tocht van dertien kilometer over een terrein dat iedere beschrijving tart (eerst per vrachtwagen, toen per jeep), eindigend met de beklimming van een berg om in het wrak van een ander toestel ernstig verminkte en gedeeltelijk verbrande lijken te identificeren (vijf – een ervan een kameraad uit de mess). Ik was er niet van streek

83

van, maar ik moest onwillekeurig denken aan hoe ikzelf de
dans was ontsprongen en (op een afstandelijke manier) aan
waar Mike zou kunnen zijn. Vervloekte rotoorlog.
Ik heb dit allemaal niet verteld in mijn brief naar huis, omdat ik
dacht dat ze er wel van streek van zouden raken, vooral Mary.
Heb je al besloten van me te houden?

KIM AAN ARTHUR, Hope, 17-7-43

Ik heb je al eens gezegd hoe heerlijk het is je brieven te krijgen
wanneer ik ze het minst verwacht. Je laatste kwam met de mid-
dagpost – ik kwam juist uit mijn kamer toen Bill hem me gaf,
met de woorden: 'Een brief uit Schotland.' Hij moet de postzegel
verkeerd hebben gelezen. Het spijt me van mijn brieven, lieve-
ling. Niet dat er niet een heleboel te zeggen is, maar op de een of
andere manier zeg ik het nooit. Ik wilde vooral iets zeggen in
die eerste brief nadat je terug was gegaan. Enfin, je kent me on-
dertussen goed genoeg om te weten dat ik nooit erg veel zeg.
Donderdag had ik een echt drukke dag. Ik deed van 2-6 OK en
toen ik eruit kwam merkte ik dat ik negen opnames moest zien
en een bloedtransfusie moest aanhangen. Om 8 uur 's avonds
was ik op de Eerste Hulp en had ik zeven opnames. Ging om
2 uur 's nachts naar bed en werd om 3 uur gebeld voor de opna-
me van twee kinderen – en toen weer om 7.30 uur voor een ap-
pendix.
Gisteren was ik met Mary naar Matlock. We hebben gewandeld,
iets gedronken toen het hotel om 12 uur openging, toen iets gege-
ten. Ze hadden daar goede whisky – waar ik tipsy van bleef tot-
dat we om 6 uur eruit moesten. We wilden gaan zwemmen,
maar het was te koud.
Heb mijn paspoort nog niet terug uit Londen en begin me zor-
gen te maken, want ik was van plan vanaf 5 augustus drie we-
ken naar Eire te gaan.

Ik begon een beetje terneergeslagen aan afgelopen avond, want ik had zo weinig post gekregen. Maar vanochtend kreeg ik je laatste, dus ik ben veel opgewekter. Gek is dat, wanneer ik post krijg scheur ik het open en vlieg ik erdoorheen op zoek naar spannend nieuws – wat ik verwacht weet ik niet, maar het resultaat valt ietwat tegen. Nu moet je vooral niet denken dat ik kritiek heb op je brieven. Ik vind ze reuze leuk vanwege het nieuws over jou en het overzicht van thuis. Ik vind het ook leuk om te proberen tussen de regels door te lezen, want je zegt nooit iets wat een toezegging kan zijn – ik neem aan dat je hetzelfde hebt met mijn brieven.

Ik heb de laatste tijd niet meer zoveel zitten te piekeren over Michael. Eigenlijk heb ik er nog amper aan gedacht en daar schaam ik me wel over – ik duw het gewoon weg en richt mijn aandacht op de dingen van dit moment, hoofdzakelijk drank en prietpraat, omdat er hier zo weinig werk te doen is. En wanneer ik er wel aan denk zijn mijn gevoelens erg afgestompt. Ik denk dat ik mijn geweten probeer te sussen door jou erover te schrijven.

Ik dacht niet dat ik sinds je vertrek ooit heb gesproken over Tom, een vriend van thuis. Hij is in Glasgow gestationeerd geweest en zou naar overzee vertrekken, maar tijdens een bezoek aan Dublin kreeg hij een of ander ongeluk en moest hij een paar weken thuis blijven – en toen hij terugkwam was zijn schip vertrokken. Hij belde me dus zaterdag op en ik vroeg waarom hij niet langs kwam, want het was die middag sportdag en we bleven er tot 6 uur (het was de warmste dag in jaren), en toen gingen we naar de bios in Eccles en toen naar een club. Maar niet lang,

want hij moest om 11 uur de trein halen – en maak je maar
geen zorgen, ik heb maar één drankje gehad. Hij kwam zondag
weer en ditmaal bleef hij in de stad over, dus we gingen tot 1 uur
's nachts uit. Hij heeft me net gebeld om te zeggen dat hij morgen
waarschijnlijk weer komt, want hij wil een fuif geven voordat
hij donderdag per boot uit Glasgow vertrekt – ik zit er niet op te
wachten, maar ik denk dat de pimpelaars het niet erg zullen
vinden. Hij vertelde me dat iedereen die hij tegenkwam toen hij
thuis was, hem vroeg of het waar was dat hij met mij was ver-
loofd – zelfs zijn moeder. Ik weet niet hoe dat praatje in de we-
reld is gekomen, maar het doet wel de ronde. Zelfs Grimmy zei
dat een patiënt hem had verteld dat dokter O'Shea en haar man
op de sportdag waren gesignaleerd.
Had gisteren in de stad een foto van me laten maken en hoopte
jou er eentje op te sturen, maar ze zijn allemaal afschuwelijk –
zelfs op de goede ben ik het helemaal niet.
Zo te horen ben je flink aan het bier. Doe het niet zo flink dat je
gaat vinden dat de IJslandse meisjes er best mee door kunnen.

ARTHUR AAN KIM, IJsland, 11-8-43

Toevallig dat je het in je brief had over de plaatselijke meisjes,
want afgelopen donderdag had ik er een uitgenodigd voor een
dansavond. Nee, dit wordt geen bekentenis. Op een fuif in de on-
derofficiersmess maakte ik kennis met een dame uit Brighton die
hier al 22 jaar woont. 'U bent precies de juiste persoon die je hier
moet kennen,' zei ik en ze begreep de hint en stelde me pronto
voor aan dat meisje, jammer genoeg niet zo'n knapperdje, maar
wel reuze gezellig, en ik liet me van mijn nobele kant zien door
haar uit te nodigen voor het dansavondje. We hadden een heel
leuke avond, want ik dronk aardig wat en we zaten met ons
achten aan een tafeltje – mijn eerste avondje-uit in gemengd ge-
zelschap sinds ik hier ben. Ze is nu op vakantie, dus gisteravond

hebben de lt.-kol. en ik er nog eens twee opgepikt en zijn we met hen gaan dansen. Ik was in een echte fuifstemming, maar toen weigerde de mijne om de handen, knieën en boemsakee te dansen en toen had ik er genoeg van. Zouden me nog meer avondjes-uit met de stulka's te wachten staan? Alleen de tijd en de aandrift zullen het leren.

KIM AAN ARTHUR, Eire, 12 8-43

Kwam hier een paar dagen geleden aan. Verschrikkelijke overtocht (Ierse treinen zitten net zo afgeladen vol als Engelse) en het weer is vreselijk.

Ondanks dat heeft mijn jongste zus, die nog thuis woont, me een echte vakantie beloofd. Naar het schijnt zijn eenheden van het Ierse leger vlakbij op manoeuvre en ze heeft alle officieren ontmoet. Het zijn aardige jongens, zegt ze, en ze heeft het heel gezellig met hen gehad. Net als ik blijven ze hier tot het eind van de maand.

Iedereen blijft me maar vragen of ik verloofd ben. Ik veronderstel dat ze het gerucht over Tom gehoord hebben. Ik lach dan maar wat en laat hen in het ongewisse.

Voor de rest geen interessant nieuws. Ben vandaag niet in vorm om een brief te schrijven, dus ik eindig. Hoe is het in IJsland?

ARTHUR AAN KIM, Zelfde als anders, 2-9-43

Hoe is het in Ierland? (Of ben je alweer terug?) Ontving je brief van 12 aug kort erna. Had je eerder willen antwoorden, maar het leven is één lange serie dronken fuifjes. Hoop dat je je gedraagt. Voordat je op vakantie ging leek je van me weg te glijden – met je 'echtgenoot' op de sportdag en op het punt een fuif te hebben. Ik merk dat deze Tom al praat over jullie verloving. Ik ben benieuwd wat in je volgende brief zal staan?

Een dag of wat geleden was ik naar een plaatselijke natuur-
attractie – vreselijke rotdag en vreselijke rotattractie, maar ik
was met een van de jongens.
Nou, dat was het dan.

KIM AAN ARTHUR, Hope, 3-9-43

Ik had je eigenlijk lang geleden moeten schrijven, maar sinds
mijn terugkeer van vak. ben ik lui geweest. Kwam hier een week
geleden aan met een vreselijk gevoel, want ik had in Ierland een
heerlijke knaltijd gehad. Veel te veel gerookt en gedronken mis-
schien, maar zoals iedereen me de hele tijd in herinnering
bracht, ik was met vakantie. Had zelfs een kater op de overtocht
terug naar Holyhead na de avond ervoor in Dublin.
Merkte bij aankomst dat hier een fuif aan de gang was. Ik was
er heel blij om. Iedereen – zo'n man of twaalf – werd flink teut.
Dit is al het interessante nieuws.

ARTHUR AAN KIM, IJsland, 12-9-43

Mijn brief van 2 sept zal de jouwe van de 3e hebben gekruist,
maar ondertussen zul je hem wel gehad hebben.
Zoals ik zei, je glijdt van me weg. Je zet 'Eire' op het enige korte
briefje dat je me van huis hebt geschreven, alsof je adres een ge-
heim was. Ik ben in mijn eer aangetast, maar ik weet niet wat ik
moet voelen of denken – moet ik blij zijn, of moet ik het jammer
vinden.
Twee dingen zijn duidelijk. Ten eerste: wanneer je op vakantie
bent kost het je moeite me te schrijven en kun je me blijkbaar
geen plaats geven in het leven dat je er hebt. Het andere is: je
brengt Tom weer ter sprake en iedereen zegt dat het tijd wordt
dat jullie je gaan verloven.
Wel, snoes, zoals ik zei, ik weet niet wat ik moet voelen. Is het

*probleem misschien dat je je zorgen maakt over wat je moet
doen en dat je bang bent dat je me zult kwetsen (tussen twee
haakjes, dat hoef je niet – ik ben tegenwoordig zo gehard dat ik
nergens meer van streek van raak)? Of ga je beseffen wat een
verduveld probleem zich zou aandienen als je inderdaad besluit
van me te houden? Misschien zeg je wel daarom dat je meer dan
één reden hebt om uit Manchester weg te willen. Eerlijk, ik weet
niet wat ik wil dat je doet. Maar zelfs als je met Tom trouwt – of
als ik met iemand trouw – kunnen we toch zeker wel vrienden
blijven? Ja toch? Ik weet het niet – net zomin als ik weet of ik
met jou wil trouwen, of dat jij met mij wilt trouwen.*

*Ik probeer alleen te zeggen wat we die avond in bed zeiden en
daarna opnieuw in het gras aan de rand van het bos. We waren
na ons gesprek van destijds nog altijd gelukkig samen, nietwaar, en we besloten te wachten tot we elkaar weer zagen en
dan te kijken wat we moesten doen.*

*Nu ik dit doorlees weet ik niet of ik het zal posten of verscheuren.
Het zou jou kunnen doen besluiten om na oktober niet te blijven.
Maar aan de andere kant ben ik nog echt dezelfde als altijd en
wil ik dat je een heel oprechte vriendin blijft, zelfs als we besluiten niets meer van elkaar te zijn.*

Nou, dat is het dan. Ik ga vanavond dronken worden.

Was dat het dus? Begon de liefde na elf maanden te doven? Zouden mijn ouders gewoon vrienden worden en zou het er niet
meer in zitten dat ik zeven jaar later zou worden geboren? Ik
voelde me als Tristram Shandy zoals ik daar boven mijn eigen
conceptie zweefde en al mijn geestelijke krachten opriep om tegen alle verwachtingen in mijn existentie af te dwingen. Of als
de personage die Michael J. Fox speelde in *Back to the Future* en
die werd teruggeslingerd in de tijd, naar de strubbelingen rond
de verkering van zijn ouders. Ik kon me al mijn vaders geruststellende stem voorstellen: 'Maak je niet zo druk, jongen. Geen

zorgen voor de dag van morgen.' Hij had gelijk. Ik wist hoe het zou aflopen. Ik bleef de hele tijd tegen mezelf zeggen: 'Niks aan de hand, jongen, het komt heus wel goed, dit is gewoon een tegenplot voordat de gelukkige ontknoping volgt.' Maar gevangen in mijn ouders tegenwoordige tijd begon ik in paniek te raken. De dag van morgen... het was donker daar. Ik kon het licht aan het eind van de tunnel niet zien.

Mijn moeder 'gleed weg' – gleed van hem (en van mij) weg. Dat wegglijden had ze altijd gehad. Ze kon haar naam veranderen, kon haar aard veranderen. Op foto's behoudt hij hetzelfde gezicht, iets meer lijnen met het verstrijken van de jaren, maar altijd met een glimlach en onmiskenbaar hij. Zij daarentegen draagt een hele serie maskers: Agnes, Kim, Mams, Mevrouw de Dokter en ontelbaar andere, kort haar en lang, brede heupen en smalle, schutterig, elegant, stuurs, gelukzalig, verlegen, introvert, gelukkig-triest, elk nieuw masker anders dan het vorige. De 'echte zij' is niet te identificeren en bestaat misschien niet. Geen wonder dat hij niet zeker van haar was. Waar kon hij zeker van zijn? Het ontbreken van brieven van haar kant in die maand augustus was symptomatisch voor een dieper gelegen afwezigheid. Het gat in het midden. De ruimte die hij niet kon betreden. De toegangspoort die hem (of mij) niet door zou laten.

Zoals zij weggleed, zo begon ook hij weg te glijden. Ging uit met plaatselijke meisjes. Werd dronken met de jongens. Vroeg zich af of het – zij – hij en zij – de relatie die ze met elkaar hadden – wel de moeite van een serieuze inspanning waard was. Ze kenden elkaar nauwelijks een jaar en daarvan waren ze de meeste tijd nog van elkaar gescheiden geweest. Was trouwen wel een realistische propositie? Misschien was de kloof te breed. Hij wist vrijwel niets van haar familie en zij had vermeden hem op de hoogte te stellen – wilde hem haar adres niet geven, noch de naam van haar jongste zus noemen. Omdat ze Ieren waren moesten de O'Shea's wel per definitie arm zijn – wat hem niets kon schelen, maar zijn vader absoluut wel. Nog maar een maand terug, toen een kameraad van hem, een zekere Norman Lawtus, met een vrouw trouwde die uit een gefortuneerde artsenfamilie kwam, spoorde Ernest hem aan diens voorbeeld te volgen: 'Trouw nooit om het geld, zegt men, maar heus, het scheelt in het leven een slok op een borrel. Het mag dan allemaal mooi en prachtig zijn om je op eigen kracht naar de top te vechten, als je relaties hebt en weet dat je iets achter de hand hebt, vaart je carrière er wel bij.' Zijn ouweheer hield er enkele krankzinnige ideeën op na, maar hiertegen viel heel weinig in te brengen. Waarom zou hij gevoelsmatig bij Kim betrokken raken om haar vervolgens te moeten dumpen als hij een geschikter meisje tegenkwam? Het was beter nu een beetje afstand te houden. Deed zij het zelf ook niet – haar mogelijkheden bij Tom openhouden? 'Maar zelfs als je met Tom trouwt – of als ik met iemand trouw – kunnen we toch zeker wel vrienden blijven?' stelt hij voor.

Hoe serieus meende hij dat? En wat hadden ze precies tegen elkaar gezegd 'die avond in bed' en 'daarna opnieuw in het gras aan de rand van het bos'? Ze hadden afgesproken te wachten tot ze elkaar weer zagen en dan te kijken wat ze gingen doen, dus waarom konden ze zich daar niet aan houden? Ik werd wanhopig van hun getreuzel. Ik had verwacht dat ik hen naar het altaar zou kunnen volgen, maar nu zaten ze al in een echtscheiding. Ik was hieraan begonnen om mijn moeder te vinden, maar nu begon ik haar weer van voren af aan te verliezen.

In sommige gevallen kwamen hun problemen door de grillige postbezorging waardoor hun gesprek een bizar staccato kreeg. Ze liepen elkaar de hele tijd mis. Hij kreeg bijvoorbeeld een lieve brief van haar, raakte in een zwierige stemming en stuurde haar een zelfingenomen of ongevoelig antwoord. Zij ontving het wanneer ze prikkelbaar was of in de put zat, voelde zich gekleineerd en niet serieus genomen en stuurde als reactie iets sarcastisch. Tegen die tijd had hij haar verscheidene andere brieven gestuurd, maar omdat hij griep had of geïrriteerd was werd hij boos en liet niets meer van zich horen. Zij, opgevrolijkt door zijn brieven die inmiddels waren aangekomen, had hem ondertussen een warm en lief antwoord gestuurd en begreep niet waarom zijn antwoord uitbleef. Was ze te amoureus geweest? Te openhartig? Te opdringerig? Nou, de rotzak kon voor haar part ploffen, zei ze bij zichzelf – juist op het moment dat ze zijn volgende brief kreeg en omdat die opgewekt en hartstochtelijk was, raakte ze erdoor vertederd en voelde ze zich aangemoedigd hem een lief antwoord te sturen en door dat antwoord voelde hij zich aangemoedigd om (in blijde opwinding over de ontvangst van de brief) iets te zeggen wat zwierig of zelfingenomen en ongevoelig was waardoor zij weer het gevoel kreeg dat ze niet serieus werd genomen... En dan begon het verhaal weer van voren af aan, de eindeloos wentelende mallemolen van de liefde.

Maar niet alles liep zo asynchroon. Soms merkten ze, bij het vergelijken van gebeurtenissen, dat ze allebei in dezelfde nacht iets geks hadden gedroomd, of op dezelfde dag keelpijn of een lachbui hadden gekregen, of voorgevoelens of 'aankondigingen' hadden gehad die bleken te kloppen. Haar brieven, zei hij tegen haar, waren even profetisch als *Old Moore's Almanac.* 'Je bent al een soort mevrouw Moore,' schreef hij en hij voegde eraan toe: 'Ik hoop dat het niet lang zal duren voordat de "ore" wordt veranderd in "rrison".' Het was komisch en hartverwarmend om zulke dingen te lezen. Misschien was dat wel de reden dat mijn vader de brieven had bewaard: dat hij hoopte dat ik (of anderen) erdoor geroerd zou worden. Zelfs het gehakketak en geharrewar waren ontroerend komisch. Jaren later vertelde mijn vader weleens een mop over een man wiens grasmaaier kapot is en die bij zijn buurman aanbelt om de zijne te lenen. Terwijl hij op de stoep staat te wachten tot er wordt opengedaan bedenkt de man al welke bezwaren zijn buurman zou kunnen maken: dat zijn grasmaaier splinternieuw is en dat het te riskant is hem op iemand anders z'n gazon te gebruiken; dat hij de laatste keer dat hij iemand iets uitleende het kapot terugkreeg; dat hij nu de regel heeft nooit meer iets te lenen of uit te lenen; dat er verderop een heel goede reparateur van grasmaaiers zit, enzovoort, enzovoort. Wanneer ten slotte wordt opengedaan is de man zo opgefokt door die verbeelde antwoorden dat hij tegen zijn buurman zegt: 'Ik hoef je rotmaaier al niet meer, klootzak.' Toen ik de oorlogsbrieven van mijn ouders zat te lezen moest ik aan die mop denken: of hij, of zij liep op de gebeurtenissen vooruit en maakte zich al bij voorbaat kwaad dat de ander (opeens gemeen, kil, egoïstisch, manipulatief en onbetrouwbaar) dít moest voelen of dát moest denken. Die voorspellingen zaten er meestal naast – en herinneren ons eraan dat we nooit weten wat in het hoofd van een ander omgaat. Ik vond het allemaal erg komisch.

Dat wil zeggen, komisch achteraf. In augustus 1943 waren mijn ouders allesbehalve ruim gesorteerd in grapjes en toekomstverwachtingen. De oorlog leek nog heel lang te duren en zelfs wanneer hij voorbij was waren hun vooruitzichten onzeker. Ze werden, zo gaven ze toe, 'koel en onpersoonlijk'. De toon van hun brieven was plichtmatig. Het hart en de hartstocht begonnen eruit te verdwijnen.

Toch ziet het er een paar maanden eerder, in juni, nog veelbelovend uit. Kort na Arthurs bliksembezoek komen haar zus Eileen (die op alledag loopt) en haar zwager Gerry bij haar in Salford logeren. Gerry staat op het punt naar West-Afrika te vertrekken voor een technische functie bij de Admiraliteit. Het zal hun niet gemakkelijk vallen, maar ze zijn beiden opgewekt en trakteren haar op een bioscoopje (*Andy Hardy's Double Life*, met Mickey Rooney die, zo zegt iedereen, sprekend op Arthur lijkt) en wanneer ze na afloop zitten te eten vragen ze of Agnes Eileen in het

Hope zou kunnen krijgen wanneer het zover is – en of zij, Agnes, de bevalling kan doen. Natuurlijk, zegt ze, geen probleem. Haar problemen met Reswick zijn de laatste tijd bijgetrokken en ze heeft afgezien van haar plan er weg te gaan. Ze voelt zich ook meer op haar gemak in Windyridge wanneer ze er op bezoek is: Ernest is dan wel een intimiderende man, ze is erg gesteld op Kathleen, heeft een goede band met Mary en is dol op de kleine Kela. Wat Arthur betreft, hij hoopt met kerst thuis te zijn en zegt dat hij wil dat het tussen hen aan blijft. Zijn geloof in hun relatie heeft het hare versterkt. Ze is geen mededeelzame brievenschrijfster, maar haar brieven zijn minder behoedzaam dan eerst. Opgewekt, zelfverzekerd genoeg om hem te durven plagen, stuurt ze een oud tijdschriftartikel over IJsland op, met foto's van plaatselijke vrouwen in gezelschap van Amerikaanse militairen. 'Het ongewone verhoudingsgetal van twee IJslandse meisjes op één Amerikaanse militair werd hier voor een kantine van het Rode Kruis door deze militair geëffectueerd', 'IJslandse meisjes ontdooiden merkbaar met Kerstmis – marineman voert omtrekkende beweging uit', enzovoort. Het artikel bevat ook een gedichtje en ze hoopt dat het een *propos* is:

Ergens ver in IJsland waar 't altijd stort en giet
En alle dagen eender zijn, tot ieders groot verdriet
Waar 's nachts de oostenwind de mensen uit hun slaap houdt
Waar whisky niet te koop is, men bier betaalt met goud.
Ergens ver in IJsland waar brieven nooit op tijd zijn
En een kerstkaart in april niet leidt tot sacherijn.
Ergens ver in IJsland, daar wacht een man vol smart
Hij denkt aan zijn geliefde, voor haar slechts klopt zijn hart.

Arthurs hart klopt inderdaad voor haar, maar tegen deze tijd zijn de omstandigheden in IJsland minder onaangenaam dan in het versje wordt beschreven. Toen hij er de eerste keer aankwam was het zo koud dat hij zelfs in huis drie paar wollen sokken droeg. Maar omstreeks juni is het zacht en regenachtig weer en wordt het leven op de basis bijna ontspannen. 'Ik heb de hele dag etalages lopen kijken,' vertelt hij haar, 'en ik zag de volgende parfums: Elizabeth Arden, Max Factor, Yardley, Icilma, Coty, Ponds, Cyclax, Evening in Paris en La Nouvelle Poudre Simon. Laat me weten of het de moeite loont jou iets in een belastingvrij pakket op te sturen.' Hij wil haar verwennen en zij op haar beurt plaagt terug: 'Het is nu bij jou lekker weer, maar wanneer het kouder wordt, denk er dan wel om dat je niet te veel IJslandse neusjes gaat zitten wrijven.' Schertsen en flirten, dat is hun manier van neusje wrijven terwijl ze van elkaar gescheiden zijn. Het geeft natuurlijk geen pas het toe te geven, maar ja, ze heeft inderdaad besloten een beetje van hem te houden. Ze komt tot dat besluit door een voorval in het Hope. Het gebeurt na een feestje – zoals altijd, nietwaar? – wanneer twee verpleegkundigen, flink aangeschoten, met haar meelopen naar haar kamer voor een kop zwarte koffie. Een van hen, Jeannie, is al voor de rest van de avond gevloerd wanneer de andere, Doreen, op de schoorsteenmantel een foto van Arthur in het oog krijgt (nu een volwassen opname, niet die van de kleine jongen). 'Wat doet Arthur Morrison hier?' vraagt ze voordat ze, met de foto tegen haar borst gedrukt en mompelend: 'Mijn oude vlam,' bewusteloos op het bed in slaap valt. Nou ja! Gezien de staat waarin Doreen verkeert zou het onterecht zijn er aanstoot aan te nemen, maar onwillekeurig wordt ze door jaloezie en bezitsinstinct overmand. Ze pakt de foto voorzichtig uit Doreens greep en zet hem op de schoorsteenmantel terug. Arthur is nu van haar. Hoe ver ze ook van elkaar vandaan zijn, ze hadden niet dichter bij elkaar kunnen zijn.

Eind juni en begin juli vormen een hoogtepunt: witte avonden en blauwe luchtpostbrieven. Maar dan worden de brieven weer staccato en ebt de hartstocht weg. Hij vertelt over zijn uitjes met de 'stulka's' – de plaatselijke schonen. Zij heeft het over 'Tom', de jongen die ze van Kerry kent – weet maar al te goed dat sommigen denken dat ze wel met elkaar verloofd moeten zijn. Hij is gepikeerd en reageert onaardig wanneer ze hem verteld hoe goed ze het in het Hope doet – 'Goeie God, was ik maar als Ier en vrouw geboren' – wat impliceert dat zij, als er beter gekwalificeerd personeel was geweest, dat wil zeggen Engelse mannelijke artsen zoals hij, het niet zo gemakkelijk zou hebben gehad. Ze gaat er niet op in, maar vertelt hem vervolgens dat zij, 'zoals hij weet', erg graag bij het Hope weg wil, 'om meer dan één reden' – en dat is de eerste keer dat hij ervan hoort en dat vergroot bij hem het gevoel dat hij wordt afgewezen. Als ze uit Manchester vertrekt, hoe kan hij haar dan nog zien wanneer hij thuiskomt?

Wat hem het meest pijn doet is het feit dat ze hem in de maand dat ze in Ierland zit maar eenmaal – kort – heeft geschreven. In zijn brieven doet hij er kregelig over: ook jaloers, bij elke vermelding van Tom. Wat ze over Tom zegt rechtvaardigt echter nauwelijks zijn toon, noch het vreemde idee om met een ander te trouwen en 'vrienden te blijven'. Misschien is het een slinkse manoeuvre om haar in paniek te brengen, zodat ze hem zal vertellen hoeveel hij wel voor haar betekent. Wat een manipulator! Ik zou haar geen ongelijk hebben gegeven als ze hem had gedumpt. Maar in één opzicht heeft hij mijn sympathie. Waar hij haar in zijn ouderlijk huis met open armen heeft verwelkomd, houdt zij de boot af. Die hele lente en voorzomer gaat ze minstens eens per week in Windyridge op bezoek. 'Agnes, je deerne, was eergisteravond hier en ze komt aanstaand weekend weer,' schrijft vader aan zoon, waarbij 'deerne' op sardonische aanvaarding wijst. In augustus gaat ze naar Ierland, maar eenmaal terug onder haar eigen mensen vervalt ze in stilzwijgen. 'Je kunt me blijkbaar geen plaats geven in het leven dat je er hebt,' zegt hij. Dat klopt. Ze doet het niet. Een halfjaar later vraagt hij nog

steeds waar ze vandaan komt en aan welke universiteit ze is afgestudeerd. Ik kan me niet voorstellen dat ze het hem nooit
heeft verteld. Het ligt ten dele aan hem dat hij het niet hoort.
Maar er zit iets in haar manier van vertellen wat vergeetachtig-
heid in de hand werkt. (Jaren later zou ook ik me niet meer kunnen herinneren uit welke stad ze komt.) Haar Ierland mag niet
met anderen worden gedeeld. Ze wil niet dat hij het koloniseert.
Ze is net als die man die lid is van een van die geheime Ierse re-
volutionaire bewegingen en die meedoet aan een quiz. Op de
vraag: 'Welke twee Ierse republikeinen overvielen het hoofd
postkantoor in Dublin tijdens de Paasopstand in 1916?' antwoordt hij achterdochtig: 'Wie wil het weten?' Mijn moeder is
net zo vastbesloten niets los te laten.

Voorziet ze, destijds in 1943, welke prijs ze zal moeten betalen voor een leven met mijn vader? Is dat de reden dat ze het
zwijgen ertoe doet wanneer ze weer in Killorglin is – ter bescherming van haar ik dat daar is geïnvesteerd? Is de discrepantie tussen hem en de zijnen en haar en de haren simpelweg te
groot om mee in het reine te komen nu ze er noodgedwongen
mee wordt geconfronteerd? In die maand augustus is Kerry bijna net zo moeilijk te bereiken als IJsland. Ze heeft een verschrikkelijke treinreis van Manchester naar Holyhead (met in
haar coupé een kettingrokende officier van de Geneeskundige
Troepen die haar probeert te versieren), een woordenwisseling
met een dwarsliggende paspoortencontroleur, een oversteek onder orkaanachtige omstandigheden naar Dun Laoghaire en een
even verschrikkelijke treinreis van Dublin naar Killarney (Ierlands openbaar vervoer staat wegens een tekort aan financiële
middelen op instorten). Wanneer ze eindelijk uitgeput thuiskomt, na een jaar weg te zijn geweest, ziet ze Killorglin door de
ogen van een vreemde – zoals Arthur het misschien zou zien, of
zoals bezoekers het in voorgaande jaren hebben gezien. 'Qua
viesheid en triestheid kan Killorglin wellicht wedijveren met el-

ke bewoonde plaats in het universum,' zei iemand in 1822. En zo is het tientallen jaren nadien nog steeds. 'Een onwelvarend, geïsoleerd en schier erbarmelijk oord' (1846), 'armoede, verval en verkrotting' (1848), 'een samenraapsel van de primitiefste, voor menselijke bewoning ingerichte hutten die men in de drie koninkrijken zou kunnen tegenkomen' (1860). Na de Grote Hongersnood van 1845-1849, zo vertelt men haar, waren de turfstekers in Kerry zo arm dat ze maar één schoen droegen – aan de voet waarmee ze de schop in de grond staken. Nog steeds lopen er kinderen blootsvoets rond. Geen wonder dat mensen, op zoek naar een beter leven, wegtrekken. In februari 1921, toen ze drie was, verlieten per dag meer dan twintig jonge mannen en vrouwen de stad en trokken naar Amerika. De O'Shea's maakten deel uit van die diaspora. In Ierland 'thuishoren' betekende er weggaan. Wie zou er niet weggaan als hij de kans kreeg? Terwijl ze in bed ligt te woelen vraagt ze zich af waarom ze eigenlijk terug is gekomen.

Maar slaap doet wonderen. De volgende morgen is ze weer helemaal opgekikkerd. Het is kermis, *Puck Fair*, en van mijlenver zijn duizenden naar het stadje toe gekomen om zich te vergapen aan de bok. (Het dier, dat tot koning Puck is gekroond en een stapel kool heeft gekregen, staat drie dagen op een platform, vijftien meter boven de grond.) Het is een bandeloos feest, vol bier en landlopers, en vroeger zouden de O'Shea's, die hun zomers in Ross Beigh doorbrachten, zich er verre van hebben gehouden. Maar dit jaar blijven ze in Killorglin. Joe en Kitty wonen nog thuis en Sheila, die in Londen lesgeeft, is overgekomen. De kroegen blijven open en zitten vol stampende voeten en krassende fiedels.

Proost op de man die zijn vrouwtje kust
Die zijn vrouwtje kust alleen.
Maar menig man kust andermans vrouw
Want zij heeft er meer dan één.

Proost op de man die zijn kindje wiegt
Die zijn kindje wiegt alleen.
Maar menig man wiegt andermans kind
Want zij had er meer dan één.

De jeugdige O'Shea's trekken van kroeg naar *ceilidh,* van lied naar lied. Er lopen legerofficieren rond en er wordt gefeest en er wordt gedanst: al met al dus helemaal niet zo saai. Als het niet haar geboortestad was geweest (en daarom dus saai is), zou Agnes het hier nog leuk kunnen vinden ook. Nee, potverdorie, ze víndt het hier leuk. Toen Ernest naar haar 'wortels' informeerde had ze moeten zeggen dat de O'Shea's tot de koningen van Corcu Duibne behoorden, de eerste Keltische stam die zich in het gebied vestigde. Ze had hem moeten zeggen dat haar vader door de wolhandel een gefortuneerd man in Killorglin was geworden. Toegegeven, het is een stad waar maar één paard rondloopt, maar de eigenaar van dat paard is toevallig wel haar vader. Of om preciezer te zijn, het is een stad waar maar één auto rondrijdt en hij is de bezitter van die auto, een Studebaker. Bezitter, niet berijder, behalve in het weekend. Hij heeft een mannetje dat voor hem rijdt en hij zit achterin zijn berekeningen te maken. Waarom zou je je erover schamen? Naar alle maatstaven gemeten zijn de O'Shea's geslaagde ondernemers, middenklasse. Winkelen ze bij de slager of de bakker of de manufacturier, dan wordt het op de rekening gezet, want ze zijn goede klanten. Mijn moeder (nu bij voorkeur Agnes, in plaats van Kim of Gennie), ver van de bombardementen en hier opnieuw geworteld, geniet van het goede leven, slaapt tot de lunch uit, gaat naar de kroeg, maakt fietstochten naar de geestgronden bij Dooks, staat bij de vissers te kijken die zalm uit de Laune slaan, brandt haar Salfordse bleekheid weg.

Op een dag lenen Joe, Sheila, een neef en zij hun vaders auto en maken een rit om de Ring van Kerry. Het landschap snelt hun voorbij als een documentaire uit de jaren dertig over het Ierse plattelandsleven. Turfhopen bij elk huis en aardappelen rijpend in voren. Kinderen met rood haar en stoffige sproeten die zitten te bikkelen. Roeiboten met piepende dollen die dansend op de golven naar kreeftenfuiken varen. Het zilver van het merenwater en het goud van geurende brem. En paarden, altijd paarden, waar ze maar kijkt. Waarom zou ze het beschamend vinden om dit haar geboortegrond te noemen. Elke vreemde – zelfs Arthur – zou het hier idyllisch vinden.

'En, heb je verkering?' vraagt Kitty tijdens een van hun wandelingen. 'Niet serieus,' zegt ze. Een ontwijkend antwoord, maar toch klopt het. Arthur is een veel te grote lolbroek om serieus te kunnen zijn. Hun relatie is zelfs voor haar onverklaarbaar. Het is vanaf hier waar zij is tot aan daar waar hij is zestienhonderd kilometer pal noord. Is er hoop dat de dingen die hen van elkaar scheiden – niet alleen de oorlog, maar ook de verschillen tussen hun families – overbrugd kunnen worden? En hoe zal Arthur zijn wanneer hij na negen maanden van bier en onderdrukt celibaat terugkomt? Bijna vlak naast hun huis in Langford Street is The Oisin, Killorglins nieuwe bioscoop. In die maand augustus draait er *Star Spangled Rhythm* en daar komt een scène in voor dat een marineschip afmeert en twee happige blondines op de wal hun kansen bespreken. De ene zegt hoe blij de zeelieden wel niet moeten zijn dat ze weer in Amerika voet aan wal zetten, 'vooral die jongens daar – die komen uit IJsland'. '*IJsland*, zeg je,' roept de andere en ze holt onmiddellijk naar hen toe. In de stalles met Kitty moet ze erom lachen. In bed, in haar eentje, lijkt het minder grappig. Wanneer Arthur terug is zal hij als een wilde tekeergaan – elke vrouw voldoet en hoe meer hoe beter. Misschien gaat hij nu in Reyky al als een wilde tekeer.

Ze blijft in Kerry tot eind augustus. Op een zaterdag, vlak voor haar vertrek, gaat ze met haar vader mee wanneer hij naar de andere kant van Dingle rijdt om een man te spreken over een kudde. Ondanks de warmte is hij uitgedost alsof hij naar de markt gaat: tweed kostuum met twee rijen knopen, horlogeketting, anjer in zijn knoopsgat. Hij wordt met zijn vijfenzeventig jaar te oud om de zaak te runnen en hij laat Joe langzaam de leiding overnemen. Maar in het weekend gaat hij nog graag in de auto eropuit om de vinger aan de pols te houden. Vindt zich nog jong. Selfmade man. Ook met een open oog voor de toekomst, niet een of andere keuterboer uit de hoogvlakten. Een patriot, zeker, maar niet zo fanatiek dat hij uit de gratie zou raken bij Engelse fabrikanten van wier klandizie hij afhankelijk is. Is niet het type van de geduchte patriarch, maar dwingt respect af. Zou niet dulden dat een van zijn zonen of dochters snoevend van de andere kant van het water zou terugkomen om zich minachtend uit te laten over de manier waarop het thuis toegaat. Maar begrijpt de ambitie van zijn kinderen om weg te gaan. Moedigt die aan. Heeft hun tegen niet geringe kosten een goede schoolopleiding gegeven. De Ieren een goede schoolopleiding ontzeggen, dat was de manier waarop de Engelsen hen in het gareel plachten te houden. Een goede schoolopleiding is het enige antwoord – niet alleen heeft hij zijn kinderen (meisjes zowel als jongens) aangemoedigd te gaan studeren, hij is ook bestuurder van Killorglins middelbare school. Bestrijd de Engelsen met hun eigen wapenen – dat is zijn devies. Uiteraard zijn er lieden die dol zijn op hun ketenen, mensen die je nooit kunt bevrijden of verheffen – maar als mensen niet geholpen willen worden kun je er niets aan doen. Politici beziet hij met wantrouwen, zoals slangen en wolven. Nationalisten zijn de allerergsten. Houd je erbuiten, heeft hij zijn kinderen voorgehouden. Hij herinnert zich nog goed de Paasopstand van 1916 (in de hele stad geen druppel Guinness te krijgen) en de Burgeroorlog. De *Troubles* van 1920 waren meer dan erg – plaatselijke meisjes wier haar werd afgeknipt als straf voor hun omgang met de *Black and Tans*, de Engelse militairen die in Ierland waren ingezet; het platbranden van Foleys garage en het gebouw van Sinn Fein; moordaanslagen en represailles. Kapitein Lehane, de commandant van de Vrije Staat, werd vlak voor de kroeg neergeschoten, tegenover Patricks wolopslagplaats. Op de voorgevel kun je nog altijd de bloedvlekken zien. Agnes moest toen vijf zijn geweest. Zulk soort geweld kan een stempel op een kind drukken. Maar ze is goed terechtgekomen. Ze is een beste meid, alle kinderen zijn uit het juiste hout gesneden.

De weg die vader en dochter nemen, voert langs het huis van vrienden en achterneven. Door al die stops voor een verfrissing is het bijna drie uur wanneer ze bij de boerderij komen. Het scheren van de zwartkopschapen, aan wier wol hij zijn inkomen te danken heeft, vindt meestal in mei en september plaats. Deze boer is vroeg begonnen. Ze laten zich leiden door het geblaat van bijeengedreven schapen en vinden hem achter in een schuur. Zijn boerderij heeft elektriciteit en dat betekent dat het scheren met snorrende messen gebeurt, een snellere manier dan scheren met de hand en diervriendelijker dan uittrekken. In de schuur zijn drie mannen aan het werk: een om het slachtoffer te vangen, een om te scheren, een om de vachten op te stapelen. Elk schaap, vet van wol, wordt de poort van de scheerdersbenen ingedreven, beetgepakt, ondersteboven gekeerd, opgehesen, aangehaakt, ontdaan van zijn vettig omhulsel, dan op de romp geklopt en vrijgelaten. Paddy is daar niet voor gekomen. Het is meer een vriendschappelijk bezoek dan een zakenbezoek. Al zijn transacties doet hij op weekmarkten (Kenmare op woensdag, Kilgarvan op donderdag, enzovoort). Maar Agnes vindt het scheren fascinerend – de dwaze paniek van de ooien in hun omheinde ruimte, het zware kleed dat van hun rug wordt afgepeld, hun melkwitte huid met de rode scheerwondjes wanneer ze de vrijheid tegemoet schieten. Wat zien ze er klein en licht en naakt uit wanneer ze zijn geschoren. In elk schaap schuilt een lam. Verlegen door de blik van de boerenknechten staat ze als een indringer in de schaduw en ook zij voelt zich weer jong. Wanneer was de laatste keer dat ze een schaap geschoren zag worden? Toen ze vijf was? Tien? De wol in de opslagplaats in Langford Street is lompig en dood, een artikel dat wordt gesorteerd en verpakt. Dit hier is net zo opwindend als chirurgie.

In de keuken van de boerderij, waar ze thee met whiskey drinken, gaat het gesprek over de wolprijzen die sinds het begin van de oorlog zijn ingestort. Wegvallen van exporten, tussenpersonen die te laag bieden, boerderijen die over de kop gaan, geen Iers gulden vlies meer – het gesprek is somber en eentonig. De boer – veertiger, doorbloed gezicht, korenblond haar – werpt nu en dan een schuchtere blik in haar richting. Net als de meesten is hij ongetwijfeld ongetrouwd en zoekende; aan vrijgezellen geen gebrek hier in Kerry. Alleen de oudste zoon kan op een erfdeel hopen. De rest blijft aan moeders rokken hangen. God behoede haar voor een van hen. Geiten en ezels zijn het enige dat ze hebben – en het enige dat ze zijn. O, en hun klungeligheid bij *ceilidhs*, hun rotte tanden en schaapskoteletten en rode gezicht. Na de mis direct naar de kroeg, want waar moet een man anders naartoe op zijn vrije dag. Geen wonder dat de vrouwen van Kerry wegtrekken, noordwaarts naar Dublin, of naar de overkant van het water. Zonder vrouwen kan de plattelandseconomie niet overleven. Maar wie of wat kan hen tegenhouden? De vrouwen die blijven zinken weg in melancholie. Het wordt als een onnoemelijke zegen beschouwd als je een man met een huis of een baan kunt vinden, maar wie wil de vrouw van een boer worden, geketend aan stal en kribbe? Haar moeder had meer geestkracht, al diende ook zij een Heer – in de kerk. Nee, dit is geen leven.

'Een knap ding als jij zal ginds over het water ondertussen toch zeker wel een jongen hebben?' zegt haar vader onderweg naar huis. Ze krijgt een kleur en ontkent het. Het is niet eens onwaar, want de situatie met Arthur ziet er gewoon uitzichtloos uit. Ze weet wat ze voor hem voelt. Of voelde, voordat ze hier kwam. Ze stonden aan de vooravond van iets. Maar was het de oorlog, en niet de liefde, die hen samenbracht? Haastig getrouwd, lang berouwd – dat is het standaardgrapje in het Hope, op de Kraam. Het heeft nooit gevóéld of Arthur en zij zich aan elkaar vastklampten om bij elkaar troost te zoeken. Maar als hij nu eens niet was weggegaan? En hoe goed kent ze hem eigenlijk? Voor deze vrouw in Ierland lijkt die man in IJsland opeens koud en ver. Terwijl ze het raampje naar beneden draait laat ze haar arm de zomerwind trawlen en verandert van onderwerp.

Ierland. IJsland. Door maar twee letters van elkaar gescheiden. Maar in die augustusmaand wordt het een immense kloof. Het verschil is maar één klinker en één medeklinker. Maar het is alle verschil van de wereld.

Ik moet bekennen dat ik de boel een beetje heb verfraaid. De reis naar haar ouderlijk huis, de Puck Fair, de *Star Spangled Rhythm*, het werk en de opvattingen van Patrick O'Shea, het doodschieten van kapitein Lehane in Langford Street, de gevoelens die Agnes voor Arthur koesterde: dat is allemaal in zekere zin gedocumenteerd. Maar haar brieven uit 'Eire' vertellen weinig en ik heb een paar leemten opgevuld. Het is niet mijn gewoonte te gaan fictionaliseren. En zelfs wat ik hier heb opgeschreven kan amper voor fictie doorgaan. Bij fictie kun je je laten gaan, word je alleen beperkt door de logica van wat je verzint. In het geval van mijn moeder, die geen verzinsel is (zij is degene die mij heeft geschapen, niet omgekeerd), bestaat er een zekere eis van eerlijke verslaggeving. Ik voel haar aan mijn schouder staan en de pagina afspeuren om te zien of er kletskoek en onzin op staan. Hoewel ik zeker zal falen wil ik eervol falen. En dat betekent, naar waarheid vertellen wie ze was.

Maar in een familiegeschiedenis kunnen feiten elusief zijn. De verhalen die als het heilige evangelie worden doorgegeven, kunnen grotere verzinsels blijken te zijn dan een schrijver ooit zou kunnen bedenken. Zo is mij op goed gezag verteld dat mijn grootvader de eerste in Killorglin was die een auto had. Maar in *Cast a Laune Shadow*, de herinneringen aan een jeugd in dat stadje, verklaart de streekhistoricus Patrick Houlihan dat W. Girwan, een notaris, er eerder aanspraak op kan maken. (Uiteraard wordt dat door de Studebaker plus chauffeur goedgemaakt.) Ik heb me verder laten vertellen dat mijn grootvader oorspronkelijk onderwijzer was, maar dat hij uit de anonimiteit werd geplukt door een Engelse aristocraat voor wie hij tijdens een bepaalde zomervakantie als gids werkte. De aristocraat vatte sympathie voor Paddy op, zag in de wolhandel kansen voor hem en regelde voor hem een opleiding in Bradford. En van daaruit keerde hij in triomf terug en zette zijn eigen bedrijf in Langford Street op (pas toen won hij de hand van Margaret Lyons. Haar vader had hem voordien afgewezen, omdat hij hem als arme schoolmeester zijn aandacht niet waard vond). Een leuk verhaal. Maar voor zover ik kan nagaan is de waarheid een stuk saaier. Paddy's vader, John O'Shea, die inkoper van kippen en kalkoenen was, had ook connecties in de huidhandel. Hij was de man die het huis in Langford Street kocht. En veel verzet van de familie Lyons tegen Paddy kon er niet zijn geweest, want toen Margaret met hem trouwde was ze juist negentien.

Ik zal mijn best doen niet te fictionaliseren, mam. Ik heb uw brieven, voor een feitelijke onderbouwing. Maar ik kan u niet beloven dat ik in elke situatie de waarheid zal vertellen. We hadden meer moeten praten. Omdat we het niet hebben gedaan zullen er zaken zijn die me ontglippen. Ook mensen – niet op de laatste plaats uzelf.

RON AAN ARTHUR, Hulton Lane 107, Bolton, Lancs, 27-8-43

Ik hoop dat je mijn telegram met het goede maar verduveld ver-late nieuws hebt ontvangen. Wanneer ik erop terugkijk vraag ik me af hoe we het hebben klaargespeeld. Uit Afrika vertrokken op 15 juni en in Engeland geland op 21 augustus. Ik doe er ver-standig aan een discreet censuurkleed over de reis te spreiden, maar geloof me, het was vreselijk – de enige verlossing was de bar. We werden in [GECENSUREERD, haven van aankomst] op-gehaald door een mieterse vrouwelijke truckchauffeur. God, wat is het heerlijk te weten dat zulke wezens nog bestaan, na die rangbewuste, kordate verpleegsters, of de taaie, oude kolonisten-vrouwen daar aan de Kust.

Ik ben al in Windyridge op visite geweest. Wat heb je toch een dappere zus, Arthur. Mary is een van de kranigste personen die ik ooit heb ontmoet. Ik was enigszins ongerust dat ze door mijn aanwezigheid van streek zou raken, maar ik denk dat ik haar heb kunnen opvrolijken door een en ander te vertellen over de Kust. Haar kindje is reuze zoet en lijkt al voor me gevallen te zijn.

Augustus beleeft een tweede thuiskomst. Ronnie Astle is uit West-Afrika terug, zoals Agnes – of Kim, zoals ik haar voortaan zal noemen – merkt wanneer ze de volgende keer bij Mary op be-zoek is. Ronnie – mager, potlooddunne snor en beroemd hu-meurig – is een oude vriend van Arthur. Ze hebben samen in Bolton op school gezeten. Ze zouden ook samen medicijnen zijn gaan studeren als de ouders van Ronnie het collegegeld hadden kunnen betalen; in plaats daarvan hield hij het op tandheelkun-de. Hij kreeg er genoeg van en liep weg, nam dienst bij de tanks en moest worden afgekocht. Later nam hij dienst bij de RAF en leerde de Hurricane en de Master vliegen. Maar hij had dienst genomen als tandheelkundig officier en na zijn opleiding deden zich weinig gelegenheden meer voor om te vliegen. Zijn frustratie en ergernis maken hem tot een natuurlijke bondgenoot van Arthur, zelf ook een vlieger die niet de lucht in mag. In hun brieven dikken ze hun situatie aan: Ronnie en Arthur, een komisch duo, twee sufferds die gedwongen zijn griepjes te behandelen of gaatjes te vullen, terwijl hun collega's moffen afmaken. Vanuit Ronnies basisopleiding in Morecambe, Lancashire, wordt Arthur (of Aha, Abe, Aby, Stom- en Herpeskop, zoals Ronnie hem noemt) vergast op schrijnende verhalen en mijmeringen: het slinkende effect van een koud bad op een zwellichaam, de nutteloosheid van examens in oorlogstijd ('Ik denk dat ze iets meer drukte zullen maken over de aan flarden geschoten restjes van een vent met een gráád'), de problemen rond het vinden van een geschikte vrouw. Wanneer hij wordt overgeplaatst naar Hastings, in West-Afrika, waar hij in een buitenpost van het Britse rijk kiezen boort en trekt, zet hij zijn komische litanie van kommer en kwel voort: het is te warm, hij heeft uit stukken nissenhut eigenhandig zijn behandelruimte moeten bouwen, de nikkers zijn stommelingen, bureaucratie en dienstklopperij en vingerproblemen en slechte communicatie ontnemen hem alle puf, er is absoluut geen spat te doen ('Ik zit gewoon in een stoel in de hoek mijn gin met kwast te drinken wanneer we gin en kwast hebben, of whisky met droge vermout als we geen gin en kwast hebben, of cognac met soda wanneer we geen gin en kwast of whisky en droge vermout hebben, of soms wanneer we geen gin en kwast of whisky en droge vermout of cognac en soda hebben, zit ik gewoon te denken, of soms zit ik gewoon te zitten'). Na zijn terugkeer in Engeland gaat hij om met een meisje dat Elise heet. Sinds zijn vertrek naar Afrika kan hij alleen maar schriftelijk kennisnemen van Arthurs veroveringen: 'Ik verschiet als een verblufte kameleon van kleur als ik over je seksleven lees, op hetzelfde moment rood en groen in mijn gezicht. Hoe gaat het met die verpleegster in het Hope? Denk eens een ogenblikje aan mij (wanneer je bezig bent). Ik ben bijna vergeten hoe twee blanke benen eruitzien. Na 12 maanden hier ben ik net als die oude vrouw in dat mopje (weet je nog?) die naar haar kleinkind staat te kijken wanneer het een bad krijgt en vraagt of het een jongetje of een meisje is – "Met mijn ogen is niets mis, maar mijn geheugen wil niet meer zo".'

Ronnies vijftien maanden in Afrika zijn minder rustig geweest dan hij het doet voorkomen: zo voerde hij eens het bevel over een reddingsactie door een mangrovemoeras om uit een neergestort vliegtuig lichamen te bergen. Maar in augustus 1943, wanneer zijn eerste tour voorbij is, keert hij naar Bolton terug, ongedeerd, op een beetje malaria na. Binnen drie dagen staat hij op de stoep van Windyridge om Arthurs ouders en zus op te zoeken. En binnen veertien dagen loopt hij Kim tegen het lijf, die is gevraagd naar Kela's huid te komen kijken. Het drietal – moeder, arts en tandarts – staat in de kinderkamer en onderzoekt de schilferige kringeltjes en rode uitstulpingen van kindervlees. Eczeem: het is een keer zo erg geweest dat Mary Kela's armen heeft moest spalken om te voorkomen dat ze zich krabt. Nuttiger was een bezoek aan een specialist, dokter Marianne Peach in John Street, en die stelde voor olijfolie te gebruiken in plaats van water en zeep en raadde haar dringend aan het kind zijden en katoenen kleren aan te trekken en geen wollen. Het gaat nu wat beter met haar huid, al vindt Mary haar nog steeds een 'absoluut krengetje'. Kim is goed met baby's, maar over de huid – waar ze verloren naar kijkt, alsof de oplossing er in bultjes op uitgeschreven zal worden – kan ze geen nuttig advies geven. Ook Ronnie weet niet wat hij moet zeggen: hij is een tandendokter en Kela is alleen maar tandvlees. Maar de vrouwen zijn blij met zijn gezelschap: de sfeer wordt anders wanneer er een man in de buurt is. In juli had Mary het nog diepongelukkig gehad over 'de draad weer oppakken en iets met mijn leven doen'. Als Kela niet zo'n handenbinder was geweest zou ze zich als vrijwilligster bij een van de vrouwelijke hulpkorpsen melden, 'het geeft niet waarbij, als ik er maar bij ben'. Het is vreselijk om niets over Michael te horen. Maar Ronnie heeft haar opgebeurd.

'Ze houdt zich werkelijk verbazingwekkend,' vertelt hij Arthur, nu niet jongensachtig, maar devoot. 'Ik kan gewoon niet onder woorden brengen hoe groot mijn bewondering en medelijden is.' Bewondering en medelijden? Kim, die hen samen ziet, verdenkt hem van sterkere gevoelens. Zo ook Ernest en Kathleen. Ze zijn op Ronnie gesteld, maar beginnen zich meer zorgen te maken naarmate hij vaker op bezoek komt. Hij heeft altijd al een zwak voor Mary gehad. Stel dat hij verliefd op haar wordt – een wreed lot, omdat Mary zijn liefde nooit zou kunnen beantwoorden. Is het niet onverantwoord hem zo vaak te laten komen? In zijn brieven naar huis probeert Arthur hen zo goed mogelijk gerust te stellen, maar ook hij vraagt zich af hoe het moet aflopen. Zet een man en een vrouw maar lang genoeg in hun eentje bij elkaar – zelfs met een klein kind erbij – en dan zal er onherroepelijk iets gebeuren. Het is al penibel genoeg dat Mary nog getrouwd is, in elk geval in naam. Maar stel dat tegen alle verwachtingen in het bericht komt dat Michael nog leeft, in een krijgsgevangenkamp is...

Kim, die ertussenin zit, staat in de verleiding er iets van te zeggen, maar Mary is haar voor. Het is op een zaterdagmiddag eind september en ze passen winterkleren op de damesafdeling van Kendal's, Kim niet erg van harte, omdat ze liever wil wachten met het kopen van een pakje tot de volgende keer dat ze in Dublin is. In de paskamer is Mary prikkelbaar: een halfjaar is verstreken, maar haar figuur is nog niet terug. Door de distributie is er niet veel keus: het ene mantelpak na het andere vindt geen genade in haar ogen, of liever gezegd, zijzelf niet. 'Wat vind je van deze?'

vraagt ze in de spiegel en dan voegt ze er opeens aan toe dat ze hoopt dat Kim begrijpt dat haar omgang met Ronnie volkomen onschuldig is. Ze is nog altijd Michaels vrouw, het enige wat ze met hun tweeën doen is lunchen in cafés en tochtjes maken op de motor. 'Natuurlijk,' zegt Kim, knikkend naar Mary's spiegelbeeld. Hoe zou het zijn wanneer je man, die overzee zit, wordt vermist, vraagt ze zich af. In zekere zin is haar hetzelfde overkomen nu Arthur zich gewoon als vriend heeft ontpopt en niet als de Droomprins die ze dacht dat hij zou zijn. Maar hij leeft tenminste nog, terwijl je daar in het geval van Michael niets van kunt zeggen. Ze krijgt Mary's gezicht in de spiegel in het oog.

'Het staat je goed,' zegt ze.

'Een beetje directrice-achtig,' zegt Mary, terwijl ze haar handen langs haar zijden laat glijden. 'Gelukkig maar dat ik niet in de markt ben voor een huwelijk.'

'Ik gelukkig ook niet,' zegt Kim, terwijl ze een rok als een oude huid aflegt.

'Heb je ooit weleens over Michael gedroomd?' vraagt Mary. 'Ik weet dat je hem nooit hebt ontmoet, maar je hebt zijn foto gezien. Het is een malle vraag, maar...'

Ja, het is een malle vraag, maar Mary droomt namelijk wel over Michael, voor het eerst toen hij werd vermist. Ze had er niets achter gezocht, maar nu hebben ook haar moeder en haar moeders vriendin Edie gedroomd dat hij weer verscheen. Ook haar tante Nan heeft 'gevoelens' dat hij nog in leven is. Ze had zulke gevoelens ook in de laatste oorlog met haar broer die werd vermist en van wie werd aangenomen dat hij dood was, maar die zes weken later weer veilig en wel kwam opdagen. Michaels broer Gray (Graham) zegt hetzelfde – dat hij voelt dat hij ergens veilig is. De dromen en het uitblijven van een bericht geven Mary hoop. Als Michaels lichaam was gevonden en ergens was begraven, zouden ze tegen deze tijd toch zeker wel iets van het ministerie van Luchtmacht hebben vernomen? Zelf droomt ze altijd hetzelfde: hij komt terug en ze loopt in zijn armen en wordt wakker. Ze heeft last van hoofdpijn en speelt met de gedachte haar ogen te laten onderzoeken en ze maakt zich zorgen dat ze gek wordt van de zenuwen. Vandaar dat ze Kim de vraag stelt. En dat ze hem ook aan Arthur stelt, in een brief: 'Droom je weleens van hem? Ik heb nooit belang gehecht aan dromen, maar nu weet ik het niet meer. Het is vandaag 29 weken geleden sinds ik hem voor het laatst zag en het voelt als 29 jaar.'

Hoe mijn ouders Mary hebben geantwoord weet ik niet – ongetwijfeld zo aardig als hun scepticisme het toeliet. Maar een halve eeuw later bezorgden haar voorgevoelens me een huivering. In één opzicht had ze namelijk gelijk: Michael was niet begraven en die september 'verscheen' hij inderdaad weer. Alle details werden pas in 1945 bekend toen de Duitse bezettingstroepen zich uit Noord-Frankrijk terugtrokken. Op 11 maart 1943, rond half elf 's avonds, was zijn Sterling, geladen met een volle bommenlast op weg naar Stuttgart, aangevallen door Duitse jagers en afgesneden van de rest van het squadron. Het vloog in brand en suisde neer in de richting van Minaucourt, een dorpje op zo'n veertig kilometer van Châlons-sur-Marne. De plaatselijke curé wilde juist naar bed gaan toen hij een luide explosie hoorde en zijn ruiten sprongen. Anderen zagen een brandend vliegtuig laag over het dorp scheren en neerstorten bij de Nationale Oorlogsbegraafplaats waar twintigduizend mannen uit de Grote Oorlog lagen. Toen het neerkwam explodeerde het vliegtuig en brak in tweeën. Het achterstuk kwam bij een Duits radarstation terecht. Het voorstuk belandde in een kreupelbos op tweehonderd meter ervandaan waar struikgewas en jonge bomen zijn val braken. In dit kreupelbos lag een moeras of krater en het vliegtuig zakte erin weg en het moeraswater verzwolg de bemanning. De volgende dag wisten de dorpelingen met behulp van herdersstaven vier lijken te bergen, waaronder dat van de staartschutter. De resten van nog eens twee lijken werden later gevonden. De Duitsers namen alle persoonlijke bezittingen in beslag en begroeven met de hulp van de curé de zes bemanningsleden met militaire eer op de burgerbegraafplaats. Gewone dorpelingen werden van de plechtigheid geweerd, maar ze keken vanachter een heg toe en legden later bloemen op het gemeenschappelijke graf.

De dorpelingen wisten echter niet dat er nog een man aan boord was geweest (een bemanning van zeven was bij RAF-bommenwerpers standaard). Pas een halfjaar later, op 21 september, werd zijn lijk gevonden, drijvend op het wateroppervlak van de krater. Het bestond alleen uit het hoofd en de romp; verzonken in het borstgedeelte bevonden zich een portefeuille en een zilveren sigarettenkoker, eigendom van maj. Michael Thwaites ME DFC RAF-nr. 79550. In de portefeuille, in een cellofaan enveloppe, zaten drie foto's (een van Mary, een van Michaels moeder, een van zijn broer Graham). In de cellofaan enveloppe zat ook een brief, een roos en een haarlok. Michael, als vlieger voorin, moest als eerste het water hebben geraakt en het diepst zijn gezonken. Het had hem een halfjaar gekost om eruit te klimmen. De vrouwen die thuis over hem droomden hadden allen hetzelfde gezien: Michael, niet begraven, was weer verschenen. En in zekere zin was hij dat ook.

Maar in 1943 weet Mary dat allemaal niet en zolang ze de ware toedracht nog niet kent weigert ze de hoop op te geven. Maar een maand nadat ze over haar dromen heeft gesproken krijgt ze een brief van het ministerie van Luchtmacht over haar 'weduwepensioen', gevolgd door een hele serie formulieren die ze moet invullen – en elk ervan rijt oude wonden open. En dan komt, als klap op de vuurpijl, van het Centraal Magazijn van de RAF in Slough een hutkoffer met zijn 'persoonlijke eigendommen': '4 pantalons, 2 colberts, 1 buitenjas, 1 regenjas, 1 flanellen broek, 3 handdoeken, 5 overhemden, 10 pr sokken, 13 boorden, 17 zakdoeken, 4 zwarte dassen, 4 burgerdassen, 2 onderbroeken, 2 onderhemden, 2 truien, 1 koperborstel, 5 pr schoenen.' De lege schoenen grijpen haar het meest aan. Later schrijft ze Arthur woedend: 'Het ministerie van Luchtmacht zegt dat het verder geen nieuws heeft, maar dat officieel moet worden aangenomen dat hij dood is – hetgeen betekent dat ze van mij verwachten dat ik successierechten betaal. Dodenbelasting dus. Wat een fraaie rotwereld! Waarom niet iemand tegen de muur zetten en hem fusilleren en dan tegen zijn familie zeggen dat ze de kosten van het doodschieten moeten betalen. Ik denk dat ik wel kwijtschelding krijg, omdat ik geen eigen inkomen heb en een kind heb te verzorgen. Maar het gaat om het principe – en mijn God, wat word ik er bitter van. Sandy – de kleine navigator die Michael wilde hebben – wordt nu vermist en zijn vrouw is in verwachting. En zo blijft het maar doorgaan en nog altijd schijnen mensen niet te beseffen dat er een oorlog woedt.'

KIM AAN ARTHUR, Hope Ziekenhuis, Salford, 1-8-43

Zoals je weet heb ik, om meer dan één reden, uit Manchester weg gewild. Maar het ziet er nu naar uit dat ik blijf. Waarschijnlijk zul je ervan opkijken. Ikzelf maak me er in elk geval nogal benauwd over.

De kwestie is namelijk dat Grimmy voor drie maanden (oktjan) naar Edinburg wil om zijn chirurgie te doen en hij me heeft gevraagd de boel van hem over te nemen als chirurg in opleiding. Natuurlijk heb ik geprobeerd me eruit te praten, maar Grimmy heeft me er weer in gepraat. Ik zei dat ik het nooit zou kunnen, maar hij zei dat hij het me niet zou hebben gevraagd als hij niet had gevonden dat ik het wel kon. Zaal en poli vind ik niet erg, want dat heb ik al elke dag gedaan sinds mijn komst hier, maar de operatiekant vind ik toch wel eng. Maar Grimmy zegt dat ik heel weinig te doen zal krijgen, alleen appendices, hernia's, etc. En sindsdien ben ik het grootste deel van mijn tijd op OK geweest om ervaring op te doen. Het probleem is alleen

dat ik, wanneer ik terug ben van vakantie, nog maar een
maand heb voordat Grimmy vertrekt en ik heb nog veel te leren.

Ze denkt niet dat ze chirurgie gemakkelijk zal vinden. Maar het is alleen maar snijden en naaien en dat heeft ze al van kindsbeen gedaan. Niet dat haar moeder naaide – met al die baby's had ze er geen tijd voor – maar Kim leerde de kunst van meiden en oudere zussen. Op school kreeg ze borduren, naast de andere huishoudelijke vaardigheden. Maar het werd niet gestimuleerd. Haar onderwijzeressen waren de mening toegedaan dat de meisjes die onder hun hoede waren beter verdienden. Natuurlijk, leer vooral koken en kleren maken, maar zorg ervoor dat niet al je vaardigheden op vrouwengebied liggen. Vrouwen konden nu voor een carrière opteren. En zelfs aan vrouwen die verkozen thuis te blijven en kinderen groot te brengen, had het leven meer te bieden dan de naaldkunst. Latijn, Frans, poëzie, muziek: het was beter als een meisje die vakken beheerste. Patrick O'Shea was het daar roerend mee eens. Hij had te vaak gezien dat meisjes een last voor hun ouders werden, omdat ze geen opleiding hadden genoten. Geen van zijn dochters zou een bleke, oude vrijster worden die thuis wegkwijnde. Ze zouden diploma's halen en carrière maken. Toen Agnes hem vertelde dat ze verpleegkundige wilde worden, zei hij dat ze haar doel hoger moest stellen. En dat deed ze. Maar nooit rekende ze erop dat ze chirurg zou worden.

Indertijd, toen ze in Dublin medicijnen studeerde, was er een co op KNO geweest die zei, toen ze hem eens iets vroeg over tonsillectomieën: 'Waarom zou je je knappe kopje daarover breken?' Dat was toen de houding. De oorlog heeft alles ondersteboven gegooid. Voorbij is de tijd dat vrouwelijke artsen net zo'n kermisattractie zijn als dansende beren. Van de medische studenten die samen met haar aan de universiteit van Dublin afstudeerden, was een kwart vrouw. (Ik heb de lijst hier: Mary Frances Andrews, Julia Mary Dympna Corrigan, Alice Mary Creamer, Ursula Mary Crowley, Rose Mary Domican, Mary Gannon, Bridget Margaret Mary Kelly, Eileen Mary Theresa MacHale, Josephine Mary Needham, en nog een paar anderen die geen Mary heten – zestien vrouwen, op de drieënzestig afgestudeerde studenten geneeskunde.) Maar nog altijd zijn er de mannen, jong zowel als oud, die een vrouwelijke arts behandelen zoals ze een verpleegkundige zouden behandelen. En die, wanneer je het waagt hun een weerwoord te geven, vinden dat je een kenau bent. Kletskoek. Ze is niet in een concurrentiestrijd gewikkeld. Die eerste vrouwelijke artsen van zestig jaar terug, de Elizabeth Garrett Andersons en de Sophie Jex-Blake's, mochten dan muren hebben geslecht, het enige wat zij wil is *niet worden opgemerkt.* Ze is niet dol op schuine moppen, maar wanneer haar collega's zich zo op hun gemak voelen dat ze er eentje vertellen waar ze bij is, voelt ze zich geaccepteerd – lid van de club. Zal het feit dat ze Grimmy's taak overneemt een bedreiging vormen voor haar status van honorair mannelijk lid? Leiden tot jaloezie bij haar seksegenoten? Tot gevolg hebben dat de verpleegkundigen (die tegen mannelijke artsen poeslief zijn) venijnig en prikkelbaar worden? Als dat mocht gebeuren, jammer dan. Dokter O'Shea kan ertegen. Als Grimmy denkt dat ze het werk aankan, dan doet ze het.

Ze is zesentwintig, maar ziet er een stuk jonger uit. Een kind dat een mes hanteert – het is maar goed dat de patiënten onder narcose zijn. Als arts-assistent chirurgie in opleiding is ze verantwoordelijk voor alles en nog wat, maar de meeste gevallen zijn vrij ongecompliceerd – zegt Grimmy tenminste, maar in de eerste vierentwintig uur ziet het er niet naar uit, met 's ochtends twee ingeklemde hernia's en 's avonds 'twee vieze appendices – de ene gangreneus en erg moeilijk bereikbaar, de andere geperforeerd en een vreselijke rommel'. Naast haar eigen werk assisteert ze ook chirurgen van buiten: 'Vanochtend een heel gemakkelijke £1.1.0 verdiend door dokter Buckley te assisteren bij een privé-patiënt – excisie van een cyste in de borst, ongeveer 5-10 minuten werk.' Maar liever heeft ze zelf de touwtjes in handen. Is het slagveldheroïek? Mannenwerk? Een gevaarlijke frontlijn-activiteit waarvoor je sterke armen en een nog sterker maag moet hebben? Helemaal niet. Het draait om precisie. En om hygiëne: de stevige wasbeurt van tevoren, onder een lopende kraan – nagels, handpalmen, armen tot de ellebogen, elke vinger, zorgvuldig, een voor een. Kleine handen zijn een voordeel. Er zijn een paar van de oude stempel, het type slager, die hakken en trekken. Maar Grimmy heeft haar geleerd dat het een subtiel vak is. Het wapentuig lijkt minder op dat van een soldaat dan op dat van een houtsnijwerker: mes, beitel, zaag, hamer, klem, haak, spatel, nietje. Wat de stank en de drab betreft die een aanslag op je zintuigen plegen, die doen je nauwelijks iets. Je houdt het scalpel als een pen vast, wijsvinger erbovenop, het lemmet in een hoek van negentig graden op de huid. Een rechte snede is het beste om het vlees te scheiden – niet schuin, want dan is na afloop het hechten een stuk moeilijker. De intimiteit is beangsti-gend. Je bevindt je ín het lichaam van een onbekende die onder narcose is en zich niet kan bewegen. Op deze manier klinkt het als een verkrachting, terwijl het juist het tegendeel is: een vrien-delijke indringing die in genezing eindigt. Het werk op zaal is een langzame cyclus van wanhoop. In de operatiekamer kun je snel en effectief zijn. Ze beschouwt het als een soort nonnen-schap: het bloedende slachtoffer, de aanwezige aanbidders van wie alleen de ogen zichtbaar zijn, de gedisciplineerdheid, de concentratie, de zelfoverstijging. Terwijl je aan het snijden bent kun je jezelf verliezen. Wanneer in de loop der tijd haar zelfver-trouwen toeneemt, merkt ze dat ze hier echt gevoel voor heeft. Ze raakt in een crisissituatie niet in paniek. Houdt onder de lam-pen het hoofd koel. Heeft ook een vaste hand. Begint te merken dat ze dit haar hele leven wil doen.

Arthur ontdekt ondertussen wat hij in elk geval zijn hele leven niet wil doen. Omdat hij een goede opleiding heeft genoten en uit de middenklasse komt en omdat het aantal medische taken dat hij heeft minimaal is, vragen ze hem een heel ander soort snijwerk te doen: censureren. Het komt erop neer dat hij de brieven die de jongens naar huis sturen moet doorlezen en met pen of schaar een excisie moet doen van gevoelig materiaal. Onder 'gevoelig' wordt alles verstaan waar de vijand iets aan zou kunnen hebben als het wordt onderschept: details van manoeuvres, technische knowhow en elke aanduiding van een slecht moreel. Maar het enige gevoelige materiaal waar hij op stuit is het smachten van de mannen naar vriendin of moeder de vrouw. Hij verwacht dat hij zich een voyeur zal voelen, maar hij constateert voornamelijk dodelijke verveling bij zichzelf. Er zijn maar een beperkt aantal manieren waarop een man tegen een vrouw kan zeggen dat hij van haar houdt en de jongens in Reyky hebben niet de *esprit* om verder te gaan dan: 'Ik voel me zo eenzaam,' of: 'Ik mis je zo.' Ook zijn eigen brieven worden gecensureerd, door een meerdere in de volgende kazerne. Als hij geluk heeft zijn ze te lui om nauwkeurig te lezen. En hij neemt aan dat hij weet waar hij mee weg kan komen. Niettemin horen brieven privé te zijn, zelfs in oorlogstijd, en hij vindt het een vervelend idee dat iemand ze stiekem zit te lezen. Maar enfin, de meeste censoren zijn uilskuikens. Bij iemand in zijn squadron was eens een zin zwart gemaakt waarin de lengtegraad en breedtegraad van Reyky werd gegeven, alsof dat geheime informatie is en niet op elke landkaart is te vinden. 'Nou vraag ik je!'

Eigenlijk – zo merkte ik toen ik ze vijftig jaar later las – waren maar heel weinig brieven die hij naar huis schreef gecensureerd, al maakte mijn moeder een keer mee dat een stapeltje werd geconfisqueerd toen ze uit Dublin in Holyhead aankwam en daar aan land ging (zo haastig als ze in beslag werden genomen, zo op z'n elfendertigst werden ze teruggegeven). Hadden mijn ouders zich bespioneerd gevoeld, dan hadden ze misschien hun toevlucht kunnen nemen tot code, maar afgezien van de x'en en het LIHVJ (Lieveling, Ik Houd Van Je) deden ze het niet. Niettemin bleek het ontcijferen van hun taal een hele kluif te zijn. Het oorlogsjargon viel nog mee: de woorden *distributie, blitz, U-boot, bonkaart* kende ik uit mijn jeugd – maar dat mensen *een snee in hun neus* hadden (aangeschoten waren) of *als een meloet* waren (stomdronken) wist ik niet. En *moffen* voor Duitsers kende ik wel, maar dat ze ook *jerry's* werden genoemd en Japanners *nips* was nieuw voor me. Hetzelfde gold voor afkortingen: *adie* voor 'adieu' ging nog wel, terwijl ZB voor 'ziekenboeg' en OVG voor 'officier van gezondheid' bij elke officier-arts bekend moesten zijn. Maar was HJABVMTH (Heb Je Al Besloten Van Me Te Houden) zijn eigen vinding? En was OIB (Ontbijt in Bed) de hare? Er staan geen vloeken in hun brieven en zelfs niet veel *verdomme's* en *verdorie's*: om afkeuring aan te geven volstaan *drommels, deksels* en *potdomme*. Maar uitingen van blijdschap en goedkeuring komen in allerlei variaties voor: *mieters, knal, reuze, puik, picobello, okidoki*. Wie vloekt *bidt achteruit* en wie luiert *draait aan zijn stuurknuppel*; heeft hij bovendien zijn handen in zijn zakken dan loopt hij te *handballen*. Wie straf krijgt *tikt hem*, maar wie een *tikkertje* heeft heeft een VD opgelopen, een *veneral disease* of geslachtsziekte. Een *zandhaas* is een infanterist, een *slappe burger* elke niet-militair en een *bruinwerker* een vleier. En *Kille Kobus* betekent simpelweg dood. RIP.

Mijn vader, zo constateer ik nu, vond het heerlijk zich op alle mogelijke manieren uit te drukken, terwijl mijn moeder, die een heleboel zelven uit te drukken had, het maar pijnlijk vond ('Je kent me ondertussen goed genoeg om te weten dat ik nooit erg veel zeg'). Hij had eigenlijk schrijver moeten worden, zei ze eens tegen hem. Maar hij was te weinig schrijver om woorden (of het redigeren ervan) een echte roeping te vinden. Wat hij het best beheerste was de geneeskunde en hij werd er helemaal gek van dat hij in IJsland zat en geen kant op kon, griepjes behandelde, brieven censureerde of jeeps pikte om te gaan joyriden, terwijl zij in het Hope alsmaar vooruitging. Toen ze hem over haar promotie vertelde feliciteerde hij haar, maar op humeurige en neerbuigende toon. 'Dus je gaat nu het werk van een chirurg in opleiding doen?' schrijft hij begin september. 'Goeie God, wat een kansen heeft deze oorlog je toch geboden. Je moet het met beide handen aangrijpen, verdraaide geluksvogel die je bent. Wanneer ik thuiskom zal ik me nog generen met jou over geneeskunde te praten – zo weinig weet ik er tegenwoordig van. Dat wil zeggen, als we elkaar nog zullen zien tenminste.' Wat een boerenpummel! Al was hij dan nog zo jaloers op haar promotie, het was niet aardig om te zeggen dat het een kwestie van geluk was (en van sekse en Ierse afkomst) en niet een kwestie van bekwaamheid. En dan als klap op de vuurpijl die laatste zin: 'Dat wil zeggen, als we elkaar nog zullen zien tenminste.' Wilde hij haar dan niet zien? Of dacht hij dat zij, omdat ze hem in augustus maar die ene keer had geschreven, hem niet wilde zien? Hij borduurt er tien dagen later op door in zijn heftige brief van 12 september, de brief waarin wordt gesproken over trouwen met iemand anders en vrienden blijven – en waarmee feitelijk wordt gezegd, laten we het maar afblazen. Hoe vast was haar hand die avond in de operatiekamer? Zijn brief moet een enorme klap zijn geweest.

Of zou een enorme klap zijn geweest, als ze hem had gelezen. Maar toen puntje bij paaltje kwam ontnam hij haar de kans, zo vertelt hij wanneer hij haar de volgende keer, op de zestiende, schrijft:

Lieve Gennie,
Daar zijn we dan weer, snoes. Was erg nijdig over het 'kattebel-
letje' dat je in Eire krabbelde en ik schreef je als antwoord een
lange, onbehouwen brief terug. Ik ben blij dat ik hem niet heb

gepost, maar ik zal hem bewaren en hem jou laten zien wan-
neer ik met verlof thuis ben – waarschijnlijk nov of dec. Ik denk
nog steeds dat je ergens mee zit. Kom op, wat is het? Ik hoop dat
je je geen zorgen zit te maken over je werk als chirurg in oplei-
ding. Maar volgens mij is het veel meer.
Twee dagen geleden was mijn verjaardag – wist je het nog? Ik
ben vergeten op welke datum de jouwe valt, snoes. Ik dacht in
maart of mei, maar misschien zit ik er kilometers naast.
Ik heb Ron geschreven dat hij zijn verlof moet laten samenval-
len met het mijne. Ik heb hem ook geschreven over mijn escapa-
des – ik hoop dat je het niet erg vindt. Jij zult vast ook hebben
gepraat met Eileen of Mary G. Ik begrijp heel goed dat je erte-
genop ziet dat je nog bij het Hope werkt wanneer ik terugkom.
Het valt ook niet mee, vind je niet – en het is een zaak die, tussen
twee haakjes, ons beiden aangaat, niet iets waar ik in mijn een-
tje over moet beslissen. Ik neem aan dat je door je vakantie en de
aanwezigheid van Tom erop bent gekomen. Ik heb er veel over
nagedacht, maar ik kan het nog steeds alleen maar zien zoals ik
het je heb gezegd. Ik denk niet dat ik egoïstisch ben. De wereld
kan ploffen! Maar je weet wel wat ik bedoel wanneer ik zeg:
'Heb je al besloten van me te houden?'

Als hij zijn brief van de twaalfde inderdaad had verzonden, zou
het tussen hen uit zijn geweest. Maar hij doet hem niet op de
bus en vier dagen later zit hij weer kopjes te geven en te
hjabvmth-en alsof er niets aan de hand is. 'Daar zijn we dan
weer': tenminste, bijna. Had hij voordien gehoopt haar te over-
donderen, nu is hij aarzelender, erop gebrand haar duidelijk te
maken dat hij het probleem waar ze voor staan begrijpt ('Ik heb
er veel over nagedacht'). Wat dat probleem precies is zegt hij
verder niet. Maar het is duidelijk dat beiden het erover eens zijn
dat er een probleem is. Ondanks zijn lieve woordjes en haar
vreugde wanneer ze iets van hem hoort ('Had vandaag twee

heerlijke verrassingen – allereerst een paar rozen die een patiënt had gestuurd, toen met de middagpost een brief van jou') volgt er geen eenvoudige voortzetting van de correspondentie. Ze hebben een definitieve breuk weten te voorkomen. Maar dat najaar volgen de brieven elkaar langzamer op dan dat voorjaar het geval was geweest.

'Mijn excuses, snoes,' zo gaat een van de zijne in november, 'ik heb je 24 dagen niet geschreven en de laatste was, zoals je zou zeggen, maar een kattebelletje. Ik heb verschillende malen geprobeerd er 's avonds voor te gaan zitten, maar ik ben nooit verder gekomen dan het adres en dan zei ik "Plof maar" en ging ik met de jongens naar de bios of naar de club. Maar we staan nu dan wel quitte.' Tien dagen later antwoordt ze sarcastisch: 'Vanochtend is er iets raars gebeurd. Ik kreeg een brief van jou, de eerste in een dag of 30. Dacht dat je bevroren was of zo. Ik heb zelf drie weken niet geschreven, enkel uit gepikeerdheid. Ook geen woord over thuiskomen met Kerstmis.' In de toon klinkt geen liefdesverdriet door, alleen milde berisping. Ook vindt ze het niet de moeite waard nog meer te zeggen, met uitzondering van: 'Nu ik niet meer bang ben voor chirurgie vind ik het heerlijk. (...) Moet zo meteen weg om twee appendices te doen, dus ik ga eindigen.' Het is geen brief waarover hij erg opgetogen zal zijn geweest, gezien het onverschillig abrupte slot, alsof hij op de tweede plaats komt na haar werk. Nijdig geworden schrijft hij haar niet meer. Integendeel, hij schrijft Terry, zijn oude vriendin, en stelt voor de volgende keer dat hij met verlof is samen een weekendje naar Londen te gaan.

Het had er alle schijn van dat de vaart uit hun relatie was. Zes weken lang stuurden ze elkaar geen brieven. Ondanks het bewijs (in enveloppen die nog opengemaakt moeten worden) dat er nog meer zouden volgen vreesde ik het ergste. Maar toen, in januari, verbraken ze de stilte. En alles keerde ten goede.

4 Verliefd op de liefde

KIM AAN ARTHUR, Hope, 5-1-44

Dag lieveling,
Hoe is het in Davidstow? (...)

ARTHUR AAN KIM, Davidstow Moor, Camelford, North Cornwall,
5-1-44

Dag lieveling,
HJABVMTH? Wat leuk om vanavond iets van je te horen – het
beetje dat ik althans kon horen. Ik ben daarna naar de bios ge-
gaan en toen na afloop hier om al mijn vriendinnen te schrij-
ven: bij elkaar één brief.
Ik heb een mieterse inkwartiering – open haard en wastafel in
de kamer – eigen bad met warm stromend water en toilet – bo-
vendien een lichtje boven mijn bed. Had vanochtend ziekenrap-
port om 8.45 en ben toen druk bezig geweest met overal heen
gaan om te horen hoe het hier toegaat van de bevelvoerend OVG
(die morgen drie weken met verlof gaat).
O ja, nog iets – strikt tussen ons. Ik denk niet dat ik na terugkeer
van de bevelvoerend OVG hier nog langer dan een maand zit –

het wordt niets plaatselijks, maar wel heel aangenaam, zij het een eind weg. Kon ik jou maar meenemen.

KIM AAN ARTHUR, Hope, 8-1-44

Je brief arriveerde vanochtend en dat was maar goed ook – ik zou anders een naar weekend hebben gehad. Vond dat laatste stuk niet zo leuk – enig idee waar je heen gaat? Het klinkt allemaal erg vaag.

Ik denk niet dat het een goed idee zou zijn als ik vóór de 25e naar Davidstow kom. Vergeet niet dat jij er moet wonen. Ik heb mijn schoonzus Ruth in Sussex geschreven dat ze me rond de 20e kan verwachten en daar blijf ik dan waarschijnlijk een week, daarna zou ik wel zin hebben in een paar dagen Londen. Hoop dat je vanavond belt. Hoop dat ik maandag een brief krijg. Hoop een heleboel andere dingen – bijvoorbeeld dat je nog van me houdt.

ARTHUR AAN KIM, Davidstow, 9-1-44

Verdikkeme, wat heb ik het druk. Dat wil zeggen – ik vind dat ik het reuze druk heb na bijna twee jaar een gemakkelijk leventje te hebben gehad. Echt, mijn oren doen verduveld pijn van het werken met een stethoscoop – ik ga morgen de oordoppen invetten.

Ontving je brief van de 5e en bemerkte de overeenkomst in de manier waarop we zijn begonnen. Telepathie of zo.

Ik vroeg de bevelvoerend OVC of ik zijn inkwartiering kon krijgen terwijl hij op verlof was, maar hij hapte niet, hij zei: 'Er zijn een heleboel adressen dichter in de buurt – probeer de pastorie, of de laatste inkwartiering van de majoor.' Ik zal erachteraan gaan, snoes. Het zou een goed idee zijn, denk ik, als jij kunt overkomen voordat hij terug is, want dan kun je bij mij in de ZB komen zitten – die ligt namelijk buiten de basis, zie je, en dan zouden we bijna de hele dag samen kunnen zijn. Ik kan ook bereikbaar zijn in de plaatselijke kroeg (als daar telefoon is en als er niet wordt gevlogen), dus het is allemaal goed te regelen. Wat vind je ervan?

Tussen twee haakjes, ik krijg elke ochtend ontbijt op bed. Heerlijk. HJABVMTH?

KIM AAN ARTHUR, Hope, 12-1-44

Ik heb Ruth gisteravond geschreven en haar gevraagd of ze het erg vind als ik woensdag kom en dan het weekend uit ga. Ik houd je op de hoogte. Tussen twee haakjes, kan ik Mary vertellen dat ik naar Davidstow kom?

Had vandaag van 8.30 tot 2 OK. Grimmy wordt zaterdag terug verwacht. Die avond groot feest: omdat ik wegga en hij terugkomt.

Het zal heerlijk zijn om weer eens een tijdje niet te werken. Ik hoop dat mijn hutkoffer is aangekomen.

ARTHUR AAN KIM, Davidstow, 18-1-44

Ik kan het moment niet afwachten dat je er bent en ik hoop jij ook niet. Geen enkele reden om voor Mary verborgen te houden dat je komt. Ze weet alles van ons, dus waarom die geheimzinnigheid?

KIM AAN ARTHUR, Belsize Avenue 48, Hampstead, 10-2-44

Mijn excuses voor mijn slechte humeur toen je vertrok – het was nergens voor nodig, maar het kwam, denk ik, omdat ik me zo vreselijk naar voelde. Per slot van rekening was alles zo heerlijk – behalve dat je die trein van 1.25 uur 's nachts moest nemen.

Ik ben de aanbevelingsbrief van McKay die ik nodig heb voor de sollicitatiegesprekken kwijt. Kun je kijken of ik hem bij Tante heb laten liggen?

Heb ik niet vergeten tegen jou te zeggen dat ik heel veel van je houd?

ARTHUR AAN KIM, Davidstow, 10-2-44

Ik voelde me erg eenzaam toen ik gisteravond bij je wegging. Het was vier uur reizen naar Exeter daarna 3 1/2 uur in de volgende trein, en ik arriveerde hier om 10 uur 's morgens. Het is hier vandaag werkelijk stralend weer – onbewolkt en heel weinig wind.

Tegen lunchtijd ben ik naar Tante gefietst – ze leek reuze blij me te zien en had kennelijk verschillende mensen afgewimpeld met de mededeling dat ze hoopte dat jij terug zou komen – zie je wel! Ik heb geen spoor van McKays brief gevonden en ze had de prullenbak nog niet geledigd, dus het ziet er niet hoopvol uit – al zal ik mijn eigen paperassen nog doorkijken. Ik heb ook gezegd, zoals afgesproken, dat we hoopten dat ze niet zou denken dat er enigszins sprake was geweest van... eh... iets. Ze zei: 'Erg aardig van u om me dat te zeggen, maar ik had er geen moment aan getwijfeld – ze is een lief meisje.'

KIM AAN ARTHUR, Yapton, Nr Arundel, Sussex, 14-2-44

Voel me zo rusteloos (er is een maand verstreken sinds ik weg ben bij het Hope) dat ik heb besloten gewoon direct weer een baan te zoeken. Het is geen eigenwijsheid – ik voel me gewoon veel prettiger wanneer ik aan het werk ben, dat wil zeggen, wanneer ik niet bij jou kan zijn. Ik heb op dit moment veel te veel tijd om na te denken. Ik heb me gisteravond helemaal misselijk gehuild, met het gevolg dat ik vandaag wakker werd met

een vreselijke hoofdpijn. Ik kan ook niet slapen – er is hier bij
Ruth een pendule die ik elk halfuur vervloek. Het enige waar ik
momenteel zeker van ben, lieveling, is dat ik van je houd.
Tussen twee haakjes, ik lig nu in bed en voel me al wat beter. Ik
zou nergens liever willen zijn dan bij Tante, maar alsjeblieft,
vraag me voorlopig niet om weer over te komen. Ik ben weer in
de paniekerige fase en ik moet proberen een poos tot rust te ko-
men.
Wanneer ik bij je ben, lukt het me kennelijk nooit je te vertellen
hoeveel ik wel niet van je houd. Maar je weet het wel, nietwaar?

ARTHUR AAN KIM, Davidstow, 22-2-44

Paddy, het meisje van de centrale en minstens twee anderen heb-
ben me gevraagd of ik tijdens mijn verlof ben getrouwd. Wat zeg
je me daarvan!!!!
Het ziet er niet naar uit dat ik nu nog meer verlof krijg voordat
ik vertrek, want de andere jongens krijgen het niet en het zou
niet eerlijk zijn. Maar we merken het wel.
Adie.

LIHVJ. LHJVM.

PS Toen ik in IJsland hun post censureerde verwenste ik de
jongens die elke dag hun vrouw of meisje schreven. De brieven
waren altijd zo beperkt – er stond alleen maar elke keer in
'lieveling, ik houd van jou', met misschien maar een of twee op-
merkingen die hout sneden. Ik hoop dat de mijne niet zo zijn,
lieveling.

KIM AAN ARTHUR, Algemeen Ziekenhuis, Northampton, 24-2-44

Weet je, lieveling, we worden elke dag verliefder op elkaar. Ik
loop de hele tijd aan je te denken. En nu en dan zit ik zacht te
huilen. Hoe lang kunnen we zo doorgaan – jij er steeds vaster

van overtuigd dat alles goed zal komen en ik steeds minder? Ik weet dat ik van niemand op de hele wereld zoveel houd als van jou en dat ik met jou volmaakt gelukkig zou kunnen zijn – als de situatie maar anders was.

ARTHUR AAN KIM, Davidstow, 25-2-44

Joedeloe-oe-oe lieveling,
Het is 1.30 's nachts en ik heb een flinke snee in mijn neus en ik heb net door de telefoon met je gesproken (het kostte me 4/- en toen heb ik de kosten op jouw rekening laten zetten). Ik wou maar dat je hier was, maar ik wou ook dat we in ons eigen huis waren en dat deze rotoorlog was afgelopen. Toen we elkaar eerder vanavond spraken was het alsof ik jou gewoon bij onszelf thuis had opgebeld om je te zeggen dat het een beetje later zou worden, omdat ik met de jongens uit ging, dus dat je de baby zelf in het bad moest stoppen. En toen we elkaar zopas spraken, nadat ik terug was gekomen van Tintagel (we waren met ons twintigen, onder anderen drie WAAF-meisjes, maar ik heb de hele avond geen woord met hen gewisseld) en daarna (toen de lui langzaam begonnen te vertrekken) vroeg ik verschillende jongens al het zilvergeld te wisselen dat ik op zak had, en ze zeiden allemaal: 'Je gaat dat meisje nu toch zeker niet opbellen,' en toen lieten ze me alleen, en ik had mijn drie minuten en bijna al jouw drie minuten, en toen kwamen drie van de jongens joelend de kamer binnen en riepen: 'Dok zit nog steeds te bellen. Kom op!', dus ik zei: 'Er komt iemand eraan, lieveling, dus ik zal waarschijnlijk moeten ophangen,' en jij zei: 'Hier ook,' maar omdat ze de deur van de cel niet opendeden wilde ik doorpraten, maar het leek of jij je geneerde, omdat ze mij 'lieveling' hoorden zeggen en je begon te praten alsof je het had tegen een ver familielid en hing toen op. Hoe dan ook, mijn excuses, ik weet dat ik een snee in mijn neus had (niet dronken) en dat het te horen

moest zijn geweest, en ik vind het zelf vreselijk om met iemand te
praten die een snee in zijn neus heeft – hij dwaalt dan de hele
tijd af – maar ik houd heel veel van je en dat zal ik altijd blijven
doen, zelfs wanneer ik dit morgenochtend weggooi.
Volgende dag.
Mijn excuses voor hoe ik gisteravond was. In elk geval geeft het
bovenstaande (dat ik zal posten, niet verbranden) een verkla-
ring ervoor. Het komt allemaal, doordat je nog niet hebt beloofd
dat je met mij zult trouwen en bij elk teken dat je niet wilt dat
iedereen weet hoeveel we van elkaar houden, wordt mijn ver-
trouwen in jou geschokt. Verdraaid stom van me – kun je me
vergeven?
Telefoontjes zijn afschuwelijk onbevredigend, vind je niet?
Maar toch voelde ik me na het bellen een stuk beter en ik droom-
de dat je je haar weer liet zakken – onder andere.

Welk gevoel had ik bij het lezen van hun brieven? Welk gevoel
zou u hebben? Het was een gevoel van opgewondenheid,
schuldbewustheid, fortuinlijkheid, stiekemheid, verbazing. Welke gedachte ging er door mijn hoofd? De gedachte dat het wonderbaarlijk was mijn ouders zo tegen te komen – toen ze nog
niet mijn ouders waren, voordat ze met elkaar waren getrouwd
of zelfs maar wisten dat ze bij elkaar zouden komen. 'Zet nooit
iets zwart op wit,' zei mijn vader altijd en toch had hij het gedaan, hadden ze het allebei gedaan. En ze deden het zo gede-
tailleerd – de dingen die ze op bepaalde dagen deden, de gedachten die ze hadden, de emoties die ze voelden – dat ik meer
contact had met hun verleden dan met het mijne. Wanneer ik
vóór die tijd aan hen dacht, zelfs toen ik al veertig was, was het
telkens als kind in relatie tot mensen die ouder waren dan hij.
Maar de individuen die me nu werden geopenbaard waren
twintig-en-nog-wat, waren jonger dan ik. Ik voelde me een be-
schermer, een oom, een óúder. In tegenstelling tot henzelf, in

hun permanente heden, wist ik wat de toekomst brengen zou – wanneer de oorlog voorbij zou zijn en waar en hoe ze de rest van hun leven zouden doorbrengen. Deze wijsheid achteraf gaf me een voorsprong, maar schiep ook een zeker besef van verantwoordelijkheid. Het was alsof ik kinderen onder mijn hoede had. Ik had het beste met hen voor en deelde hun pijn wanneer er iets mis ging.

Op sommige momenten voelde ik me een voyeur. Toen ik aan het slot van een van haar brieven de afdruk van haar lippen – als een rood zegel – tegenkwam ging ik snel naar de volgende; dit was me te intiem. En ik voelde dezelfde ongemakkelijkheid toen ik op de achterkant van een enveloppe met een brief van haar, aantekeningen van hem aantrof – slagwoorden voor hemzelf over verschillende zaken waarover hij in zat en die hij moest aanpakken ('grote rotzak', 'allemaal mijn schuld', 'zal voortaan mijn mond houden tot ik iets van jou hoor', 'moet er niet aan denken het nu uit te maken'). Maar aan de andere kant was hij het die de brieven had bewaard en mij getuige had gemaakt van geschiedenissen die ik anders niet zou hebben geweten. Het zachte stemmetje van mijn geweten zei tegen me: 'Het zijn jouw zaken niet.' Maar het waren mijn zaken wel. Familiezaken. De geërfde familiezaak waar ik in was gestapt. De liefde waaraan ik mijn leven dank.

'Te veel gelievelingd?' vraagt Arthur zich bezorgd af. Te veel xxx'en en LIHVJ's? Misschien. Maar mij gaf het een merkwaardige troost mijn ouders zo te zien koeren en snavelen. Noem het maar hebberig of gewoon zielig van me, maar ik moest het bewijs hebben dat ze eens verliefd op elkaar waren geweest. Als kind had ik er altijd over in het duister getast. Ze deelden een huis, een medische praktijk, twee kinderen, maar ze deelden geen omhelzingen of kussen. Mijn slaapkamer lag aan het eind van de gang waar de hunne aan lag. Ik liep een keer bij hen binnen toen ze elkaar lagen te knuffelen, maar ik was nog nooit wakker geworden van liefdesgeluiden. De meeste tieners, huiverig voor het idee van seks tussen ouderen, zouden opgelucht zijn geweest. Maar mij baarde het zorgen. Mijn moeder, altijd de gynaecoloog, sprak graag over seks en bepaalde wrange opmerkingen lieten doorschemeren dat hun huwelijk celibatair was geworden. Had dat met tante Beaty te maken? Was zijn verlangen uitsluitend op zijn maîtresse gericht? Of voelde mijn moeder zich te veel gekrenkt om hem nog te willen hebben? Hoe het ook zij, die kant van hun huwelijk leek verdwenen te zijn. Ze gingen liefdevol met elkaar om – hij noemde haar snoes en gaf haar soms een kusje op haar wang – maar nooit hartstochtelijk. Hartstocht lag elders: in films, op de tv, buiten de deur.

Toch was ik al op vroege leeftijd bekend geraakt met het begrip romantische liefde. Ik herinner me dat ik op mijn tiende op Mallorca verliefd werd, tijdens onze eerste vakantie in het buitenland (een rank, elfjarig meisje uit Croydon bij wie ik geen schijn van kans had). En ik herinner me dat ik het jaar ervoor verliefd was geworden op de liefde. Het was alweer vakantie (gebeurde liefde alleen ver van huis?). Een gehuurde bungalow in Rhosneigr, aan de Anglesey. Roger, een huisvriend, logeerde bij ons – de tienerzoon van mijn peetouders. Elke dag gingen we naar de manege waar Karen, een meisje van Rogers leeftijd, rijles gaf: slank, frisse wangen, krullen vanonder haar cap. Het tweetal draafde op hun paard voor me uit. Ik zag het gebeuren. Het blozen, het plagen, de eerste achteloze aanraking van handen. Misschien herkende ik de tekenen, omdat hetzelfde bij me thuis gebeurde tussen mijn vader en Beaty. Hoe het ook zij, ik wíst het. Op de laatste dag, toen we, over de duinen heen, op het door het getij hard geworden zand kwamen, gaven Roger en Karen hun paard de sporen. Het was niet mijn bedoeling achter hen aan te galopperen, ik wist niet eens hoe je moest galopperen, maar mijn pony was niet te houden. De hoeven, de wapperende manen, de bijtende zeegeur in mijn neus, de extase en angst – het maakte allemaal deel van de liefde uit. Ook het verlies van alle controle toen we naar de zwarte rotsen snelden aan het eind van het strand. Vlak voor de rotsen hield mijn pony scherp halt, niet door mijn toedoen. Roger en Karen schoten in de lach toen ze merkten dat ik vlak achter hen zat, bogen zich vanuit hun zadel naar elkaar toe en kusten elkaar. Ik beefde van de rit. Of kwam het door de kus. Dit was liefde, en de huivering die ze me bezorgde was er niet minder om nu ze iemand anders overkwam.

Toen ik de brieven las die mijn ouders elkaar begin 1944 schreven werd ik weer verliefd op de liefde. (*'Falling in love with love'*: een liedje van Lorenz Hart en Richard Rodgers, geschreven in 1938 en later door Frank Sinatra op de plaat gezet.) Dit waren mijn ouders zoals ik hen nog nooit had gekend, jonger dan ik, net zo fris van gezicht als Roger en Karen. Het bestuderen van oude brieven zou een morbide bezigheid kunnen lijken. Maar waar ik verliefd op was geworden was op mijn ouders jeugd – hun hartstocht voor het leven en voor elkaar. Ik stond volstrekt buiten die hartstocht. Hij dateerde van voor mijn tijd. Tegen de tijd dat ik bestond, bestond hij al niet meer, of had hij in elk geval alle bewijzen verstopt. Ik had niet geweten dat mijn ouders zich ooit zo voelden. Ik was vergeten dat ik me zo kon voelen. Bonkend hart, droge mond, vlinders in je buik, trillende handen; waren dat de symptomen niet? En o ja, die bergen en dalen van pijn en die scheermessen van verlangen die jou het gevoel geven dat je vast zult sterven. Ik had zulke gevoelens gekend. Jaren van huwelijk en kinderen hadden ze gedoofd. Nu rezen mijn ouders als geesten uit hun urn op en brachten zij ze terug.

De hartstocht die ze voelden was onschuldig. Een simpel gegeven: twee mensen worden verliefd op elkaar en willen trouwen en kinderen krijgen en hun hele leven bij elkaar blijven. Tegenwoordig is de liefde zo simpel niet. Je weet nooit met zekerheid (zoals zij het wel wisten) of er voor altijd maar één persoon zal zijn. En zelfs als je het wel met zekerheid weet, zou je nog kunnen verkiezen niet te trouwen, of zou je het nut van kinderen niet inzien. Mensen mogen dan misschien nog altijd naïef zijn, vooral verliefde mensen, de oude onschuld is verdwenen. In het geval van mijn ouders verdween hij in de loop der jaren. Maar in het begin was hij er wel, stralend en ongeschonden. Ik liet hun liefde door mijn vingers glijden. Ze was niet meer dan verbleekte inkt op droog papier. Maar ze voelde als iets wat fris, ongeneeslijk, springlevend was.

Een nieuw jaar en een nieuw begin. Die twee 'Dag lieveling'-en beierden op de vijfde januari tegen elkaar op. Mijn ouders draaiden weer in elkaars baan, voor de tweede maal bevestigd en opnieuw in verrukking. Eerder hadden ze met de liefde alleen maar gespeeld, niet zeker of dat gevoel wel de moeite loonde. Nu begonnen ze er serieus aan – lieten ze zich erdoor overmeesteren en ontvoeren. Net als voordien zaten er leemten tussen hun brieven. Maar de leemten betekenden niet hetzelfde. Het duurde even voor ik dat doorhad: wanneer hun briefwisseling stokte, kwam het doordat mijn ouders bij elkaar waren. De vroegere lacunes waren het gevolg van verveling, twijfel, vervreemding, een gevoel dat het geen zin had, dat de zaak de verkeerde kant op ging. Dat stadium ligt nu achter hen. Nu betekent de stilte dat ze in elkaars armen liggen – dat de zaak de goede kant op gaat.

De hiaten zijn een bescherming, een soort privacy. Ze voorkomen inmenging – verhinderen dat ik meeluister. Ik kan me er gemakkelijk een voorstelling van maken hoe het ging toen ze elkaar vlak voor kerst in het Hope troffen, hij (na met zijn oudeheer een paar whisky's te hebben gedronken) komt haar op haar afdeling zoeken, zij (in de operatiekamer) krijgt de boodschap dat een belangrijk persoon naar haar vraagt, hij staat flirtend bij de zusterpost te wachten, zij komt er gespannen en zenuwachtig aan, want ze denkt dat het het administratief hoofd of een hartspecialist is, hij vindt het jammer dat ze niet gekleed is in iets anders (of iets minder) dan een witte jas, zij merkt de wallen onder zijn ogen op (die dikker zijn dan ooit), het tweetal rookt samen op de gang een sigaret, te zenuwachtig om elkaar aan te raken, maar intens gelukkig. Maar in werkelijkheid weet ik niet hoe het is gegaan. De brieven vertellen maar een deel van het verhaal – gaan maar tot zekere hoogte. Ik vind het frustrerend. Omdat ik verliefd ben op mijn ouders liefde wil ik er de hele tijd bij zijn, wil ik hen opjutten. Maar het mag niet van de brieven. Ik mag er enkel bij zijn wanneer ze elkaar schrijven – maar wanneer ze elkaar schrijven zijn ze niet bij elkaar. Dan zitten ze aan een tafel, op een bed, in een nissenhut, op de bank op een perron, alles komt in aanmerking, een schrijfblok balanceert op een knie, de inkt afkomstig uit het hart dat ze moeten ledigen, vloeit door de punt van hun pen, intens en intiem – maar altijd van elkaar gescheiden. Dat is de essentie van brieven. Correspondentie: een samenbrengen. Maar de correspondenten zijn voor elkaar afwezig. Wanneer ze schrijven, bevinden ze zich op verschillende plaatsen. Vandaar dat ze schrijven. Omdat ze ver van elkaar zijn

Er is maar één uitzondering. Op de achterkant van een blaadje papier met de datum 23 januari 1944 erop heeft mijn vader vier vragen neergekrabbeld en mijn moeder drie antwoorden:

1 HJNVM? Ja.
2 HJABMMTT? Nee.
3 Is het niet gezellig in bed? Ja.
4 Hoe laat sta je op?

Geen antwoord op de laatste, en dat is raar, want het is de gemakkelijkste of minst compromitterende vraag. Misschien bestond haar antwoord niet uit woorden maar uit een daad: ze stond op dat moment op om te bewijzen dat ze niet lui was, of omdat de zon binnenstroomde, of omdat ze van plan waren een wandeling te maken, of wat ook. Of misschien verhinderde een handeling van zijn kant, liefhebbend of anderszins, haar de pen te pakken. Niemand zal het weten. Niettemin is het duidelijk dat ze tijdens dit schrijf-intermezzo bij elkaar waren en dat trouwen een onderwerp van gesprek was geworden, al was het alleen in de vorm van een schertsende afkorting (HJABMMTT). De data plaatsen de gedachtewisseling in Cornwall, bij 'Tante', het huis dat mijn vader huurde zodat mijn moeder bij hem in Davidstow kon zijn. Hij zat tussen twee RAF-detacheringen in, zij tussen twee ziekenhuizen. Twee weken waren ze samen alleen, zonder familie en vrienden ('Samen alleen': het oxymoron waar geliefden naar verlangen). Een ervaring die hun leven transformeerde.

'Is het niet gezellig in bed?' Wil dat zeggen...? Nee, laat ik dat aan u overlaten. Dat is een gebied dat geen van hun kinderen hoort te betreden. Ik kan niet doen alsof het me niets kan schelen, want mijn bestaan hangt ervan af, maar de details mogen me best bespaard blijven. We kunnen Tante op haar woord geloven dat mijn moeder niet zo'n meisje was. Of accepteren dat twee mensen best het bed kunnen delen zonder met elkaar naar bed te gaan, een fenomeen dat zelfs nu niet onbekend is en tijdens de oorlog doodnormaal was (toen schuilkelders en overvolle overnachtingsadressen tot vreemde bedgenoten leidden). Of beslissen dat ze, ondanks de gedachten die Tante misschien over hen had, wel minnaars waren geworden: het was oorlog, ze waren jong en euforisch, een heleboel remmingen over seks voor het huwelijk verloren in de jaren veertig (net als in de jaren zestig) terrein, er was niemand die hen tegenhield, de meesten van ons zouden hetzelfde doen, het is volkomen natuurlijk en ze waren verliefd, en zelfs als ze niet verliefd waren geweest zou het nog volkomen natuurlijk zijn, laten we in godsnaam niet een heilig boontje zijn. Hoe eerder hoe beter, zou ik zeggen. Maar verwacht alleen niet van mij dat ik ernaar ga kijken. Hun brieven houden de slaapkamerdeur dicht en ik ga niet door de kieren loeren.

Het enige dat me immers interesseert is hun liefde, niet hun liefdesspel. Hun verliefdheid op elkaar en hun verliefdheid op de liefde. In mijn puberteit draaiden op onze platenspeler alleen maar de lp's die ik had gekocht: de Kinks, de Who, de Beatles. Maar soms smokkelde mijn moeder Sinatra ertussendoor, met zijn klaagzangen over domme liefde en gebroken harten. Toen ze op middelbare leeftijd was beroerde triestheid een snaar bij haar. Ze had heimwee naar Cornwall, het voorjaar van 1944. Veertien dagen scheen de maan door de wolken en was de liefde honing en vuur. Nooit meer zulke intimiteit. Nooit meer zulke onschuld.

ARTHUR AAN KIM, Davidstow, 18-1-44

De kamers die ik heb gevonden, liggen in een soort boerderij. De moeder is zeventig-en-nog-wat en de dochter werkt overdag buitenshuis. Zitkamer beneden – vrij gezellig, wat ik in de gauwigheid heb gezien – en slaapkamer boven (boven de keuken waar ze wonen) met, ahem, een aangenaam dubbel bed, maar voor de rest nil aanwezig. Ze wil dat jij je eigen boodschappen doet – goed? – en zij zal het eten koken. Ze zegt dat het momenteel erg moeilijk is om aan kolen te komen, maar ik denk dat dat gauw goed komt. Ik zei voor een dag of veertien, met ingang van zaterdag. Hoeveel? 'Nou,' zei ze, 'de Poolse officier betaalde altijd £1 per week.' Ik probeerde niets van mijn verbazing te laten merken en zei dat het goed was.

Davidstow ligt vlak bij Bodmin Moor. Een paar kilometer ervandaan, aan de kust, ligt Tintagel. Dit is Arthurs koninkrijk en afgaande op zijn nieuwjaarsbrieven voelt Arthur zich er een koning, een volwassene met zijn Guinevere (een van de weinige namen die hij niet op haar uitprobeert, ook al zou Gennie best de afkorting van Guinevere kunnen zijn). Zouden ze een tochtje langs de kust hebben gemaakt, via Newquay en Perranporth naar St Agnes? Waarschijnlijk niet. Zonder auto of motorfiets is het een beetje te ver. Gemakkelijker, maar niet minder indrukwekkend, is een wandeling naar Boscastle en Beeny Cliff. Het land van Thomas Hardy. Waar de jonge Tom in 1870 zijn Emma het hof maakte. En waar koning Arthur, zeggen sommigen, zijn Camelot bouwde. In elk geval een koninkrijk van liefde.

In het milde zuidwesten komen bloemen vroeg uit: sneeuwklokjes, krokussen, sleutelbloemen, grasklokjes, narcissen. Ik kan me niet herinneren dat mijn vader ooit bloemen voor mijn moeder kocht, maar in hun huurkamers bij Tante hebben ze op de schoorsteenmantel een simpele glazen vaas staan en die fleuren ze op met alle vroege bloemen die ze maar vinden kunnen. Ze lopen door de redetwistende motregen om eieren te kopen. Op een dag loopt een herdershond achter hen aan, alsof hij is verdwaald, en hij blijft zijn snuit in hun knieën en kruis duwen. Mochten ze ooit met elkaar trouwen, zo spreken ze af, dan nemen ze een jachthond, niet zo'n kleine keffende terriër of protserige poedel, maar bijvoorbeeld een spaniël, of een labrador. En een auto. En een huis op het land. En twee sets golfclubs, een rechtshandige en een linkshandige. En drie kinderen – een jongen voor haar, een meisje voor hem, een derde om te voorkomen dat de twee elkaar in de haren vliegen. Ze zijn het gelukkig over het meeste eens: wat er wordt gegeten en wie hun lievelingsfilmster is en hoe lang de oorlog waarschijnlijk zal duren en waarom het onbeleefd is om niet je best te doen tegenover vreemden. Alleen op het gebied van muziek is er disharmonie: ze hebben allebei liever populair dan klassiek, maar zij valt voor de langzame, treurige nummers, terwijl de zijne de nadruk leggen op het positieve. Zelfs hun meningsverschillen vinden ze leuk. Op een keer, na een woordenwisseling met een verpleegkundige in de Ziekenboeg, moppert Arthur over 'rotvrouwen' en Agnes, solidair met haar sekse, neemt er aanstoot aan.

'Dat sloeg niet op jou,' zegt hij.

'Ben ik dan geen vrouw?'

'Niet in die zin.'

En dat is ze inderdaad niet. Ze heeft iets jongensachtigs en Billie-Bobbyachtigs, en dat vindt hij minder bedreigend dan voluptueusheid en daarvan prefereert zij (geen aardmoeder) ook het figuur. Maar op dat moment voelt ze zich verdorie echt wel een vrouw en wil ze hem het kleineren van haar sekse betaald zetten. Arthur en zij zitten bij de haard thee te drinken. Ze keert hem de rug toe en mokt. Om een eind aan die nonsens te maken duwt hij haar tegen de armleuning van de bank, drukt zijn neus in haar hals, kust haar mond, zegt dat hij van haar houdt. Het loont bijna de moeite een ruzie uit te lokken, zodat je het daarna op deze manier goed kunt maken.

Op een dag lenen ze twee fietsen van Arthurs basis en stippelen ze een route uit over de plaatselijke landwegen: niets is te steil of te inspannend. Rond lunchtijd stoppen ze bij een kroeg die op zee uitkijkt. (Weet ik dit, omdat ze het me hebben verteld? Omdat ik tussen de regels door lees? Of is het via de genen tot me gekomen? Hoe weet ik zo zeker dat ik het niet verzin? Ik kan het u niet zeggen. Maar ik zie hen daar zitten, zo duidelijk als wat.) Na bier en broodjes roken ze samen een Senior Service-sigaret. Buiten beukt de Atlantische Oceaan op de kust. Er zwemmen hier zeehonden langs. Ze hebben er nog geen gezien, maar hij herinnert zich dat hij er eens eentje bij Plymouth gezien heeft.

'Zeker toen je met Terry liep te wandelen,' zegt ze. Hij geeft geen antwoord. Ze blaast de rook uit en tuurt door het raam. In de winterse somberte heeft de zee de kleur van jaloezie, met liefde als de donkere schaduw eronder.

'Hoe zal het met ons gaan?' zegt ze.

'Hoe het ook gaat, we mogen het niet op een vervelende manier laten aflopen,' zegt hij.

'Is er dan een leuke manier van aflopen?'

Daarna fietsen ze verder, verbergen hun fietsen achter een muur en wandelen over de kliffen. Zeemeeuwen, Atlantische brekers, roze bloempjes waar ze de naam niet van weten. Voorbij Penhallic Point dalen ze af naar het strand. Ze voelt zich hier thuis, alsof het hier Ross Beigh is. Er is een theehuis open en ze gaan er binnen voor *scones* met jam en Devonse *cream* – de enige klanten, *tea for two* in een geliefden-oase, niemand in de buurt die hen ziet of hoort. Een volmaakte dag.

Maar net als Ierland is Cornwall vochtig. Na drie dagen begint ze te hoesten, niets ernstigs, maar uit voorzorg gaat hij uit de Ziekenboeg een stethoscoop halen. Ze hapt naar adem wanneer het membraan (zo koud als een koperen muntstuk) haar huid aanraakt. Hij fronst zijn wenkbrauwen om wat hij hoort. 'Het zit een beetje vast,' zegt hij en hij vraagt of in haar familie longproblemen voorkomen. Geen reactie hierop, noch op zijn suggestie röntgenfoto's te laten maken zodra ze in haar nieuwe baan haar draai heeft gevonden. Ze zou minder moeten roken, zegt hij – het is onvrouwelijk om te roken, behalve na het eten, en het doet haar longen geen goed. 'Maar wie heeft het me geleerd?' vraagt ze. En het is waar dat hij graag samen een sigaret met haar rookt. Het tweetal paft als een Sheffieldse schoorsteen. Er valt hier een constante motregen die van Davidstow Moor af komt en soms zien ze er slierten rook in die mist zouden kunnen zijn, of een brandende stapel tuinafval, of gewoon hun eigen sigaret. De dagen verglijden in een tinkleurige waas. Niets wordt goed droog: niet haar ondergoed aan de lijn, niet de bladeren en stoppels van tuinplanten, niet haar hoest. Maar de motregen is zilvergrijs en goedaardig. Het is als een zegen die over hen is uitgespreid, de aanraking van lippen op huid. Ze mogen zich gelukkig prijzen dat ze dit hebben wanneer het zovelen in de oorlog is ontzegd – de luxe van samen het leven te hebben. Ze komen hele dagen amper van de bank af. Ze nemen urenlang nauwelijks de moeite naar buiten te kijken. Maar het is niet erg. Als ze in elkaars ogen kijken zien ze er het raam als een bioscoopdoek in en in de ruit, op miniatuurformaat, het spel van de wolken boven het heidemoeras.

Tante zegt dat ze overdag de zitkamer mogen gebruiken en dat betekent ook, de radio gebruiken. Ze zetten voornamelijk lichte muziek op – langzaam-triest voor haar, snel-blij voor hem – en soms zingen ze mee. '*It had to be you,*' beamen ze. '*She wandered around... and he's finally found the somebody who...*' Wanneer de melodie in het gekraak verloren gaat stemmen ze af op de BBC World Service: '*London Calling, London Calling.*' Het nieuws van zes uur is een vast avondritueel: ze luisteren ernaar voordat Tante thuiskomt en hun rust verstoort. Er vinden grote gebeurtenissen plaats – gestage opmars van de geallieerden, geruchten over samenzweringen tegen Hitler – en ze willen op de hoogte blijven. En toch lijkt geschiedenis nu een andere wereld te zijn. Wat kan het hun schelen dat Churchill de graal van de overwinning dicht is genaderd? Tantes vier muren vormen het middelpunt van hun heelal.

Na het nieuws lopen ze door de verlaten lanen naar de kroeg. Vanavond is het voor de verandering eens helder weer. Zij loopt voor hem uit, neuriet een lied. Hij stelt zich tevreden met kijken en luisteren. Maanlicht flatteert haar: het harmonieert met haar haar. Hij haalt haar in en trekt haar naar zich toe. Er is niemand in de buurt, maar omdat het zo griezelig helder is hebben ze een gevoel of ze voor iedereen te kijk staan, alsof de laan een toneel is waar de lichten op zijn gericht en of zij de personages uit een historische romance zijn – Arthur en Agnes, Engelse held en Ierse maagd. Ze blijven staan en luisteren. Het enige geluid komt van schapen die op graspollen kauwen. Ze hervatten hun kus.

Ze heeft zich nog nooit zo nauw met iemand verbonden gevoeld. En ze zal zich ook nooit meer zo voelen.

Algemeen Ziekenhuis, Northampton, 24-2-44

(...) Ik kan je niet vertellen hoe blij ik was toen ik gisteravond je stem hoorde. Wat een duidelijke lijn bovendien. Het enige minpuntje was dat ik het gesprek moest aannemen in de eetzaal en daar zaten drie zusters. Mijn excuses als ik uit mijn hum was, maar het is zo onbevredigend praten wanneer iemand erbij is. We begonnen zo goed en eindigden zo slecht. Hoop dat je er geen vervelend gevoel aan hebt overgehouden. Neem aan dat je op de terugweg naar de mess vrouwen hebt uitgekafferd om hun kafferigheid.

Davidstow, 24-2-44

(...) Probeerde je om 8.40 te bellen. Geen antwoord, maar er was ook geen vertraging, dus ik kwam om 9.00 terug. Uiteraard stond tegen die tijd een officier in de cel en stond een officier van de WAAF *ervoor te wachten. Ze zei dat ze het gesprek voor me zou reserveren, dus ik ging een spelletje snooker spelen en begon juist goed te winnen toen ze om 9.20 'Dok' riep, dus ik holde ernaartoe en bleef aan de telefoon wachten. Het was een publieke cel in de mess, met een penny in de gleuf en geen B-knop. Om 9.23 zei een mannenstem: '1/8 invoeren,' dus ik vroeg: 'Is dit het gesprek met Northampton' en hij zei, helemaal geërgerd en zo: 'Dat hebt u toch aangevraagd?,' maar ik bleef kalm en zei: 'Nee, dat was ik niet, maar hier hebt u het,' en ik deed er 1/8 in en werd verwelkomd met een absoluut doodse stilte en ik begon een rood waas voor mijn ogen te krijgen, ik ben in jaren niet zo woest geweest en ik bleef hangen tot 9.28 en werd bleker en bleker, en toen belde ik de lokale (burger)centrale weer en ze zei dat ik niet was verbroken van de interlokale centrale (het bewijs dat die vent een hork was), dus ze bleef 5 minuten 'interlokaal' roepen en werd ook woedend en probeerde een andere lijn, wat nog eens vijf minuten duurde,*

*en toen probeerde ik de vent uit te leggen (ik denk dat het dezelfde
vent was) wat er was gebeurd en hij zei: 'Een ogenblikje,' en ik
bleef 1-2-3-4-5-6-7-8-9-10 verrekte minuten hangen en opeens
riep een andere mannenstem: 'Inlichtingen Interlokaal,' en ik legde het hem opnieuw uit en hij zei: 'Ik bel u over een minuutje terug,' en ik bleef er nog eens 15 hangen, probeerde Inlichtingen Interlokaal opnieuw en begon juist na 5 minuten contact te krijgen
toen een vrouw tussenbeide kwam en zei: 'Hier is uw gesprek met
Northampton,' en ik wees haar erop dat het alleen maar zin had
als jij aanwezig was, dus lieten ze jou aan de telefoon komen en
had ik een gesprek van vijf minuten allemaal voor 1/8 en het was
heerlijk om eindelijk met je te kunnen praten (heb ik tussen twee
haakjes al tegen je gezegd hoeveel ik van je houd?), maar ik dacht
na afloop, ik zal die man die ons meer dan een uur te grazen heeft
genomen eens goed op zijn nummer zetten, dus ik meldde het
voorval bij de afdelingschef – niet dat het iets zal uithalen, maar
ik voel me in elk geval een stuk beter.*

Toen mijn zoontje van negen de stapels oorlogsbrieven van zijn
grootouders in de kelder zag, stond hij perplex. Zoveel woorden
op papier! Waarom hadden ze elkaar niet kunnen bellen, of geen
e-mail kunnen gebruiken?

Ik legde hem uit dat internet, of de elektronische verzending
van tekst, nog niet was uitgevonden en dat ze elkaar niet konden bellen, omdat ze in verschillende landen zaten.

'Maar mensen kunnen elkaar toch wel bellen vanuit verschillende landen?' protesteerde hij.

'Toen niet. Je opa zat in IJsland en er waren geen lijnen met
Engeland.'

'Maar kwam hij dan nooit thuis?' vroeg hij. 'Had hij oma toen
dan niet kunnen bellen?'

'Ja,' zei ik, 'en dat deed hij ook. Maar hij vond het ook leuk
haar brieven te schrijven.'

Hij drentelde verbijsterd weg: waarom zou iemand schrijven als hij kon praten? En waar haalden ze de energie vandaan om zo véél te schrijven – moet je eens kijken, al dat papier!

Aanvankelijk bevreemdde het mij ook. Davidstow was geen IJsland. Zolang hij in Engeland was konden ze de telefoon gebruiken om met elkaar te praten. Maar het systeem had in 1944 niet die zoef-zoefsnelheid van tegenwoordig. De verbindingen waren zwak, krakend, onberekenbaar en niet opgewassen tegen de vraag. Ook de kosten waren een beletsel: gezien hun karige inkomen was de prijs van een interlokaal gesprek (vier shilling per vier minuten) niet zomaar op te brengen ('En als je na de drie piepjes de eerste kwart minuut vol hebt,' klaagde Arthur, 'rekenen ze je de volle minuut, d.w.z. 1s 3d extra'). En verder was er het ontbreken van privacy. Het was verboden om voor privé-gesprekken de telefoon op de werkplek te gebruiken en bellen in een openbare telefooncel betekende dat er altijd wel iemand buiten stond te wachten, met zijn neus tegen het glas gedrukt. Nog erger waren de openbare toestellen op de gang, binnen gehoorsafstand van collega's die geen eerbied voor privacy hadden. En zelfs wanneer het tweetal veilig alleen was, hadden de mensen van de centrale de gewoonte mee te luisteren. Een van hen ging zelfs zo ver dat hij het geluid nabootste dat ze elkaar 'kusten'. 'Hoorde je hem?' vroeg Arthur in een brief aan Kim. 'Het zal wel stom van me zijn dat ik me er zo kwaad over maak, maar ik vind dat ons welterusten – eigenlijk ons hele gesprek – alleen onszelf aangaat en niet door derden belachelijk gemaakt hoort te worden.' Later in hun relatie belde hij haar thuis in Ierland op en dat bleek nog moeilijker te zijn. Hij raakte ervan overtuigd dat de centrale in Killorglin een hekel aan hem had, omdat hij Engelsman was. Niet uit het veld geslagen bleef hij doorgaan met bellen en op een gegeven moment kenden alle telefonistes hem en plaagden ze hem dat hij zo vaak belde ('Die dokter O'Shea moet wel reuze aardig zijn.' 'Nou en of.') Toen de telefoniste van Liverpool hem een keer doorverbond, luidde de reactie in Dublin: 'O, toch niet weer die vent.' 'Je merkt dus,' zei hij tegen haar, 'dat heel Engeland en Ierland weten dat we verliefd op elkaar zijn.'

De kosten, de problemen bij het doorverbinden, de gêne dat je werd afgeluisterd, het gevoel dat je altijd iets meer te zeggen had – is het een wonder dat ze onmiddellijk aan een brief begonnen zodra ze hadden opgehangen? Maar in het voorjaar van 1944 hadden ze een andere reden om elkaar te schrijven. De liefde die ze voelden, zo nieuw en zo moeilijk op haar merites te beoordelen, was geloofwaardiger wanneer ze op papier werd gezet. Zeg iets door de telefoon en de woorden zouden in de ether verdwijnen, zonder een ander bewijsstuk dan je eigen onvolmaakte geheugen. Schrijf ze op en ze waren tastbaar. Je kon ze bovendien bewaren en op je gemak herlezen. Het was veel *onvrijblijvender* dan een telefoongesprek – een manier om onder woorden te brengen wat je voelde en om te ontdekken wat je geliefde voor jou voelde.

De dunne, blauwe velletjes papier, de kreukelige enveloppen (de hare met 1 1/2d aan postzegels, de zijne met het stempel 'RAF CENSOR'), het schuine schrift in verbleekte inkt – ze zien eruit als voorwerpen uit een museum. In deze tijd van elektronische post is luchtpost net zo bizar als een bolhoed, of als een muntje van een halve stuiver. En toch is de aandrift om woorden op papier te zetten vertrouwd. Wat heeft de voorkeur? Om 'Ik houd van jou' door de telefoon te horen? Of om het zwart op wit opgeschreven te zien? Dat laatste toch immers. Mijn ouders hebben het niet meer beleefd, maar ze zouden e-mail prachtig hebben gevonden. De instant-spontaniteit was net iets voor hen. Hun ergste momenten van neerslachtigheid tussen 1943-1945 kwamen niet door tegenslagen in de oorlogsinspanningen of het sneuvelen van vrienden, maar door vertragingen in de postbezorging.

Het was heerlijk elkaars stem te horen. Maar ze hadden het geschreven woord liever dan het gesproken. Papier en inkt gaven hun de mogelijkheid hartentaal te spreken. Alleen in brieven konden ze worden doorverbonden.

KIM AAN ARTHUR, 12-1-44

Vind je het weekendje Londen geen goed idee? Mary verheugt zich er al op.
Kun je haar schrijven en het opperen? Ze zou het anders moeilijk vinden het aan Ron voor te stellen.

MARY AAN ARTHUR, 20-1-44

Dat weekendje Londen zou mieters zijn als ik het mams en paps zou durven voorstellen. Kun je hun niet schrijven en vragen wat ze ervan vinden en dat het me goed zou doen er even tussenuit te gaan, enz.? Dat zou echt geen 'flousje' zijn, want ik smacht naar een verandering van omgeving – de huid van het kind is veel erger geworden en ik ben ziek van de zorgen.

POSTKANTOOR TELEGRAM, 16-2-44

AAN: DOKTER OSHEA YAPTON ARUNDEL AANKOMST WATERLOO 1800 UUR OF 2230 UUR VRIJDAG STOP ZAL CONTACT OPNEMEN MET BELSIZE AUB BOEK KAMERS LIHVJ ARTHUR MORRISON

Een weekendje Londen, zij met hun vieren, Kim, Arthur, Mary en Ron. Het valt op z'n zachtst gezegd niet mee het voor elkaar te krijgen – niet zozeer het hotel (het is geen kunst twee dubbele kamers te reserveren en de kwestie van wie bij wie slaapt te regelen wanneer ze er zijn), als wel het karwei om Mary uit het ouderlijk huis los te peuteren. Ze is dan wel bijna vierentwintig, een echtgenote (of weduwe) en een moeder, in Windyridge wordt ze als een kind behandeld, zo zelfs dat ze het Londense plan niet durft te opperen, maar Arthur vraagt het idee uit te zaaien. Ze krijgt weliswaar direct toestemming, maar pas nadat Ernest, die Londen zelfs in het beste geval als een hellepoel beschouwt, haar het gevoel heeft gegeven dat ze egoïstisch en losbandig is.

En dan is er het probleem Ronnie. Is een weekendje met z'n vieren wel eerlijk tegenover hem. Toen hij de eerste keer op bezoek kwam was hun relatie nog onschuldig – vriendschappelijk, informeel, platonisch. In die tijd had hij nog iets met Elise, het meisje dat hij in het Merendistrict had ontmoet – er werd zelfs gesproken over een verloving. Maar dat is allemaal voorbij. Een bezoek aan Elise in Uxbridge is beslissend. Zoals hij het tegenover Arthur stelt: 'Ik heb het gehad, of misschien heeft zij het wel met mij gehad. Wie van ons beiden is veranderd weet ik niet, maar mijn God, ik huiver als ik eraan denk wat ik nu zou voelen als ik met die vrouw was getrouwd. Mocht ik ooit nog eens zelfs maar kikken over een huwelijk met haar, sluit me dan alsjeblieft op in een gesticht, beste vriend.' Nu Elise uit de weg is kan Ron zijn energie op Mary richten. Maar is dat wel een goed idee? Ze begint zich juist erbij neer te leggen dat Michael wel dood moet zijn, maar dat wil nog niet zeggen dat ze klaar is voor Ronnie. Zal een weekendje Londen de zaak er niet alleen maar ingewikkelder op maken?

Gezien de complicaties van het hart en het openbaar-vervoerssysteem is het een wonder dat het viertal er kwam. Maar de verlokkingen van de hoofdstad waren groot – *London calling, London calling* – en ze wierpen zich er met tassen en camera's als toeristen in vredestijd bovenop. Er is een prachtige foto waar ze allemaal op staan en die van dat weekend dateert, of van kort erna. Ze zitten dicht tegen elkaar op een bank, allen lachen, drie van hen naar de camera, Ron, schuin opzij gedraaid, naar Mary. Ze heeft een witte bloes aan en de schaduw van een raamstijl valt over haar heen, zodat een donkere baan over de rechterhelft van haar gezicht loopt, de helft die voor Ron is verborgen (haar rechteroog is wijdopen, omdat het niet in het licht hoeft te turen en het lijkt intenser te stralen dan haar linkeroog, alsof ze in schaduwen meer opleefde). De wangen van Kim en Arthur zijn dicht bij elkaar, raken elkaar haast aan, die van Ron en Mary, ondanks de nabijheid van hun lichaam, zijn dertig centimeter van elkaar af. Het is een foto van twee paren, het ene intiem en vrij zelfverzekerd, het andere nog aarzelend. Het is ook een foto van een vrouw in tweestrijd, onzeker of ze het heden ofwel het verleden zal kiezen, de dood ofwel het leven.

Londen in oorlogstijd is allerminst de veiligste plaats ter wereld. Toen Arthur aan het eind van 1940 als co-assistent in het Charing Cross Ziekenhuis werkte, kwam de Luftwaffe op zesenzeventig opeenvolgende nachten overvliegen. Hij kent de speciale stilte van een vallende bom – als een lift die door een liftschacht zoeft – en het schudden van de aarde wanneer hij neerkomt. Maar dat weekend hebben ze geluk: geen luchtalarm of sirenes. De bewijzen van de oorlog komen ze overal waar ze lopen tegen: piazza's van puin, plotselinge kraters van licht waar eens gebouwen stonden, gerinkel van glas op het trottoir als gevallen dienbladen ijs. Maar de theatervoorstellingen op het West End gaan gewoon door. De serveersters in het Lyons Corner House – 'dienstertjes', zoals ze worden genoemd – serveren goedkope gerechten. In de kroegen is het schorre gelach niet op de bon. Om het zo lang mogelijk uit te zingen met het beetje geld dat ze hebben gaat het viertal overal lopend heen. De enige luxe die ze zich permitteren is een film op Leicester Square – *Thousands Cheer*, een musical van MGM die zich in een kazerne afspeelt, met Gene Kelly, Judy Garland, Mickey Rooney en Kathryn Grayson. Na een rondje whisky in Victoria vlak voor sluitingstijd wandelen ze naar de Big Ben, steken de rivier over naar Waterloo Station en lopen over de Hungerford Bridge terug. Hun gesprekken worden overstemd door een trein die ratelend Charing Cross uitrijdt. De Theems, onder hen, is loodgrijs. Rechts, stroomafwaarts, ligt de St Paul's kathedraal; de maan polijst zijn koepel en de dokken in het oosten zetten zich schrap voor een vuurzee. Links ligt het Parlementsgebouw, onverzettelijk, terwijl naties als een kaartenhuis in elkaar zakken. Een windvlaag zeilt als een kiezelsteen over de rivier en de lucht is dik van stof – het meedrijvende stuifmeel van gebombardeerde huizen. Kim, die zich op de brug blootgesteld voelt staan aan aanvallen, een gemakkelijk doelwit, grijpt Arthur bij een arm. De paar mensen die het viertal passeert lijken verzilverd te zijn in stof, als overlevenden van de puinhopen. En de sereniteit, de *sireneloosheid,* is eng. In Villiers Street zet ze haar kraag op en huivert, opgelucht dat ze bij de rivier vandaan is. Meer mensen hier, de illusie van veiligheid en warmte. Ze lopen richting Soho, op zoek naar iets wat na middernacht open is.

Vooral voor Kim is het weekend veel te snel voorbij. Op zondag tegen drieën zitten Mary en Ronnie al in de trein terug naar het noorden als Arthur en zij zich uitchecken. Het vergelende behang en de goedkope meubels in de hotelkamer zijn haar niet eerder opgevallen, noch het gezicht op leistenen en afvoerpijpen vanuit hun raam. In Davidstow lieten ze voor Tante bloemen achter. Hier laten ze een shilling achter voor een kamermeisje dat ze nooit hebben gezien. Ze voelt zich groezelig door de anonimiteit. Gehuld in stilzwijgen loopt ze met hem door Covent Garden naar de grijze, onverschillige Theems. Later bestellen ze bier en broodjes en nemen ze een bus naar Hampstead waar Kim bij vrienden logeert, Maurice en Peg. Ze voelt zich net zo loodgrijs als de hemel eruitziet. Wat heb je eigenlijk aan de liefde als je je er zo desolaat door voelt? Ze had gedacht dat ze er sterker door zou worden, zekerder van zichzelf. Maar alles wat de liefde haar heeft gebracht is dit eindeloze grijs.

'Het was een heerlijk weekend,' zegt hij.

'Ja,' zegt ze.

'Wat is er dan?'

'Niks, het was een heerlijk weekend.'

ARTHUR AAN KIM, Davidstow, 21-2-44

Daar ben ik dan – weer terug. Nadat ik afscheid van je had genomen liep ik naar het begin van de weg en het was kwart voor toen ik bij de bushalte kwam. Geen spoor, dus ik vroeg me af of ik zou gaan lopen, maar dat zou me een halfuur hebben gekost en terwijl ik stond te twijfelen kwam er een trolleybus aan. Ik begreep dat het station Paddington was getroffen – en ook dat een munitiedepot in Hyde Park de lucht in was gevlogen. (Hoeveel is er waar van die geruchten?) Kwam rond middernacht op Waterloo, pakte mijn bagage en sloot me aan bij een vreselijke rij voor de 1.25.

Arriveerde hier in een ambulance op tijd voor het ontbijt (bacon met gebakken aardappels), ziekenrapport en visite. En nu is het hier theetijd – een pannenkoek, Vastenavond. Om dan te bedenken dat vijf jaar geleden om deze tijd ik zo dronken als een meloet was tijdens de studentenfeesten in Manchester. Walgelijk.

Morgen fiets ik naar Tante om te zeggen dat ik niet weet hoe en of en wanneer je nog komt voordat ik wegga en dat ze daarom rustig andere regelingen kan treffen. Maar het zou me reuze verbazen als ze inderdaad een andere huurder neemt. Dus...

Ik houd nog steeds van je, weet je lieveling, en je bent me erg dierbaar.

*Ik mis je vanavond heel erg en ik wou maar dat we nog bij el-
kaar waren. Ik wil hier geen akelige brief van maken, maar het
is wel logisch dat ik me eenzaam zal gaan voelen. Toen je naar
IJsland vertrok was ik niet zo verliefd op jou als nu, en als ik het
wel was besefte ik het niet. En na Kerstmis, al die keren dat we
afscheid van elkaar namen, wist ik altijd dat ik je gauw weer
zou zien. Maar nu – nu ik niet weet hoe lang je weg zult blijven...*

*Wanneer ik bij je ben, lukt het me kennelijk nooit je te vertellen
hoeveel ik wel niet van je houd. Maar je weet het wel, nietwaar?
Ik ben vanavond naar de bios gegaan. Had gedacht dat het
'Jane Eyre' zou zijn, maar dat is pas volgende week – deze heette 'He's My Guy' en dat is hij ook. Ik zou wel eeuwig door kunnen gaan over hoeveel ik wel niet van hem houd, maar dat zal
de censor nooit goedvinden.*

*Ben zopas naar de telefooncentrale gehold, want toen ik terug-
kwam van de verloskamer (waar ik een narcose gaf voor een
stuitbevalling) dacht ik mijn telefoon te horen gaan. Maar ze
zeiden dat ze me niet hadden gebeld. Toch blijf ik hopen dat je
me zult bellen.*

*Weet je, sinds ik jou heb ontmoet heb ik de gelukkigste tijd van
mijn leven. Ik denk niet dat ik met iemand anders zo volmaakt
gelukkig zou zijn.*

Na Londen worden hun brieven intenser. 'Ik houd van je – ik
zou het niet meer kunnen stopzetten, al zou ik het nog zo proberen,' zegt ze en hij op zijn beurt verklaart haar zijn liefde in
een dronken brief waarin duidelijk de tegenstelling uitkomt tussen hoe hij zich in IJsland voelde ('Wist niet hoeveel ik van je
hield en had me voorgenomen je niet te vaak te zien, zodat ik je
zou kunnen vergelijken met Terry of met een ander meisje dat

zou opdagen') en hoe hij zich nu voelt: 'Ik ben helemáál verliefd op je en dat zal ik altijd blijven.' Akkoord, wanneer hij weer nuchter is keert hij terug naar aardsere zaken en vergast hij haar op een lang verhaal over een vent die niet wil betalen nadat hij hem tweemaal met snooker heeft verslagen (iedereen hoorde dat ze de weddenschap afsloten) en dat die vent zelfs na de derde partij – wanneer Arthur, die zo'n twintig punten achter staat, zo ziedend wordt dat hij speelt als een man die door de duivel is bezeten en alle ballen pot – alleen maar met een armzalige shilling over de brug komt ('Het gaat niet om het geld, het gaat om het principe'). Maar zelfs deze uitweiding leidt tot een verontschuldiging: hoe saai het wel niet moet zijn dat hij zo over een partijtje snooker doorzeurt, maar 'er is hier bijna niets anders te doen, behalve jou er telkens aan herinneren hoeveel ik van je houd en hoe verdrietig we zullen zijn als we niet gauw met elkaar trouwen'. Hij zit erover in dat zijn brieven saai zijn. Zij daarentegen zit erover in dat ze een emotioneel wrak wordt. Ze hoeft alleen maar aan hem te denken en ze verliest haar concentratie: 'Ik loop de hele tijd aan je te denken en me af te vragen waar je bent, en ik ben met mijn gedachten maar voor de helft bij wat ik doe.' Verliefd, en verliefd op de liefde, zij allebei. Maar hoe lang zal het duren voor ze elkaar weer zien? Zal zijn tweede operationele tour één jaar duren, of twee? En wie kan zeggen of beiden dan nog in leven zijn, gezien het aantal slachtoffers bij de RAF en de kans dat de Duitsers hun bombardementen op de Britse steden hervatten? En in een van die steden zal ze zeker haar werk hebben. 'Blijf altijd even lief als nu,' vraagt hij haar, een regeltje dat hij ergens van heeft gepikt (tenzij iemand – Sinatra, Bing Crosby, Johnnie Mathis, Nat King Cole – het van hem heeft gepikt). Of, zo niet lief, dan in elk geval in leven.

Het dreigende afscheid is niet de enige aanleiding voor bitter-zoetheid. 'Hoe lang kunnen we zo doorgaan – jij er steeds vaster van overtuigd dat het goed zal komen en ik steeds minder?' vraagt ze hem. Ook hij heeft het over 'het probleem dat we hebben' en de 'enorme, allesoverheersende macht die het blijkbaar op mensen heeft'. Het? Wat is *het*? Hetzelfde 'probleem' waar hij het over heeft na het weekendje Londen? Dezelfde 'zaak' waar hij op doelt in de voorafgaande maand september ('En het is een zaak die, tussen twee haakjes, ons beiden aangaat, niet iets waar ik in mijn eentje over moet beslissen')? Het lijkt erop of beiden een soort pact hebben gesloten: 'Vergeet onze afspraak niet, lieveling, dat we niemand zullen vertellen wat we hebben besloten?' schrijft ze. 'Ik heb het niet tegen Ruth gezegd, want je weet dat ze het er hartgrondig mee oneens zou zijn.' Oneens met wat? Dat zegt ze niet, maar hij heeft met haar te doen, vanwege alles wat ze doormaakt – 'een eenzaam, klein meisje (...) een arm, klein meisje' van wie wordt geëist dat ze 'de restricties van wat haar altijd werd opgelegd doorbreekt'. *Het* is kennelijk meer dan seks: hij zal immers nauwelijks van haar verlangen dat ze nu haar maagdelijkheid opgeeft nadat ze zopas twee weken met hem heeft doorgebracht en hij binnenkort naar het buitenland vertrekt. Iets wat te maken heeft met haar situatie thuis, misschien – zij het dan niet haar Ierse afkomst als zodanig, want als die zo gevoelig had gelegen zou hij niet met zoveel nonchalante onverdraagzaamheid hebben geklaagd over het onevenredige aantal Ierse stafleden in Engelse ziekenhuizen ('Drie van de negen in jouw ziekenhuis en drie huisartsen hier en een soortgelijke situatie in heel Engeland'). Niet seks, niet Ierse afkomst – maar toch iets wat hen beiden aangaat. Kim zou er graag een oplossing voor willen vinden. Maar *het* is zo allesomvattend dat het niet zonder zijn hulp kan worden opgelost.

Daarnaast ziet ze zich voor een probleem geplaatst dat praktischer van aard is: het vinden van een baan die ze de moeite waard vindt. Er is iets in Surrey, maar dat is alweer Kraam en wanneer ze moet beslissen ziet ze er toch van af. Sollicitaties bij het Bury St Edmunds en het Middlesex leiden tot niets. Een vacature bij het Royal Free klinkt veelbelovender, maar wanneer ze er komt voor een sollicitatiegesprek merkt ze dat er nog tien andere gegadigden zijn, waarvan drie uit het ziekenhuis zelf ('En doorgaans nemen ze hun eigen mensen aan'). Als ze op weg is naar buiten hoort ze gelukkig iets over een waarneming in het Northampton General, met ingang van direct. 'Dus hier zit ik dan,' vertelt ze Arthur. 'Het lijkt me een reuze leuk ziekenhuis. De chef de clinique is een aardige vent, al verbaasde ik me nogal over de familiariteit vanavond bij het eten – hij noemt iedereen bij de voornaam. Ik heb ook een goede kamer – in elk geval warm. Het bed ligt minder lekker dan het bed dat ik het weekend had en er ontbreekt iets, maar ik heb toch geslapen.' Een gelukkige afloop, lijkt het. Maar niettemin stapt ze binnen veertien dagen over naar een andere baan, nu het St Helier's in Carshalton. Waarom ze die aanneemt is niet duidelijk, zelfs voor haarzelf niet, want het is alweer Kraam, en Carshalton ligt dichter bij Londen dan Northampton – zo dichtbij dat Arthur zich zorgen begint te maken over luchtaanvallen: 'Vergeet niet een helm te vragen (ik wil wedden dat je er knal uitziet met een helm op) en een goed passende gasmasker.' Het geval wil dat hij zich terecht zorgen maakt: het St Helier's zal kort erop zwaar beschadigd raken. Maar tegen die tijd is ze alweer weg, naar een andere baan, haar derde in zes weken. Alles wat ze dat voorjaar doet wijst op enorme rusteloosheid. Liefde heeft een nieuw mens van haar gemaakt. Maar ze raakt erdoor in paniek en blijft maar van baan veranderen, alsof ze op die manier de zaak weer onder controle hoopt te krijgen. Hij begrijpt niets van die ongedurigheid. Vindt het verontrustend bovendien. Waarom kan ze niet blijven zitten waar ze zit? Waarom kan zijn liefde haar geen gevoel van vastigheid geven? Als ze in de liefde net zo weinig zitvlees heeft als in haar werk, belooft dat niet veel goeds voor een huwelijk.

Ze hebben niet verwacht elkaar nog te zullen zien: Londen was hun zwanenzang. Maar ze merkt dat ze, tussen twee banen door, twee dagen vrij heeft. Hoewel Cornwall idioot ver weg is, stapt ze in de eerste de beste trein wanneer ze door de telefoon hoort hoe erg hij het met zichzelf te doen heeft – hij ligt met 39.4 in bed. Tante, opgelucht, biedt accommodatie aan (vijf shilling voor twee nachten) en Arthur, die buitengewoon verlof wegens ziekte krijgt, voegt zich als buitenslaper bij haar. Ze wandelen in de regen, liggen op de bank en wikkelen zich in de geborgenheid van sigarettenrook – net als vroeger. Volmaakt, beamen ze, maar afschuwelijk kort, en dat maakt de scheiding er voor haar des te zwaarder op. 'Ik denk dat ik al twee uur in de trein zat toen het pas tot me doordrong dat we voor lange tijd afscheid van elkaar hadden genomen,' vertelt ze hem en ze vindt het doodzonde dat ze niet 'tot morgen had kunnen blijven – één hele, kostbare dag verloren'.

Op 7 maart scheept hij zich in voor een nieuwe bestemming. Ze beschouwen zich nu als verloofd, onofficieel, en in de daaropvolgende twaalf maanden zullen er vier keer meer brieven worden gewisseld dan in de twaalf ervoor. Omdat een goed begin het halve werk is, zet hij voor zijn vertrek nog snel een paar regels op papier en geeft de brief aan een collega die hem op de bus zal doen. Waar haar laatste brief aan hem overloopt van ach en wee, is de zijne aan haar opgewekt – en erg bazig.

Niet vergeten een röntgenfoto te laten maken van je borst.
Niet vergeten dat ik altijd aan je denk.
Niet vergeten dat je een klein meisje bent dat erg verliefd is en dat je altijd even lief moet blijven als nu.
Niet vergeten hoe heerlijk het zal zijn als we elkaar weer zien.
Niet vergeten mijn oude brieven eens per maand te lezen.
Niet vergeten je op fuifjes te amuseren – maar niet meer dan 3 glaasjes per keer.
Niet vergeten te stoppen met roken.
Niet vergeten fit te blijven en voldoende slaap te krijgen.

Niet vergeten je volgende baan ten noordwesten van Londen te nemen en contact te houden met mijn ouders.

Proost, op dat huwelijk in 1945.

5 Medische statussen

ARTHUR AAN KIM, 9-3-44

Niet vergeten een röntgenfoto te laten maken van je borst. (...)
Niet vergeten te stoppen met roken.

KIM AAN ARTHUR, 19-3-44

Ik vrees dat ik nog niet ben gestopt met roken, maar dit is echt
mijn geluksweek geweest. Ten eerste kwam mijn hutkoffer ein-
delijk aan. En toen kwamen vandaag twee brieven van jou –
precies wat ik vannacht had gedroomd. En nu is mijn röntgen-
foto negatief – de radioloog zei zelfs dat ik okidoki ben en met
mijn hoest gaat het veel beter.

Aanvankelijk begreep ik het niet: waarom al die drukte? Zo erg
was haar hoest in Davidstow toch niet geweest? Maar de eis dat
ze een röntgenfoto liet maken, stond boven aan zijn lijstje ver-
trekinstructies. In zijn volgende brief begon hij er weer over,
spoorde hij haar aan 'eerlijk te zijn tegen jezelf en mij als er
"iets" aan de hand is. Dat moet je echt doen, lieveling – onze hele toekomst hangt ervan af.' Op zichzelf was het niet ongebruike-

lijk dat hij haar advies gaf. Per slot van rekening was hij arts, het soort dat het altijd beter weet (is er een ander soort?) en mijn moeder was zijn lievelingspatiënt. Maar zijn taal is hier onkarakteristiek dramatisch: waarom die toon van 'nu, voordat het te laat is'? Later, in hun huwelijk, zou elke aanbeveling die hij haar over haar gezondheid deed worden genegeerd en ik ging ervan uit dat ook deze tot niets zou leiden. Maar nog geen veertien dagen later had ze, zo mak als een lam, gedaan wat haar was gezegd en kon ze hem het goede nieuws brengen. 'Het is echt een knaldag.' Haar hoest was verleden tijd. Ze konden verder.

Mijn moeder was in gezondheidskwesties een scepticus, huiverig om bij zichzelf of bij anderen verwachtingen te wekken. Geneesmiddelen hadden maar tot op zekere hoogte effect, de meeste kwalen waren overgeërfd, sommige condities konden maar marginaal worden verbeterd, enzovoort. Maar bij deze röntgenfoto was haar toon anders. Ze verwees er opnieuw naar in relatie tot een collega die op de afdeling terug had moeten komen maar nu niet kon: 'Ze heeft een vlekje op haar long en de specialist heeft haar een jaar lichte arbeid in een sanatorium geadviseerd. (Wat een pech voor haar; ik had met mijn hoest en röntgenfoto meer geluk.)' Het is niets voor mijn moeder zo haar zegeningen te tellen. Het lijkt wel of ze op het nippertje uit de schaduw des dood is getreden.

Misschien is ze dat ook. Het woord tuberculose komt niet in de brieven voor. Maar ze waren inderdaad bang dat het tbc zou zijn wat de röntgenfoto aan het licht zou brengen. De O'Shea's hadden een voorgeschiedenis van tbc en haar broer Dan was er tien jaar eerder aan overleden. Had ze Arthur over Dan verteld? Nodig zou het niet zijn geweest. Voor de meeste mensen, en niet op de laatste plaats voor de Morrisons, stond Iers gelijk aan tbc – en Ierland aan 'een enorme vergaarbak van tering'. Dit was geen onverschillig anti-Keltisch vooroordeel. Cijfers uit de jaren twintig van de vorige eeuw tonen aan dat in Ierland het aantal sterfgevallen als gevolg van tbc nog altijd stijgende was toen het in Engeland al scherp was gedaald. En een onderzoek over de jaren 1941-1943, uitgevoerd in het Brompton Ziekenhuis in Londen, stelde vast dat bij Ierse verpleegkundigen die er werkten, de kans om de ziekte te krijgen *negenmaal groter* was dan bij hun Engelse collega's. In de oorlog werd in het Verenigd Koninkrijk een massaal röntgenologisch programma gestart en werd van 750 000 mensen een röntgenfoto gemaakt. Mijn moeder was maar een cijfertje in een statistiek. Maar toch kan het belang van haar gezondheidsattest niet genoeg worden onderstreept. Toen ze was gedestigmatiseerd en door de keuring heen was gekomen werd ze een geschikte kandidaat voor een huwelijk bevonden – een gezonde gestudeerde vrouw met wie een Engelsman zich met een gerust hart kon verloven.

Zou het kunnen zijn dat ze niet de waarheid had verteld over haar röntgenfoto – de echte uitslag had verzwegen, of de foto niet eens had laten maken? Het lijkt me niet waarschijnlijk. Ze was in staat de waarheid een beetje geweld aan te doen, maar om zo spectaculair te liegen, om opgetogenheid voor te wenden over een fictieve uitslag, dat zou niets voor haar zijn geweest. Toch kwam vijftig jaar later tbc opnieuw bij haar spoken – zo ontdekte ik na haar dood aan de hand van haar medische kaart. De desbetreffende aantekening droeg de datum september 1995: 'Opgenomen met hemorragische uitslag en misselijkheid. R-foto. Tuberculose.' Mijn moeder had me van haar meeste kwalen op de hoogte gesteld. Maar over tbc had ze nooit gerept.

'Nee,' zei dokter Evans, haar huisarts, toen ik haar de aantekening liet zien, 'ze zou zich veel te veel hebben geschaamd. Sterker nog, ik weet dat ze zich schaamde, want ze vroeg me het voor me te houden. Voor mensen van haar generatie was tbc een stigma.'

'Zou ze het als kind hebben opgelopen?'

'Misschien. Tbc kan jarenlang sluimeren. Ze zou de ziekte gekregen kunnen hebben zonder het zelf te weten, maar toen haar weerstand laag was kon die weer de kop opsteken. Of ze zou hem onlangs gekregen kunnen hebben.'

'Hoe dan?'

'Ik vind het erg dat ik het moet zeggen, maar in het ziekenhuis.'

'Als arts?'

'Veel recenter. Als patiënt.'

'Maar ik dacht dat tbc min of meer de wereld uit was.'

'Op mondiale schaal neemt hij alweer toe. In een praktijk als deze maken we het gewoonlijk minstens een keer mee. Onder de armere gezinnen, vooral de gezinnen die uit andere delen van de wereld hiernaartoe zijn gekomen, is het altijd een risico.'

Mijn moeder was arts, middenklasse, academicus, belezen. Ze zou hebben geweten dat tuberculose, in tegenstelling tot wat velen in de negentiende eeuw dachten, geen ziekte van de hartstochten was en op moreel verval wees. De associaties die ze onaangenaam vond, moesten dus de sociale associaties zijn geweest. Hoewel tering ook de gefortuneerden en weldoorvoeden kan bezoeken tierde ze vooral welig onder de armen (en dat doet ze nog steeds). Onhygiënische omstandigheden, ongezonde eetgewoonten, hoge alcoholconsumptie en lange werkuren behoorden tot de factoren die eraan bijdroegen. Dacht mijn moeder dat een bekentenis dat ze tbc had, zou kunnen suggereren dat ze uit zo'n milieu kwam? Armoede stond zo ver van mijn jeugd af dat ik me armoede voorstelde als een stad als Portsmouth of Coventry, duidelijk een grote stad, omdat naar zeggen tien procent van de Britse bevolking erin leefde. Ook mijn moeders jeugd in Kerry was niet arm geweest. Haar ouders hadden een meid en stuurden hun kinderen naar kostschool en hoewel dat destijds niet hetzelfde betekende als wat het nu in Engeland zou betekenen, behoorden ze tot de gegoede burgerij. Maar misschien had ze het gevoel dat het haar te veel tijd zou kosten het allemaal uit te leggen, maakte het haar defensief, dwong het haar stil te staan bij de omstandigheden van een kindertijd die ze om andere redenen liever wilde vergeten. En misschien was ze er veel te vaak getuige van geweest hoe de jeugd van anderen in Killorglin was, of had ze voldoende verhalen gehoord over het zwaardere leven dat de O'Shea's twee generaties eerder hadden gehad (de Grote Honger woedde in Kerry heviger dan in de meeste buurtschappen) om te vrezen dat armoede en ziekte altijd op de loer lagen – dat het een calamiteit was die de Kelten bezocht, ongeacht het leven dat ze leidden.

Er speelde nog een andere factor mee: haar instinctieve neiging tot het martelaarschap. Op school was ze in aanraking gekomen met de cultus rond Teresia Martin van Lisieux, de patrones van anorexia en tbc wier dagboek, dat postuum werd uitgegeven onder de titel *Ik geloofde in Gods liefde*, in de hele wereld een bestseller werd. Teresia had haar ziekte dapper gedragen en had elke vorm van materiële verlichting van de hand gewezen. 'Mijn onbetekenend leven is bedoeld om te lijden,' schreef ze. 'Ik word al een skelet en dat is mij aangenaam.' Haar verhaal was er een van phtisis als genade – van de vreugde van het wegkwijnen. Miljoenen werden erdoor geraakt en mijn moeder drukte het aan haar hart. Tbc als zodanig had geen enkele bekoring voor haar; de ziekte had haar oudste broer van haar weggenomen. Maar Teresia was – net als Jeanne d'Arc of als de vroeg-christelijke monniken die op de rotsen van Skellig woonden – een stralend voorbeeld van ascese. Lijden moest in stilte worden gedragen; dat was haar leus. Niet dat ze dat tegen haar patiënten zei wanneer die met hun kwalen en pijnen bij haar kwamen. Maar ze verwachtte het wel van haarzelf.

Had ze tbc op haar veertiende opgelopen, in 1931 toen haar broer Dan eraan overleed? Had ze de ziekte als arts opgelopen toen ze op middelbare leeftijd was? Of was de infectie van recentere datum, de laatste klap – waardoor cavernen achterbleven die de aspergillus kon opvullen? Hoe het ook zij, wat de bron ook was, ze beschouwde tbc als iets beschamends en wilde niet toegeven dat ze haar had – en dat was voor mij, te laat om haar te troosten, nog het beschamendste van alles.

KIM AAN ARTHUR, 1-5-44

Ben het weekend even terug geweest in het Hope. Iedereen zei dat ik erg mager was geworden en er slecht uitzie. Maak je geen zorgen, lieveling. Je begrijpt dat het alleen maar komt door de hectische tijd die ik heb gehad. En doordat ik me zo naar voel. Ik kan er niets aan doen.

Ik had besloten mijn moeders status te raadplegen in de hoop iets meer te weten te komen over de aspergillus of schimmelinfectie die haar dood had betekend. Ik werd ontvangen door dokter Evans, een van haar opvolgsters, de níeuwe dokteres (mijn moeder was in 1946 een veel grotere noviteit geweest). Ze droeg een zwarte wollen jurk en een zilveren broche met twee vissen die in elkaar over zwommen. Het was bijna kerst en mijn moeder was vijf maanden dood. Ernstig vroeg dokter Evans hoe het met me ging, alsof ze bezorgd was dat ik geestelijk in elkaar zou klappen en een geval zou worden. Ik verzekerde haar dat ik niet gek van verdriet was, maar ze zei dat ze me moest waarschuwen dat er dingen in de status stonden waarvan ik van streek zou kunnen raken. Wilde ik dat ze het met me doornam? Nee, ik redde het wel in mijn eentje. Goed, maar ze bleef wel in de buurt voor het geval ik iets wilde vragen. Ze gaf me de 'kaart' – niet de plichtmatige, uit twee bladzijden bestaande flodder die ik me van mijn vaders medische status kon herinneren, maar een grote, dikke map. Dokter Evans zat met haar rug naar me toe te werken. Het was een kelderkamer, net zo kil als mijn werkkamer thuis. Nu en dan brak ik het ijs met een vraag over bepaalde afkortingen die ik niet begreep – POB bijvoorbeeld, pijn op de borst. Het meeste wat er stond was me bekend. Ik had niet geweten dat mijn moeder in 1946 een blindedarmoperatie had gehad, maar haar problemen van latere jaren – de sciatica, de breuken, de macula-degencratie, de retinale hemorragie, de ernstige hoofdpijnen, het lichte hartfalen, de bezoeken aan een pijnbestrijdingsarts – waren niet nieuw voor me.

Maar de tbc kwam als een schok, evenals de herhaalde vermelding van depressie waar ze lang voor mijn vaders dood voor werd behandeld. De depressie was geen geheim. Maar ik was er niet op voorbereid dat er zo vaak een aantekening van in stond, of dat ze zo ernstig eraan toe kon zijn geweest. 1-6-95: 'ernstige depr.' 23-6-95: 'ziet toekomst als zwart gat en wil liefst dood.' 30-8-95: 'doodmoe, zeer zeer neerslachtig.' 13-5-96: 'opnieuw neerslachtig. Begonnen m. Prozac.' 24-6-96: 'Geagiteerd. Slechter op Prozac.' Had ze me over de Prozac verteld? Ik kon het me niet meer herinneren. En toen: '23-12-96. Wanhopig.' Maar dat was vlak voordat ik haar had opgehaald om met kerst een week bij ons te komen logeren. En had ze op dat moment niet de indruk gemaakt min of meer in orde te zijn? Natuurlijk, ze was ziek. Ze begon zich af te vragen of het de moeite waard was te blijven doorvechten. Sinds de dood van mijn vader had ze stil op haar brandstapel van verdriet liggen branden, maar was ze ter wille van haar kinderen en kleinkinderen in leven gebleven. Uitgeput moest ze op bepaalde momenten hebben gewenst dat haar lijdensweg ten einde was, dat het vuur vanbinnen uit zou gaan. Daar was ik van op de hoogte. En toch, telkens weer dat woordje 'zwart' in haar status. Dat logboek van pijn. Die diepten waarin ze was geworpen. Ik voelde me schuldig dat ik niet meer had gedaan om haar pijn te verlichten en was jaloers dat ze haar depressies alleen met dokter Evans had gedeeld.

Later, toen ik de brieven las en mijn jeugdherinneringen afzocht, besefte ik dat haar depressie een langere voorgeschiedenis had. Er waren zelfs aanwijzingen dat de ziekte erfelijk was – toespelingen op vreemde tantes die in afzondering leefden, of op ooms die in hun eentje dronken. Mijn vader zou dit hebben herkend. Zijn volle nichten Helen en Jean waren (zo werd ons, als kind, verteld, zonder dat we wisten wat het betekende) 'tragische gevallen'. Mijn moeder was niet tragisch. Maar ze was wel vaak verdrietig, eenzaam, leeg, en mijn zus en ik hadden als kind geleerd rekening te houden met haar zwaarmoedigheden; ze waren 'hoe mam is', 'mam is nu eenmaal mam', en een tijdje gingen we dan zonder haar verder, wisten we dat haar stemmingen over zouden gaan. Was depressie de prijs die ze betaalde voor het bedenken van een nieuwe identiteit? Droeg ontkenning – van wie ze was en wat ze voelde – aan haar melancholie bij? Een te lange opoffering kan van het hart een steen maken, zei Yeats. Mijn moeder had geen hart van steen. Maar haar geestesgesteldheid was vaak zo zwaar als lood.

In 1944 drong mijn vader erop aan dat ze een nieuwe identiteit voor zichzelf bedacht en ontdekte hij dat het niet eenvoudig was. Haar geest behoorde haar toe. Hoewel ze van hem hield kon ze niet worden genezen van al haar zorgen en zwaarmoedigheden. Haar lichaam daarentegen was een geschikter object voor behandeling. Hij wist zeker dat zij het met hun tweeën de baas konden – dat Kim, op zijn verzoek, al de ongerechtigheden van dat lichaam kon herstellen. Dat was de deal die ze hadden gesloten, of die hij meende dat ze hadden gesloten. In zijn afwezigheid zou Kim zichzelf in orde laten brengen.

ARTHUR AAN KIM, 16-6-44

Hoe gaat het met je hoofdpijnaanvallen? Ik draai je nek om als je niet naar een specialist bent geweest.

KIM AAN ARHTHUR, 6-7-44

Er is een lipiëdale röntgenfoto van mijn sinusen gemaakt, maar er is niets gevonden. Voel me sindsdien vreselijk. Mijn rechteroog doet nog steeds verschrikkelijk pijn. Veganin helpt een beetje, maar niet erg. Suf van de medicijnen ben ik weer druk aan het werk, al zegt iedereen dat ik in bed hoor te liggen.

ARTHUR AAN KIM, 21-7-44

Wat bezielt je verdraaid nog aan toe, lieveling? Ze zeggen tegen je dat je naar bed moet voor een onderzoek – en je weigert! Ze constateren leukopenie, mogelijk als gevolg van Veganin – en je neemt nog meer Veganin in! Je bent een groot kind voor wie medicijnen een soort zwarte kunst zijn die je moet wantrouwen. Of als een volwassene die denkt dat de wereld zal stoppen met draaien als ze eens een dag vrij neemt. Ben je een volwassen vrouw die weer gezond wil worden voor haar huwelijk, of ben je een dom meisje dat bang is voor de grote, gemene zaalzuster met haar stok? Als ik ergens nijdig van word, is het wel van patiënten die je niet eerlijk vertellen wat hun mankeert, of die denken dat ze het beter weten dan de dokter. Te lezen dat jij je zo gedraagt terwijl ik hier zit, is reden om witheet te worden.

Drommels, wat gaf je me daar toch een uitbrander in je laatste brief. Maar dat kan ik ook. Je noemt me een 'dom meisje', maar als ik naar de ziekenboeg was gegaan zouden ze me daar een week hebben gehouden om allerlei onderzoeken te doen, terwijl ikzelf het bloedonderzoek, de röntgenfoto's en het lichamelijk onderzoek in 24 uur voor elkaar kreeg en het trekken van mijn kies in nog eens 24 uur, en dat scheelde een heleboel tijd. Ook ik erger me aan de patiënt die niet eerlijk is over wat hem mankeert, maar een patiënt die altijd klaagt is nog erger.

Tussen twee haakjes, de wereld draait niet, maar tolt – net als mijn hoofd.

Wanneer ze op een vrijdagavond op Gynaecologie aan het werk is wordt de pijn haar te machtig. Ze pakt haar nachtgoed en tandenborstel en laat zich als patiënt opnemen op KNO (het is haar vrije weekend). Röntgenfoto's van haar sinussen tonen niets aan. De boosdoener moet haar kies zijn, concludeert dokter Reading, de specialist, en hij houdt haar nog een nacht vast. Aan bed gekluisterd en 'stijf van verveling' raakt ze haar maaltijden niet aan, of haalt ze het bezoek over het voor haar op te eten. Na nog een aantal onderzoeken trekt dokter Reading een van haar kiezen en adviseert hij haar de volgende dag onder verdoving twee extracties te doen – haar (L) verstandskies en de (L) laterale kies met de kroon – gevolgd door een week rust en een uitgebreider onderzoek. Maar inmiddels is het zondagavond en wacht er de volgende dag weer werk, dus ze zegt dat ze een andere keer terugkomt. Nadat ze zichzelf de volgende morgen heeft ontslagen gaat ze linea recta naar Gynaecologie, suf van de Veganin. 'Je ziet er beroerd uit', zegt haar chef. Klopt, maar ze is liever op de been dan in bed.

Arthur, duizenden kilometers van haar vandaan, is razend. In zijn brieven bestookt hij haar met medische kennis, alsof hij haar wil bewijzen dat hij zijn medische opleiding niet helemaal is vergeten. 'Heb je je bloeddruk laten meten en je urine laten controleren? Je oren laten nakijken? Ben je bij een oftalmoloog geweest? Zou het niet een apicaal abces kunnen zijn, of iets wat de maxillaire of mandibulaire scheidingen irriteert en wordt doorgegeven via de oftalmische of ciliaire vertakkingen? Vind je het echt wel verstandig dat iemand "gewoon doorgaat" wanneer hij ziek is?' Het is voor hem duidelijk dat ze niet voor zichzelf zorgt en dat ze het zonder zijn bemoeienis niet zal doen ook. Zoals te verwachten was wordt de pijn al gauw erger en ze gaat naar dokter Reading terug voor de twee extracties. 'Was bang dat ik over ons zou gaan liggen kleppen wanneer ik onder het gas was,' schrijft ze, 'maar ik denk niet dat ik het heb gedaan. O, wat vind ik het toch mieters om gas toegediend te krijgen – het is een verrukkelijk gevoel.'

Het voorval kenmerkt mijn moeders benadering van gezondheid. En ook die van mijn vader. Hij zat haar altijd op de huid om minder te werken. Of liever gezegd, meer te werken aan meer ontspanning. Ze moest wandelen, leren golfen, de omgeving verkennen; alleen van 'frisse lucht en lichaamsbeweging' zou ze beter worden. Als tiener werd ook ik onderworpen aan deze energieke levensfilosofie. Ik wist indertijd niet dat 'frisse lucht en lichaamsbeweging' de leus van de sanatoriumbeweging was geweest, de populaire remedie tegen tbc. Maar zelfs als ik het wel had geweten zou ik het niet leuk hebben gevonden als hij de zinsnede tegenover mij had gebruikt. Ik mocht dan een puistenkop zijn, een teringlijder was ik niet – dus het was nergens voor nodig. Maar ik begrijp waarom mijn moeder hem tot wanhoop dreef. Ze droeg het lijdzaam, maar hij vond haar lijden ondraaglijk.

Haar hoofdpijn ging door de drievoudige extractie niet over, maar ze kwam wel met een groot gat te zitten waar ze een plaatje voor moest hebben. Ze vond het vreselijk – neptanden wanneer ze nog pas achter in de twintig was! – maar er was één kleine troost. Arthur had de laatste tijd geklaagd over haar gouden kroon en de scheve glimlach die op foto's zichtbaar was. 'Ik wil niet dat je op de foto staat met een grijns met al je tanden bloot,' liet hij haar weten. Onbehouwen rotzak! Wat een verbeelding. Dacht hij dat hij Henry Higgins was? Enfin, de grijns met al haar tanden bloot zou spoedig verleden tijd zijn. Haar nieuwe uiterlijk zou hem de wind uit de zeilen nemen.

Het nam hem inderdaad de wind uit de zeilen. Na die zomer volgden er geen geringschattende opmerkingen over haar uiterlijk meer en ook uit mijn jeugd kan ik me er geen herinneren. Toch bleef mijn moeder zich over haar uiterlijk niet op haar gemak voelen. Tanden waren niet het enige dat nep aan haar was. Ze droeg ook een bh met vulling – dat ontdekte ik bij toeval tijdens een pubescente verkenningstocht naar haar slaapkamer. Het laakbare kledingstuk staarde me vanaf de grond aan: twee cups met ingenaaide, katoenen implantaten. Vrouwen kenden in die tijd geen voorgevelrestauratie. Maar mijn moeder voelde zich minnetjes – ontoereikend – vooral na de komst van Beaty die een klassiek ruimbemeten boezem had, in de orde van grootte van Jayne Mansfield of Marilyn Monroe. Het was de tijd dat vrouwen volgzaam hoorden te zijn – en buste en meegaandheid gingen hand in hand. Als ze in een goede bui was maakte mijn moeder grapjes over haar onvoluptueusheid. Niet dat mijn vader merkbaar op borsten viel. En mocht het wel zo zijn, dan was het in elk geval minder dan zijn meeste leeftijdsgenoten. Als er bij ons thuis *Playboy*'s of *Penthouse*'s verstopt waren geweest, zou ik ze in de roes van mijn puberteit zeker hebben gevonden. Hij zette haar dus niet onder druk om uit te dijen. Maar als haar borsten door een stukje stof groter konden lijken – ach, waarom niet?

Die opgevulde bh kwam hard aan. Mijn moeder was knap en had dat niet nodig. Ze had al een figuurprobleem voordat figuurproblemen een naam hadden. Weinig mensen zijn tevreden met wie ze zijn, maar niemand was zo ontevreden als zij. Verlegenheid maakte daar deel van uit. Toen hij haar vanuit zijn nieuwe post vroeg wat haar maten waren, deed ze alsof ze het niet hoorde. Hij bood aan een bh en onderbroekje voor haar te laten maken van een lap 'leuk transparant' zwart chiffon dat hij ergens op de kop had getikt. Maar voor haar betekende dat dat er meer aan het licht zou komen dan haar lief was. Om hem aan het lijntje te houden verweet ze hem plagerig dat hij was vergeten hoe ze eruitzag – of dat hij niet goochem genoeg was op eigen houtje te raden wat haar maten waren. Uiteindelijk gaf ze hem schoorvoetend het antwoord: 'Bustehouder 89 (de kleinste die je kunt krijgen), taille 64 en heupen (ahem, veel te breed) 97.' Hoewel ze wist hoeveel hij naar haar verlangde weerhield dat haar er niet van zich over haar lichaam niet op haar gemak te voelen. Ze zou het veel liever onder sluiers hebben gehouden.

Voornaam, identiteit, opvattingen, uiterlijk – bij mijn moeder waren ze allemaal nep. Ze falsificeerde ze niet met zwier, maar uit een gevoel van onvolkomenheid. De oorlog en haar aanwezigheid in Engeland zette het proces in gang. Mijn vader gaf het vervolgens een extra zet door haar bars aan te sporen 'fit te worden voor het huwelijksleven'. Een huwelijk zou alleen mogelijk zijn als haar longen schoon waren, haar gebit was gerepareerd, haar boezem gecapitonneerd, haar Ierse afkomst geneutraliseerd. Nee, dat is niet eerlijk. Mijn vader hield van mijn moeder en zou haar waarschijnlijk toch wel hebben getrouwd – wat uit de brieven spreekt is niet een ongezonde obsessie met haar uiterlijk, maar een gepassioneerde bezorgdheid over haar gezondheid. Desondanks bereikte hij er wel mee dat ze zich gespannen en onzeker over zichzelf begon te voelen. Hij was een idealist en zij bleef naar haar eigen nederige mening ver bij zijn idealen achter.

6 Oorlogskinderen

KIM AAN ARTHUR, St Helier County Ziekenhuis, Carshalton, 9-3-44

Zeven dagen zijn verstreken sinds ik jou voor het laatst zag en het lijken wel jaren. Gek is dat, maar ik kan er maar niet aan wennen dat ik niet meer elke dag brieven kan verwachten – ik kijk nog altijd hoopvol uit naar elke postbezorging.

Gisteren een vrij rustige morgen gehad (zaal 9-11, poli 11-1), afgezien van een partus van een tweeling (waarvan er één hydrocefaal) om 8.30 's morgens. Kwam om 3 uur 's middags op Oxford Circus Sheila tegen en zijn gaan winkelen, maar ik heb niets gekocht. Omdat we niet vast wilden komen te zitten in een blitz ging ieder om 8 uur haars weegs. Het was heerlijk weer en het was volle maan, dus alles was stil. Bij alle plekken waar ik heen ga moet ik weer aan jou denken – zoals Lyons Corner House vanavond, en de keren dat we daar samen waren. Ik denk de hele tijd terug aan de dingen die we op een bepaald moment deden – en dat zelfs Tante tranen in haar ogen kreeg toen we afscheid van haar namen.

Schrok vanavond erg toen ik werd geroepen door een van de afdelingen, omdat een meisje op sterven lag. Ze was mijn patiënte niet, maar ze zou het wel geweest kunnen zijn: ik had haar na-

melijk dinsdag een bloedtransfusie moeten geven, maar ze weigerde. Juffrouw Daley nam het toen van me over en wist haar ten slotte over te halen de transfusie te nemen en ze hing vanochtend bloed aan. Vanavond, toen de transfusie klaar was, gilde ze het plotseling uit en stierf ze – afschuwelijk, zeker gezien het feit dat ze de transfusie helemaal niet had gewild. Ze was pas 17. Er is nog geen obductie geweest.

Ik kreeg een brief van Mary waarin ze me vraagt weer te komen logeren. Je hebt waarschijnlijk het nieuws over Eire gehoord – wat een vreselijke mensen! – en dat al het heen- en teruggaande verkeer stop is gezet, dus ik zal haar zeggen dat we samen ergens anders op vakantie kunnen gaan. Ze schrijft aan het eind: 'Ik wou dat je mijn schoonzus was.' Dat wou ik ook – maar ik heb mijn twijfels. Al de tijd dat we bij Tante waren, lieveling, hebben we er met geen woord over gesproken, maar je leek het vanzelfsprekend te vinden dat het allemaal goed zou komen. Kon ik ook maar zo zeker zijn. 'Stel me niet teleur,' zei je, maar ik zal het gevoel hebben dat ik het wel doe als ik niet met je trouw. Ik begin me af te vragen of we het niet lang geleden, toen we nog niet zo verliefd op elkaar waren, hadden moeten uitmaken.

Er was luchtalarm vanavond, maar het alles-veilig kwam binnen een halfuur.

ARTHUR AAN KIM, Ziekenboeg, Azores Force, 10-3-44

Even een krabbeltje om je te laten weten dat ik ben aangekomen. Geen verduistering hier – alles ziet er vanuit de verte prachtig wit en schoon uit. Ook de vrouwen – maar we mogen klaarblijkelijk wegens plaatselijke gebruiken niet bij hen in de buurt komen.

Toen ik aan land ging werd ik achter in een lorry gestupeld en ongeveer vijfentwintig kilometer, door de wolken, over de bergen gereden. Hier aangekomen ging ik direct naar de mess om

iets te eten (vrij goed). Mijn baas is lt.kol. Carslake (Ier) – ver-
schillende andere OVG*'s hier zijn ook Iers. Tussen twee haakjes,*
lieveling, aan welke universiteit ben je afgestudeerd en hoe heet-
te de plaats ook alweer waar je hebt gewoond? Ik voel me zo
stom wanneer ze het vragen en ik er geen antwoord op kan ge-
ven – dan lijkt het alsof ik verloofd ben met iemand die ik eigen-
lijk niet ken.

Ik heb het hier goed getroffen en ik deel een tent met Steve (die ik
van Davidstow ken). We houden wel van het tentenleven en we
zijn voornemens hier te blijven in plaats van te verhuizen naar
een nissenhut. Het weer is vrij normaal Engels zomerweer
(warm maar bewolkt). Angra en Praia de Victoria zijn de twee
grote steden op dit eiland. Steve en ik zijn gisteravond naar
Praia gegaan om te kijken wat er te winkelen was – er zijn hor-
loges te koop tegen de normale Engelse vooroorlogse prijzen en
flacons met geurtjes à 1/-. Ik laat een paar pantoffels maken van
onbewerkt varkensleer en ik zou hier voor jou handgemaakte
schoenen kunnen krijgen in elke kleur voor £2 – laat me weten
wat je wilt hebben. Wanneer het kan zal ik fruit – bijv. ananas
– naar je opsturen. Is het niet heerlijk om op deze manier ver-
liefd te zijn? Wanneer ik nu aan het winkelen ben denk ik de he-
le tijd aan je en dat maakt het veel leuker.

We zijn in Praia uit eten geweest en ik had een kotelet, 2 eieren,
frites en een glas bubbelmuskadel – samen 3/-. Heerlijk.

Lieveling, ik mis Kim heel erg, maar ik voel me niet naar, waar-
schijnlijk omdat ik in een nieuwe, vreemde omgeving ben. Ik
vind het gemeen van mezelf dat ik mijn ouders niet heb verteld
dat ik wegging. Ik had hen moeten opbellen en het hun moeten
vertellen – of hun op z'n minst moeten schrijven voordat ik ver-
trok. En natuurlijk moest het uitgerekend gebeuren op de dag
dat we een jaar geleden het vermissingsbericht van die arme
Mike kregen. Toch kan ik me er nog steeds niet toe zetten hun te
schrijven. Wil je namens mij contact met hen houden?

Ik ben afgestudeerd aan de National University in Dublin [UCD] en ik kom uit County Kerry – zul je het voor me opnemen?

Vrijdag was het St Patrick's Day, Ierlands nationale feestdag, maar niet voor ons: veel te druk.

ARTHUR AAN KIM, Azoren, 24-3-44

Je hebt nog nooit zo'n stortbui gezien als we de afgelopen 24 uur hadden. Buiten is alles een gele modderpoel en je loopt rond te soppen in rubberlaarzen en een oliejas. Het vocht dringt door alles heen. Toen Steve zijn brillenkoker uit een canvas tas pakte, zat die van binnen en buiten onder de witte schimmel. Zelfs mijn enveloppen zijn in het pakje gaan dichtplakken, verdikkeme.

Nog altijd geen brieven van jou. Ook geen medische rampen, alleen verkoudheid en keelontsteking en gastro-enteritis als gevolg van het verzwelgen van ananas en bananen. Maar gisteren had ik een echt probleemgeval – mogelijk een subfrenische laesie – en dat deed me wensen dat ik evenveel ervaring zou kunnen krijgen als jij. Jammer dat je er niet een pakje van kunt maken en het me kunt geven wanneer ik weer thuis ben en we gaan trouwen.

25-3. Nog altijd geen brieven. Regenachtig en winderig. Het klapperende buitendoek dat tegen het dak van de tent slaat klinkt als een kruising van donder en mitrailleurvuur.

26-3. Nog altijd geen brieven. Regen. Erg neerslachtig.

27-3. Nog altijd niets. Regen. Zenuwinstorting dreigt.

28-3. Idem. Suïcidaal.

29-3. Het stortregent nog steeds, maar ik ben als een kind zo blij, want ik heb zojuist vier brieven van je ontvangen. Had bij de

lunch al een 'voorgevoel,' ondanks het feit dat we geen informa-
tie over binnenkomende post hadden gekregen. En toen kwam
er wel iets en ik heb mezelf heerlijk gemarteld door eerst de post
van anderen uit te delen voordat ik de jouwe ging lezen. Ik zei
de hele tijd hardop tegen mezelf: 'Wat is dit heerlijk' – ik kon er
niets aan doen. Steve was eerder (voor de grap) erg grof ge-
weest over mijn 'voorgevoelens' en had me gevraagd hoe ik erbij
kwam dat ik paranormaal was. Hij noemt me sindsdien Ouwe
Moore.

Ik word constant in de maling genomen wegens mijn gelijkenis
met Mickey Rooney. Heel betreurenswaardig – en jij vindt hem
niet eens leuk. Heb je gemerkt dat mijn pen altijd midden in een
brief leeg is? Verdraaid stom om daarover te gaan zitten schrij-
ven, maar ik schrijf gewoon alles op wat in me opkomt.

Adie. Blijf uit de buurt van Londen en de Oostkust, alsjeblieft.

KIM AAN ARTHUR, Carlshalton, 30-3-44

We hebben de laatste tijd een boel luchtaanvallen gehad. Die
van gisteravond duurde langer dan een uur – niet erg leuk. On-
ze toestellen vliegen hier het laatste halfuur alsmaar over – ze
hebben het de afgelopen avond zwaar te verduren gehad. In elk
geval zal ik spoedig er heel ver vandaan zitten. Eerlijk gezegd
ben ik er wel blij om – maar als iemand in Birmingham gaat
zeggen: 'Je ziet er veel te jong uit om arts te zijn' (zoals ze dat
hier de hele tijd doen), ga ik gillen.

Ik hoor dat Mike Winstanley (die nog steeds zijn examen niet
heeft gehaald) een flirt is begonnen met zuster Naphthole – en
hij is al jaren verloofd ook nog.

Vraag me af wat de censors van onze brieven vinden, maar ik
neem aan dat ze wel gewend zijn aan 'schat' en 'lieveling,' zoals
de onze.

'Wat hebt u in de oorlog gedaan, paps?' vroeg ik, zoals dat destijds van jongens werd verwacht. 'Hoeveel Duitsers hebt u doodgeschoten? Bent u ooit gewond geraakt?' Zijn antwoorden waren allemaal ontkennend. 'Niet zoveel. Geen. Nee.' Het was een teleurstelling. Andere kinderen hadden een vader die oorlogsheld was geweest: bombardier, tankcommandant in de woestijn, vlieger van een Spitfire. Die ettelijke tientallen nazi's had gedood. Die jou hun littekens van granaatscherfverwondingen kon laten zien, of de ingedeukte, zilveren sigarettenkoker die hem had bewaard voor een vijandelijke kogel. Althans, dat zeiden ze – maar eerlijk gezegd, tegengekomen ben ik die kinderen nooit (noch de vader van die kinderen) – ik had het alleen van horen zeggen. Bestonden ze wel echt? In elk geval kon ik mijn vader niet beschuldigen van grootspraak. Hij deed niet alsof hij een held was, of dat hij een 'mooie oorlog' had gehad. De nazi's moesten een halt worden toegeroepen, dat was de reden dat hij dienst had genomen, maar goddank had hij niet hoeven te vechten. Dat werd me als kind zorgvuldig uit de doeken gedaan. Maar het lezen van zijn brieven vijftig jaar later was niettemin een soort opvoeding. Ik had niet beseft hoe oneindig veel variaties van verveling er bestonden. Zijn voornaamste ontbering was het uitblijven van post. En dat hij geen fluit te doen had.

'Wat deed ú in de oorlog, mams?' was geen vraag die kinderen stelden. Dit waren de jaren vijftig en zestig toen moeders per definitie niets deden wat belangwekkend was. Sinds Eva, zo leek het, hadden ze thuisgezeten en hun nagels gelakt en voor het eten gezorgd. Mijn moeder was een beetje anders: ze werkte als arts. Maar dat was werk dat ik niet zag. En wat ze van 1943 tot 1945 deed kwam nooit ter sprake. Ik ging er vaag van uit dat ze in Ierland had gezeten waar ze haar studie medicijnen afmaakte en het rustig aan deed. De brieven moesten eraan te pas komen om me uit de droom te helpen. Terwijl mijn vader op een veldbed een tukje deed werkte zij in een vijftal Engelse ziekenhuizen, bleef ze zelden langer dan een halfjaar op dezelfde plaats. In Salford probeerde ze chirurgie. In Carshalton werkte ze op de Kraam. Later verhuisde ze naar Kinderen. Het waren tijdelijke banen, maar ze gaven haar alles wat ze wilde: een salaris, een bed, drie maaltijden per dag. Het waren allemaal nuttige ervaringen, waarvoor wist ze niet precies. Het was oorlog en ze hield haar opties open.

Haar oorlog was niet alleen drukker dan de zijne, hij was ook gevaarlijker. Ze had in het neutrale Ierland kunnen blijven, veilig voor vliegende bommen en V2's. Ze had maatschapslid kunnen worden aan een huisartsenpraktijk in een van de Engelse *shires* en had nooit naar het pijpen van de Luftwaffe hoeven te dansen. Maar ze verkoos in de steden te werken waar bommen vielen. In 1944 werd het St Helier's in Carshalton verscheidene malen getroffen. Bij het laatste bombardement verloren velen het leven, werd het administratief hoofd blind en werden de staf en de patiënten die er het leven afbrachten naar Guildford geëvacueerd. 'Ik dacht dat je het wel zou willen weten,' vertelt ze Arthur. 'Het had mij kunnen overkomen.' Haar rusteloosheid redde haar het leven: tegen die tijd was ze naar Birmingham doorgereisd. Maar het was kantje boord.

Niet dat mijn moeder zich tot gevaar aangetrokken voelde. Noch zou ze hebben beweerd dat ze dapper was, net zomin als mijn vader. Maar het verblijf in Engeland was een test wie ze zou kunnen zijn en tot hoever ze kon gaan. Daarom kwam ze. Daarvoor was ze hier. Dat was wat ze deed in de oorlog.

ARTHUR AAN KIM, Azoren, 18-3-44

Een normale dag houdt in, opstaan om 7.00 (gewoonlijk 7.15), ontbijten om 7.30 (gewoonlijk 7.45), ziekenrapport 7.45 (ge-

woonlijk 8.00). Klaar 9.30. Een paar behandelingen. Koffie om
10. Visite lopen en wat karweitjes tot 12. Lunch – dan naar de
tent om jou te schrijven en te zonnebaden (wat ik nu doe, op een
veldbed). Om 1.30 allerlei karweitjes, zoals het verrekte censure-
ren (ik had er in IJsland al mijn buik van vol) tot 4.00 of 4.30.
Thee. Klusjes rond de tent (we moeten de boel nog altijd op orde
maken en al het organiseren van spullen kost tijd). Avondeten
tussen 8 en 8.30 – een praatje en een paar drankjes. Slapen er-
gens tussen 9.30 en 11 (in jaren niet zo vroeg geweest, maar het
zou goed voor me moeten zijn).

Ik zal je op de hoogte houden van allerlei dingetjes die ik hier
doe en denk – niet op een liefdesdronken, stomme manier, maar
gewoon als onderdeel van mij en mijn leven. Kon je maar hier
zijn en alles met eigen ogen zien. Wanneer we zijn getrouwd
zouden we hier een week naartoe kunnen – wanneer we genoeg
hebben gespaard voor een wereldcruise, of anders zou ik kunnen
proberen een baan als scheepsarts te vinden – een soort salaris
in natura.

Ik zit me bezorgd af te vragen hoe je het redt tijdens de blitzen.
Heb je al een baan in het Noorden gevonden? Zorg alsjeblieft
dat je er wegkomt. Wat zou ik graag willen dat je in ons eigen
huis het huishouden deed en niets te maken had met geneeskun-
de – en chirurgie.

Azoren, 1-4-44

Ik heb besloten jou niet meer te schrijven. Ik ben 27 en ik wil
trouwen. Ik zit nu al langer dan een jaar te wachten tot je een
beslissing neemt, maar kennelijk houd je niet genoeg van me en
zul je dat ook nooit doen, als je nog altijd zit te twijfelen. Ik denk
dat ik alleen maar uit persoonlijke trots er veel te veel op ge-
brand ben geweest met je te trouwen. Ik vat nu mijn oude leven-
tje weer op – dronken worden en slapen met een heleboel vrou-

wen. En ik zal Terry (die ik al de hele tijd stiekem ben blijven doorschrijven) vragen of ze met me wil trouwen wanneer ik thuiskom.

Ben je erin getuind, lieveling, of had je direct al door welke datum hierboven stond?

Mary schrijft me dat het nu is bevestigd. Wat een afschuwelijk drama, vind je niet? De arme Mikela zal haar vader nooit zien en zelfs wanneer Mary trouwt zal ze nooit meer dezelfde zijn. Als het dan al iemand wordt hoop ik dat het Ron zal zijn. Maar ik weet dat ze hem een hels leven zal bezorgen. Ik moet er niet aan denken hoe het vliegtuig in brand vloog toen het neerstortte, vooral nu ik een paar keer de gevolgen van een crash heb gezien.

Hoe zou het met jou zijn, daar in een nieuw ziekenhuis met allemaal vreemden om je heen? Het is voor een meisje niets gedaan om zo ver van huis te zitten en om niet eens bij zoiets als familie te wonen. Hoe eerder je mij een eind daaraan laat maken, hoe beter. O lieveling, wat kijk ik uit naar onze trouwdag wanneer deze verdraaide stomme oorlog voorbij is en wij ons eigen huis hebben. Wat zullen we een ruzie maken en wat zullen we gelukkig zijn.

Kom, ik moet gaan keuren of een vent wel 'FIT' genoeg is om te worden gedegradeerd – ze hebben er hier minstens één per dag, om de tijd te doden.

Azoren, 3-5-44

Ik zit met ontbloot bovenlichaam voor mijn tent te schrijven. (Ik begon er liggend mee, helemaal naakt – het is hier heel privé en ik wil graag een bruine rug hebben). Als er geen windje had gestaan, zou het hier te warm zijn geweest. Ik kan wolken stof zien opstijgen van de start- en landingsbaan. Heb te horen gekregen dat ik er 75% fitter uitzie sinds ik hier ben – jammer dat je me

niet kunt zien, want dan zou je weer helemaal verliefd op me
worden.

Na zijn behouden aankomst op de Azoren voelt kapitein 118415 zich als een vis in het water. Een prachtige zee, vulkanische zandstranden, subtropische temperaturen, alle werkzaamheden halverwege de dag klaar: wat wil hij nog meer? Het waarom van zijn aanwezigheid is vaag. Officieel is zijn eenheid, die deel uitmaakt van het Coastal Command, belast met het 'afgrendelen van de Atlantische passage', net zoals in IJsland, en dat betekent verkenning en de ogen open houden voor de aanwezigheid van Duitse U-boten. In werkelijkheid is de strijd om de Atlantische Oceaan al gestreden en is het in Lagens, waar hij is gestationeerd, griezelig rustig: geen bommen, geen luchtalarm, geen luchtgevechten tegen Messerschmitts. Af en toe beroemen RAF-vliegers zich bij hun terugkeer van een missie erop een vijandelijk schip in de grond te hebben geboord – een U-boot die ze als een halfgevulde fles hulpeloos dobberend hebben achtergelaten. Maar alle acties spelen zich honderden kilometers verderop af, op open zee. Op de Azoren zijn vierduizend Britse militairen gestationeerd, van wie de meesten net als hij op Terceira; de belangrijkste stad is daar Angra do Heroismo (maar een paar kilometer van Lagens), met tienduizend inwoners. Deze inwoners, aldus de officiële medische geschiedschrijving van de oorlog, 'zijn vredelievende plattelanders die in primitieve eenvoud leven, de mannen zijn veefokkers, melkveehouders en landbouwers, terwijl de vrouwen thuis werkzaam zijn in de borduurindustrie'. Maar de jongens in de mess stellen het anders: de mannen zijn luie donders en de vrouwen hoeren.

Arthur wordt als officier van gezondheid toegevoegd aan een staf van vijfentwintig man die vanuit een Mobiel Veldhospitaal van vijftig bedden opereert. Builenpest is endemisch en om de manschappen in te enten wordt uit Engeland vaccin ingevlogen.

Ook tyfus is wijd verbreid en al het water moet worden gezuiverd. In juni wordt begonnen met de bouw van een permanent hospitaal van honderdvijftig bedden. Maar afgezien van een kleine crash zo nu en dan hebben de artsen weinig te doen. Het is ook geen onaardig stel: Carslake, Russell ('Mac', zoals hij wordt genoemd – een zak die gauw op zijn teentjes is getrapt), Musgrave (die last heeft van sombere stemmingen), Coffin (de tandarts), Grant, Campbell en Throne (een verdomd toffe peer die nooit in de gaten schijnt te hebben wanneer je hem in de maling neemt – 'de meeste Ieren zijn een beetje langzaam van begrip, maar Basil slaat alles'). Om het leven aangenamer te maken hebben ze een Portugese oppas gekregen, een man die in een overjas rondloopt, een paraplu draagt en geen woord Engels spreekt. Ze dopen hem Charlie Chaplin.

Arthur, met weinig omhanden en gestationeerd in verre streken, heeft niets te klagen. Drank is goedkoop (bier 1/6 per pint, een dubbele whisky 9d), de Atlantische Oceaan warm genoeg om erin te zwemmen en op 1 mei verwisselt hij zijn winterkloffie voor zijn tropentenue (overhemd en korte broek). De tent die hij met Steve deelt ligt op een heuvelhelling die op een dal uitkijkt en beneden liggen de behandelruimte, het hospitaal en de nissenhutten. Wanneer hij met Carslake, zijn commandant, een wandeling over de kliffen maakt, moet hij aan Boscastle denken. Het vervelendste is de lavastof die overal binnendringt – de start- en landingsbaan wordt aan het gezicht onttrokken ('Wanneer een toestel binnenkomt zie je niet wanneer het landt en kun je niet zeggen of het crasht'), de huid slibt dicht ('Rijd je achter in een lorry of een jeep, dan kom je terug met een gezicht als van een kompel') en zijn papier knarst wanneer hij schrijft. Thuis gaf hij niet veel om kamperen. Maar hier, onder het tentzeil, ontdekt hij het Heerlijke Buitenleven. Frisse lucht en lichaamsbeweging is al lang zijn leus geweest. Nu worden ze ook zijn levenswijze. Dieren en insecten snellen voorbij, de wind trekt de stormlijn strak, de petroleumlamp laat schaduwen dansen, de sterren zijn als uitgestrooide zaadparels wanneer je als laatste daad voor het slapengaan naar buiten loopt voor een plas: wie zou niet een tent verkiezen boven een nissenhut? De rest van zijn leven zal hij die sensatie proberen terug te halen. Andere mannen zijn op een vergelijkbare manier nooit over hun oorlog 'heengekomen'. Maar mijn vaders heimwee betreft niet het vechten tegen Duitsers of het hurken in schuilkelders. Hij heeft heimwee naar slaapzak en veldbed onder de sterrenhemel. Het hoefde maar even een lauwwarme nacht te zijn of hij lag al buiten op het gazon. Als tiener dacht ik dat het iets te maken had met seks, of met het ontbreken van seks, de afnemende intimiteit tussen mijn ouders. Maar na het lezen van zijn verslag van de Azoren merk ik dat het te maken had met de oorlog.

Wanneer hij niet ligt te slapen of zit te schrijven wil Arthur actie, kan niet stilzitten. De tent wordt zijn Windyridge, een huis ver van huis, een plaats waar kan worden geklust. Er moeten kasten worden gemaakt, rotstuinen gegraven, struiken geplant, een omheining en een windbreking gebouwd en er zijn extra lijnen nodig om de buitentent vast te zetten. Wanneer het hek in de omheining klikt is hij zo trots als een kasteelheer. Wanneer drie weken nadat hij graszaad heeft uitgezaaid sprieten opkomen loopt hij net zo over van verwondering als een schooljongen die waterkers teelt. Wanneer in oktober een orkaan losbarst, met windstoten van honderdzestig kilometer per uur die elke tent omver blaast behalve die van Steve en hem, voelt hij zich in het gelijk gesteld ('Barstte onwillekeurig in lachen uit toen ik om 7 uur wakker werd en naar buiten keek – iedereen zat in trui en onderbroek in de stromende regen op zijn tent'). Hij beschildert een gerstesuikerblik en gebruikt het als vaas. Hij plant anjers, Oost-Indische kers, lathyrus en cactussen. Hij maakt een surfplank van triplex. Hij is Robinson Crusoe die het eiland koloniseert en civiliseert. Zijn energie is beangstigend.

Als reactie trekt Steve zich op zijn veldbed terug en verroert zich niet. Als Arthur hem enthousiast probeert te maken met verhalen over planten, negeert Steve hem of gromt. Ook diepe zuchten en verwijtende blikken halen niets uit. Ten slotte kan Arthur zich niet inhouden en zegt hij dat het tijd wordt dat Steve ook eens een vinger uitsteekt. Dit is hun huis en hun tuin, waarom moet hij al het werk doen? Waarop Steve antwoordt: 'Het is jouw tuin – en ik vind hem prachtig, en daar houd ik het bij.' En de rattenvallen dan, vraagt Arthur, is hij daar dan niet blij mee? (De ratten trippelen 's nachts over het tentzeil en laten onderweg rimpels achter, maar hij heeft een manier gevonden ze met behulp van anijszaad en karameltoffee te strikken.) Natuurlijk is hij blij met de vallen, zegt Steve: niet alleen jatten de ratten zeep, chocola, papier, sokken en zelfs lucifers, ze zijn ook dragers van vlooien die de pest overbrengen. Maar al die Engelse larie van *my home is my castle*, al die taakverdelingen van jij-dit en ik-dat – nee, dank je feestelijk, beste vriend. Als Arthur zijn tijd wil besteden aan woningverbetering, zijn zegen heeft ie. Maar hij, Steve, heeft betere dingen te doen – boeken lezen, artikelen schrijven voor het plaatselijke orgaan van de strijdkrachten, uitslapen na piketdienst. Hij bedoelt er niets kwaads mee, maar in zijn ogen zijn ze celgenoten in een grote kleregevangenis en hoe eerder ze hier weg zijn hoe beter.

Hoewel hij kookt van woede zwijgt Arthur er verder over. 'Het is van het Schotse volkje bekend dat het gauw op zijn teentjes is getrapt,' zegt hij tegen Kim en hoewel hij niet zou weten waardoor hij Steve's ergernis heeft opgewekt is er duidelijk sprake van een kloof. Steve zet godallemachtig zelfs een merkteken op zijn klerenhangers, zodat ze niet door elkaar raken met die van Arthur en wanneer het gras hoog is maait hij zijn eigen kant van het veldje. Verhuizen naar een andere tent zou een oplossing zijn. Maar ondanks de spanningen wil geen van beiden een ander slapie. Arthur beschouwt zichzelf als de praktische helft van het tweemanschap, al is hij niet zo praktisch als hij het wil laten voorkomen. Typerend voor hem is bijvoorbeeld het opsturen van een dozijn eieren naar Kim. Eieren over de post! Hoewel hij ze zo goed mogelijk verpakt, is het een wonder dat ze nog heel zijn tegen de tijd dat ze bij haar aankomen. En dan de radio, die rotradio. Hij wil hem hebben voor de komedies van Tommy Handley, maar ook voor het nieuws. En voor lichte muziek – jazz en dansorkesten en de liedjes die hij met Kim associeert. Ze hebben al een radio in de tent, maar Arthur probeert een betere te bouwen. Nog geen maand nadat hij eraan is begonnen moet hij hem weer uit elkaar halen en overnieuw beginnen, omdat de ontvangst te slecht is. Dan waait de antenne eraf, dus ook die moet worden gerepareerd. Nog steeds niet tevreden probeert hij hem om te zetten naar korte golf. Dat werkt evenmin. Hij heeft er al drie pond en tien shilling aan gespendeerd en betaalt nu nog eens dertig shilling aan iemand die een speakerkast voor hem maakt. Als laatste strohalm worden een paar technisch onderlegde ondergeschikten in zijn tent uitgenodigd om 'een kijkje te komen nemen', in de hoop dat ze zullen aanbieden het te maken. Dat gebeurt niet. Zes maanden later is de radio nog altijd verre van klaar.

Terwijl Arthur zo aanknutselt fluit hij graag een deuntje – arbeidsvitaminen, of klusjesvitaminen, liedjes als 'Tiko Tiko', met hun meedogenloze opgeruimdheid. Ook dat werkt Steve op zijn zenuwen. Ze zitten hier goddorie midden in niemandsland en hebben geen zak te doen – mist de man dan elk gevoel voor de schaduwkant der dingen of het absurde? Is er allemachtig enige reden om zo opgewekt te zijn? Maar in werkelijkheid heeft Arthurs geluksster het de laatste tijd laten afweten. Sinds het begin van de oorlog hebben zijn oom Ben, zijn tante Connie, zijn neef Dan, zijn beide grootvaders, verscheidene vrienden en (naar het zich laat aanzien) Michael het leven gelaten. Een hele hoop 'tragedi', zo omschrijft hij het tegenover Kim. Toch kan hij het niet bevatten. Hij kan het niet eens spellen. Tragedie wordt in zijn brieven consequent geschreven als 'tragedi', met een 'i' waarvan het dansende puntje de wanhoop verzacht en verdrijft. Het woord komt niet in zijn woordenboek voor. Je lacht, je fluit, je maakt er het beste van. En dat alles werkt Steve op zijn zenuwen.

Ik kan met Steve meevoelen. Jaren later zou ook ik met mijn neus in de boeken zitten terwijl mijn vader druk in de weer was en me een schuldgevoel bezorgde, omdat ik 'niet meehielp'. Ook ik gromde wanneer hij iets tegen me zei. Ook ik zou het slachtoffer zijn van zijn geloof in de 'praktische aanpak', om tegelijkertijd heimelijk te merken hoe onpraktisch hij zelf kon zijn (zoals die keer dat we gingen kamperen, maar geen tentstokken bij ons hadden). 'Ik kan me doodergeren aan een man die geen band kan verwisselen,' schrijft hij in een van zijn brieven. 'Maar ik kan me ook doodergeren aan een vróúw die achter het stuur zit en geen band kan verwisselen.' Maar ik weet nog goed dat hij een keer een band van mijn moeders auto verwisselde, vergat de wielbouten aan te draaien en zich pas zijn fout realiseerde toen ze was weggereden en als een gek de achtervolging inzette, in de verwachting dat hij in de heg een wrak aan zou treffen waar een pluim stoom uit opsteeg, en allemaal lijken over de weg. Het liep goed af: ze bereikte de praktijk zonder incidenten. Maar de gevolgen die zijn onachtzaamheid had kunnen hebben, bleven hem dwarszitten en vele uren werden besteed aan het inwijden van zijn zoon in de kunst van het banden verwisselen. Nee, mijn vader was niet aangeboren praktisch. Maar door de oorlog had bij hem (zoals bij velen van zijn generatie) het idee postgevat dat hij zich moest zien te redden en moest roeien met de riemen die hij had. Hij werd goed in ritselen en organiseren. En ook in manipuleren. Zowel mensen als materialen waren er om te worden uitgebuit.

Wat in zijn brieven opvalt is hun preoccupatie met huis en

haard – niet die waarin hij is opgegroeid, maar die welke hij met zijn toekomstige vrouw hoopt op te bouwen. Waar zij iemand is die zich overal waar ze wordt neergezet zal settelen, is hij een echte nestjesbouwer. 'Ben vandaag in Angra geweest,' vertelt hij haar, 'en heb een paar kanten servetten gekocht – ik zal ze jou opsturen voor ons toekomstig huishouden.' En een paar maanden later: 'Ben in Angra geweest en heb een paar handbeschilderde, linnen onderleggers gekocht voor onze eikenhouten tafel.' Het vraagstuk huwelijk is nog verre van opgelost, maar de onderleggers en servetten zorgen dat het moment van afserveren nog niet is gekomen. Ook het woord 'eikenhout' valt. In het opwaaiende lavastof van Terceira staat eikenhout voor alles wat hij van Engeland mist, want het is de kleur van kroegbalken en bier. Later zou hij zijn eikenhouten tafel inderdaad krijgen. Het meubelstuk stond tot aan zijn dood in onze eetkamer. Nu staat het in de mijne, met in een van de hoeken een uitgegutst, fuutvormig gaatje dat me aan mijn kindertijd herinnert (zoete vogel van de jeugd!). De tegenwoordige mode is georiënteerd op lichter meubilair: Ikea en dennenhout. De oude eikenhouten erfstukken lijken zo massief. Maar voor mijn vader in 1944 zijn ze de belichaming van kracht en degelijkheid. Terwijl stof door zijn tentflappen naar binnen waait, ratten aan zijn chocola knagen en wolken langs de hemel snellen, droomt hij van een Iers meisje in Engeland. En van eikenhout.

KIM AAN ARTHUR, Dudley Rd Ziekenhuis, Birmingham, 4-4-44

Excuses dat ik gisteravond niet heb geschreven. Kwam om 5 uur 's middags aan na een overvolle treinreis en merkte dat mijn voorganger er nog altijd was. Hij wist een fikse domper op mijn stemming te zetten en later hoorde ik waarom. Naar het schijnt was hij niet van plan geweest hier weg te gaan, maar ze hadden achter zijn rug een advertentie voor de baan gezet. Toen ging hij twee weken op vakantie – en hij wist pas dat ik zou komen toen hij gisteren thuiskwam. Bovendien kreeg hij £200 per jaar en krijg ik £300 – geen wonder dat hij nijdig was. Maar goed, hij probeerde aardig te zijn en leidde me rond. De Kraamvleugel is prachtig – heel modern, met 120 bedden, en verder twee Gynaecologie-afdelingen van ongeveer 25 bedden elk. De chef de clinique, Taylor, die extern woont, is Ier en hij werkt hier al jaren. De andere, Mitchell, woont ook extern en is erg aardig. Ik ben de enige arts die intern woont en ik ben (dit zul je wel niet leuk vinden) elke nacht oproepbaar, dus je kunt wel raden dat ik het een en ander te doen heb. Ik heb eens per week een halve dag vrij en eens per maand een lang weekend, meer niet. Ik kan niet protesteren tegen die oproepdienst, want de andere twee zijn ook oproepbaar – als ik problemen heb moeten zij komen.

Ging nogal akelig naar bed toen ik dat allemaal hoorde en wilde niets liever dan dat jij hier was, of dat we verloofd waren. Stond om 8.30 op (er was om 4 uur 's morgens een forceps geweest, maar Mitchell was zo aardig het te komen doen en ze hebben me niet gewekt) en ik liep een paar visites met Taylor en ging daarna met hem naar OK.

Mijn kamer is erg leuk – een kolenvuur als ik dat wil, een bank, twee klerenkasten, boekenkast, planken en een dressoir. Vreselijk bed alleen – net als het jouwe in Davidstow. De kantine is vrij goed en het eten heel behoorlijk. Toen ik mijn bonkaart aan de oudere dame gaf die de leiding over de kantine heeft, vroeg ze hoe oud ik was, want 'als je beneden een bepaalde leeftijd bent moet ik je geboortedatum hebben, jij ziet er namelijk uit als 22'. Ik heb niet gegild.

Iedereen praat hier alleen maar over het tweede front. Ik las vandaag een artikel over de Azoren dat Peg voor me uit de prullenbak heeft gevist – er stond in dat het vliegtuig dat de post vervoert, door de militairen de 'hunkerschuit' wordt genoemd (is

*dat nog steeds zo?) en dat ze voor het uitladen nooit handen te-
kortkomen.*

*Kreeg vanochtend een brief van Mary. Ron is met vakantie over,
maar ze vraagt zich af hoe vaak ze hem zal zien. Naar het
schijnt is er een misverstand tussen hen geweest. Ik krijg de indruk, als ik zo tussen de regels door lees, dat Ron steeds verliefder
wordt (als dat al mogelijk is) en dat zij niet zo goed weet hoe ze
erop moet reageren. Ze heeft het nog de hele tijd over Michael.
Wat een leven! Waarom kan het niet zijn zoals in Cornwall of
Londen? Zal ik ooit weer zo gelukkig zijn?*

KIM AAN ARTHUR, Birmingham, 21-5-44

*Hoe gaat het met onze jongens overzee, lieveling? Kon ik maar
bij je zijn, lekker rondlummelen in mijn slacks.*

*Gek, maar volgens mij heb ik vaker 'Ik houd van jou' geschre-
ven dan gezegd.*

*Vandaag twee poli's, 's morgens en 's middags. Ik kan geen
zwangere vrouw meer zien. Dat zul je je wel kunnen voorstellen
– na op één dag er 80 te hebben onderzocht. Voelde me vreselijk
na 's nachts een stuk of zes keer eruit te zijn geroepen. Maar ben
de stad ingegaan om mijn mantelpakje op te halen – dat ik heel
mooi vind – en heb me eens lekker laten uitwaaien en nu voel ik
me weer goed.*

*Pinksterweekend. Veel te warm, vooral in Londen waar ik bij
Maurice en Peg heb gelogeerd. Hoe komt het toch dat niets hetzelfde is als jij er niet bent? Nam de 6.10 terug en was om 8.50
's avonds in Brum [Birmingham]. Louise had het avondeten
klaar. Heb een koud bad genomen en lig nu in bed, maar het is
nog steeds veel te warm om te slapen. Louise zegt dat ik eruitzie
als een lijk, in mijn witte pyjama. Heb te doen met elke vrouw
die met dit weer zwanger is. In de verloskamer is het 30 graden
– veel te plakkerig om een forceps vast te houden.*

Er wordt in de kranten actie gevoerd voor minder brieven bij de strijdkrachten – het schrijven tot een minimum te beperken en dun briefpapier te gebruiken. Omdat er dus verder geen nieuws is zal ik voor mijn land een daad stellen en hier stoppen.

Ze is nooit eerder in Birmingham geweest en verbaast zich over de armoede en grauwheid ervan. Het Dudley Road Ziekenhuis, in 1887 gesticht als de ziekenafdeling van het nieuwe gemeentelijke werkhuis, is nog steeds een toevluchtsoord voor de stedelijke onderklasse. De verhouding stafleden-patiënten is schrikbarend – negen fulltime artsen op 873 bedden (waarvan 170 in Gynaecologie en Kraam) – en sommige gevallen waarmee ze te maken krijgt zijn afgrijselijk. Maar haar salaris is behoorlijk voor iemand die zo jong is en ze is veilig voor de Luftwaffe (die langdurige bombardementsvluchten naar de Midlands heeft opgegeven). 'Je zult lange uren maken,' waarschuwen ze haar, maar ze is gewend aan lange uren. Welke ziekenhuisarts niet?

Nieuw voor haar is het werken op een verloskamer; de uren zijn daar krankzinniger dan elders. Neem bijvoorbeeld haar eerste weekend, met Pasen, op 8 en 9 april: zaterdagavond heeft ze OK, snijden en hechten; ze gaat na twaalven naar bed; wordt om half vijf 's morgens geroepen voor een stuitbevalling, om zeven uur voor een forceps en om acht uur voor de manuele verwijdering van een placenta; om negen uur gaat ze snel in bad, ontbijt en krabbelt een paar woorden aan Arthur; en tegen tienen op paaszondag is ze 'klaar voor de nieuwe werkdag'. Op de 12e, tijdens de partus van een tweeling – de ene een forceps, de andere een stuitbevalling – wordt ze weggeroepen voor een spoedgeval: een collaps van de uterus. Op de 16e is ze erbij aanwezig wanneer een vrouw tijdens een keizersnede op de operatietafel sterft ('Het was vreselijk, lieveling, ik zal het denkelijk nooit vergeten'). Op de 22e is ze genoodzaakt een forcepsbevalling onder algehele narcose te doen. 'Ik moest de vrouw onder narcose brengen, omdat ze panisch werd bij het idee dat ze werd aangeraakt – ze wilde zelfs niemand bij zich in de buurt laten komen om te worden getoucheerd. Zoals de zuster zei, hoe is ze dan eigenlijk zwanger geworden?' Op de 23e ziet ze dertien nieuwe opnamen, heeft ze een crisissituatie met een vrouw die op OK is geweest om een stuk placenta te laten verwijderen en krijgt ze vervolgens te maken met een geruptuurde extra-uteriene graviteit. De week erop wordt ze geroepen voor een serotiene bevalling: naar het zich laat aanzien is het kind dood, maar de partus moet toch gebeuren. 'Bleef nog een poosje bij haar en hoopte dat ze het in haar eentje zou redden, maar nee. Iedereen vond het een leuke casus om het een student te laten doen, omdat er geen haast bij was, maar leuk was het niet en ik moest hem eruit helpen. Had later nog een eclampsie en moest een forceps bij haar doen. Het was niet zo best met haar en dat is het nog steeds niet – na de bevalling nog verschillende aanvallen.'

En zo gaat het maar door. Allemaal routinehandelingen – stuitbevallingen, keizersneden, hoofdjes waaraan met de verlostang wordt getrokken. En alle complicaties – eugs, prolapsen, subfrenische abcessen, vastzittende placenta's, eclampsies, kraambedpsychoses. Hier volgt een vrij normale dag:

Ging pas om middernacht naar bed wegens forceps. Visite gelopen van 9-10.30. Poli van 10.30-1.30. We zagen 91 patiënten – alleen Mitchell en ik. Het klinkt niet veel, maar het leken er wel honderd en dat was het bijna ook. Deed na de lunch twee inleidingen. 's Middags poli van 2.30-4 – een beetje beter, enkel 38 patiënten. Thee, en toen anesthesie voor Mitchel, en nu is het 5.30 en zit ik te wachten op een forceps die elk moment kan komen. Heb weleens overwogen een baan te nemen bij een van die bureaus voor Zuigelingenzorg – maar nu niet. Ik zou me in een mum van tijd doodvervelen.

Typisch mijn moeder: overwerkt en gestrest, maar ze zal zich vast vervelen als ze het rustiger aan doet.

In theorie is ze alleen in dienst bij Gynaecologie en Kraam, maar haar kamer ligt vlak bij Eerste Hulp en soms wordt ze bij gevallen geroepen waar ze niet over gaat (ovariaalcysten die ingeklemde hernia's blijken te zijn, vaginale bloedingen die rectale blijken te zijn). Wat bevallingen betreft, het Dudley Road heeft er gemiddeld drieduizend per jaar – tussen de acht en negen per dag. Eenmaal deed ze zestien bevalling in vierentwintig uur. 'Er zijn momenten dat ik geen vrouw meer kan zien en vanavond is het een van die momenten,' schrijft ze Arthur, terwijl veertien nieuwe patiënten op een operatie wachten. De zondagen zijn het ergst, want dan ziet ze haar opnames voor OK op dinsdag. 'Alleen een van de vier is echt noodzakelijk en alleen een van de honderd curettages.' Zijn de brieven die Arthur haar stuurt ontspannen op een veldbed geschreven, de hare aan hem breken vaak midden in een zin af wegens een spoedgeval: 'Excuses, lieveling, daar gaat de telefoon... Middernacht: dat was inderdaad op het nippertje.'

Ondanks de werkdruk is ze niet ongelukkig. Een paar artsen komen ook uit Ierland en ze wordt goede maatjes met Louise, een van de zusters. Louise bemoedert haar, gaat met theetijd toast en gekookte eieren voor haar halen, masseert haar hoofd, wast en borstelt haar haar. Ze heeft een gezellige kamer, met een haard. En op de meeste dagen komt er een brief van Arthur – eenmaal vijf met de ochtendpost en twee met de middagpost. Hij stuurt haar ook pakjes: Louise is juist bij haar op de kamer wanneer zo'n pakje wordt bezorgd en Kim pest haar door het touwtje heel langzaam los te maken. Ze joelen opgetogen wanneer het eindelijk open is: er zitten bananen in ('Die heb ik al jaren niet gezien') en een ananas ('Hoe wist je dat dat mijn lievelingsfruit is?'). De ananas ligt veertien dagen naast haar bed te rijpen en dan, op een koude avond begin mei, beginnen Louise en zij 'er als echte varkens aan'. Arthur heeft hun een verleidelijk recept gestuurd: afsnijden van beide kapjes, enucleatie van de ananas uit de schil, maken van zes ronde plakken, begieten met een borrelglaasje port, weer tegen elkaar duwen en opdienen. Maar ze stellen zich tevreden met een blikje Nestlé gecondenseerde melk dat ze van de zaalzuster hebben losgeschooierd. 'Dankjewel, Arthur', zegt Louise tegen zijn foto op de schoorsteenmantel. Wat kunnen ze hem op hun beurt sturen, vraagt Kim zich af. Henzelf, als verstekeling, zegt Louise. Kim vindt Louise aardig; ze draagt een bril en maakt leuke grapjes, niet op de laatste plaats over haar eigen uiterlijk. 'Ik ben niet dik', zegt ze vaak. 'Dat stadium ben ik voorbij. Ik ben moddervet.' Kim denkt dat Arthur haar ook aardig zal vinden.

Over haar andere collega's laat ze zich minder vleiend uit. Er zijn vier artsen die tot de staf behoren, drie mannelijke en een vrouwelijke ('Erg vrouwelijk bovendien: we hebben allemaal een hekel aan haar – ze is heel goede maatjes met de chef de clinique, dus als je iets van hem wilt zeg je het gewoon waar ze bij is'). Een van de mannelijke artsen is een Duitser, 'en hij is niet eens de kwaadste van het stel'; haar voorganger was een gewetensbezwaarde. Verder zijn er de chirurgen – aardige lui, maar ze hebben de kwalijke gewoonte operaties te beginnen om 11 uur 's avonds en door te gaan tot 3 uur 's nachts. Ze zou over haar directe chef, Wentworth Taylor, meer te spreken zijn als hij niet zo wantrouwend tegenover pijnstillers stond en niet zo hardhandig was in zijn bevallingsmethoden. 'Hij zit op de grond met een forceps en dan begint hij me toch te trekken! Hij krijgt de baby eruit, maar altijd met een derdegraads-inscheuring.' Toch is hij niet zo erg als een chagrijnige, oude brandwondenspecialist wiens flat recht onder haar kamer ligt. 'De telefoon komt niet tot aan mijn bed, dus elke avond trek ik mijn bed naar het midden van de kamer zodat ik erbij kan. Vanochtend belde hij me op om zich te beklagen over al dat "geschuif met meubels". Ik was razend en dat liet ik hem weten ook – waarom kon hij het niet recht in mijn gezicht zeggen? Enfin, morgen verhuis ik naar een andere kamer – een van de zusters gaat weg en ik kan de hare krijgen, die heeft een telefoon bij het bed en een gaskachel en dat is beter, want ze zijn hier gestopt met kolenkachels.'

Ik vind het intrigerend dat mijn moeder 'razend' op iemand werd. Ik heb nog nooit meegemaakt dat ze haar stem verhief of haar zelfbeheersing verloor. Maar in Birmingham kwam ze voor zichzelf op. Dat ze lange uren maakte, het zij zo. Dat haar werk haar uitputte, niets aan te doen: in elk geval kreeg ze niet de kans zich te vervelen. Maar ze liet zich niet door collega's ringe-loren. Ze werd binnenkort zevenentwintig. Waar haalden ze het lef vandaan met haar te sollen?

ARTHUR AAN KIM, Azoren, 9-4-44

Ik zit sinds de thee al een uur te lezen – de onverkorte versie van Lady Chatterley's Lover van DH Lawrence. Ja, lieveling, ik weet dat het walgelijk is, maar ik heb er zoveel over gehoord dat ik het ben gaan lezen nu ik nog de kans heb. Je vindt het toch niet erg, lieveling? Per slot van rekening moet je er iets van op-steken, al is het dan uitsluitend over één onderwerp – Seks. (La-ter: ik heb het nu uit en afgezien van het feit dat ik nogal misse-lijk werd toen ik 'dat woord' en nogal wat andere in druk zag staan, vond ik het vrij goed geschreven.)

Azoren, 1-5-44

Zat een week geleden met Musgrave te praten. Hij zei: 'Wan-neer ga je trouwen?'
'O, zodra ik thuis ben, denk ik.'
'Ik zou het maar niet doen als ik jou was. Vrouwen zijn niet te vertrouwen.'

'O, maar dit meisje vertrouw ik wel.'

'Doe niet zo verrekte stom – ze zijn geen van allen te vertrou-
wen. Ze zijn allemaal eender. Dat liefdesgedoe is allemaal on-
zin.'

Weet je, lieveling, vroeger dacht ik ook zo. Maar nu niet meer.
Het is gek, maar hoewel ik met een straatlengte voorsprong de
oudste kapitein ben, heeft Musgrave (zonder er iets tegen mij
over te zeggen) Mac aangewezen als bevelvoerend OVG. *Erg*
vind ik het niet, want het is een boer'nknecht'nbaan op zo'n rot-
basis als deze, maar het is gewoon niet netjes en Mac vat het al-
lemaal veel te serieus op, maakt zich overal druk over. Gister-
avond zag hij dat ik een lezing ging houden en hij belde me op:
'Waarom ben ik niet op de hoogte gesteld?' Ik was des duivels en
we hadden door de telefoon een verduvelde ruzie – aan het eind
hebben we elkaar verbaal de hand gegeven, maar de verhou-
ding is nog steeds gespannen.

Azoren, 6-5-44

We krijgen hier een heleboel gevallen van sulfaresistente gonor-
roe – waarschijnlijk het gevolg van de constante medicatie van
de beroeps. Ik snap niets van de mentaliteit van iemand die ach-
ter in de rij aansluit en een krant staat te lezen en een sigaretje
te roken terwijl hij staat te wachten tot de gasten vóór hem het
als eersten hebben gedaan, etc. en die ten slotte aan de beurt
komt in de wetenschap dat vlak voor hem de anderen ook daar-
binnen zijn geweest en dat achter hem nog een stuk of vijf vol-
genden staan te wachten. Maar wij krijgen de gevallen hier.
Hield gisteravond een lezing voor mijn mensen over venerische
ziekten en zette het heel zwaar aan.

Arthur, ver van Kim, merkt dat hij met zijn gedachten bij seks is.
Hij is geen verwoed lezer, maar elk boek dat zijn kant op komt

heeft wel een seksueel getinte inhoud: *Solomon's Vineyard* van Jonathan Latimer, een boek dat volgens hem niet explicieter had kunnen zijn ('Afgaande op de contouren van haar bibs onder de zwartzijden jurk,' zo begint het, 'wist ik dat ze in bed goed zou zijn'); *Congo Song,* 'over een vrouw tussen zeven mannen die van hen allemaal houdt en die ook een babygorilla de borst geeft'; *Dr Haines's Encyclopedia of Sexual Knowledge,* die 'hier en daar interessant is', maar minder dan *Lady Chatterley's Lover,* waarvan een illegale kopie circuleert. (Mijn moeder zou moeten wachten tot 1960 voor ze het kon lezen. De Penguin-editie die na de rechtszaak uitkwam lag een hele tijd op haar nachtkastje.) Maar het zijn niet alleen boeken waarin seks ter sprake komt. Het is ook het gedrag van zijn medemilitairen, met hun bezoeken aan het plaatselijke bordeel. Het is het soort druiper dat moeilijk te behandelen is, vertelt hij Kim. Zij is perplex en vraagt hem waarom hij dan geen penicilline gebruikt – een stekelige vraag, omdat ook zij dit nieuwe wondermiddel (dat pas sinds het jaar ervoor algemeen wordt toegepast) graag had willen hebben; maar ze heeft te horen gekregen dat het gereserveerd is voor de strijdkrachten. Waarom heeft hij het dus niet? Omdat het de buitenposten zoals de Azoren niet heeft bereikt, zegt hij. Nu er geen penicilline is blijft er alleen maar zwavel over – en de donderpreken van de artsen.

Arthur is wel de laatste van wie je een preek zou verwachten. Maar Musgrave probeert hem te slijmen door te zinspelen op een recente gebeurtenis waar Arthur triomfen mee heeft gevierd: het redden van het leven van een elfjarige Portugese jongen die tetanus had. In werkelijkheid had Arthur alleen maar een serum (ATS) naar het eiland San Jorge gevlogen, zodat de jongen een injectie kon krijgen. Wat hij op het moment zelf het spannendst vond was dat hij op de terugweg het toestel mocht vliegen. Maar sindsdien zijn er reportages op Radio Lissabon geweest, is de Portugese gouverneur van plan een champagnefeest voor de bemanning te geven en leest zelfs Ernest, in het verre Manchester, in de ochtendkrant een verslag over zijn zoons avontuur. 'De jongens kijken tegen je op,' zegt Musgrave. 'Je bent een held. Ik kan niemand bedenken die hen beter kan toespreken dan jij.' Wat kletskoek is. Maar voldoende om hem op een moment van zwakte over te halen.

Wanneer het uur nadert heeft hij er spijt van dat hij is gezwicht voor Musgrave's vleierij. De messhut, met een stuk of veertig lege houten stoelen. Een handvol jongens die na het avondeten binnen komen druppelen, met een *pint* in de hand. En hij zwetend als een paard. Eerder die avond heeft hij op zijn veldbed, terwijl zand langs een milde zon waait, een tiental slagwoorden uit *Dr Haines's Encyclopedia of Sexual Knowledge* genoteerd en zich voor de geest proberen te halen wat hem op de universiteit is geleerd. Maar dokteren en donderpreken zijn twee verschillende dingen. Hij verdenkt de andere ovc's ervan hem te grazen te hebben genomen. Jezus, zij zijn gewend aan pontificeren, zij doen niets anders, dus waarom hebben ze hem hiermee opgezadeld? Steve, zijn slapie, piept zijn hoofd om de hoek, vraagt wanneer Arthur begint, en piept er weer uit. Dan komen Musgrave, Donald, Grant, Throne en Coffin binnen, de hele medische hap. En dan Mac, nog steeds knorrig omdat niemand eraan heeft gedacht hem op de hoogte te stellen. En dan Carslake – Jezus, de wingco ook nog – en terwijl hij gaat zitten knikt hij zijn polshorloge naar hem toe om aan te geven dat het over half negen is. Arthur komt overeind en schraapt zijn keel. Maar dan vliegt de deur open en komen dertig paar voeten binnenmarcheren: Steve heeft verdorie de hele bar meegenomen. Arthur voelt zijn knieën knikken. Elke zak zal nu met eigen ogen kunnen zien hoe hij zichzelf voor paal zet. 'Kom op, dok,' roept iemand, niet onvriendelijk, en de jongens beginnen met hun voeten te roffelen.

'Oké mannen,' begint hij, 'jullie weten waarover ik het ga hebben: over vd, *veneral diseases* oftewel venerische ziekten. Druiper, harde sjanker, sief, tikkerd, lues en al die andere namen die ervoor zijn. Thuis komen ze vrij veel voor. Maar ik had nooit gedacht dat ik ze ook hier tegen zou komen, zo midden in niemandsland met amper een vrouw in de buurt. Maar ik had me vergist. Een heleboel van jullie jongens zijn al voor een behandeling bij ons geweest. Veel te veel, eigenlijk.'

Hoe is het mogelijk: ze luisteren. Niet dankzij hem, maar dankzij het onderwerp: de eeuwige fascinatie voor seks. Hij vindt het ontzettend dat hij als een dominee klinkt. Maar dat is precies wat Musgrave wil – de jongens met hel en verdoemenis van het bordeel vandaan houden. Hij probeert aan Florence Desmond te denken die onlangs optrad op de bonte avond van de welzijnsdienst O&O – zij trilde ook op haar benen, maar haar optreden stond als een huis. Laat gewoon niets van je zenuwen merken.

'VD, zo heet het, en de naam slaat op twee of drie verschillende aandoeningen. In de eerste plaats heb je de goedaardigste en meest verbreide, gonorroe. De incubatietijd is over het algemeen kort, twee tot vijf dagen. Het eerste wat je constateert is een branderig gevoel wanneer je plast. De volgende dag merk je dat er pus uit je pisbuis drupt. Geleidelijk wordt het branderige gevoel erger – als je plast is het alsof je stukjes glas uitpist, ofwel dat je een hete pook van binnen hebt zitten. Tegen die tijd zullen de meesten van jullie goddank bij een dokter zijn geweest. Maar doe je het niet, omdat de ontsteking minder lijkt te zijn geworden, dan wacht je iets ergers: een zwelling in je scrotum die zo groot en rood als een cricketbal kan worden. Aan welke kant de zwelling ook zit, die testikel zal geen zaad meer produceren. Als beide kanten worden aangetast zul je steriel worden. Ik zal niet uitweiden over de andere complicaties.

En dan heb je de venerische zweer of zachte sjanker, heel algemeen in de subtropen. Ook nu weer geldt, de kans is klein dat zachte sjanker aan je aandacht ontsnapt – het is een zweertje aan je penis, een beetje als een honingraat. Klinkt leuk, hè, honingraat. Maar het voelt niet leuk en vanwege de pijn en het weefselverlies en het lekken van pus blijven de meeste mannen er niet mee rondlopen en komen ze als de bliksem naar me toe. En als ze dat doen, geen probleem. Een behandeling van een week en zowel gonorroe als zachte sjanker kan worden genezen.

En nu de laatste en gemeenste VD, syfilis, een uitgekookt kreng, want als je niet oppast denk je dat je hem eronder hebt gekregen – maar dan merk je dat hij terugkomt. Vrij onschuldig in het begin. Het kan wel drie maanden duren voordat het zweertje op je penis verschijnt – ervan uitgaande dat je geen mietje bent, die krijgt dat zweertje waarschijnlijk op zijn r--t. Er zit een korst op, op die zweer, en daardoor is hij rond en hard, net als de knoop aan een jarretelle waarmee de kous van een vrouw wordt opgehouden (en die jullie losmaakten, wat waarschijnlijk het begin van alle gedonder is). De zweer zal misschien een beetje vocht afscheiden, maar hij doet geen pijn en in de eerste paar weken zullen alle tests negatief zijn – en dat is de reden dat je, wanneer hij overgaat, misschien denkt dat je er zonder kleerscheuren afgekomen bent. Vergeet het maar. Je bent er helemaal niet van afgekomen.'

Hij moet aan Brenda denken, het koormeisje in Plymouth. Toen ze hem de koperrode en op mazelen lijkende uitslag op haar armen liet zien had hij gezegd: 'O, dat is niets.' Toen hij haar de volgende keer zag balanceerde ze op de rand van zelfmoord, want de diagnose luidde dat het syfilis was. Ze zwoer dat ze nog maagd was – haar enige 'intieme liefdescontact' was met een medisch student geweest. Indertijd had hij haar geloofd: die serieuze tranen, haar hand in de zijne. Later, toen hij van wanten wist, stelde hij vast dat ze hem moest hebben voorgelogen.

'Behalve huiduitslag kun je ook last krijgen van keelpijn, gezwollen klieren en geelzucht. Je kunt wel vijf jaar allerlei onopvallende symptomen hebben zonder dat je weet wat de boos-doener is. De bacterie houdt een adempauze, of biedt je een wa-penstilstand aan, maar hij is niet verslagen. De latente fase duurt tussen de tien tot veertig jaar, maar dan heb je de poppen aan het dansen. Eerst merk je dat je je evenwicht niet meer kunt be-waren en begin je te lopen als een zeeman die net van zijn schip komt. Dan steken in je benen, hoofdpijn, slapeloosheid, impo-tentie, blindheid, verlamming en krankzinnigheid. Jarenlang een levende dode. En ten slotte sterf je. En nog is het verhaal niet afgelopen. Alle kinderen die je hebt lopen het risico geïn-fecteerd te zijn. Voor hen zitten blindheid, doofheid, misvor-ming en een voortijdige dood in het vat.'

Het plotselinge schuiven van een stoel. Een jongen holt met een groen gezicht naar de deur. De andere jongens, bang dat hij zal overgeven, geven hem ruim baan. Goed zo, denkt Arthur, ik dring tot hen door.

'En dat allemaal, omdat jullie zo nodig op een vrouw moesten klimmen die jullie thuis geen tweede blik waardig zouden heb-ben gekeurd. Want zo loop je VD op: door geslachtsverkeer. Wc-bril, vieze handdoeken, badkuipen, zwembaden, de beet van een ezel – kom nou, jongens, laat me niet lachen. Het is ge-slachtsverkeer en de enige vrouwen op dit eiland die met jon-gens zoals jullie willen verkeren, werken in het bordeel. Ik ben er geweest – zuiver op onderzoek, denk erom, en ik was niet on-der de indruk. Ze zijn met zorg uitgekozen, die dames daar: dik, groezelig, middelbare leeftijd, en met een gezicht pokdaliger dan de maan. Eigen schuld als jullie naar me toekomen met een leuter waar de gele pus uit drupt. Tegen die tijd zal het zo'n pijn doen dat jullie me smeken hem te amputeren. Misschien doe ik dat op een dag nog weleens. Als jullie zulke stomkoppen zijn dat jullie naar de hoerenkast blijven hollen, verdienen jullie de guil-lotine. En probeer me niet te vertellen dat wat jullie vrouw of meisje niet weet, haar niet deert. Wat jullie in het bordeel uithalen kan gevolgen hebben voor haar. En zelfs als dat niet zo is, moeten jullie met je geweten in het reine zien te komen. En tegen spijt bestaat geen medicijn.

Ja, het is zwaar om zonder een vrouw te moeten leven. We worden er een beetje gek van. Maar er zijn manieren waarop een man zich kan ontladen. Zelfbevrediging is een smerige gewoonte, maar dat is beter dan je emmer in een vergiftigd putje te laten zakken. En vergif is het goede woord. Dit soort eilanden is niet geciviliseerd. Ze zijn gesyfiliseerd.

Kort en goed, vd in al hun verschijningsvormen zijn geen pretje, in het gunstigste geval zijn ze pijnlijk, in het ongunstigste levensbedreigend. Als jullie denken dat jullie de symptomen hebben, kom dan in de zb naar me toe en ik kan jullie behandelen. Maar waarom zouden jullie het risico lopen? Blijf uit de buurt van het bordeel, dan is de enige keer dat jullie naar me toe hoeven te komen in de bar.'

Hij gaat zitten. Vijfentwintig minuten – langer dan hij zich had voorgenomen. Het was zijn bedoeling geweest dat er ook tijd voor vragen zou zijn. Maar de jongens zijn shell-shocked en hun glas is leeg en niemand steekt zijn vinger op. Carslake komt naar voren en betuigt zijn 'oprechte dank aan de kapitein Morrison voor zijn ontnuchterend praatje. Ik ben ervan overtuigd dat niemand de boodschap zal hebben misverstaan. Maar als er nog vragen zijn willen de ovc's ze met alle genoegen beantwoorden.' Een geschuifel van kaki de deur uit. 'Je had best over condooms kunnen beginnen,' zegt Mac, zelfs stuurser dan eerst. De anderen knikken bij het weggaan alleen. Ze kunnen doodvallen. Wat kan het hem schelen als ze zijn talenten als spreker niet hoog aanslaan. In elk geval is de boodschap overgekomen.

Wie was die jongen die naar buiten holde? vraagt hij aan de bar. Harrison, zeggen ze – en is het niet Arthurs beurt voor een rondje? Harrison, hè? Die vent die altijd bij vergissing zijn brieven krijgt als gevolg van het al te dokterachtige kriebelhandschrift van Kim. In elk geval heeft hij het fatsoen de enveloppen niet open te maken. Is zo te zien ook niet het type dat naar een bordeel gaat. Trouwens, wie zou nog wel het type zijn, na alles wat ze hebben gehoord? Proost. Op jullie gezondheid. Het gebeurt niet vaak dat je mensen kunt veranderen. Maar misschien is het hem deze keer, vanavond, gelukt.

ARTHUR AAN KIM, Azoren, 3-5-44

Gistermiddag naar het strand geweest. Verdraaid mieters: onbewolkte blauwe hemel en zo warm dat je je sandalen moest aanhouden wanneer je eroverheen liep, hopen jongens aan het zwemmen. We zeiden allemaal tegen elkaar hoe heerlijk het wel niet zou zijn als onze vrouw erbij was – moesten op het laatst ophouden, omdat we ons akelig begonnen te voelen.

Blij te horen dat je minder bent gaan roken. Ik hoop dat hetzelfde geldt voor drinken. Ik zou het vreselijk vinden als je weer net zo ging doen als twee Kerstmissen geleden, kort nadat we elkaar hadden ontmoet. Ook bevalt het me helemaal niet dat vrouwen voor actieve dienst worden opgeroepen – het is gewoon een complot. Ik zou ontzettend jaloers worden als het jou zou overkomen, want ik weet dat je erg in trek zou zijn. Zeker, het is een goede ervaring waar je veel van opsteekt, maar daar doe je veel belangrijker werk.

Waarom schrijf ik je elke dag? Omdat ik jou elk klein dingetje wil vertellen dat ik doe. Niets, en tegelijkertijd alles, de ene bladzijde na de andere. (...)

Ho pap, stop eens even, je bent helemaal niet aan de beurt, je probeert het heft in handen te nemen. Het valt je zwaar, ik weet het: je bent een doener, niet een schrijver. Maar met zoveel vrije tijd worden je brieven alleen maar langer en frequenter dan die van mam. Voor mij, bevooroordeeld als ik ben, zijn het interessante brieven. Het is alsof ik bij je ben, daar op het strand, in de mess, onder de sterren. Maar dit boek moest haar boek worden, niet het jouwe. Jij bent er een stukje van, net zoals ik er een stukje van ben. Maar als we niet uitkijken wordt zij eruit gedrukt. En mam kennende zal ze de kans om naar de achtergrond te verdwijnen met beide handen aangrijpen. Maar we zijn hier om haar verhaal aan te horen. Als je het beste met haar voor hebt, en ik weet dat je dat hebt, laat haar dan een woord ertussen krijgen. Zelfs in het beste geval is ze al weinig spraakzaam. En haar werk laat haar weinig tijd iets over zichzelf te vertellen. Maar ze heeft wel het een en ander te zeggen dat de moeite waard is. Laten we dus geduldig plaatsnemen en naar haar luisteren.

(En als u zich ook in andere opzichten op de achtergrond zou willen houden, pap, dan graag. Laat haar voor een keertje zichzelf zijn. Wees toch niet zo dominant! Ik vind het erg moeilijk dit tegen u te zeggen. Ik heb het nooit tegen u gezegd. Toch moest het eens gebeuren, niet alleen tegen u, maar ook tegen alle mannen zoals u. Het lag altijd op het puntje van mijn tong, aan de rand van elk gesprek, maar als ik er maar even op zinspeelde had u de pest erover in. Dus laat het verder maar zitten. Ik zeg al niets meer. Dit is een stil tussen haakjes. Maar de woorden staan hier in elk geval opgeschreven, als een liefdevol verwijt.)

KIM AAN ARTHUR, Birmingham, 19-4-44

Het giet, maar ik zit voor de haard en ben heel heel gelukkig, want vandaag kreeg ik zeven brieven van jou, vijf vanmorgen en twee vanmiddag. De postbezorging is helemaal van streek, maar ik heb een knalweek, want gisteren ook nog twee brieven. Mieters. Het enige probleem is om hier, tussen visite lopen en poli, terug te komen om ze in mijn eentje te lezen.

Een van de meisjes heeft vandaag haar oproep gekregen. Ik zal wel gauw op de nominatie staan voor de mijne. Als je me dus uit de oorlog wilt houden zal ik moeten trouwen – wat zeg je ervan? Wat zou ik gelukkig zijn, zelfs hier, met een ring aan die derde vinger. Het zou me ook meer zelfvertrouwen geven als ik op visite ga bij je ouders. Zou het niet het einde zijn als ik over een jaar ergens op een perron op je aankomst sta te wachten?

Ik kan me herinneren dat Jerry en Eileen elkaar elke dag schreven en dat ik vond dat ze knots waren geworden en zei: 'Dat zou ik nooit doen.' Maar kijk me nu eens. Hè deksels, de telefoon...

Later: mijn excuses. Een echt spoedgeval. Het was een geruptuurde eug; ze was een paar dagen geleden opgenomen als een mogelijke extra-uterine graviditeit en zou morgen een laparotomie krijgen – maar vanavond scheurden haar vliezen. Dokter Taylor katheteriseerde haar en kreeg hele liters. Gedurende een vreselijk moment dacht ik dat het alleen maar een acute retentie was – ik zou me een grote stommerd hebben gevoeld als ik Mitchell erbij had gehaald wanneer het inderdaad zo was geweest – maar alles ging goed.

Gisteravond was het ook al vreselijk. Werd om 1.30 's nachts geroepen voor een forceps. Daarna weer een probleemgeval (voorhoofdsligging, flinke ruk nodig) en ik ging pas om 4.30 naar bed. Ik vind het nooit erg om 's nachts op te moeten staan om dit soort werk te doen, maar ik word woest als ik word opgeroepen voor een opname die geen spoed is.

Wat zou ik nu graag bij Tante willen zijn. Ik ben dol op haar bank, ondanks de bulten.

In Birmingham heeft ook Kim haar handen vol aan onwettige seksuele betrekkingen. Als je het allemaal wilt bijbenen heb je er een dagtaak aan. Tegenover elke baby die ze ter wereld brengt staan verscheidene foetussen die voortijdig uit de baarmoeder worden gerukt.

Haar brieven spreken van D&C – dilatatie en curettage, ofwel het uitkrabben van de baarmoeder. 'God, ik kan er zo furieus van worden, zo gemakkelijk als iedereen in dit ziekenhuis een D&C krijgt,' klaagt ze, 'inclusief kinderen van 16 met dysmenorroe [pijnlijke menstruatie] die eigenlijk een pak op hun broek zouden moeten hebben. Ik stuurde er gisteren een naar huis, met de boodschap dat ze haar hersens eens moest gebruiken. Let wel, ik verwijt het Taylor, niet de patiënten. Hij schijnt zich tegenover elke huisarts in Birmingham verplicht te voelen.' Hoewel een curettage een routine-ingreep is, bedoeld om hevige menstruele bloedingen te verminderen, worden de meeste verricht om 'afvalproducten' van een thuis uitgevoerde abortus te verwijderen. Maar andere zijn echt abortussen: in de eerste veertien weken van de zwangerschap is dilatatie van de cervix, gevolgd door curettage van de inwendige baarmoederwand, een veilige methode om een ongewenste foetus te vernietigen. Beter echter dan een illegale abortus, wijd verbreid in Manchester en zelfs nog wijder in Brum. Schrijf het op het conto van de oorlog en de toenmalige vluchtige ontmoetingen, omstandigheden waar het stijgende geboortecijfer (15,6 per duizend in 1942, 16,2 in 1943 en 17,5 in 1944) de stille getuige van is. Veertig procent van de baby's is onwettig en aanzienlijk meer liggen als een stiekem koekoeksjong in het nest. Wordt een ongetrouwde vrouw zwanger, of overkomt hetzelfde een getrouwde vrouw terwijl haar man een jaar in het buitenland is gestationeerd, dan is een abortus de aangewezen oplossing: anders zijn huwelijksproblemen of – nog erger – het ongehuwde-moederschap het gevolg. (Bovendien is er de vrees voor geboortedefecten, want het aantal syfilisgevallen is sterk gestegen.) Een warm bad en een fles gin. Wonderolie, kwikzouten, mosterd, goudenregen, polei, kinine, zelfs een lepel kruit. Een hobbelige fietstocht of een zware val van de trap. Het inbrengen van een gladde iepenschors; die zwelt op wanneer hij nat wordt. Of als dat allemaal niet helpt, haaknaalden, een schaar, een potlood, een hoedenpen, een breipen, een fietsspaak... De oudewijvenmiddeltjes zijn onaangenaam maar talrijk en elke streek heeft wel zijn eigen deskundige die een helpende hand biedt – geen eng monster, maar een redder, iemand (meestal een oude vrouw) die 'je uit de brand helpt als je in de nesten zit'.

In 1944 was in Engeland abortus nog illegaal en stonden er zware straffen op. Zoals Kim maar al te goed weet bepaalt artikel 58 van de Wet Geweldmisdrijven van 1861 (gewijzigd in 1891): 'Eenieder die het oogmerk heeft bij een vrouw een afdrijving te bewerkstelligen, ongeacht het feit of ze een kind draagt of niet, en die haar ongeoorloofd enig vergift of enig ander schadelijk middel toedient of haar laat toedienen, of die ongeoorloofd gebruik maakt van enig instrument of enig ander middel met soortgelijk oogmerk, wordt gestraft als zijnde schuldig aan een misdrijf en kan worden veroordeeld tot een gevangenisstraf van minimaal drie jaren en ten hoogste vijf (...).' De wet geldt evenzeer voor artsen als voor ieder ander. (Ook de eed van Hippocrates verbiedt 'het verstrekken aan een vrouw van middelen die de afdrijving van haar vrucht veroorzaken'.) Maar gezien de gevaren van illegale abortussen wordt de wet door veel ziekenhuizen stilzwijgend genegeerd. Ze voelen zich daartoe aangemoedigd door een proefproces van vlak voor de oorlog toen dokter Alec Bourne, een arts van het St Mary's in Londen, werd vrijgesproken nadat hij een abortus had verricht bij een meisje van veertien dat was verkracht. Sindsdien heeft het begrip 'therapeutische' abortus – verricht ten behoeve van het welzijn van de moeder – een steeds bredere aanvaarding gekregen. Veel abortussen in het Dudley Road kunnen daartoe worden gerekend, officieel verricht om verloskundige redenen, maar in werkelijkheid om socio-psychologische. In haar eerste weekend in het ziekenhuis verricht mijn moeder er acht op een avond.

Haar brieven zijn hier vrij terughoudend over. Maar ze kan het onmogelijk leuk hebben gevonden. Veel meisjes heten Docherty of O'Connor en komen uit Ierland, niet uit Brum (in de volgende vijftig jaar zal de helft van de Ierse meisjes die naar Engeland oversteken, een abortus voor ogen hebben). Ze voelt zich er niet prettig bij en heeft, zoals duidelijk wordt, nog een andere reden er een hekel aan te hebben. Maar ze doet het toch. Als het goed wordt uitgevoerd, is het net zo veilig als een ei uit een broedkist pakken en is het een heel stuk verkieslijker dan het opruimen van andermans rotzooi – hoewel ook dat tot haar taken behoort. In juli krijgt ze te maken met een afschuwelijk voorbeeld van een zwangerschapsafbreking die verkeerd is gegaan. Een meisje met lang zwart haar dat Kim vaag bekend voorkomt, wordt opgenomen met een zich snel uitbreidende peritonitis: men vermoedt een septische abortus. Taylor en zij doen een laparotomie, een incisie in de buikholte, en brengen een drain in. Maar de conditie van het meisje vertoont geen verbetering. Ze zouden haar graag penicilline willen geven, maar krijgen opnieuw te horen dat het medicijn niet beschikbaar is: de voorraden worden voor de strijdkrachten gereserveerd. Ze hangen een infuus aan, maar het meisje is zo onrustig dat ze het eruit trekt en dus gebruiken ze een canule (een holle buis). Dan begint het meisje over te geven en krijgt ze een maagzuigdrainage. Het heeft geen succes. Vijf dagen nadat ze is opgenomen sterft ze. 'Zag de obductie op dat meisje,' schrijft Kim aan Arthur, 'geen tekenen van illegale abortus, maar dat is doorgaans wel het geval. Ze was door haar hele lichaam toxisch – lever, nieren, hart, enzovoort. Op het toneel heette ze Gypsy Nina. Ik denk dat ik haar een keertje heb gezien. Ze speelde accordeon.'

Het duurt een poosje voordat je over zulke dingen heen bent. Nog erger zijn de vrouwen die in het kraambed sterven, de eerste nog geen veertien dagen na haar komst – een heel ernstig geval van bloedvloeiing bij de partus, en 'ze was er al bijna geweest voordat we goed en wel waren begonnen', al is dat een schrale troost: 'Vreselijk (...) een sterfgeval in het kraambed lijkt altijd erger dan een ander sterfgeval.' Op een avond doen Taylor en zij een keizersnede op de verkeerde moeder. Het is geen ramp – de vrouw zou de ingreep, later die week, toch al krijgen – maar het geknoei toont aan hoezeer het ziekenhuis al op zijn tenen loopt. Vier dagen later volgt opnieuw een sterfgeval:

Werd vannacht om 4.50 geroepen door de afdelingszuster. Ze had daar een patiënt (die haar vijfde kind kreeg) die een beetje langzaam was met bevallen en ze belde me op om te vragen of ze haar Pituitrim mocht geven om haar te helpen bij de persweeën. Om de een of andere reden – gewoon een 'gevoel' – zei ik nee: persoonlijk ben ik er erg op tegen het te geven, maar hier zijn ze er nogal scheutig mee, vooral in zulke gevallen – als het hoofd zichtbaar is en er slechte persweeën zijn – en doorgaans helpt het. Dus ik zei tegen de zuster dat ze het niet moest geven, maar dat ik wel een forceps zou doen als het nodig was. Ze zei dat ze de partus waarschijnlijk wel zelf deed – ze had de spullen al uitgekookt en gereedstaan. Maar om 5.30 belde ze me opnieuw op en zei dat ze nog altijd niet was bevallen en dat moeder en foetus er slecht aan toe waren. Ik ging er snel heen, maar de vrouw had in de tussentijd een collaps gekregen en was moribund. Ik gaf haar zuurstof, hing plasma aan en belde Mitchell, want ik wilde geen dode op mijn geweten hebben, al nam ik aan dat ze toch wel zou overlijden. Dat gebeurde, om 6 uur 's morgens – de obductie is morgen. Het moet een gescheurde uterus zijn geweest, maar ik heb geen idee waardoor. Ze had niet van die heel sterke weeën en er was geen obstructie en ze had eerder vier normale bevallingen gehad. Maar dat was het enige dat het kon zijn; of anders longembolie, maar ze vertoonde geen symptomen van

een van beide – had geen klachten, kreeg alleen opeens een col-
laps. Het was afschuwelijk. Ik vind maternale sterfte in het
kraambed vreselijk. Goddank dat ik haar de Pituitrim niet heb
gegeven, anders zou ik mezelf verwijten hebben gemaakt. (La-
ter: de obductie heeft aangetoond dat het een gescheurde uterus
was – maar we weten niet waardoor.)

Maternale sterfte in het kraambed komt zelfs in 1944 zelden
voor: twee vrouwen op de duizend geboorten. Maar complicaties bij de bevalling zijn vrij algemeen en gezien het feit dat de
prenatale zorg zich nog in de kinderschoenen bevindt is het perinatale sterftecijfer hoog: vijfenveertig van de duizend baby's.
Met andere woorden, bijna een op de twintig geboorten eindigt
met de dood. Omdat Kim verscheidene bevallingen per dag
doet heeft ze de meeste weken wel een sterfgeval. In de tijd van
haar moeder, rond de eeuwwisseling, was het erger: een op de
tien. Het gaat de goede kant op, zegt iedereen. Maar hoe kwanti-
ficeer je 'goed'? Achter elk statistisch cijfer gaat een drama
schuil.

Ondanks de traumatische ervaringen vindt ze het werk op
Gynaecologie echt leuk. Het prettige van een crisissituatie op OK
is het feit dat de patiënten verdoofd en gedwee zijn, terwijl ze
op zaal, niet verdoofd, liggen te spartelen en tegen te spreken.
Waar ze doodmoe van wordt zijn de routineklussen. Na elke poli voor zwangerschapscontrole zweert ze dat ze geen aanstaande
moeders meer kan zien. Die enorme koeïge dociliteit van die
vrouwen, en o, die stupiditeit – ze wordt er helemaal gek van.
En toch heeft ze een gevoel of ze een missie heeft. Het is midden 1944 en ze leidt een naoorlogse generatie de wereld binnen:
baby's in de kleur van klei uit wie de toekomst zal worden ge-
kneed; baby's die zich niets van de oorlog zullen herinneren
wanneer ze volwassen zijn geworden. Niet alleen prijst ze zich
gelukkig dat ze betrokken is bij die geboorten, ze voelt zich hier

ook thuis. Het leven in Killorglin werd gekenmerkt door vrucht-baarheid en meervoudigheid en hier in het Dudley Road is het net zo. Je kunt baby's niet beletten te komen. Op een keer hoort ze tijdens het lopen van visite een mopje dat een glimlach van herkenning op haar gezicht brengt. Het gaat over een Ier – die natuurlijk Paddy heet – wiens vrouw op een avond weeën krijgt. In hun plattelandshuisje hebben ze geen elektra, dus de vroed-vrouw vraagt Paddy een olielamp op te houden, zodat ze kan zien wat ze doet. Hij had natuurlijk duizendmaal liever ergens anders heen willen gaan, maar na een uur bevalt zijn vrouw en hij slaakt een zucht van opluchting. 'Niet weggaan, Paddy,' zegt de vroedvrouw, 'hou die lamp eens op. Ik denk dat er nog eentje aankomt.' En ja hoor. Hij haalt weer opgelucht adem – een twee-ling is immers best leuk. Maar de vroedvrouw zegt: 'Niet weg-gaan, Paddy, hou die lamp eens op. Ik denk dat er nog eentje aankomt.' En een derde kind wordt geboren – een drieling, dus nu kan hij eindelijk weg, denkt hij bij zichzelf. Maar de vroed-vrouw zegt: 'Niet weggaan, Paddy, hou die lamp eens op.' Waar-op hij tegenwerpt: 'Ik denk er niet aan – ze komen vast op het licht af.' Mijn moeder vertelde nooit mopjes, maar dit vertelde ze graag. Na zoveel jaren op kraamafdelingen te hebben gewerkt wist ze alles van baby's die in grote aantallen werden geboren. Wat ik pas na haar dood besefte was het andere verband: het grote aantal bevallingen van haar eigen moeder.

Haar zus Sheila, die in Londen wis- en natuurkunde geeft, zegt dat de kinderen in Engeland er slechter aan toe zijn dan die in Kerry. Dat is de indruk die ze krijgt, daar voor de klas bij het bord. Gratis schoolmelk voor elk kind en een gratis maaltijd voor de helft van hen en toch verhongeren sommigen nog zo-wat, omdat hun ouders hun rantsoen opeten. En dan die hoofd-luis en schurft. Ook Kim weet daar alles van. De rachitische kin-deren die hun pasgeboren broertje of zusje komen opzoeken, nu al getekend door honger en verwaarlozing. Een slechtere moeder dan sommigen die ze de laatste tijd heeft gehad is nauwelijks denkbaar, blijdschap en tranen in het begin, maar geen idee hoe ze voor een baby moeten zorgen. Margaret O'Shea (geboren Lyons) bracht het er beter af, ondanks de grootte van haar kindertal. Nooit zo goed verzorgd als in de moederschoot. Nooit zo veilig geborgen als in een laag kaasachtige vernix. Kim zal ervoor zorgen dat het bij haar eigen kinderen anders is. Niet dat moederschap of huwelijk voor de deur staat nu Arthur weg is en niet weet wanneer hij terugkomt. En zelfs wanneer hij terugkomt, als hij al terugkomt, wie weet dan of het tussen hen iets zal worden. Sheila heeft hem nog niet ontmoet. Wat ze over hem heeft gehoord bevalt haar wel, maar ze betwijfelt of het ook voor hun ouders geldt, gezien zijn Engelse nationaliteit en zo.

De twee zussen zien elkaar in de tweede helft van die maand mei in Birmingham wanneer Sheila voorjaarsvakantie heeft. Twee weken later, op 6 juni, weten de geallieerden een belangrijke doorbraak te forceren met de landingen op Normandië op D-Day. Voor het eerst sinds 1939 kun je over vrede praten zonder dat je je een idioot voelt. Op de Azoren voelt Arthur na de eerste jubelstemming voornamelijk schaamte en machteloosheid. 'Wat heerlijk voor me na de oorlog wanneer mensen me vragen: "Waar heb je gezeten", dat ik dan kan antwoorden: "O, ik heb liggen zonnebaden in een neutraal land." Zeker, het is heerlijk om in leven te zijn en het te kunnen navertellen, maar liever had ik het uit eigen ervaring willen vertellen. Ik ben geen held en het moet verschrikkelijk zijn in Frankrijk, maar was ik er maar bij. Maar ik zit hier hoog en droog, terwijl mijn ouders en mijn toekomstige vrouw dicht bij het front zitten en elk moment bij de oorlog betrokken kunnen raken – verdorie.' In Birmingham heeft Kim directer met D-Day te maken – om vijf uur 's morgens hoort ze de vliegtuigen overkomen en haar verlof wordt tot nader order ingetrokken. 'Ze houden de zalen al een tijdje vrij en nu is het alle hens aan dek.' Maar ondanks de opwinding komen er geen gewonden binnenstromen. Op de kraamafdelingen gaat het werk door. *Business* – dat wil zeggen baby's – *as usual.*

MARY AAN ARTHUR, Windyridge, 19-5-44

Lief van je om stil te staan bij mijn huidige problemen. Ik weet eerlijk niet wat ik moet doen – ik ben wanhopig, en door het voorjaar en alles snakt mijn hart naar Michael die ergens ligt, koud en dood. Ik denk dat Ronnie verliefd op me is en ik ben bang om een fout te maken. Is hij de beste tweede keus? Hij is schattig met het kind, en lief, en hij begrijpt me min of meer, maar of het goed is om met hem te trouwen weet ik niet. Maar enfin, ik doe alsof een heleboel al een voldongen feit is – terwijl hij me nog niet eens heeft gevraagd.

Wanneer Ernest en Kathleen Arthur schrijven beginnen ze hun brieven altijd op dezelfde manier: 'Hier gaat alles zijn gewone gangetje.' Een geruststellende boodschap voor een afwezige zoon: maak je maar geen zorgen, je mist niets, wanneer je thuiskomt zal Windyridge nog precies hetzelfde zijn. Maar dat klopt niet helemaal. Niet alleen Mary's emotionele ups en downs baren zorgen, ook Kela's huidproblemen zijn reden voor ongerustheid. Wanneer Mary haar custardpudding voert beginnen haar ogen te tranen en krijgt ze vuurrode uitslag. Tests tonen aan dat ze allergisch is voor eieren. Opgelucht dat ze de oorzaak kennen laten ze alles wat maar ei is, uit haar eten weg. Maar daarmee is haar irritatie niet uit de wereld.

Dat voorjaar viert in het gezin de irritatie hoogtij. Ze ergeren zich aan elkaar en ze ergeren zich aan Arthur die zomaar naar de Azoren is vertrokken. Natuurlijk, hij had geen keus, maar hij had hen op z'n minst voor zijn vertrek kunnen bellen. Maar nee, hij schrijft een brief die Kim (in zijn opdracht) hun pas mag geven nadat ze heeft gehoord dat hij veilig is aangekomen. Het is weer het IJslandse verhaal van voren af aan. Oerstom, daar is iedereen het over eens, inclusief Ron, die ook al geheimhouding heeft moeten zweren en die een 'hele vertoning van ontzetting en verrassing' heeft moeten opvoeren toen hij van Arthurs vertrek hoorde. Wat bezielt Arthur toch? Waarom kon hij het hun niet gewoon recht op de man af vertellen? Als hij onderweg was gesneuveld, zouden ze het net zo vreselijk hebben gevonden, of vreselijker. Nu zitten ze er veertien dagen over in dat hij naar Birma is gestuurd, een land waar jongelui elke dag de dood vinden.

Wat de zaak dubbel zo erg maakt, is dat hij opeens niets meer van zich laat horen vlak voor de gedenkdag van Michaels verdwijning. De elfde maart. Mary heeft met angst en beven ertegen opgezien en op de dag zelf, een zaterdag, gebeurt er iets vreselijks. Lunch in de eetkamer. Kathleen heeft (ondanks de distributie) ieders lievelingsgerecht op tafel gezet, roastbeef gevolgd door griesmeelpudding. Ze zijn juist klaar wanneer een vliegtuig overkomt, heel laag, net zoals Mike vroeger deed op zijn oefenvluchten. In gedachten zijn ze natuurlijk al bij hem. En wanneer de vlieger boven het huis blijft cirkelen en duiken, alsof hij hun vanuit de lucht groet, lijkt het een soort teken. Het moet iemand zijn die Mike heeft gekend en die, concluderen ze, zich de dag herinnert, maar het is stom van hem. Het stuntvliegen gaat zo een halfuur door. Op het laatst zit de arme Mary hard om Mike te roepen – snikt zijn naam en vertelt hem dat ze niet kan leven zonder hem. Ze zijn allemaal opgelucht wanneer de vlieger eindelijk vertrekt. Later belt Ernest de RAF op in de hoop dat hij de naam van de schuldige kan krijgen om hem een uitschijter te geven. Maar niemand schijnt te weten wie het was, zeker niet Mike's oude vrienden in Upper Heyford. Mary blijft die avond op haar kamer. Tot ver in de kleine uurtjes horen ze haar gesmoorde snikken.

Zelfs als haar verdriet helemaal geen rol zou spelen, zou het Mary zwaar vallen bij haar ouders te wonen. Toen Michael werd vermist was Windyridge een toevluchtsoord. Een jaar later denkt ze er anders over. Ze is verdikkie vierentwintig en ze kan heus wel voor zichzelf zorgen, en ze is er niet aan gewend de hele dag tussen oude mensen te zitten, vooral niet oude mensen die denken dat ze haar kunnen commanderen. O, mams gaat nog wel, maar hij, Ernest, paps, is een ramp. Hij maakt bezwaar tegen de lengte van haar telefoongesprekken. Hij maakt bezwaar tegen de 'kakmadams' die soms op bezoek komen (de vrouwen van de squadroncommandanten die ze in Boulder Dyke en Upper Heyford heeft leren kennen). Hij maakt bezwaar tegen haar roodgelakte nagels, zowel tenen als vingers, want voor hem 'betekent dat maar één ding' (gemanicuurde nagels, best; iets getinte nagels, misschien; maar vuurrode nagels – NEE!). Maar het meest maakt hij bezwaar tegen de manier waarop ze het kind opvoedt.

Omdat Ernest zoveel jaren geen kind in huis heeft gehad grijpt Kela diep in zijn leven in. Aanvankelijk maakt hij knorrige grapjes over dienst nemen bij de RAF om nog aan een beetje slaap te komen, of over 'het kind overhalen herbivoor te worden', zodat ze het gazon kan maaien. Maar het duurt niet lang of hij zwijmelt van verrukking. 'Het kind is een echte deugniet,' schrijft hij Arthur. 'Niets ontgaat haar, ze krijgt alles van ons gedaan, is dol op lezen (al staan de woorden op hun kop en heeft ze liever mijn kolenmijnen-*Guardian* vol advertenties dan een van haar eigen boeken), hoeft maar één keer iets te worden voorgedaan en gaat elke dag meer op opa lijken. Ze is nu al de baas in huis en over een week of twee rijdt ze op jouw motor.' Wie de baas is, is echter een neteliger kwestie dan hier wordt gesuggereerd. Mary vindt dat zij het hoort te zijn. Ze heeft het laatste handboek van Truby King gelezen en daarin staat dat moeders streng moeten zijn – strikt om de vier uur voeding geven, laat de baby zichzelf maar in slaap huilen, en zelfs niet op- pakken wanneer het kind een driftbui krijgt – dat is Truby's boodschap (zodra je minder rigoureus bent zal de baby je uitla- chen om je onnozelheid). Ernest doet dit af als 'quatsch' en 'boekenwurmenwijsheid' en heeft liever een flexibeler systeem: 'Ik wist niet dat pasgeboren baby's, in het kader van de oorlogs- inspanning, machines moesten worden.' Hij is ervan overtuigd dat Kathleen het in haar hart met hem eens is, maar doet alsof ze aan Mary's kant staat en dat ze daarom tegen hem zegt dat hij zich niet met haar zaken moet bemoeien, enzovoort, en dat is vanzelfsprekend exact wat hij 's nachts niet zal doen ook. Gezien Kathleens dreigende blikken en Mary's geestelijke staat houdt hij zoveel mogelijk zijn mond. Toch vinden ze dat hij zich veel te veel met alles bemoeit. Hij mag dan de hele dag op de zaak zit- ten, zijn sentimentaliteit wanneer hij thuis is – zijn 'lief arm wurmpje' hier en zijn 'lief klein dingetje' daar – jaagt Mary de gordijnen in en ondermijnt (in haar ogen) haar zorgvuldig op- gebouwde discipline.

De ruzies daveren zo vijftien maanden door. De laatste lont in het kruitvat is Ernests opmerking (naar aanleiding van de box waar Kela in ligt, alweer zo'n nieuwerwets idee) dat je 'zelfs een hond niet zo zou grootbrengen'. Als hij dan zo'n lage dunk heeft van haar moederlijke zorgen, blaft Mary terug, dan wordt het tijd dat ze gaat verhuizen. Laat haar maar eens proberen rond te komen zonder die gratis kinderverzorging die ze in Windyridge krijgt, snauwt Ernest. Nou nou, zegt Kathleen. Eigenlijk praat Mary al een paar maanden over verhuizen – 'Elke vrouw moet haar eigen bedoeninkje hebben,' vindt ze – en de ruzie is het noodzakelijke duwtje in de rug om te gaan zoeken. Het plan is ergens iets te huren. Maar geschikte huizen zijn moeilijk te vin- den. Ernest, schuldbewust omdat hij haar het huis uit drijft en niet in staat de verleiding te weerstaan het heft in handen te ne- men, komt met een alternatief voor huren. Aan Moorside Road staat naast de golfbaan een lege eenverdiepingswoning, een 'personeelsverblijf' met een groot stuk grond erbij. Het verkeert in heel slechte staat, maar er zou een gezellig huis van gemaakt kunnen worden – en er is ruimte voor een paar halfvrijstaande huizen als ze de aangrenzende grond verkopen. Hij ontvouwt Arthur zijn plan en onderstreept de financiële voordelen voor de hele familie: 'De woning kost £630 inclusief overdrachtskosten en de verbouwing zal op £250 komen, dus je kunt zeggen dat het alles bij elkaar £900 heeft gekost. Ik zal het vast voor £1000 kunnen verkopen, of zelfs voor £1200, en ik kan nog altijd een stuk van de grond houden, dus ik maak me niet de minste zorgen als Mary het niet wil hebben.'

Arthur, tot een tent veroordeeld, vindt het niet leuk dat zijn kleine zusje een huis heeft. Zijn antwoord ontketent een nieuwe ruzie doordat hij Mary met 'verwend' betitelt. De betiteling is uitsluitend voor zijn ouders bestemd, maar Mary, die bij het ontbijt naast Kathleen zit, ziet haar naam staan, leest de grievende zin en springt uit haar vel. Het duurt niet lang of er wieken brieven richting Azoren terug. Ernest zegt tegen Arthur dat het een beetje dom van hem was om in een brief een toespeling te maken op de dwarsheid van de vrouw. Ron zegt tegen hem dat hij, 'daar in de bush', is vergeten hoe moeilijk zijn vader is. Mary zegt zonder omhaal tegen hem wat ze van hem vindt: 'Naar het schijnt begin je een heel lage dunk van me te krijgen sinds je weg bent. Eerst was daar die rotopmerking toen ik je de laatste keer zag en die ik niet ben vergeten. En nu zeg je dat ik niet waardeer wat paps voor me doet. Ik heb in de loop der jaren veel van je geaccepteerd, beste vriend, en er niets van gezegd, maar ik kan je niet beloven dat het zo zal doorgaan.'

De naschokken bereiken Kim in Birmingham wanneer Arthur en Mary om haar steun wedijveren. Zoals altijd treedt ze als vredestichter op, het neutrale Ierland, en na een tijdje trekken beiden bij. Maar de wispelturigheid van de Morrisons laat niet na haar elke keer weer te verbazen – en verbaast mij, vijftig jaar later, nog steeds. Het huis van mijn jeugd was een vreedzaam huis, doordat iedereen mijn vader zijn zin gaf, maar in Windyridge waren ruzies aan de orde van de dag. Ze vlogen elkaar zelfs over Noël Coward in de haren. 'Een slimme vent en dat weet hij,' hoont Ernest die hem in Manchester in *Play Parade* had gezien. Een dienstweigeraar en een mietje, gromde Arthur, die niets geestigs of ironisch kon ontdekken in het liedje 'Don't Let's Be Beastly to the Germans' – en mocht hij Coward ooit ontmoeten, dan zou hij hem met alle plezier willen trakteren op twee mooie blauwe ogen. Waarop Mary het voor Coward opnam en al de keren opsomde dat hij voor de troepen en fabrieksarbeiders was opgetreden. 'Wat mensen ook van hem zeggen, zijn gedachten zijn altijd bij Groot-Brittannië en onze jongens.' Coward was nauwelijks zo populistisch als Mary het doet voorkomen, maar dat doet er ook helemaal niet toe; het gaat helemaal niet om pro of contra Coward. Het is opvallend hoe claustrofobisch de Morrisons zijn: ze zitten dichter op elkaars huid, dichter in elkaars vaarwater, dan goed voor hen is.

Mijn moeder begint dit omstreeks deze tijd door te krijgen: als ze met Arthur trouwt, trouwt ze ook met de rest. Uiteraard zullen ze haar altijd als een buitenstaander beschouwen, want ze is geen familie, maar dat zal hen er niet van weerhouden haar bij hun vetes en drama's te betrekken. De O'Shea's volgen een heel andere lijn: de familie legt grote nadruk op verwantschap, maar is minder bezitterig, is vanuit Killorglin de wijde wereld ingetrokken. Voor hen is weggaan een natuurlijk onderdeel van het opgroeien. Maar in Windyridge mogen de zonen en dochters nooit weggaan. Kijk maar naar Mary: ze kan haar kind niet opvoeden zoals ze zelf wil. Kijk maar naar Arthur, tweeduizend kilometer van huis, op de Azoren, en toch volledig betrokken bij de familieruzies. Is dat wat ze voor zichzelf wil? Is dat wat ze voor haar kinderen wil? Is dat wat Arthur onder huis en haard verstaat?

Had vannacht het rare gevoel dat je niet ver weg was – zou me niet hebben verbaasd als je zomaar de kamer zou zijn binnengekomen.

Ze zat er met haar voorgevoel niet eens zo ver naast. Half juni komt hij opeens onaangekondigd thuis – wegens een crisissituatie op de basis. Het begint met een epidemie van gastro-enteritis waarvoor het slechte water, de warmte, de zwermen vliegen en de landbouwmethoden van de plaatselijke boeren (die menselijke uitwerpselen als mest gebruiken) verantwoordelijk worden gesteld. Dan breekt er grote paniek uit. Op de dertiende neemt Mac laat op de avond een coryza op, een geval van catarrale ontsteking, en de arme jongen wordt de volgende morgen wakker met 'een algehele bilaterale verlamming van de bovenste ledematen: polio'. 'Om 3.30 begonnen we met toedienen van zuurstof,' vertelt Arthur aan Kim,

en om 7.30 's avonds hebben we hem op een vliegtuig gezet, samen met Mac die om de 20 seconden de kraan van de zuurstofflessen moet opendraaien. God weet of hij de tocht zal overleven. We hebben de ZB en het hospitaal geïsoleerd en een nieuwe afdeling in bezit genomen voor de andere patiënten en we proberen met de bedden te schuiven. Elk keelpijntje maakt verrekt grote kans een lumbale punctie te krijgen. Ik ken één vent die het niet erg zou vinden in Macs schoenen te staan en bijna hoopt dat zich morgen weer een geval aandient. Sterker nog, hij gaat zo direct een lumbale punctie doen bij een ander dubieus geval (nekkramp), dus misschien zal zijn beurt wel gauw komen.

Die kwam. De officiële medische geschiedschrijving van de Tweede Wereldoorlog vermeldt dat wegens het ontbreken van een ijzeren long, tussen 14 juni en 20 juni elf gevallen van poliomyelitis anterior acuta vanuit Lagens naar het Verenigd Koninkrijk werden gerepatrieerd en dat vier ervan onderweg overleden. (In totaal waren er twintig gevallen en negen doden.) Arthur was de tweede begeleidende arts die terugvloog, op de morgen van zaterdag de zeventiende. Zijn reddingsactie mislukte (net als die van Mac sterft zijn patiënt *en route*) en op zondag belt hij Kim vanuit Newquay. Ze krijgt van maandag tot en met woensdag vrij, buitengewoon verlof. Ze ontmoeten elkaar halverwege, op het station van Swindon, en reizen samen naar het noorden om zijn ouders op te zoeken. Hij heeft een horloge voor haar gekocht, maar geen ring. De enige domper op hun 'drie volmaakte dagen' is een misverstand op woensdagavond wanneer hij haar vanuit Newquay opbelt om afscheid te nemen en de staf van het Dudley Road haar niet kan vinden, ondanks het feit dat ze zorgvuldig instructies achter heeft gelaten. Daarna heeft hij nachtmerries over nekkramp. Hij maakt zich zorgen dat hij polio heeft opgelopen, of dat hij haar heeft geïnfecteerd: 'Ik herinner me een ovc die op bezoek ging bij zijn vrouw in het ziekenhuis twee dagen na haar tonsillectomie – hij gaf haar één zoen en ze stierf 24 uur later aan bulbaire paralyse. O, lieveling, ik hoop dat met jou alles goed is.' Ja, met haar is alles goed. Het enige neveneffect van hun ontmoeting is liefde, opnieuw met alle bijbehorende pijn en spanning.

In Windyridge begrijpt Ernest voor het eerst dat er iets tussen Arthur en Kim gaande is. Toen Kim in het Hope werkte en dus in de buurt zat leek het nog vrij onschuldig dat beiden zo vaak samen waren. Maar om haar helemaal vanuit Birmingham mee te nemen wanneer hij maar zo kort thuis is – dan moet het tussen hen echt serieus aan het worden zijn. Het baart Ernest zorgen. O zeker, hij mag Kim als persoon graag. Maar mocht de kwestie van een huwelijk rijzen, dan moet niet alleen haar Ierse afkomst in de overweging worden betrokken, maar ook haar gebrek aan goede contacten (en geld). Uit wat voor familie komt ze? Hij heeft geen idee. Maar niet zijn soort, veronderstelt hij. En dan is er die andere kwestie. Hij weet het niet zeker, maar hij vermoedt het. De volgende keer dat ze met hun tweeën hier zijn moet hij het maar ter sprake brengen. En zo nodig de relatie in de kiem smoren.

Het. Ik heb vermeden het onderwerp aan te snijden. Maar nu dreigt *het* tussen hen in te komen. Het is het *probleem* waar hij vluchtig op zinspeelt in die niet-verzonden brief van september 1943 wanneer hij zegt: 'Of ga je beseffen wat een verduveld probleem zich zou aandienen als je inderdaad besluit van me te houden.' En het is de *situatie* waarover ze in februari 1944 zegt: 'Ik weet (...) dat ik met jou volmaakt gelukkig zou kunnen zijn – als de situatie maar anders was.' In elk liefdesverhaal zit wel een kink. Wat is de kink hier? Tot nu toe heb ik het probleem niet onder ogen gezien, omdat Arthur en Kim het niet onder ogen zagen. Maar inmiddels wordt het bijna elke keer dat ze elkaar schrijven aangeroerd. Het moment is dus gekomen ons af te vragen wat *het* eigenlijk is.

7 Eens een katholiek

KIM AAN ARTHUR, Carshalton, 22-3-44

Ging vanochtend naar beneden om te ontbijten en daar lagen VIJF brieven van jou. Ze waren verrukkelijk – met uitzondering van één stukje waarvan mijn bloed ging koken. Je weet wel welk stukje ik bedoel. Je impliceert altijd dat RK'en onontwikkeld zijn (en omgekeerd). Vergeet niet dat ik er een ben.
Ik zou alles op de wereld met het grootste genoegen voor jou opgeven. Maar begrijp je niet hoeveel dit voor me betekent? Kun je niet gewoon wennen aan het idee dat ik ben wie ik ben?

ARTHUR AAN KIM, Azoren, 29-3-44

Laten we hier heel duidelijk over zijn. Wat ik over de plaatselijke inboorlingen zei was:
1) ze krijgen een heel strenge, religieuze opvoeding
2) ze krijgen geen andere opvoeding
3) een strenge religieuze opvoeding stelt hen niet in staat om tussen moderne, geciviliseerde volkeren voor zichzelf op te komen.
Gelovig-zijn betekent voor mij, ernaar streven de wereld en elk afzonderlijk individu op die wereld te verbeteren. Ik vraag je

niet een atheïst te zijn. Ik vraag je alleen te aanvaarden dat be-
paalde leerstellingen van de RK *Kerk, hoe uitstekend ze een paar*
honderd jaar geleden ook waren, nu, tussen de gelukkige en ge-
zonde mensen van tegenwoordig, niet meer opgaan. O lieveling,
je weet dat ik van je houd. Ik vind het vreselijk dat ik jou moet
proberen te leren van mijn geloofsovertuigingen kennis te ne-
men. Ik wil dat jij je eigen gezonde verstand gebruikt en inziet
dat er een groot verschil bestaat tussen wat het betekent om een
van Gods dienaren te zijn en wat het betekent om RK *te zijn. Het*
is moeilijk uit te leggen, maar vergeet alsjeblieft niet dat ook ik
een waarachtig religieus mens ben.

Het is raar, maar ongeveer een week geleden raakte ik in ge-
sprek met een Ierse knaap (een van mijn korporaals) die RK
was geweest – hij was vroeger een heel oprechte RK *en hij hield*
zich ook aan periodieke onthouding. Maar hij zei dat hoe meer
hij van de wereld zag, des te meer hij de allesoverheersende con-
trole die de kerk uitoefende was gaan verfoeien. Hij heeft veel ge-
reisd en is ontzet over de macht die de kerk uitoefent over de
mensen op deze eilanden – arme, onontwikkelde slaven wier le-
raren tot de rijke, heersende minderheid behoren die 1/- per
week per man betalen, terwijl ze zelf voor grote sommen geld
handel drijven met andere landen.

Ga alsjeblieft niet denken dat ik deze kwestie met Jan en alle-
man bespreek, maar ze baart me wel zorgen. God heeft jou niet
op de wereld gezet om ongelukkig te zijn. Hij heeft jou geen sek-
suele verlangens gegeven om irrationeel erin beknot te worden.
Hij heeft nooit de bedoeling gehad dat je zoveel kinderen ter we-
reld brengt dat je hen niet fatsoenlijk kunt beschutten, voeden en
opvoeden (jij zult vast in achterbuurten met eigen ogen de misè-
re hebben gezien die grotendeels het gevolg is van het ontbreken
van anticonceptie). Hij heeft nooit de bedoeling gehad dat jij de
opvoeding van je kinderen uitsluitend baseert op één serie op-
vattingen (had hij dat wel gehad, dan zou er niet meer dan één

kerk zijn geweest). Ik vind het vreselijk dat ik deze wond telkens moet openrijten, maar ik kan niet anders – of ik zou jou kwijtraken.

Als kind wist ik niet tot welke kerk mijn moeder behoorde. Onze dorpskerk was anglicaans en hoewel er van mijn ouders werd verwacht dat zij, als de plaatselijke huisartsen, de dienst bijwoonden, deden ze het geen van beiden. Het kwam voor hen als een verrassing toen ik, rond mijn negende, vroeg of ik op het dorpskoor mocht – niet uit godsdienstige ijver, maar omdat ik zo in het weekend mijn vriendjes kon zien. Ze verzetten zich, mijn vader om atheïstische redenen (hij vond de kerk 'zonde van de tijd' en was bang dat mijn kerkgang 'de zondagen zou verpesten'), mijn moeder om onduidelijkere motieven en voornamelijk (dacht ik) uit solidariteit met hem. Op het laatst gaven ze zich gewonnen. Ik kreeg een toog en een superplie en stond – vroom als Merijntje – in de koorbank. Bij speciale gelegenheden gaf mijn moeder acte de présence om mij te horen zingen. Het was meer dan mijn vader deed, maar niettemin nauwelijks het bewijs van spirituele honger. Pasen, de oogstdienst, de zangdienst met Kerstmis – ze toonde geen enkel verlangen naar meer, geen andere emotie dan moedertrots. Aanbidding was op de kinderen gericht. Ze had het allemaal achter zich gelaten. Er waren op zondag wel betere dingen te doen.

Ik kwam te weten hoe de vork in de steel zat doordat haar zus Sheila, wanneer ze in de schoolvakanties bij ons logeerde, elke zondagmorgen de bus naar Colne nam, een dorp op tien kilometer van ons vandaan.

'Waar is tante Sheila heen?' vroeg ik mijn moeder.

'Naar de kerk.'

'Waarom gaat ze niet naar de kerk in Thornton?'

'Omdat ze tot een andere kerk behoort.'

'Hoezo andere kerk?'

'Een andere godsdienst.'

'Welke dan?'

'De rooms-katholieke.'

Maar als Sheila rooms-katholiek was, bedacht ik later, moest mijn moeder het ook zijn – of moest ze het eens zijn geweest. Ze ontkende het niet toen ik het haar vroeg. Maar ze wilde er ook niet over praten. Net als haar naam, net als haar accent, net als haar afkomst, net als het aantal broers en zussen dat ze had, liet ze het liever los.

Sterker nog, het ging verder dan loslaten; ze probeerde het zelfs daadwerkelijk te verbergen – zoals ik ontdekte toen ik aan een boek over mijn vader begon. Het was een boek waarin ik de ziekte beschreef waaraan hij overleed en waarin ook zijn verhouding met Beaty werd aangeroerd. Omdat ik bang was dat ik haar zou kwetsen gaf ik mijn moeder de eerste kladversie en ik beloofde mezelf dat ik het in de onderste la zou opbergen als ze het vervelend vond. Toen puntje bij paaltje kwam was er maar weinig waar ze bezwaar tegen maakte, maar ze vroeg me wel één detail over haarzelf weg te laten: het feit dat ze katholiek was opgevoed. Er waren vriendinnen en buren aan wie ze het niet had verteld, zei ze, en het zou misschien een schok voor hen zijn. Ik betwijfelde het, maar ik wilde haar niet van streek maken. De vermelding ging eruit.

KIM AAN ARTHUR, Birmingham, 14-4-44

Ik weet dat je best een goed en gelovig mens kunt zijn zonder dat je RK bent. Maar ik begrijp gewoon niet hoe een RK zomaar alles weg kan gooien. Als je eens wist hoe akelig ik me voel wanneer ik eraan denk, zou je het me niet meer vragen. Ik kan me een leven zonder jou niet voorstellen, lieveling, maar toch vraag ik me af hoe het moet aflopen. Ik hoor je al zeggen: 'Aan jou de keuze.' Maar soms denk ik weleens: 'Nee, waarom kan hij geen

water bij de wijn doen?' Ik zou een heel ander mens zijn als ik
absoluut zeker wist dat ik met jou zou trouwen.

<small>ARTHUR AAN KIM</small>, Azoren, 24-4-44

Ik kan eigenlijk alleen maar het volgende zeggen:
1: jij wilt niet met mij in een anglicaanse kerk trouwen en ik wil
niet met jou in een RK kerk trouwen. Het zal dus de burgerlijke
stand worden. Jammer, want we willen allebei een kerkelijk hu-
welijk, maar zo is het nu eenmaal.
2: onze kinderen kunnen na hun eenentwintigste worden wat ze
willen, maar ze mogen nooit van een van ons beiden bevooroor-
deeld godsdienstonderricht krijgen – NOOIT OFTE NIMMER. We
zullen hun een algemeen beeld geven, maar ze gaan pas naar
een kerk wanneer ze minstens 12 of 13 zijn – misschien ouder.
Dat is de enige manier om het probleem te omzeilen.
3: we willen twee jongens en een meisje, nietwaar? Maar meer
gaan we niet nemen en we gaan hun niet een zenuwinzinking
bezorgen door hun natuurlijke driften de kop in te drukken. Dat
moeten we afspreken.

Hoewel ik wist tot welke kerk mijn moeder behoorde, begreep
ik pas na haar dood hoe groot de invloed ervan was geweest. De
ochtend na haar overlijden doorzocht ik haar klerenkast, op
zoek naar Joost mag weten wat. 'Misschien heeft ze daar haar
testament wel in gelegd,' zei ik tegen mijn zus en ik geloofde het
bijna zelf. Niettemin was het ontsluiten van haar kast net een
overtreding: de intieme geur toen ik de deur openklikte, het bric
à brac dat me aanstaarde toen ik hem wijd openzwaaide. Links
hingen jassen en jurken; rechts waren houten laden. Haar meeste sieraden was ze jaren terug bij een inbraak kwijtgeraakt. Er
lagen geen kostbaarheden meer, alleen die oneindig dierbare
kleinodiën: sjaals, panty's, haarspelden, oorbellen die nooit wa-

ren gedragen, lege rozenknopjes op zilveren ringen waar de steen uit was gevallen, een vrouwengezicht in een ovale broche. In een van de laden vond ik haar make-up. Ook op haar kaptafel lag make-up, maar hier was de hoofdvoorraad: de lippenstiften, huidcrèmes, mascaraborsteltjes, poederdonzen en valse wimpers die ze gebruikte om zichzelf of iemand anders mooi te maken. Verdoofd en elegisch vergat ik mijn voorwendsel om zakelijk te werk te gaan en liet ik mijn handen over haar hangers en laden glijden.

Ik kende die klerenkast. Als kind was ik er vele malen in geklommen en had ik de deur achter me dichtgetrokken, had ik de zoete moedergeur ervan ingeademd. Maar helemaal boven, in een plastic zak, lag iets wat ik niet eerder had gezien: een vlecht van kastanjebruin haar, vijfenveertig centimeter lang. Op haar kostschool in Killarney, zo vertelde ze mijn zus, had ze haar haar tot haar middel laten groeien – we hadden er geen foto's van, maar hier lag het bewijs. Het afknippen van de vlecht moest een overgangsrite zijn geweest, het toetreden tot volwassenheid, het letterlijke doorsnijden van banden. Had ze het weggehakt in haar laatste jaar op school? Of verbood de universiteit medische studentes hun haar zo lang te dragen? Hoe het ook zij, het was weg, maar ze had er geen afstand van kunnen doen, als een oud ik dat ze nog stilletjes kon bekijken. Nu deed ook ik er geen afstand van, net of ik daardoor ook van haar geen afstand zou hoeven te doen, of liever gezegd, of ik in contact zou worden gebracht met het meisje van eertijds dat met een ander accent sprak en een andere naam en godsdienst had.

Op de plank waar ik het vond lag nog iets anders: een pakje in glad groen papier, netjes dichtgebonden. Er zat een half afgescheurde adreslabel op en het droeg een poststempel, 21 mei 1948. Er zaten drie dingen in: een bruine beurs van krokodillenleer, een groen foldertje met de rozenkransnovenen ter ere van Onze Lieve Vrouwe, gedrukt in 1925 in New York, en een zwart, in leer gebonden boekje met het handschrift van een zestienjarige op een van de binnenpagina's: 'Agnes O'Shea. Loreto Klooster, Killarney, 2 juni 1933.' Het was hetzij een gebedenboek, hetzij een kloosterregel, ik wist niet wat van de twee: het reglement van de Kinderen van Maria van de Loreto Abdij. Toen ik het doorbladerde vielen er allerlei prentjes uit, met gebeden tot diverse vrouwelijke heiligen en met '300 dagen' of '100 dagen' eronder of op de achterkant geschreven – aflaten waarmee de gelovige zich een extra optie op het leven kon verwerven. Door hun grootte en papiersoort leken de prentjes op de strookjes die we vroeger kregen wanneer we bij de steeplechase van Gisburn op de paarden wedden. Op twee prentjes stond een afbeelding van de H. Agnes. Een ander was gemaakt 'ter liefdevolle nagedachtenis' aan Peter, mijn moeders broer die in 1931 aan buikvliesontsteking was overleden.

Ik legde het boekje neer, ritste de beurs open en liet een vleugje wierook ontsnappen. Erin zaten een rozenkrans, een plastic Christus op een houten kruis, twee zilveren medaillons met de H. Maagd in een ovaal van zwierende mantels ('O Maria, zonder zonde ontvangen, bid voor ons die onze toevlucht tot u nemen') en een stukje groen textiel met op de ene kant Maria en op de andere een hart met een zwaard erdoorheen. Bij het stukje textiel zat een papier waarin werd verklaard wat het was: een Groen Scapulier. Iedereen die het droeg en dit gebed zei – 'Onbevlekt hart van Maria, bid voor ons nu en in het uur van onze dood' – zou op miraculeuze wijze genezen. Menige lepralijder, kankerpatiënt, bloedverliezende vrouw en ongeneeslijk zieke man was door het Groene Scapulier gered. Je hoefde Maria maar in je hart te sluiten.

Had mijn moeder Maria in haar hart gesloten? Zo ja, dan liet ze er nooit iets van merken. Maar even was ik door de andere kant van die kast naar buiten gestapt en was ik terug in de jeugd van haar geloof. Een rij meisjes van Loreto in marineblauw uniform en witte bloes, nonnen die hun les gaven in natuurweten-schappen en Frans, het mei-altaar versierd met veldbloemen ter ere van Onze Lieve Vrouw, de koolzwarte plek op de voorhoof-den elke Aswoensdag, het huis in Langford Street dat voor ie-dereen openstond wanneer het aan de beurt was een van de kruiswegstaties te zijn. Een Iers-katholieke kindertijd, meer niet. Allemaal heel gewoon, maar niet voor mij. Ik vond het zowel fas-cinerend als afwerend. Waarom had ik dit niet eerder gezien. Het was het oude verhaal: iemand gaat en te laat – veel en veel te laat – ontdek je waar hij of zij vandaan komt. Moest mijn moe-der doodgaan voordat ik haar leerde kennen? Ik ritste de beurs dicht, vouwde hem met het boekje en het foldertje in het groene papier, legde het pakje op de plank terug en sloot de kastdeur.

ARTHUR AAN KIM, Azoren, 25-4-44

Het probleem met RK'en is dat ze in hun hoofd het geloof en het dagelijkse leven in twee strikt gescheiden hokjes neerzetten. Ze doen het, omdat ze door hun opvoeding geloven dat het heilig-schennis is de leer van de RK Kerk ook maar enigszins in twijfel te trekken.
Ik weet hoe akelig je je moet voelen, na zo lang met het RK geloof getrouwd te zijn geweest. En je zult je (wanneer je met mij bent getrouwd) de eerste paar maanden na je scheiding akelig blij-ven voelen. Maar ik weet dat je na 12 maanden volmaakt ge-lukkig zult zijn.

KIM AAN ARTHUR, Birmingham, 2-5-44

Het spijt me, ik ben het niet met je eens dat RK'en het geloof en het dagelijkse leven in twee gescheiden compartimenten zetten. Voor RK'en is het geloof een onderdeel van het dagelijkse leven. Toen ik tegen jou hierover begon voelde ik me doodongelukkig

worden en zei ik bij mezelf: 'Ach, wat heeft het eigenlijk voor
zin?' We worden het nooit eens. Ik vraag me af hoe het moet af-
lopen.

Ondanks de Mariadevotie in mijn moeders klerenkast kwam het
niet bij me op haar begrafenisdienst in een katholieke kerk te
houden. De plaatselijke anglicaanse priester was op haar gesteld:
vaak wisselden ze roddels en theologie uit en hij wilde erg graag
de dienst leiden. In zijn toespraak sprak hij over haar 'diepe gevoel van spiritualiteit' en over het feit dat haar geloof, afgaande
op de gesprekken die ze samen hadden gehad, jarenlang 'geba-
gatelliseerd was geweest'. Was het niet toepasselijk, zo voegde
hij eraan toe, dat haar begrafenis samenviel met het Feest van
Maria Magdalena, 'een ongebruikelijke heilige', want ook mijn
moeder was een ongebruikelijke vrouw geweest, 'een Ierse
rooms-katholiek die doortrokken was van het geloof van die
zuidelijke hoek van Ierland en in haar werk te maken kreeg met
gebeurtenissen die het christendom van haar jeugd een andere
vorm gaven'. Dat had hij geraden, of dat had ze hem gebiecht, of
dat had iemand doorverteld. In elk geval was het niet geheim
voor hem gebleven.

Het was een aangrijpende dienst, zei iedereen. Toch had ik na
afloop mijn twijfels. We hadden haar op anglicaanse grond uit-
geleide gedaan en in het verzorgingshuis had geen katholieke
priester haar het heilige oliesel toegediend – hadden we verzuimd naar haar maatstaven juist te handelen? (En het verzorgingshuis waarin ze was overleden moest ook nog Cromwell's
heten, naar de grootste anti-katholiek die er bestond). Ik belde
Beaty op, want ik herinnerde me dat zij ook katholiek was. Als
kind had ik me dat niet gerealiseerd, omdat ik me veel te veel
bewust was van haar andere denominatie in ons huis – de 'tante'
die een maîtresse was. Als volwassene was ik tot het besef gekomen dat ze meer kanten had – ze mocht dan eens een rivale zijn

geweest, mijn moeder was haar als een vertrouwde vriendin gaan beschouwen. Nu, als wees, had ik behoefte aan haar geestelijke leiding.

'Je moeder had het vaak met me over sterven,' zei ze, in een poging me een hart onder de riem te steken. 'Ik denk niet dat ze zich zorgen maakte over het heilige oliesel. Maar ik merkte wel dat ze na het overlijden van je vader terugkeerde naar haar geloof.'

'Hoe bedoelt u?'

'Wanneer iemands gezondheid haar zorgen baarde, of wanneer ze van streek was over iets van haarzelf, belde ze me op en vroeg ze me de rozenkrans te bidden. En als iemand stierf, liet ze mij een mis ter ere van die persoon opdragen en stuurde ze me geld – vijf pond of tien pond. Soms liet ze me ook een weesgegroetje met haar bidden. Maar als ik haar vroeg op haar beurt een gebed uit te spreken zei ze lachend: 'Maar waarom zou God naar me luisteren?'

Ik raakte geïntrigeerd door hun religieuze intimiteit (geïntrigeerd ook door het feit dat in weerwil van mijn vaders vooroordelen de twee vrouwen van wie hij hield allebei katholiek waren geweest). Het bidden van een weesgegroetje met haar familie zou mijn moeder hebben geconfronteerd met de oorsprong waar ze van was afgedwaald. Bij Beaty lag het anders: die was gemakkelijk, begrijpend en – net als zij – een martelaar voor mijn vaders liefde.

'Wanneer vertelde mam u voor het eerst dat ze katholiek was?' vroeg ik.

'O, ik wist het min of meer vanaf het begin – nadat ik haar een keer had ontmoet met haar broer Joe of haar zus Sheila. Ik vroeg het haar recht op de man af. Ze gaf geen antwoord. Ze nam alleen maar een trek aan haar sigaret en zei: "Geloof je heus in al die nonsens?" Maar ze ontkende het niet. Ons kent ons, neem ik aan. Ze plaagde me er altijd mee: "Dat je tegen al dat gebazel kunt." Maar ik kan het, ik doe het, het geeft me kracht.'

Dus het katholicisme was 'gebazel' en 'nonsens'? Hier sprak een sceptische rationalist, een arts van het midden van de twintigste eeuw, de agnosticus die door Arthur was geschapen. Ook die kant kende ik van haar. Ik kan me nog herinneren dat ze sardonisch gekscherend opmerkte toen tante Sheila plotseling in Tralee overleed (waar ze na haar pensioncring was gaan wonen na een leven lang in Engeland les te hebben gegeven) dat haar dood het gevolg was van 'overmatige opwinding over het eerste bezoek van de paus aan Ierland'. De seculiere cynicus. Maar Beaty had een andere kant leren kennen – Agnes, en niet Kim. De naam mocht dan zijn afgeschud, de band met de identiteit liet zich niet zo gemakkelijk doorsnijden. 'Namen hebben voor katholieken grotere betekenis dan voor andere mensen,' schrijft Mary McCarthy in *Herinneringen aan mijn roomse jeugd*. 'De heilige waar een kind naar is genoemd, wordt aangenomen letterlijk als model of patroon te dienen dat nagevolgd moet worden: je naam is je talisman en vertelt je wie je bent of moet zijn.' Agnes vertelde mijn moeder dat ze als een lam moest zijn, vroom; Kim liet haar de biecht overslaan en sigaretten roken. Toch miste ze de oude patronen en kon ze haar geloofsovertuigingen niet volledig afschudden. Dat had ze tegen Beaty gezegd en nu zei Beaty tegen mij, door de telefoon, hetzelfde: 'Ik bid elke avond mijn rozenhoedje, de vijf tientjes. Ik zal mijn geloof nooit kwijtraken. En ik denk dat ook je moeder het hare nooit is kwijtgeraakt.'

Maar toen ik haar brieven las, kwamen ze niettemin als een schok. Protestant contra katholiek: voor mij was dat 'contra' iets uit geschiedenisboeken. Of een contra dat opgeld deed in milieus die anders waren dan die waarin ik was opgegroeid – de bewoners van Belfast en de zes *counties*, de supporters van Celtic en Rangers, maar niet ons gezin, niet mijn vader en moeder. Ik had niet beseft hoe nadrukkelijk het geloof in haar leven aanwezig was. Nu had ik haar dan eindelijk gevonden. Of was ik haar nog onherroepelijker kwijt dan ooit?

Zal het ooit iets tussen ons worden? Daar kan ik eerlijk niets van zeggen, lieveling. We houden echt van elkaar – geen twijfel mogelijk. We zullen in elk geval veel ruzie maken en het aantal zal ongetwijfeld door het geloof groter worden. In hoeverre ik in staat zal zijn mijn ogen te sluiten voor de wekelijkse geloofsbeleving weet ik niet. Maar af en toe zou je naar de kerk moeten, al was het maar om jezelf een hart onder de riem te steken als je in de put zit. En ik denk dat ik veilig van mezelf kan zeggen dat ik vrij ruimdenkend ben. Sommigen van mijn beste vrienden hebben gestolen. Ik heb in hetzelfde bed geslapen als iemand met syfilis en een andere vriend heeft gonorroe. Zij waren allemaal een paar uur onnadenkend geweest. Het is niet mijn manier van leven, maar ik heb het hun nooit voor de voeten geworpen.

Het spijt me dat je ooit door mijn toedoen in zekere opzichten van mij bent gaan houden, dat ik er verantwoordelijk voor ben dat je hele wereld op zijn kop staat. Je bent een knap, zoet, goudeerlijk meisje en nu stort je hele wereld in elkaar. Ik wou maar dat je met een andere man was gegaan of zo, zodat je gelukkig zou zijn en dat ik al je zorgen op mijn schouders kon nemen. Ik heb de afgelopen twee jaar zoveel emotionele schokken gehad dat ik voel dat ik bijna alles aankan. Ik ben er absoluut van overtuigd dat ik van jou het gelukkigste meisje van de hele wereld kan maken, maar ik weet niet hoe. Als ik jou morgen zou kunnen trouwen en we naar een plek konden gaan mijlen en mijlen van de beschaafde wereld – midden-Afrika of, praktischer nog, de Shetlandeilanden – dan weet ik zeker dat je mijn kant zou begrijpen (en prefereren). Als we tegelijkertijd een plattelandspraktijk zouden kunnen opzetten en kinderen krijgen, zouden we vast gelukkig zijn. Maar ons geluk moeten we op deze aarde vinden. We kunnen niet in ons eigen ideaalwereldje wonen – we zijn heel kleine radertjes in een heel groot tandrad, maar we moeten meehelpen dat dat rad in de goede richting draait.

Ik heb vandaag een wandeling van vijftien kilometer over de kliffen gemaakt met een zekere Hollywood, een Ierse oppasser – een gentleman-achtig type, moet ik zeggen. We probeerden hier en daar te gaan zwemmen, maar dat was niet mogelijk. Hij is RK en je kunt je dus wel voorstellen dat we in een discussie over het geloof terechtkwamen. Hij was het niet alleen eens met mijn opvattingen, maar poneerde ook een paar theorieën die gelijk waren aan de mijne – zonder ertoe aangezet te zijn.

Na het avondeten raakte ik aan de bar met een paar jongens verwikkeld in een heel diepgaande discussie over de glycogeen-afbraaktheorie in relatie tot diabetes – en toen over anesthesiologie – en toen over darwinisme en geloof – en hoe verkeerd het RK geloof is in de huidige wereld. Opnieuw was ik niet degene die de geloofskwestie aansneed, of er zelfs maar aan meedeed. Maar je merkt dat ik geen excentrieke fanaticus ben. Een van de jongens van vanavond zei: 'Mijn zus is RK – ze is opgevoed in een klooster – het is er bij haar ingehamerd – ze kan er geen redelijke discussie over voeren – ze blijft maar gewoon in blind geloofsvertrouwen doordraven.' Snap je dan niet, lieveling, dat ook het Hitlerianisme een paar goede principes heeft. Zo ook de anglicaanse Kerk (die voor 90 procent identiek is aan de RK Kerk). Maar 'fysieke manifestaties' zoals het eten van brood en het drinken van wijn tijdens de communie ondergraven die principes.

Als ik aan het geloof voorbij zou kunnen gaan, zou ik morgen RK worden en met je trouwen – en net zo'n hypocriet zijn als veel anderen (jij niet). Het enige dat ik wil is dat je logisch nadenkt over de principes waarover we van mening verschillen en je realiseert in welke zin ze verkeerd zijn. Dan kun je doen wat ik doe wanneer ik mijn geloof opschrijf: ik vul in anglicaanse kerk (jij kunt RK invullen), omdat ik niet 'atheïst' kan zeggen *(wat ik niet ben en trouwens, het mag niet eens) en ik kan niet zeggen 'modern geloof', omdat niemand dat nog heeft geïnitieerd, ook al wordt het door 99 procent van de mensen die ik ken beleden.*

Je moet je niet verontschuldigen dat je brieven zo neerslachtig zijn. Ik wil horen wat je denkt. Ze zijn een stimulans voor me om jou te proberen te overtuigen. Als ik niet zoveel vertrouwen in je had zou ik de strijd al lang geleden hebben opgegeven.

Ik wou maar dat je hier was, zodat ik je de hele avond in mijn armen kon houden en tegen je kon praten. Ik wou maar dat ik telepathie kon gebruiken. Raak alsjeblieft niet van streek van deze brief. En beloof me dat je nooit iets doms zult doen, want als je het doet zou ik je voorbeeld moeten volgen, ook al zouden we dan allebei stomme lafaards zijn. Zie je wel hoe bezorgd je me hebt gemaakt. Welterusten.

(Zojuist geteld – deze brief telt 25 kantjes)

KIM AAN ARTHUR, Birmingham, 10-5-44

Ik weet niet op welke manier ik had verwacht dat je mijn brieven zou beantwoorden, maar niet op de manier waarop je ze nu beantwoordde. Je moet vooral niet denken dat ik teleurgesteld ben, lieveling, het zijn prachtige brieven. Maar ik denk eerlijk dat er maar één manier is waarop het iets tussen ons kan worden, namelijk wanneer ik mijn RK geloof opgeef, maar ik weet dat ik dat nooit zou kunnen doen. Je zegt dat je vertrouwen in me hebt en ik heb vertrouwen in jou, maar dingen kunnen nu eenmaal anders lopen dan je denkt, lieveling. Ik begin me een vreselijke oplichtster te voelen. Je zegt dat je weet dat ik dit voor jou kan doen, terwijl ik weet dat ik het niet kan. Het klinkt goedkoop, maar ik denk eerlijk dat alleen RK'en weten wat het betekent RK te zijn. Als je me zou schrijven: 'Goed, als je het niet kunt loslaten, is het uit tussen ons,' weet ik dat ik me vreselijk

naar zou voelen. Jij hebt het met zoveel vanzelfsprekendheid
over getrouwd zijn en wat een heerlijke toekomst we zullen heb-
ben. Op de een of andere manier kan ik jou gewoon niet overtui-
gen, nietwaar? Maar ik moet blijven proberen jou te vertellen
hoe ik me voel, ook al maakt dat mijn brieven zwartgallig. Wat
heeft het voor zin 12 maanden opgewekte brieven te schrijven en
het jou dan te vertellen wanneer je thuiskomt?
Lieveling, ben je heus van mening dat je me alleen maar kunt
trouwen wanneer ik mijn geloof opgeef? Vertel het me alsjeblieft.
Verliefd-zijn is niet alleen rozengeur en maneschijn, vind je
niet?

ARTHUR AAN KIM, Azoren, 15-5-44

Als de zaak niet zo belangrijk was voor mij en mijn kinderen en
miljoenen andere kinderen die nog geboren moeten worden, zou
ik eraan voorbijgaan en morgen met je trouwen zoals je bent.
Maar de toekomst zal een aantal heel grote veranderingen op de
wereld moeten brengen – vandaar mijn kritiek op ouderwetse,
onverdraagzame en bekrompen standpunten.

KIM AAN ARTHUR, Birmingham, 19-5-44

Ik had beter moeten weten dan te menen dat je van gedachten
zou veranderen. Denk niet dat ik geen begrip heb voor je ziens-
wijze. Als ik niet RK was geweest zou ik waarschijnlijk hetzelfde
vinden. Maar ik kan eerlijk niet zeggen dat het me spijt dat ik
het wel ben. De enige vergelijking die ik kan bedenken met iets
wat evenveel voor jou betekent, is je familie. Als ik zei dat ik al-
leen maar met jou zou trouwen als je niets meer met je familie te
maken zou hebben, zou je dat vast niet doen. Opeens besefte ik
gisteravond dat als we inderdaad met elkaar zouden trouwen,
al je vrienden dezelfde standpunten zouden hebben als jij en

langzamerhand zou je je erg bewust worden van mijn geloof en
uiteindelijk zou je een hekel aan me krijgen. (...)
Ik denk dat ik nu diep in mijn hart weet dat we nooit met elkaar
zullen trouwen. Maar je moet jezelf geen verwijten maken.
Mensen kunnen er immers niets aan doen dat ze verliefd op el-
kaar worden? Ik denk vaak, het beste wat ik kan doen is terug-
gaan naar Ierland en jou vergeten. Maar zelfs het eerste deel
zou niet eenvoudig zijn – en het tweede onmogelijk.

Hun brieven verraden een heleboel over henzelf. *Le style, c'est*
l'homme (et la femme). Hij hoopt haar af te matten of murw te
slaan. Zegt dat hij vertrouwen in haar heeft. Weet zeker dat hij
haar, als hij met haar in discussie gaat, kan overtuigen van de
feilloze logica van zijn standpunt (haar standpunt is immers
louter gebaseerd op emotie en bijgeloof). Dreigt dat hij, als dat
geen succes heeft, gebruik zal maken van telepathie of gedach-
teoverdracht om haar aan zijn kant te krijgen. Gelooft in de absolute juistheid van wat hij zegt. En beschouwt zijn pogingen
haar om te praten als een stimulans. In andere opzichten heeft
zijn zelfvertrouwen een knauw gekregen: vrienden zijn gesneuveld, hij heeft het gevoel dat hij in zijn carrière achteropraakt.
Maar zijn geloof in zijn geloof is overeind gebleven. Wat is dat
geloof? In een van zijn brieven presenteert hij zich als een be-
vende godsdienaar, een 'waarachtig religieus mens', vooral wanneer hij in zijn eentje in een kerk zit ('Ik weet dat ik veel op-
rechter en intenser in mijn geloof opga wanneer ik een lege
kerk binnenga waar niemand mijn gedachten kan storen – geen
gepraat of gezang dat me belet dichter bij God te komen'). In
werkelijkheid is hij humanistisch en seculier en zou hij zichzelf,
als hij het durfde, een atheïst noemen. Later durfde hij het wel,
maar nu is hij bang haar bang te maken (het is al moeilijk genoeg haar te winnen voor zijn speculatief, ondevotioneel protestantisme, onmogelijk als hij toegaf dat hij helemaal niet in God

gelooft). Nee, ik ben niet eerlijk. Hij gelooft wel in God, een Lawrenciaanse God die (hij heeft immers *Lady Chatterley's Lover* gelezen) de wereld wil bevrijden van repressie. Hij beweert zelfs een *hotline* met deze God te hebben en te weten wat diens wensen zijn ('God is onze vriend – en wil dat we gelukkig zijn'). Als een waarachtig dienaar is hij verplicht Kim te wijzen op haar goddeloosheid. Ze werpt zich voor de verkeerde iconen ter aarde. Haar medegelovigen zijn primitief en onontwikkeld. Het wordt tijd dat ze zich van de dwalingen van haar weg bekeert.

Haar brieven zijn korter en onzekerder. Waar hij geniet van het debat, voelt zij zich erdoor beurs geslagen en zou ze het liefst willen dat hij ermee ophoudt. Het is 'uitzichtloos' zegt ze keer op keer: geen toekomst, geen oplossing, geen uitweg. Voor haar kan het geloof niet worden bediscussieerd of besproken. Ze heeft de woorden niet om uit te leggen waarom ze gelooft; ze gelooft gewoon. Haar hele identiteit staat hier op het spel: rooms-katholiek, dat ben ik. Ze probeert het hem uit te leggen op de enige manier die hij begrijpt: het opgeven van haar geloof zou net zo zijn als wanneer hij zijn ouders en zus nooit meer zou zien. Zelfs dat kan hem niet van zijn standpunt afbrengen. Ze huilt van pijn en frustratie om zijn onbuigzaamheid. Waarom moet zíj water bij de wijn doen? Zijn schimpscheuten over haar geloof treffen haar diep. Hij attaqueert zelfs de katholieke hang naar een groot gezin en suggereert dat de kinderen in zo'n gezin niet de juiste zorg en aandacht krijgen. Dat hij zo'n hatelijke opmerking kan maken zou erop kunnen wijzen dat ze hem niet heeft verteld met z'n hoevelen ze thuis was en dat zou passen bij haar algemene zwijgzaamheid over haar ouderlijk huis. 'Realiseer je je wel,' zegt hij beschuldigend, 'dat ik je bijna twee jaar ken en dat ik nog maar één zus van je heb ontmoet en niet eens je huisadres weet?' Misschien is het maar goed ook dat hij niet alles weet. Zoals hij zijn religiositeit maximaliseert om haar te winnen, zo minimaliseert zij de grootte van haar ouderlijk gezin om hem niet te verliezen.

Meer dan eens huilt ze van frustratie. En wat het nog erger maakt is het feit dat Arthur zo slecht geïnformeerd is. Wat is een rozenkrans voor hem anders dan een bloemenslinger? Wat is vastenavond anders dan een avondje zonder bier? De Heilige Drievuldigheid, het licht Gods, het mysterie van de Maagd – voor hem zijn dat zweverige mysteries, voor haar een manier van leven. Wanneer ze tot 'onze Koningin en Moeder' bidt, bedoelt ze Maria, niet Elizabeth – de H. Maagd, niet de vrouw van koning George vi. Primitieve nonsens, zegt Arthur. Maar ze eet de ouwel en drinkt de wijn en voelt zich er beter bij: dat is geen illusie. De kille instrumenten die ze bij haar werk gebruikt – het glazen buisje met kwik dat onder de tong wordt geduwd, de koude membraan van de stethoscoop die op de borst wordt gelegd, de rubberen bal van een bloeddrukmeter – ze kunnen de spiritualiteit uit ieders hart verjagen. Maar voor haar zijn godsdienst en geneeskunde parallelle activiteiten. Werd haar in de kerk niet geleerd dat 'jullie priester de dokter van jullie ziel is – toon hem jullie wonden, opdat ze genezen worden'? Legde de retraite waarin ze in 1933 ging niet de nadruk op 'persoonlijke heiligheid en actieve katholiciteit'? Eenmaal per week heeft ze behoefte aan een ruimte waar ze haar hoofd kan buigen voor het numineuze, aan een ritus die bewijst dat het leven meer is dan visite lopen. Arthur probeert haar dat te ontzeggen – haar los te scheuren van haar eigen zijn. Wel, dat zal hem niet lukken. Ze zal het niet laten gebeuren. Ze heeft alles voor hem over, maar niet dat.

Bovendien, ze vraagt hem toch niet zich te bekeren? Ze verlangt alleen van hem dat hij de formaliteiten vervult. Zijn ze eenmaal getrouwd, dan verwacht ze heus niet van hem dat hij weer een voet in een katholieke kerk zet. Als hij van haar houdt, waarom kan hij dat dan niet voor haar doen? Wat stelt zijn liefde voor als hij haar dat ene niet toestaat. Eerder bloedde hun verhouding bijna dood wegens gebrek aan vuur. Nu is er vuur in overvloed, maar ook *het*. En *het* kan niet worden overwonnen als niet een van beiden water bij de wijn doet.

Ze vechten hun strijd niet in hun eentje uit. Beiden hebben bondgenoten en wenden zich tot die bondgenoten voor steun. Het komt Arthur goed uit dat de Azoren schijnbaar vol zitten met katholieke afvalligen, voornamelijk Ieren, die zonder ertoe te worden aangespoord standpunten verkondigen die precies met de zijne overeenkomen. Kim, niet onder de indruk, doet een beroep op haar eigen bataljons – haar broer Patrick, haar zwager Gerry, haar schoonzus Ruth en haar zussen Eileen en Kitty ('Heb er met Kitty over gesproken en die zei voordat ik iets had gezegd: "Als de kinderen maar RK zijn, dan is het wel goed." Ik moest het haar uitleggen. Uiteraard stond ze aan mijn kant.') Ze verwijst ook naar haar chef in het Dudley Road, Wentworth Taylor, 'Iers, maar niet RK', die op haar eerste dag 'een hysterectomie op een RK deed, een behandeling waarvan hij dacht dat ik hem er liever niet bij wilde assisteren. Erg aardig van hem: zie je wel, lieveling, dat het helemaal niet moeilijk is andermans principes te respecteren zonder de hand te lichten met de jouwe?' Natuurlijk stelt ze het te eenvoudig voor: het duurt niet lang of het verrichten van abortussen zal op het Dudley Road tot haar taken behoren en ze voert ze zonder te protesteren uit, want ze weet dat het vervelend zou zijn als zij ze zou weigeren. Zelfs in geval van een abortus is ze bereid een compromis te sluiten. Dus waarom kan hij geen compromis sluiten als het om een huwelijk gaat? En waarom doet hij zo koppig over hun hypothetische kinderen? Hij schrijft voor dat elk kind dat ze krijgen, pas in een kerk mag komen wanneer het twaalf of dertien is. Later verhoogt hij de inzet en zegt hij dat ze van hem 'pas in een RK kerk mogen komen wanneer ze 21 zijn en ik wil dat jij plechtig belooft dat je nooit zult proberen hen in enig opzicht te beïnvloeden'. Zijn halsstarrigheid hierover, jaren voordat ze kinderen krijgen, is opmerkelijk. Mijn moeder moet zich hebben afgevraagd of een huwelijk wel de moeite waard is als hij constant op de uitkijk ligt voor stiekeme indoctrinatie en de kinderen laat opdraven voor hun dagelijkse ondervraging ('En wanneer zag jij voor het laatst je moeder een kruisje slaan?').

Nog schokkender dan zijn halsstarrigheid vind ik zijn neerbuigendheid. Jaren later had hij de gewoonte haar aan de wereld voor te stellen als zijn kwetsbare wederhelft – lichamelijk zwakker (al zou hij eerder sterven dan zij), geestelijk ontvankelijker voor zorgen en verdriet. Dat was zijn galante en ouderwetse kant, bezorgd, zoals mannen van zijn generatie verondersteld werden te zijn. Maar in deze brieven is hij gewoon neerbuigend: ze is 'een zoet, eerlijk meisje', een 'heel eenzaam meisje' wier wereld hij op zijn kop heeft gezet, en nog meer van dat gezever. Wordt ze als vrouw gekleineerd of als katholiek? Misschien als beide. Zijn minachting voor zwakke en goedgelovige katholieken wordt omstandig beschreven: in die lange brief van 25 april gaat hij zo ver dat hij het katholicisme gelijkstelt aan syfilis en voert hij beide op als een ziekte die het gevolg is van een moment van onnadenkendheid. Hij geeft tussen de regels ook blijk van een liefhebbende minachting voor de andere sekse – vrouwen mogen dan wel proberen onverzettelijk en rationeel te zijn, hun snotterige emotionaliteit wint het altijd. Het is een opvatting die in de woningen van de toenmalige Engelse middenklasse de overhand had. Vrouwen, aldus het eenstemmige oordeel, waren niet in staat rationeel te discussiëren. Het was de taak van de man hen van hun aandoening te genezen. En dus ging Arthur aan het werk om Kim beter te maken.

'Bijna alle argumenten zijn door mij op tafel gelegd,' zegt hij, 'en nu ben jij aan de beurt. Laten we de feiten op een rijtje zetten en ze benaderen zoals we een patiënt zouden benaderen. Laten we een bloedonderzoek doen en kijken wat de uitslag is.

Laten we verstandig en rationeel een diagnose stellen.' Kordaat
en pragmatisch neemt hij zich voor haar katholieke onlogica uit
te bannen. Haar te deprogrammeren. En haar te bestoken met
feiten feiten en nog eens feiten.

ARTHUR AAN KIM, Azoren, 23-9-44

*Het Vaticaan zou naar verluidt Hitler een schuilplaats hebben
aangeboden. Hier zwijgt de spreker stil.*

KIM AAN ARTHUR, Birmingham, 24-10-44

*Ik zie dat Hitler het nu op de RK'en heeft voorzien – hij heeft
honderden burgers en priesters vermoord. Sommigen zullen
misschien denken, goed zo. Blijkbaar is dat wat er gebeurt de
laatste twee weken in Duitsland en nu geven de nazi's de RK'en
de schuld van al hun tegenslagen. Dus ik geloof niet wat je zegt
dat het Vaticaan Hitler een schuilplaats heeft aangeboden –
kletskoek.*

De oorlog die in het groot woedt, wordt onderdeel van hun
kleinschaliger oorlog. Terwijl op Londen en Dresden bommen
vallen, terwijl de geallieerden de Normandische stranden innemen, terwijl het Duitse leger zich uit Parijs en Rome terugtrekt,
kruisen Arthur en Kim degens en iconen. De paus is een ver-
momde nazi, zegt mijn vader die het bij een pint uit betrouwba-
re bron heeft vernomen. Onzin, zegt zij, de swastika wil het
kruis juist vermorzelen.

De geschiedenis doet vermoeden dat geen van beiden het
helemaal bij het rechte eind hebben. Voordat hij in 1939 paus
Pius XII werd had Eugenio Pacelli het zogenaamde Reich Con-
cordaat met Hitler gesloten, een deal waarin hij ermee instem-
de dat de politieke rechten van de Duitse katholieken werden

opgegeven in ruil voor de versterking van de katholieke kerk in dat land. In die zin was er inderdaad sprake van een alliantie tussen de nazi's en het Vaticaan en Pacelli legde de katholieke tegenstanders van het nationaal-socialisme in Duitsland effectief het zwijgen op. Noch de Nacht van de Lange Messen (toen zich onder de vijfentachtig 'vijanden' die Hitler afslachtte prominente katholieken bevonden), noch de invasie van Polen (een overwegend katholiek land) ontlokte een woord van protest aan de Heilige Stoel. Erger nog, Pacelli verhief zijn stem niet tegen Hitlers vervolging van de joden, zelfs niet toen hij op de hoogte werd gesteld van de *Endlösung*. Na de oorlog bleven historici het nog jarenlang voor Pacelli opnemen: het was zijn plicht geweest neutraal te blijven, betoogden ze. Maar nieuw bewijsmateriaal, door John Cornwell onthuld in zijn boek *Hitler's Pope*, suggereert dat de vicaris van Christus schuldig was – en zelf enigszins een antisemiet.

In dat opzicht heeft mijn vader (nog niet mijn vader) gelijk: in overdrachtelijke zin was het Vaticaan inderdaad een schuilplaats voor Hitler en was de paus zijn pion en marionet. Maar mijn moeder (nog niet mijn moeder) heeft gelijk toen ze de bewering tegensprak dat Pacelli Hitler letterlijk een wijkplaats aanbood toen die de oorlog begon te verliezen. En het klopt ook wat ze zegt dat de Führer geen vriend van de katholieken was. Hoewel hij katholiek was opgevoed zei hij eens tijdens een ss-bijeenkomst dat hij de katholieke kerk 'als een pad' onder zijn hak zou vermorzelen. En hij verkondigde verder in 1943: 'We zullen die zwijnenbende opruimen. Denkt u dat ik onder de indruk ben van het Vaticaan? Ze interesseren me niets.' De paus had zijn stem tegen de wreedheden van de nazi's kunnen en moeten verheffen. Maar hij speelde niet met Hitler onder één hoedje – en dat erkenden de geallieerden ook impliciet door Rome niet te bombarderen.

Als oorlogscorrespondent zitten mijn ouders (nog niet mijn

ouders) veel te ver van het krijgsgewoel af om er accuraat verslag van te kunnen doen en gaan ze veel te veel op in hun eigen veldslagen om (zoals de paus) te kunnen veinzen dat ze neutraal zijn. Wat op het spel staat is de toekomst die ze in vredestijd zullen hebben. Katholiek contra protestant. Katholiek contra agnosticus. Katholiek contra atheïst. Ongeacht waar de discussie over gaat, ze breidt zich telkens uit naar elk aspect van hun leven. Ze bekvechten over de film *Song of Bernadette* – 'goed geacteerd,' zegt Arthur, 'maar ik hoef je niet te zeggen wat ik van het onderwerp vind.' (De film gaat over een boerenmeisje dat in Lourdes een visioen van de H. Maagd krijgt. 'Voor wie in God gelooft is geen verklaring nodig,' aldus de proloog van de film. 'Voor wie niet in God gelooft is geen verklaring mogelijk.') Maar het felst bekvechten ze over een bestseller, Howard Springs *My Son My Son* dat aanvankelijk als *O Absalom!* in 1938 uitkwam. Arthur leest het in zijn tent, Kim herinnert zich dat ze het in Ierland las en vertelt dat ze een bepaald stuk aanstootgevend vond. Zat die aanstootgevende passage in het begin, vraagt Arthur, wanneer Bill, de Manchesterse verteller, en zijn eerste vrouw Nellie (die een non-conformistische achtergrond heeft) op bezoek gaan bij Dermot en zijn vrouw Sheila, allebei katholiek en Iers Nationalistisch? Nee, zegt ze, dat stuk niet, het was een seksueel getinte passage 'die volgens mij niet voor het verhaal nodig was'. Hij snapt nog altijd niet waar ze het over heeft. 'Ik zou niet weten welke passage in die zin slecht is. Toen Maeve naar bed ging met Oliver of toen Bill naar bed ging met Livia?' Is het niet vrij bekrompen van haar, vraagt hij. De suggestie maakt haar ziedend. 'Ik heb de hele dag gewacht met terugschrijven tot ik een beetje was bekoeld. Ik las het boek toen ik een jaar of 17 was en mijn morele maatstaven lagen toen waarschijnlijk hoger. Maar ik heb andere boeken gelezen waar hetzelfde in stond en daaraan heb ik me nooit gestoord.' Beschaamd bindt Arthur in. 'Ik vind niet dat je bekrompen bent (ik kan dingen tegen jou zeggen die ik nooit tegen iemand anders zou durven zeggen), behalve in één opzicht en je weet wel welk.'

Hij bedoelt godsdienst, maar seks is daar wel degelijk een onderdeel van. De passage waarin wordt beschreven dat Bill en Livia met elkaar naar bed gaan is, gemeten naar toenmalige maatstaven, gewaagd ('Ze duwde mijn hand onder haar losse jumper tegen het warme vlees van haar gespannen borsten. Ze drukte zich tegen mij aan, haar benen tegen de mijne, levend en hartstochtelijk.') Arthur vindt het vrij pikant. Kim is ertegen, omdat de seksuele daad buiten het huwelijk plaatsvindt. Los van haar eigen gedrag ('Wie ben ik om kritiek te leveren op het gedrag van anderen?') vindt ze seks voor en buiten het huwelijk een zonde. Ook over seks binnen het huwelijk zijn hun meningen vanwege de kwestie geboortebeperking verdeeld. Hij laat zich geringschattend uit over periodieke onthouding; zij staat geen voorbehoedmiddelen toe. Nog gevoeliger ligt de kwestie lichamelijke intimiteit. Hij had, vertelt hij, met de gedachte gespeeld een bijpassende pyjama te laten maken voor zijn toekomstige bruid en hemzelf, maar 'Throne zei dat ik wel gek was, want wanneer je veertien dagen bent getrouwd heb je nooit meer iets aan'. Een aanlokkelijk vooruitzicht, zegt hij. Maar dat 'zeker niet van toepassing is op ons', antwoordt ze. 'Geen discussie, ik wil het je gewoon laten weten. Anders zal het een lits-jumeaux worden. En beide zullen worden gebruikt ook.' De toon is plagerig, maar hij vraagt zich bezorgd af hoe serieus ze het meent. Zou seksuele geremdheid een neveneffect van haar geloof zijn?

Oorlog, films, boeken, bed, geboortebeperking – de vloek van haar katholicisme wierp periodiek op alles een smet. Zo ook haar Periode zelf.

KIM AAN ARTHUR, Birmingham, 4-4-44

Voordat ik vertrok nog op bezoek geweest bij Maurice en Peg in Belsize. Na lunch en cocktails ging Maurice golfen en bleven Peg en ik gezellig zitten. Dat was eigenlijk het enige waar ik zin in had, want ik was niet op mijn best – de periode. (Het is een maand geleden dat ik in Cornwall was.)

ARTHUR AAN KIM, Azoren, 16-4-44

Vroeg me af wat de censor zou vinden van het 'periode'-stukje in je brief. 'Het is een maand geleden dat ik in Cornwall was' wekte de indruk dat ik me misschien ongerust zou maken. Het werd niet gecensureerd, maar... ik ben verrekte blij dat ik geen vrouw ben.

ARTHUR AAN KIM, Azoren, 19-10-44

Ontving zojuist je brieven. Wat valt er meer te zeggen dan ik al heb gezegd? Ik hoop en bid alleen dat ik door de herhaling jou zal kunnen overtuigen.
Tussen twee haakjes, je vertelt dat je je periode op de 15e had, nadat je op de 13e die doodongelukkige brief had geschreven. Besef je wel dat je somberste stemmingen daar allemaal erg mee samengehangen? Dat is uit je brieven vrij duidelijk te merken.

KIM AAN ARTHUR, Manchester, 16-11-44

Heb even gewacht met het antwoord op je brief. Wist aanvankelijk niet wat ik moest zeggen. Maar toen, in het licht van je opmerkingen over de samenhang tussen mijn doodongelukkige brieven en de periode, besloot ik te wachten tot die over was –

maar ook dat is niet van een leien dakje gegaan en het is nog al-
tijd niet zover.

ARTHUR AAN KIM, 2-12-44

Je brieven zijn de laatste tijd heel onpersoonlijk, lijkt het; weet
niet waarom. Op de 18e klonk je weer doodongelukkig – ik denk
dat mijn theorie daarmee eens te meer wordt bewezen – en ik
kan er zelfs aan toevoegen dat er de hele voorafgaande dag ook
duidelijk sprake is van prikkelbaarheid bij jou, lieveling, hoewel
niet zo opvallend als bij sommige vrouwen.

Omdat ze allebei arts zijn praten ze zonder schaamte over haar
ongesteldheid. In augustus vertelt ze hem dat ze heeft 'ontdekt
waarom ik de laatste paar dagen zo prikkelbaar was. Vandaag
prima, maar plan om met Louise te gaan zwemmen is door periode gedwarsboomd.' In een andere maand klaagt ze over hevig
bloedverlies en zegt ze dat dagen achter elkaar 'mijn periode
nog altijd flink tekeergaat'. Ze gebruikt ook andere woorden om
haar ongesteldheid te beschrijven – 'plotselinge aanval van de
blues', of: 'niet in vorm, om zeer duidelijke reden'. In oktober
hoeft ze alleen maar te zeggen: 'Merkte waarom ik me zo flets
voelde – gek zoals de tijd vliegt,' en hij weet waar ze het over
heeft. 'Je brieven zijn de laatste tijd een stuk opgewekter,' merkt
hij op, 'maar ik neem aan dat je tegen de tijd dat je dit krijgt,
weer ongesteld zult zijn.' In december merkte hij voorzichtig op:
'Je gaat onregelmatig worden, hè' (nee, werpt ze tegen, niet wór-
den, ze is het altijd al geweest) en dan voegt hij eraan toe, met
iets dat tussen een verlekkerde opmerking en een huwelijksaan-
zoek ligt: 'Ik zou er maar iets aan doen voordat we er te oud
voor zijn.' Ze gaat er niet op in, maar vertelt hem over een hoofdverpleegkundige op de poli die haar om raad heeft gevraagd: de
vrouw is net ongesteld geworden en ze maakt zich vreselijk zor-

gen dat – het ergste van het ergste – haar volgende ongesteldheid zal samenvallen met haar trouwdag over vier weken.

Voor Kim is het heel gewoon zo te praten. Ze werkt op Gynaecologie, heeft te maken met geboorten en bloed en menstruatiecycli, dus waarom niet? Voor hem hoort het bij de speciale band die ze met elkaar hebben en hij betwijfelt of andere geliefden (zelfs andere artsen die geliefden zijn) even openhartig zijn. 'Is het niet grandioos om zo open met elkaar te kunnen praten, lieveling?' schrijft hij. 'Afgaande op de brieven die ik heb gecensureerd betwijfel ik of er veel getrouwde stellen zijn die elkaar half zo goed kennen als jij en ik. We praten het ene blaadje na het andere over perioden, huizen, noem maar op – over alles en nog wat.' Omdat hij haar niet op vergelijkbare zaken kan vergasten doet hij zijn best haar op de hoogte te houden van zijn stoelgang – of door te onthullen dat hij haar brieven soms leest terwijl hij op de wc zit. Of zij zulke details wenst te horen valt te betwijfelen, maar ze is blij dat ze elkaar zo ongeremd in vertrouwen kunnen nemen. Andere aspecten van haar leven – en haar lichaam – zijn voor hem een gesloten boek. Maar haar ongesteldheden zijn geen reden voor zulke geremdheid.

Praatte ze er graag over, omdat het algemene bezwaar tegen vrouwelijke artsen luidde (zelfs nadat hun pionier Elizabeth Garrett Anderson in 1866 in het Britse medische register was ingeschreven) dat ongesteldheid (en ook hun gebrek aan lichaamskracht en kleinere hersenomvang) hun kundigheid en inzetbaarheid nadelig beïnvloedde? Was de nadruk die ze legde op haar andersheid, haar vrouw-zijn, een middel om zulke vooroordelen te bestrijden? Misschien. Maar daardoor stel ik haar als een feminist voor en dat was ze niet. Arthur op zijn beurt kreeg zoveel over menstruatie te horen als een man zich maar wensen kon. Helaas bevestigt wat hij te horen krijgt alleen maar zijn mening dat haar ongesteldheid een ongelukkig 'probleem' is, net als haar geloof. Sterker nog, hij suggereert zelfs dat er een direct verband tussen beide bestaat: wanneer ze tegen haar menstruatie aan zit ziet ze door het premenstrueel syndroom hun situatie het somberst in, dat wil zeggen, PMS zet haar aan om fanatieker RK te worden. Hoe voelt ze zich daaronder? Bevoogd, of begrepen? Een casestudy voor een door hem te schrijven spitsvondige medische these? Of het slachtoffer van bot, mannelijk vooroordeel (het soort vooroordeel waarvan hij een beschrijving geeft wanneer hij haar vertelt dat zijn collega Musgrave opmerkt, na ontvangst van een humeurige brief van zijn verloofde: 'Heleen zit zeker midden in haar periode. Ik zie aankomen dat ik één week van elke vier buitenshuis zal moeten wonen.') Ze geeft toe dat ze veel last heeft van PMS – 'Betreffende de periode en de "prikkelbaarheid de hele voorafgaande dag": bij mij is het min of meer de hele voorafgaande week' – en na een onaangename woordenwisseling zegt ze dat ze zich kan indenken dat hij 'op de terugweg naar de mess de vrouwen [heeft] uitgekafferd om hun kafferigheid'. Ze wacht er zelfs mee hem over het geloof te schrijven tot ze ongesteld is geworden. Maar op deze manier weerlegt ze ook zijn these. Zie je wel, zegt ze, zelfs wanneer het bloed is gekomen denk ik over mijn geloof nog net zo. *In sanguine veritas.*

Hij vindt haar ongesteldheid en haar geloof een beproeving. Hij wil gelukkig zijn, maar hij kan pas gelukkig zijn wanneer hij ook haar gelukkig maakt. Geluk is in zijn ogen: huwelijk, zwangerschap en een eind aan het katholieke ritueel van bloed en wijn.

Zes jaar later maakte hij tijdelijk een eind aan haar maandelijkse bloeding – of ik deed het. Ook de openhartigheid verdween. Ik kan me uit mijn jeugd geen enkel gesprek over menstruatie herinneren; of over maandverbanden of tampons die overal in het huis rondslingerden. Tot aan hun huwelijk waren ze (zo merk ik nu) opmerkelijk open tegen elkaar. Maar tegen de tijd dat ik er was waren seks en vruchtbaarheid geen onderwerp van gesprek meer. Ook katholicisme en Ierland stonden niet meer op de kaart. Al deze onderwerpen hadden in zekere zin met elkaar te maken. Maar geen een werd aangeroerd.

ARTHUR AAN KIM, Azoren, 23-8-44

Wat weet je familie van mij – iets? Misschien wacht je eerst tot je thuis bent voordat je erover begint – heb ik gelijk?

KIM AAN ARTHUR, Birmingham, 1-9-44

Mijn familie weet niets van jou, lieveling, met uitzondering van Eileen, Sheila en Kitty – en ik neem aan Patrick, via Ruth. Ik bedoel, mammie en pappie weten niets – ik heb je al eens verteld dat ze het niet goed zouden vinden. Ik bedoel niet om jou persoonlijk, maar om wat je niet bent.

ARTHUR AAN KIM, Azoren, 23-9-44

Maar wat zeggen je ouders dan wanneer ze jou elke dag brieven zien schrijven? Hebben ze jou niet over me gevraagd?

KIM AAN ARTHUR, Birmingham, 30-9-44

De avond voordat ik uit Ierland vertrok vroeg mammie over ons – ze had je brieven zien komen. (De postbezorging is namelijk vrij goed, weet je – opmerkelijk, nietwaar, van het ene achterlijke land naar het andere.) Het eerste wat ze natuurlijk vroeg was of je RK was en toen ik 'Nee' zei, maakte ze zich zorgen en vond ze het niet goed. Ik weet dat ze vreselijk teleurgesteld zou zijn als ik met jou zou trouwen. Ik heb ook een lang gesprek gehad met pappie, maar niet over ons, want hij was ziek en ik wilde hem niet van streek maken. Maar mammie zal het hem

wel vertellen en trouwens, ik weet dat hij er net zo over denkt.
Niet dat dat me ervan zou weerhouden met jou te trouwen, lie-
veling – ze zouden me nooit meer willen zien, maar als ik jou
had zou ik dat niet erg vinden – zolang we maar in een RK kerk
trouwen, want ik zou me niet getrouwd voelen als het voor de
burgerlijke stand zou zijn.
Je vindt waarschijnlijk dat ze een tikkeltje hard zijn, maar om-
dat ze zijn opgegroeid in een RK land is het geloof erg belangrijk
voor hen. Je weet ook dat jouw vader het niet goed zou vinden
en dat zou jou ook zorgen baren.

Speelde ze maar open kaart met haar ouders, zegt Arthur tegen
haar, dan zou alles best goed komen. Maar daarin vergist hij
zich. De O'Shea's zijn goede katholieken – vooral haar moeder.
Die gaat elke dag naar de mis en zou niets liever hebben gezien
dan dat een van haar zoons priester was geworden (Paul, de
jongste, ging inderdaad naar het seminarie, maar toen ontdekte
hij tot haar ontzetting vrouwen en liep hij weg en nam dienst in
het Britse leger). Een O'Shea trouwen met een niet-katholiek?
Het idee alleen al! Geen van Agnes' broers en zussen zijn gemengd getrouwd. Sterker nog, haar schoonzus Ruth was na het
huwelijk met haar broer Patrick katholiek geworden. Weinig
kans dat Arthur haar voorbeeld zal volgen. Vandaar dan ook dat
ze, wanneer ze haar moeder vertelt dat haar vriend protestant is,
de verwachte reactie krijgt.

Ze zou kunnen verdragen dat haar ouders alle banden met
haar verbraken, zegt ze, zolang Arthur maar instemt met een huwelijk op haar voorwaarden. Het is een moedig offer, maar ik
betwijfel of ze het meent, of dat ze, als ze het wel meent, er de
consequenties van kan overzien: de wond – zowel bij haar ouders als bij haar – zou te diep zijn. Tussen de foto's die ze heeft
is er een waar haar ouders op staan, zittend op een bank, diep in
gesprek. Margaret leunt op Patricks schouder; hij fronst zijn

wenkbrauwen en sluit zijn ogen, alsof hij zojuist iets heeft vernomen wat hij liever niet wil horen. Het is een foto van Patricks mogelijke reactie wanneer hij de waarheid over haar vriend verneemt en ze houdt veel te veel van hem om hem aan zo'n schok te willen blootstellen. Het is al erg genoeg dat ze het haar moeder heeft moeten vertellen en haar afkeuring heeft moeten zien. Eerlijkheid? Wat koop je voor eerlijkheid? Er komt alleen maar onrust en narigheid van.

Dat die aansporing om eerlijk te zijn van Arthur af komt is eigenlijk schandalig, want het echte verstoppertje wordt niet gespeeld in Langford Street, maar in Windyridge. Haar ouders hebben Arthur nooit ontmoet, maar wanneer ze naar hem informeren vertelt ze hun hoe de vork in de steel zit. Zijn ouders hebben Kim vrij goed leren kennen, maar ze zijn over haar geloof in het ongewisse gelaten. Niet alleen heeft hij er scherp op gelet dat hij er niet over rept, hij heeft ook Kim gevraagd haar uiterste best te doen dat het geheim blijft. Dat is dan ook de reden dat ze, toen ze het jaar ervoor de weekenden in Windyridge logeerde, zondagmorgen wegglipte onder het voorwendsel dat ze naar het Hope terugging om visite te lopen – terwijl ze in werkelijkheid stiekem naar de kerk ging. Mary was op de hoogte van het bedrog. In de loop der tijd werd ook Kathleen in het complot betrokken. De enige die het niet wist was Ernest. En die mocht het nu niet te horen krijgen. En die mocht er nooit achter komen, al zou de wereld in elkaar storten.

In een brief aan Arthur in de zomer van 1944 maakt Mary duidelijk waar ze zich voor gesteld zien:

Ik vond dat ik je beter kon laten weten dat paps jou waarschijnlijk zal schrijven om je te vragen tot welke kerk Kim behoort, want het ziet ernaar uit dat hij er momenteel over op het oorlogspad is. We zeggen allemaal dat we het niet weten en wat mezelf betreft, ik laat me niet door paps erbij betrekken. Je weet hoe

achterlijk onverdraagzaam hij is over het geloof, dus je moet
doen wat jou goeddunkt, maar neem een goede raad van me
aan en laat je leven niet door hem vergallen. Hij heeft zijn leven
kunnen leven zoals het hem goeddunkte en nu is het jouw beurt.
Kim is een schat van een vrouw en ze houdt van je en haar le-
ven zal volkomen geruïneerd zijn als ze niet met jou trouwt.
Wees geen stommeling. Jullie zijn geknipt voor elkaar. Jullie zijn
jong. Jullie hebben het recht om het geluk te smaken. Grijp het,
Arthur – ik weet hoe het is om het te verliezen.

Arthur is blij met haar steun, maar hij antwoordt dat zijn opvattingen over het geloof 'erg overeenkomen met die van paps' en
dat hij zich niet kan voorstellen dat hij ze zou veranderen, zelfs
niet om de vrouw te trouwen van wie hij houdt. De voor de
hand liggende oplossing is dus, zegt Mary, 'Kim RK te laten blijven'. Maar daarmee is het probleem Ernest nog niet van de baan,
want die 'dreigt met alles en nog wat' als Kim katholiek mocht
blijken te zijn (zijn grootste angst is dat Arthur zich dan zou bekeren). Die dreigementen strekken zich zelfs uit tot zelfmoord:
hij heeft er de laatste tijd een handje van zich in de badkamer
op te sluiten en te zeggen dat hij met een scheermes zijn polsen
zal doorsnijden. Ernest vertellen hoe de vork in de steel zit zou
riskant zijn (net zoals het riskant is als Kim het haar vader zou
vertellen), maar Mary denkt dat het veiliger voor hem is als hij
het weet.

Op Mary's aandringen doet ook Ron een duit in het zakje: 'Ik
weet niet of je al stappen hebt overwogen, maar het is een situatie die je onder ogen moet zien, beste kerel. Als je vader voet
bij stuk houdt, kan het gewoon niet anders of hij komt erachter
hoe de vork in de steel zit. Ik weet dat het mij niets aangaat,
maar ik zou het hem recht op de man af vertellen. Het huis zal te
klein zijn, maar ik denk dat dat het beste is – na al de problemen, het liegen en draaien over dit en over dat toen we klein

waren raak ik ervan overtuigd dat eerlijk toch het langst duurt. Ik weet dat het een cliché is, maar (...).' Arthur antwoordt dat hij bereid is het zijn vader persoonlijk te vertellen, maar niet per brief – en dat betekent, wachten tot hij thuis is, minstens nog een halfjaar. Hij hoopt dat Ron en Mary in de tussentijd discreet kunnen zijn. Als de waarheid aan het licht zou komen... hij moet er niet aan denken. Zijn vader zal Kim uit Windyridge verbannen. Of eisen dat er een eind aan de relatie komt. Of zich zelfs iets aandoen.

De venijnigheid van Ernest anti-katholicisme is voor iemand van mijn generatie moeilijk te begrijpen. Hij was geen kerkganger, of ook maar enigszins geïnteresseerd in godsdienstige zaken – vanwaar dus dat gif? Misschien kun je over mensen die echt bevooroordeeld zijn, niets anders zeggen dan dat ze niet weten dat ze bevooroordeeld zijn: in plaats van een opvatting te huldigen, dragen ze haar als een tweede huid, zonder zich er opgelaten over te voelen. Ernest deed me denken aan Daniel Defoe's beschrijving van anti-katholieke fanatici in de achttiende eeuw – 'stevige kerels die bereid waren tegen het pausdom te strijden zonder te weten of het nu een man of een paard was'. Waar kwam zijn fanatisme vandaan? Deels was het de non-conformistische geest van Noordwest-Engeland, de kerkgeur die hij inademde zonder ooit naar de kerk te gaan. En deels was het gewoon de taal van bourgeois Engeland. Haat jegens katholieken was endemisch voor Engelands moderne koopmansklasse – ook haat jegens zwarten, joden en homoseksuelen. In een brief uit Afrika beschrijft Ron zijn bediende in bewoordingen die wij racistisch zouden noemen, maar die destijds algemeen waren ('Ik heb mijn eigen *dhobi boy*. Ik weet niet hoe hij heet, maar de eerste twee lettergrepen klinken als Mo-Mo, dus hij is Momo. Hij is net zo stom als de andere nikkers, maar door hem er voortdurend aan te herinneren en hem nu en dan een schop op de juiste plaats te geven is het mij gelukt hem mijn was te laten doen, hem drinkwater voor me te laten halen, mij bananen en ananas te brengen, enzovoort'). En het volgende schrijft een bevriende arts van Arthur in 1941:

> *Penrith is een echt hol voor lafbekken aan het worden. Het moet er wel heel aangenaam zijn, want de joden zijn op de geur afgekomen en nu zie je menige vette jodin door de stad waggelen. Aangezien er een tekort aan vet is, vind ik dat deze jodinnen zich vrijwillig zouden moeten melden om te worden gekookt en als smeer te worden gebruikt. Ik klink misschien een beetje bitter en antisemitisch, maar een of twee exemplaren van dat soort zijn op mijn spreekuur geweest en mijn God, wat werd ik knots van hen. Met al die rotkonijnen die zich in Penrith schuilhouden heb ik het behoorlijk druk.*

Voordat foto's van Bergen-Belsen en Auschwitz duidelijk maakten waar zulke vooroordelen toe leidden spraken veel mensen in Groot-Brittannië zo. In een brief aan Arthur in september 1944 over de kwestie Hitler-het Vaticaan rondt Ernest zijn minachting voor de katholieken af met een zin waarin hij hen met joden vergelijkt:

> *Enfin, het oorlogsnieuws overtreft alle verwachtingen. Wanneer het eenmaal met Duitsland is gedaan geef ik de Jappen nog een halfjaar, dus als alles goed loopt ziet de situatie er komende juni heel anders uit. De enige vraag is met wie we vrede moeten sluiten – zeker niet met Hitler. Ik merk dat Rome zegt dat hij in het Vaticaan een schuilplaats kan krijgen. Ik heb nooit veel op gehad met die godsdienst en nog minder met de priesters. Sterker nog, ik kan die k----z-kken niet zíen en ik spreek uit ervaring. Voor geld bieden ze alles en iedereen een schuilplaats aan. Ze zijn net zo erg als de joden.*

Kim, als gast aan zijn lunchtafel, had hem zulke meningen vaak horen verkondigen. Misschien overdreef hij zijn vooroordeel jegens katholieken (hoe primitief ze wel niet waren, hoe onontwikkeld, hoe groot hun gezinnen) in de hoop haar uit haar tent te lokken, maar zo ja, dan had die tactiek geen succes. Toen ze naar Birmingham vertrok en niet langer in Windyridge op bezoek ging, was ze verlost van de druk van stilzwijgen en geheimhouding. Maar zelfs daar was ze bang dat haar geloof tegen haar gebruikt zou kunnen worden en nam ze alleen Taylor in vertrouwen, haar chef. Eens zou het geheim toch wel uitkomen, maar voorlopig zou ze tegen iedereen die ernaar vroeg zeggen dat ze geen katholiek was, nooit katholiek was geweest en niet van plan was ooit katholiek te worden.

Als kind wist ik niet dat mijn moeder katholiek was. Als volwassene werd me gevraagd erover het stilzwijgen te bewaren. Als wees, die zich vastklampte aan zijn schatkist met brieven, ontdekte ik wat een enorme kwestie het was geweest. Al die gevechten. En al die leugens die ze moest vertellen. Ik had een gevoel of ik in tweeën werd gescheurd – mijn vader, de Engelse humanist, heerste over mijn hoofd, mijn moeder, de Ierse katholiek, heerste over mijn hart. De brieven gaven geen indicatie hoe ze de grote kloof hadden weten te overbruggen. Ik wist dat ze een uitweg gevonden moesten hebben, anders zou ik er niet zijn geweest. Maar in 1944 was geen van beide partijen in de stemming voor een compromis. Net als met de oorlog kon er maar één uitkomst zijn: mijn vader (en Engeland) zou winnen. Maar vrede lag nog ver in het verschiet. Er zou nog een heleboel terrein opgegeven moeten worden. En voorlopig zouden noch de Duitsers, noch mijn moeder zich gewonnen geven.

8 Tuttelen

ARTHUR AAN KIM, Azoren, 1-8-44

Na de lunch een beetje rondgetutteld, vervolgens de rest van de middag weer aan de radio gehangen. Ging me afvragen wat ik met mijn tijd moest doen. De eerste augustus! Ik zal hier gauw vijf maanden erop hebben zitten. Wanneer is deze rotoorlog eindelijk eens voorbij? Ik zit hier maar op een canvasstoel en doe alsof ik me vermaak, terwijl ik in werkelijkheid een gevoel heb of ik mijn leven vergooi. Ik weet dat miljoenen anderen sinds het begin van de oorlog hetzelfde hebben gezegd, maar ik word er nog altijd dol van. Ik ben nog nooit zo humeurig geweest.

Gisteren met het vervoer van 5 uur naar het strand in Praia gegaan, een uurtje met een medicijnbal gegooid, toen wat gezwommen, in een kano gepeddeld die Bugs en Smithie hebben gemaakt en geëindigd met een sprintje over het strand. Wat een oorlogsinspanning, vind je niet?

Hier de laatste tijd ponden fruit en ik geniet – appels en peren en pruimen. Kregen gisteren bij het avondeten dadels (met kreeftensalade en hors d'oeuvre). Dacht dat je het wel leuk zou vinden het te horen. Het zijn de enige dadels die ik waarschijnlijk voor lange tijd te zien zal krijgen. O lieveling, weet je nog onze wandeling naar Boscastle en onze fietstochtjes en die lieve Tante? Zou je niet graag weer in Davidstow willen zijn?
Gisteren in de zon gezeten en heel bruin geworden. Het is prachtig weer geweest, heel erg onengels weer – of oniers. Ze zeiden dat ik er nu goed uitzie – was je maar hier. Mijn haar is van voren erg gebleekt – ik zou al een blondje kunnen zijn. Een van de jongens zei vandaag: 'Je bent door de zon gekust,' maar daar heb ik weinig aan – een slechte plaatsvervanger. Wat een vreselijke gedachte dat we allebei onder dezelfde zon zitten te bakken, maar o zo ver van elkaar.

In mijn woordenboek staat tussen 'tuttebel' en 'tutten' niets. Wel vind ik in een ander woordenboek het zelfstandige naamwoord 'tuttel', dat 'fopspeen' of 'sabbeldoekje' betekent. Maar voor Arthur in 1944 is *tuttelen* of *rondtuttelen* een werkwoord, een actief werkwoord voor een inactieve bezigheid. Hij is jong en energiek, met zeeën van tijd. Maar het enige dat hij kan doen is tuttelen. En wat valt dat hem zwaar.

Het begint met de landingen in Normandië op D-Day. Hij hoort het op de radio en het duurt niet lang of hij kijkt jaloers naar het bioscoopjournaal. Waarom zit híj niet bij de acties in Frankrijk? Waarom is híj niet zo'n geluksvogel als Ron die verwacht dat hij elk moment daarheen zal worden overgeplaatst? Hij speelt met de gedachte een gesprek aan te vragen met Carslake, de commandant, en tegen hem te zeggen: 'Luister eens hier, ik ben in Plymouth geweest (na de blitzen), in IJsland en op de Azoren. Ik heb een goede staat van dienst, dus wat zou u ervan zeggen *als u me eens liet meedoen aan de oorlog?* Het risico bestaat dat ze hem in een land als Birma zullen stationeren en dat zou, weet hij, zijn familie die al genoeg onder verliezen te lijden heeft gehad, de grootste zorgen baren. Maar in elk geval zou hij dan kunnen bewijzen dat hij een man was. Hij legt het aan Kim voor, maar die probeert hem ervan te weerhouden. 'Waarom zou je je vrijwillig melden, lieveling? Je draagt al je steentje aan de oorlog bij, het steentje dat jou is opgedragen, dus waar maak je je druk over? Ik moet er niet aan denken dat je in Birma zit. Ik moet er niet aan denken dat je in Frankrijk zit. Ik moet er ook niet aan denken dat je op de Azoren zit, maar daarvan weet ik tenminste dat je er veilig bent.' Arthur, niet omgepraat en niet om te praten, wendt zich officieel tot Carslake, maar krijgt te horen dat het vergeefse moeite is. Ze hebben in Europa geen RAF-artsen nodig. Hij moet blijven zitten waar hij zit en zijn tweede operationele tour gewoon uitdienen.

De tijd kruipt. Hij doet veel aan sport – hockey, rugby, zelfs voetbal waar hij waardeloos in is – aangespoord door zijn vader die hem voorhoudt dat hij als officier-arts de taak heeft het squadron fit te houden. 'Je kunt naar de zin van de jongens nooit genoeg aan sport en spel doen.' Sommige activiteiten zijn een stuk stupider – kluitje gooien bijvoorbeeld ('een stevige hand aarde verzamelen – stenen zijn verboden – en die naar elkaar toewerpen en dan naar je tent rennen voor dekking'). Andere kunnen nauwelijks activiteiten worden genoemd: hij zit met een vriend de hele middag naar een mierennest te kijken ('Dat gebeurt er met je na een tijdje'). Hij vindt in de buurt van Praia een goede plek om te zwemmen: een zandstrand – dat wil zeggen, lavastof. Maar dan wagen op een dag enkele knuppels zich te ver in het water en verdrinken bijna in de aflandige stromingen, waarna zwemmen is verboden. Hij maakt verscheidene uitstapjes naar de stad – om te eten, te winkelen, een snee in zijn neus te krijgen, op bezoek te gaan bij zijn Portugese oppasser Francisco, een controlebezoek te brengen aan (maar zonder gebruik te maken van) het bordeel – en, als bizarste ervaring, om een stierengevecht te water bij te wonen. In een kleine inham aan de voet van verticale kliffen verzamelen zich honderden mensen, sommigen veilig achter een cementen muur, anderen open en bloot om hun machismo te testen. Een vuurpijl wordt afgeschoten en een stier, die aan een lang touw vastzit, wordt losgelaten. Het dier stormt de weg af, langs de kade, over het strand, jaagt toeschouwers alle kanten op. Dan holt het weer de glooiing op waar het vandaan is gekomen en jongemannen rennen als een gek voor hem uit. Dan weer naar het strand beneden waar het tot zijn hals in de golven verdwijnt. Na een poosje wordt het touw ingehaald en wordt de stier weer vastgezet. Daarna wordt de voorstelling met een andere stier herhaald en daarna weer met een derde. Niemand raakt gewond – zelfs de stieren niet. De hele gebeurtenis is een excuus voor de plaatselijke jongelui om te vechten en dronken te worden ('zigzag' heet dat in het plaatselijke dialect). Rennen met de stieren. Rennen met de golven. Arthur zou graag met het feest mee willen doen. Maar hij voelt zich buitengesloten, een Engelsman tussen zuiderlingen. De absurditeit dat hij, midden in een oorlog, daar zomaar zit dringt opnieuw in volle hevigheid tot hem door. 'Wat is het godvergeten zonde van de tijd en van de beste jaren van mijn leven.'

Ook de dienstklopperij in de mess benauwt hem. Er komt een nieuw voorschrift dat leden niet met drank in de conversatiekamer mogen komen wegens 'incidenten' in het verleden (al weet niemand welke dat zijn geweest). Carslake voert een dagelijks middagappèl om vijf uur in – verplicht voor het hele squadron, inclusief de ovc's – en draait daarmee de vrije middagen de nek om. Verder komt er om de veertien dagen een nieuwe gezamenlijke dineravond voor officieren waar, zoals Arthur het Kim beschrijft, 'we als een stel schooljongens die de leraar volgen, ons om 7.30 in een van de vertrekken verzamelen voor sherry of gin (maar geen bier en we mogen niet roken en bij het binnenkomen moeten we Goedenavond zeggen tegen de preses van de messcommissie). Dan valt er een stilte wanneer het Grote Blanke Opperhoofd binnenkomt en voor zichzelf iets te drinken bestelt. Wanneer hij zover is dat hij aan tafel wil, gaat hij ons voor naar de eetzaal en daar blijven we allemaal in de houding achter onze stoel staan tot hij plaatsneemt. Indrukwekkend, hè?' Arthur vindt van niet. Net zo min als Throne en Coffin die later een negatieve beoordeling krijgen wegens onkrijgstuchtelijk gedrag, ondanks het feit dat ze zich uitstekend van hun taak kwijten. Arthur maakt er een vernietigende opmerking over wanneer hij Kim de volgende keer schrijft, misschien onbezonnen, want de censurering van brieven is verscherpt. Om zich in te dekken schrijft hij soms in de derde persoon waarbij hij zijn gedachten en bezigheden toedicht aan een verzonnen personage die naar de naam Jack luistert. Maar misschien is het geen toeval dat Carslake kort erop een brief schrijft aan het ministerie van Luchtmacht waarin hij wijst op het feit dat kap. Morrison, hoewel op 3 jan 1944 officieel gestationeerd op de Azoren, 'twee maanden extra in het VK is verbleven in afwachting van orders' (en bovendien 'in juni een aantal dagen in het VK heeft gehad' vanwege het poliogeval waarmee hij is teruggevlogen), en hij het ministerie verzoekt zijn tour te verlengen. 'Wat een uitgekookte vuilak,' klaagt Arthur tegen Kim. 'Wat een achterbakse, vuile rat.' Is er verschil tussen het nazisme en de dienstklopperij bij de RAF, vraagt hij zich af. Als Carslake inderdaad discipline wil invoeren, kan hij beter iets doen aan 'dat daar', homoseksualiteit die, aldus Arthur, 'als een felle brand' om zich heen grijpt, de laatste keer bij twee officieren. 'Het wordt net zo erg als Reykjavik,' zegt hij tegen Kim, 'waar die vent zichzelf doodschoot. Deden ze dat allemaal maar?' Er worden zelfs verhalen verteld over geslachtsverkeer met schapen. Bureaucratie en bestialiteit en balen en bruinwerkers. 'Wat een oorlogsinspanning, nietwaar?'

Twee keer ontsnapt hij. De eerste keer maakt hij een tocht naar Gibraltar, gevolgd door een exotischer uitstapje naar een plaats waar 'Arabieren en sjeiks en beeldschone Franse meisjes en sultans feestjes geven en waar je mogelijkheden te over hebt om een scheve schaats te rijden. Ik mag om voor de hand liggende redenen niet zeggen waar het is, maar herinner je je die film met Humphrey Bogart die we in Manchester hebben gezien?' (Ja, die herinnert ze zich: *Casablanca*). Daarna vult hij een heel opschrijfboekje met de beschrijving van een tocht naar Furnas, een van de andere eilanden van de Azoren. Hij logeert daar in een sterrenhotel, kijkt naar kinderen die een kalf villen en speelt golf met drie vliegers – met hun vieren één ijzer 4 en één bal met een jaap erin. Zijn reisverslag heeft de lengte van een novelle. 'Je had schrijver moeten worden,' zegt Kim wanneer ze de brief krijgt. 'Nee, ik meen het. Je kunt plaatsen mieters beschrijven. Ik begon er om 1.30 in bed in te lezen en was er pas om 3 mee klaar. Ik kan niet wachten het opnieuw te lezen.'

Door deze escapades (en de beschrijving ervan) wordt Arthurs zwaarmoedigheid even verdreven. Maar al gauw is hij weer op de Ziekenboeg aan het werk en tuttelt hij zich somber door de weken heen. Waar hij aan lijdt, vertelt hij Kim, is VT-itis: 'VT staat voor verstreken tijd, d.w.z. het einde van iemands overzeese tour. VT-itis is dus de rusteloze afwachting dat die tijd maar gauw komt.' De oorlog zal gauw voorbij zijn, zegt iedereen. Maar na het bezoek van een Australische aalmoezenier begint Arthur het te betwijfelen. De aal vertelt over zijn tijd op Nieuw-Guinea en over de 'verschrikkelijke smerigheden' die hij de Nippen daar heeft zien doen – officieren die levend tegen een boom werden gezet en werden gebruikt voor bajonetoefening, vrouwen die werden vastgebonden, verkracht, levend aan bomen gehangen en wier borsten werden afgesneden – en dat het minstens achttien maanden kost om die eilanden schoon te vegen. En wie weet wat tegen die tijd met hem of zijn familie is gebeurd. 'Hier gaat alles zijn gewone gangetje,' zo beginnen alle brieven uit Windyridge, maar hij heeft zijn twijfels. Zijn moeder was de laatste keer dat hij haar zag niet in orde: zou het misschien het begin van kanker kunnen zijn? En zijn vader leek hem veel te dik, het vet bolde zijn wangen op en slibde zijn aderen dicht – een hartaanval op je vierenvijftigste behoort niet tot de onmogelijkheden. Kon Kim maar een oogje in het zeil houden. Maar ze zit nu in Birmingham en hij zit hier vast...

De kerstkaart die hij in 1944 naar Windyridge stuurt is ondertekend met: 'Arthur – In inactieve dienst.' Het lokt uiteraard luide protesten uit. 'Hou op met dat heldengedoe,' zegt zijn vader. 'Mike zou nog in leven zijn geweest als hij niet de held had uitgehangen. En Dan ook. De boel is al veel te ver gevorderd om nu nog problemen op te gaan zoeken.' Ook Mary is boos, ze veegt hem de mantel uit en beschuldigt hem van 'Soldaat Schweik-achtigheid' – er zijn duizenden mensen die een moord zouden doen voor zo'n post. Maar Arthur reageert niet boetvaardig. Kun je niet beter als held sterven dan als lafaard leven? Hij heeft schoon genoeg van die komedie dat hij nuttig werk doet. 'Denk je eens in hoe het is wanneer ik thuis ben – dat ik naar de kroeg ga en de jongens naar me kijken en zeggen: "Moet je hem eens zien lachen – IJsland en de Azoren, terwijl al zijn kameraden sneuvelden, hoe durft hij zich hier zelfs maar te vertonen, laat staan opgewekt te zijn?" Ik vind het mieters dat ik leef. Maar verduveld, ik wou dat ik in de oorlog zat. Knoop dat maar in jullie oren, g--dorie.'

Werd eergisteravond twee keer opgeroepen – om 3.30 en toen opnieuw om 7. Had vannacht een vroege avond in mijn hoofd, maar juist toen ik naar bed wilde werd op Eerste Hulp een spoedgeval binnengebracht, een septische abortus (illegaal). Ze overleed vanochtend toch, maar het huis zou te klein zijn geweest als ik haar niet had gezien. Daarna een vastzittende placenta. Het was 1 uur voordat ik naar bed ging.

In het Dudley Road raakt ook Kim gefrustreerd. De impasse met Arthur speelt er een rol bij. Maar het komt ook door haar werk, dat een sleur lijkt te zijn geworden. Op een avond heeft ze een geruptuurde uterus, de derde in zes maanden, allemaal anders dan de foto's in de studieboeken ('Waar halen ze in studieboeken toch die casussen vandaan, vraag ik me af – ze zien er nooit uit zoals in het echt'). Op een andere avond krijgt ze te maken met een psychotische patiënt, haar tweede in een paar weken tijd. De zusters willen de vrouwen morfine spuiten, maar ze kunnen niet bij haar in de buurt komen, dus Kim moet haar eerst een zweempje chloroform geven. ('Vraag me niet hoe ik het heb klaargespeeld: twee zusters en vier verpleeghulpen, maar eigenlijk had ik niet veel aan hen.') Ze heeft er een enorme ruzie over met de leiding – de vrouw had naar een psychiatrisch ziekenhuis gemoeten; wat deed ze op de Kraam? – en ze is nog maar nauwelijks tot zichzelf gekomen of ze krijgt opnieuw een hachelijke zaak, een vrouw wier baby *in utero* is overleden. Zelfs zulke tragische gevallen zijn nu routine geworden. Dat ze er vertrouwd mee is neemt de stress weg. Maar betekent het ook niet dat ze opgebrand moet zijn?

'Die artsen in Brum buiten je uit,' zegt Arthur tegen haar. 'Je moet het direct met hen uitpraten. Het heeft niets te maken met opstandigheid. Het is gewoon gezond medisch verstand – als je niet genoeg slaap en vrije tijd krijgt, lijdt niet alleen je gezondheid eronder, maar ook je werk.' Onnodig te zeggen dat ze het niet met hen uitpraat, maar Mitchell merkt hoe uitgeput ze eruitziet en staat erop dat hij twee nachten per week oproepbaar is en dat betekent dat ze er maar vijf van de zeven dienst heeft ('Het is echt mijn eigen schuld dat hij het niet eerder heeft gedaan – hij hééft het me aangeboden'). Met een halve dag per week vrij en eens per maand een lang weekend heeft ze nu niets te klagen. Naar haar maatstaven is het een luizenleventje. Ze begint een beetje met andere mensen om te gaan, met collega's. Ze heeft zelfs tijd om wat kleur op haar wangen te krijgen. Maar haar gezondheid blijft verslechteren. Ze krijgt weer last van migraine en sinuspijn en iedereen zegt dat ze er mager uitziet. De KNO-man zegt dat een vakantie wonderen doet. Ook Arthur zit haar achter de broek er even tussenuit te gaan. Werk hoort maar een hobby te zijn, schrijft hij. En niets is belangrijker dan haar gezondheid – 'zelfs ik niet'.

Door anderen gedwongen brengt ze een lang weekend in Lytham St Anne's door, een kustplaatsje ten zuiden van Blackpool waar Mary een huisje heeft gehuurd. Ze liggen lui in de duinen en maken voor het avondeten *fish-and-chips* en wanneer Kela naar bed is praten ze over hun respectieve problemen: konden ze maar een huis delen en daar, niet door mannen gestoord, samen een leven opbouwen. Het geloofsprobleem baart haar nog altijd zorgen, maar Mary merkt (en meldt aan Arthur) dat 'Kim helemaal niet zo vurig katholiek is. Ik schoot in de lach, want ze was *woest* (hoor je haar dat al zeggen?) toen ze merkte dat hier een RK kerk was – ze had gehoopt dat het niet zo zou zijn, maar toen ze merkte dat er wel een was vond ze dat ze er zondagmorgen heen moest. Maar dat is de enige dag dat ze gaat.' Als bedankje voor het weekend koopt Kim voor Mary een boek met RAF-gedichten dat ze haar in een winkel heeft zien bewonderen: gewone jongens in de strijdkrachten die hun gevoelens over de oorlog onder woorden brengen. Het was het eerste gedicht dat erin stond waarbij Mary leek weg te dromen:

Geef ze hun vleugels:
Te hoog of te ver kunnen ze niet vliegen
Vliegen hoog boven
De viesbestofte, bommenverzuurde, woordenvermoeide wereld.
En als ze sterven, sterven ze. (...)

Zou het lezen van zulke ontboezemingen Mary helpen bij de verwerking van Michaels dood, vraagt ze zich af. Heeft het andere oorlogsweduwen geholpen? Je kunt je moeilijk voorstellen wat kan helpen, maar bloemlezingen met RAF-gedichten en -verhalen verkopen goed, dus iemand moet er baat bij hebben. Een dichter heeft eens een bundel aan haar opgedragen: Michael McKenna. Het is leuk als er sonnetten voor jou worden geschreven. Arthur is niet het dichterstype, maar dat vergeeft ze hem. Wat ze hem niet kan vergeven is zijn onbuigzaamheid.

Voordat ze uit Lytham vertrekt gebeurt er nog een komisch incident waar Ron bij betrokken is. Ron komt in de laatste paar weken voordat hij naar Frankrijk wordt overgeplaatst vaak op zijn motor vanuit het nabijgelegen Kirkham aanwippen en als het laat is geworden blijft hij slapen. Helaas wordt zijn komen-en-niet-gaan met zuur afkeuren gadegeslagen door de hospita en haar zus – het Comité van Toezicht, zoals Ron hen later doopt. Niet dat de hospita er aanvankelijk iets van zegt, maar wanneer ze haar op een morgen tegen het lijf lopen en de vrouw hen negeert, spreekt Mary haar erover aan. Een vrijgezelle man die de nacht doorbrengt bij een getrouwde vrouw – de hospita heeft zich er doodongerust over gemaakt. Mary legt haar uit dat Ron een huisvriend is. Dat kan wel zo wezen, zegt de hospita, maar wat moeten de buren er niet van denken? Later moeten

Kim en zij smakelijk lachen over die ouwe tang en haar zure, overhitte verbeelding. Maar het incident blijft Mary dwarszitten, dus om te onderstrepen dat Ron een huisvriend is vraagt ze haar grootmoeder (die een dagje uit Knott End overkomt) om vlak voor de bewegende woonkamergordijnen zo'n uitbundige begroeting op te voeren dat de arme, verbijsterde Ron (die de vrouw nog nooit van zijn leven heeft ontmoet) volkomen onder haar omarmingen bezwijkt.

Terug in Birmingham neemt Kim nauwkeurig de *British Medical Journal* door. Haar halfjaarcontract loopt in oktober af en hoewel het ziekenhuis wil dat ze het verlengt houdt ze haar ogen open voor een andere baan. Het werk gaat ondertussen meedogenloos door – geen terugloop in het aantal baby's omdat het oorlog is – en het duurt niet lang of ze is weer even moe en uitgeput, alsof ze nooit weg is geweest. Ze heeft nog twee weken vakantie te goed en wanneer Mitchell erop aandringt dat ze er eens lang tussenuit gaat, regelt ze veertien dagen vakantie in Kerry. Het tijdelijke reisverbod is opgeheven en ze neemt in Hollyhead de ferry. Thuis verdwijnen haar klachten, net als de zomer ervoor. Ze gaat naar het café, gaat kaarten, gaat dansen, roddelt met haar ouders (die er opeens oud uitzien) en slaapt – vooral dat laatste. Op een van haar vakantiedagen maakt ze met vrienden een fietstocht naar Ross Beigh en op de terugweg stappen ze af bij Dooks, de nabijgelegen golfbaan, waar haar broer Joe een toernooi speelt – hij slaat op de achttiende een lange put en wint, en na afloop trakteert hij hen op een etentje in een nabijgelegen hotel (kip met ham, sherry trifle, koffie met cognac). Tegen de tijd dat ze hun tocht naar Killorglin voortzetten is het elf uur 's avonds en erg donker en ze hebben maar één licht voor zeven fietsen, maar uiteindelijk komen ze er, nuchterder dan toen ze vertrokken. Arthur lijkt honderden kilometers weg te zijn – hij ís ook honderden kilometers weg, maar nu weet ze het en dat schrijft ze hem: 'Voordat ik hier kwam droomde ik een paar keer van jou en leek je erg dichtbij. Hoe komt het toch dat jij, sinds ik thuis ben, verder weg lijkt dan ooit, lieveling? Ik weet dat deze stad kilometers verwijderd is van alles en iedereen, maar jij lijkt tweemaal verder dan ooit – kilometers en kilometers en niet alleen in fysieke afstand? De Atlantische kloof is nog de minste van alle kloven die hen van elkaar scheiden. Haar oude twijfel keert terug, plus nog een paar nieuwe. Het idee van een huwelijk lijkt heel ver weg.

Terug in het Dudley Road dient ze haar ontslag in. Taylor probeert haar op andere gedachten te brengen: het is alsof hij zijn rechterarm verliest, zegt hij. Dokter Burns, de grote baas van het Dudley Road, dreigt haar met de Centrale Medische Oorlogscommissie en waarschuwt haar dat ze zal worden opgeroepen als ze zijn veilige haven de rug toekeert. Maar ze houdt voet bij stuk. Louise, haar kamergenote, gaat ook weg en er is niets wat haar nog hier houdt. Nog een paar weken en dan is het vaarwel Brum.

ARTHUR AAN KIM, 25-7-44

Wat een feest hadden we gisteravond ter ere van de komst van de nieuwe groepscommandant. Een paar madera's voor het eten, toen rode wijn bij het eten dat bestond uit grapefruit, soep, omelet, kip, gebakken aardappelen, erwten en bonen, trifle, kaas en toastjes, bananen en ananas, gevolgd door koffie. De toespraken waren onverstaanbaar. Op een gegeven moment werd er met broodjes en bananenschillen gevochten, toen een rugbywedstrijd met een ananas, en pas toen merkten we dat de toespraken afgelopen waren.

Hm, smijten met broodjes en bananenschillen, hè? Hoe diep kun je wel niet zinken, zelfs bij een zuippartij midden in de oorlog? Hij was graag betrokken geweest bij echte gevechtshandelingen – of op zijn minst bij wat baldadig vandalisme. Dat laatste komt wel vaker voor in oorlogstijd. Op een feestje in Rons mess bijvoorbeeld vliegen de vazen in het rond en worden stoelen stukgegooid en op een feestje in het Hope waar ook Kim bij is, wordt een piano de trap afgeduwd en aan diggels geslagen. Het is het soort vandalisme dat door een oorlog wordt uitgelokt, een pover substituut voor het verscheuren van de vijand, maar het is tenminste een soort uitlaatklep. De enige vorm van vandalisme in Lagens daarentegen is... het smijten met broodjes en bananenschillen. Het is frustrerend voor hem; en ook frustrerend voor iedereen die hem leest. Er zijn geen epische veldslagen – er is alleen verveling die in kinderachtige lolbroekerij een uitweg zoekt.

Maar toch was het voor veel mensen zo. Misschien dat ze niet zo goed hebben gegeten als Kim in Ierland, of als Arthur op de Azoren (vers fruit, verse groente, gebraden kip, rode wijn, enzovoort), maar van verveling wisten ze alles af. Een pacifistische generatie als de mijne stelt zich bij oorlog onmiddellijk gewelddadige dood en verderf voor. Maar daarmee vergeten we de saaie gedeelten ertussen, het eindeloze rondhangen – wachten op vervoer, wachten op instructies, wachten op het veilig-signaal, wachten tot de Duitsers zich overgeven en daarna de Japanners, wachten, wachten en nog eens wachten. Beter te wachten dan aan land te gaan op Omaha Beach, zoals de Amerikaanse 116e Infanterie op 6 juni 1944, en te worden afgeslacht. (Als mijn vader díe foto's van D-Day had gezien, de lijken die in de branding dreven of met gespreide armen en benen op het kiezelstrand lagen, zou hij niet zo ongedurig naar actie hebben verlangd.) Maar het gevoel te hebben dat je iets goeds deed – dat zou het wachten tenminste draaglijker hebben gemaakt. Akkoord, 99 procent van een oorlog bestaat uit verveling, maar die resterende één procent dan? Kim, in Birmingham, droeg een nuttiger steentje aan de oorlog bij – en liep grotere risico's.

Ik zou graag een of twee gevaarlijke missies voor mijn vader willen bedenken. Maar dit is geen roman en het is belangrijk dat hij er het leven afbrengt. Bovendien is het in een tijd als de onze die vol workaholics zit, wel goed als we worden herinnerd aan rondtuttelen. Zijn er eigenlijk nog wel mensen die rondtuttelen? Alleen dichters misschien. Ik ken enkele dichters die zo indolent zijn dat ze zich nauwelijks roeren en toch kunnen hun gedichten roerend zijn – zoals 'Adlestrop' van Edward Thomas, al gebeurt er niets in. Mooie gedichten doen ons de pas inhouden. Ze zorgen dat we ons concentreren op de nietigheden die bij nadere beschouwing niet zo nietig blijken te zijn. 'Wat zal dit leven doelloos blijken/Als de tijd ontbreekt voor stilstaan en goed kijken?' – dat zijn de enige dichtregels waarvan ik me kan herinneren dat mijn moeder ze aanhaalde. Ze was geen vrouw voor stilstaan en goed kijken, maar ze wist dat tuttelen een plaats in het leven moest hebben. Zo ook mijn vader, hoe ongeduldig hij ook was. Om goed te kijken naar kleine, gewone gebeurtenissen in een tijd van uiteenvallende naties; om mensen elkaar niemendalletjes te horen toefluisteren terwijl dynastieën verdwijnen; zelfs om hen broodjes naar elkaar te zien gooien, of naar een mierennest te zien kijken – het zijn gebeurtenissen van waarde. Wij zijn verslaafd aan avontuur en herrie. We hebben te veel actiefilms gezien. We benijden de doden, omdat ze dramatischer hebben geleefd dan wij – terwijl ze alleen maar een beetje vrede wilden hebben.

Het zijn de kleine dingen die het doen in het leven. Je zult nooit weten wat tuttelen is als je altijd haast hebt. Zoals ik – totdat mijn moeder, door halt te houden, mij halt liet houden.

ARTHUR, Azoren, 26-8-44

Alweer een keizersnede? Mijn kleine meisje doet veel te veel ingrepen waar ik me niet eens aan zou wagen. (Ik vraag me af of ik het ooit ver zal schoppen op deze aardbol.) Uiteraard keur ik het goed, maar niet als het meer tijd in beslag neemt dan een klein percentage van je totale ambitie. Het leeuwendeel van je leven moet gewijd zijn aan mij, lieveling. Werk is maar een placebo tot we gaan trouwen.

KIM, Booth Hall, 6-11-44

Heb het boek 'Ze zou dokter worden' gelezen. Het haalt ons een beetje naar beneden – het geslacht, niet het beroep. Maar aan het eind is ze onze verlosser – want boeken hebben een happy ending.

ARTHUR, Azoren, 18-11-44

'Ze zou dokter worden'? Voeg er maar aan toe: 'Totdat ze in het huwelijk trad', dan is het goed.

Dat is dat najaar een van zijn stokpaardjes. Haar volgende baan, na Birmingham, zal een kinderziekenhuis worden. Hij keurt het goed, zolang het 'praktijkervaring betekent voor de verzorging van de onze'. Maar wat ze eigenlijk zou moeten doen 'is naar huis gaan en alvast wennen aan het leven dat je na de oorlog zult hebben. Je weet wel, kookervaring opdoen. Ja, ik zei koken, een heel belangrijke factor in een gelukkig huwelijk.' Voor het geval haar ontgaat wat hij bedoelt: 'Ik vind het niet leuk wanneer je zegt dat je je lui voelt, omdat je geen examens meer aflegt – en ik wil niet dat je je lui voelt wanneer je een vrouw wordt die het huishouden doet of in de tuin werkt.' Of opnieuw: 'Blij te horen dat je je in huishoudelijke taken gaat verdiepen, zoals strijken, naaien, enzovoort. Ik zou je momenteel hier goed kunnen gebruiken, met al die gaten in mijn sokken en knopen eraf. Wanneer je klaar bent met je volgende baan moest je maar eens huishoudlessen volgen.' Hij zegt het om haar op de kast te jagen: hij weet hoeveel ze van haar werk houdt. Maar zoals de meeste mannen in zijn tijd vindt ook hij dat de plaats van een vrouw het aanrecht is. De O'Shea's in Killorglin vinden het feit dat Agnes als arts werkt helemaal niet zo radicaal, maar de Morrisons staan heel anders tegenover vrouwenemancipatie. Ernest bijvoorbeeld laat zich geringschattend over Winston Churchill uit (die in alle andere opzichten zijn held is) wegens diens 'stunt' vrouwen in de strijdkrachten gelijke beloning te geven. 'Het is onjuist dat de vrouw gelijk is aan de man. Als een man in het verleden trouwde werd van hem verwacht dat hij werkte en zoveel verdiende dat zijn vrouw thuis kon blijven en zorg kon dragen voor het huishouden, zijn eten, zijn kinderen en de algemene gang van zaken. Als er in alle beroepen gelijke beloning voor vrouwen komt, blijft de man voortaan thuis en gaat de vrouw werken.' En dat is voor Ernest ondenkbaar. Voor Arthur ook, wanneer zijn vader hem opstookt. Op een keer zegt hij tegen Kim: 'Ik zou het absoluut walgelijk vinden als je na ons huwelijk een baan zou nemen, zelfs als er geen kinderen op komst zijn.'

Meestal is hij minder dogmatisch. Maar hij moet niets hebben van het idee dat ze hard werkt. Gegeven haar voorgeschiedenis – de hoofdpijnen, de longproblemen en haar bereidheid zich te laten uitbuiten en afpeigeren – zal ze het *après la guerre* rustiger aan moeten doen. Hij zegt het, omdat hij van haar houdt en hij haar als (gezonde) vrouw wil hebben en omdat hij vindt dat de geneeskunde op de tweede plaats hoort te komen en vrije tijd op de eerste ('werk is maar een hobby om de korte tijd dat we op aarde zijn, te helpen door te komen'). Maar het maakt hem ook zenuwachtig dat haar carrière zo ver voor de zijne uit snelt. Dat dringt tot hem door wanneer beiden een van haar casussen in het Dudley Road bespreken, een zwangere vrouw met een vermoedelijk subfrenisch abces – een postoperatieve infectie waardoor zich pus tussen de lever en het middenrif verzamelt. Ondanks hun angst voor een vroegtijdige bevalling besluiten Kim en Taylor een exploratie te doen. Maar is het niet een grof schandaal om de baby erin te laten zitten, protesteert Arthur. Goeie God, waar heeft hij het over, antwoordt zij, weet hij dan niet dat abcesgevallen die een miskraam krijgen zonder uitzondering sterven, omdat hun verklevingen het zullen begeven en ze aan algehele peritonitis bezwijken? Dan kun je de vrouw net zo goed vermoorden – is dat wat hij wil?

Door dit soort woordenwisselingen voelt hij zich erg klein worden. In de drie maanden dat hij op de Azoren is had hij de polio-uitbraak en de reddingsvlucht voor de jongen met tetanus. Nog steeds gebeuren er af en toe kleine tragedies: een vrachtauto kantelt en een van de inzittenden raakt beknemd, een dronken vlieger die van Angra terugkomt wordt door de plaatselijke bevolking aangevallen en ernstig toegetakeld, een van de jongens elektrocuteert zichzelf en een andere ('een van dat soort') probeert zijn slagaders door te snijden. Maar hoofdzakelijk is griep of een gekneusde vinger het ergste waar hij mee te maken heeft. Om bij te blijven komen de andere ovc's en hij om de veertien dagen bij elkaar om de casussen te bespreken die in vaktijdschriften worden genoemd. In theorie erg nuttig. Maar de laatste tijd gaat hij er niet meer heen. Hij merkt dat hij geen tijd heeft om zijn vakliteratuur bij te houden, of dat hij zijn tijd liever besteedt aan het knutselen aan zijn radio. Wat heb je eraan om er zwijgend bij te zitten en onzacht eraan te worden herinnerd hoeveel je van je medicijnenstudie bent vergeten, of hoe weinig je überhaupt al wist? Hij haat die uitslovers met hun grote mond – de Musgrave's en Carslake's – ze zijn heus niet *klinisch* beter omdat ze veel praten. Maar hij stoort zich nog het meest aan de artsen thuis – al die dienstweigeraars, moffen, jidden en *Ieren* die druk examen zitten te doen en uit dienst blijven. Het liefst stuurde hij hen naar hun eigen land terug – of naar de Oost, om tegen de Nip te vechten. Ze pikken de mooiste kansen in. Als hij niet uitkijkt pikken ze nog zijn toekomst in: het werk, het vrouwtje, de vrede.

Ook Kim is een rivaal en usurpator. 'Mijn kleine meisje doet veel te veel ingrepen waar ik me niet eens aan zou wagen.' Hij krijgt er een minderwaardigheidscomplex van – hetzelfde waar mannen van een recentere generatie last van hebben, het gevoel dat ze door de opkomst van vrouwen op de werkvloer overbodig zijn geworden. Maar hij wil zich niet aan jaloezie en apathie overgeven. Wanneer de avond valt ligt hij op zijn veldbed op de Azoren plannen te maken voor de tijd na de oorlog. Wat voor arts wil hij worden? Hij zou terug kunnen gaan naar het Hope, hij weet zeker dat ze hem daar zullen aannemen, maar hij ziet voor zichzelf geen toekomst weggelegd in een ziekenhuis, tenzij hij meer specialisaties heeft. Hij zou, terwijl hij nog in dienst zit, het Certificaat Openbare Gezondheidszorg kunnen halen, maar het leven is veel te kort om je in studieboeken te begraven. Of hij zou huisarts kunnen worden. Hij heeft het witboek van de overheid over de werkgelegenheidspolitiek gelezen en daarin wordt gesuggereerd dat er na de oorlog enorme veranderingen zullen komen met de vorming van een nationale gezondheidszorg en huisartsen die onder de overheid komen te vallen. Zowel zijn vader als zijn oom Bert (arts in Southport) is tegen het plan, maar voor hem zou het een ingang kunnen zijn. Hij heeft de laatste tijd gemerkt dat de jongens die naar de ZB komen zich meer op hun gemak voelen bij hem dan bij figuren als Musgrave en Carslake. De rol van huisarts zou hem wel goed afgaan, stelt hij zich voor. Als er een mogelijkheid zou zijn samen met Ron een gecombineerde huisartsen-en-tandartsenpraktijk op te zetten, bijvoorbeeld in een geschikt plattelandsgebied tussen Preston en Lancaster, niet ver van Windyridge (hij heeft genoeg van reizen en wil de rest van zijn leven niet verder dan tachtig kilometer van zijn ouderlijk huis af zitten), hoe zou dat dan zijn? Hij legt het idee aan Kim voor, zegt nadrukkelijk dat zij er ook bij zou kunnen komen, maar 'alleen als stille vennoot. Onze kliniek zou *op papier* van jou en mij en Ron zijn, maar in de praktijk zitten alleen Ron en ik erbij, terwijl jij leert naaien en het rustig aan doet.'

Wat vindt ze ervan? Spreekt de rol van stille vennoot (en naaister) haar aan? Op het eerste gezicht niet erg. Maar ze is doodmoe en terneergeslagen en lijkt verrassend gemakkelijk met zijn plannen mee te gaan. (Maar aan de andere kant zal dat u misschien totaal niet verbazen, nu u mijn moeder een beetje kent.) Als hij graag huisarts wil worden, best, dan wil zij het ook. Ze biedt zelfs aan op zoek te gaan naar een geschikte praktijk. Zo nodig zou ze er alvast een kunnen starten voordat hij met demob gaat – zodat hij er direct in kan stappen wanneer hij thuiskomt. Wat dat betreft is ze het tegenovergestelde van Musgrave's verloofde Helen die koudwatervrees heeft over het kiezen tussen de geneeskunde en het huwelijk: 'Ik begrijp haar probleem niet. Ik weet dat ik de geneeskunde een poosje zou missen, maar ik zou het vak opgewekt opgeven als dat het was wat je wilde.' Dat zegt ze tenminste. Omdat ze hem vooral wil laten zien hoe flexibel ze hierover is (in tegenstelling tot het geloof), neem ik haar meegaandheid met een korreltje zout.

Feitelijk zijn Arthurs naoorlogse plannen zó irreëel (per slot van rekening zijn de vijandelijkheden – en niet op de laatste plaats de hunne – nog verre van afgelopen) dat Kim alles kan zeggen wat ze wil. Hij zal haar er toch niet aan kunnen houden. Een plattelandspraktijk, drie kinderen, twee auto's, een eikenhouten tafel en een meid: tuurlijk, waarom niet? Het is een fantasie die ze samen hebben. Net als iets uit een film. Meer niet.

Gek, maar elke keer wanneer ik tegenwoordig een film zie (zoals gisteravond 'The More the Merrier'), of een verhaal hoor over een getrouwd stel, moet ik altijd aan jou en mij denken. Ik had het er met Steve over na 'Heaven Can Wait' (dat jij de heldin was en ik de held) – maar uiteraard zette hij me alleen maar voor gek.

KIM AAN ARTHUR, 16-1-45

Zag gisteravond 'I Met Him in Paris,' met Claudette Colbert. Fantastische schaats- en skiscènes in Zwitserland – ik zou er graag heen willen. Ook de dansscène vond ik heerlijk en ik moest de hele tijd aan jou denken. Ronnie Majd zei dat toen hij zat te kijken het opeens tot hem doordrong hoeveel ik op Claudette Colbert leek en hij zei dat hij de tijd van zijn leven had door mij in haar plaats neer te zetten.

Terwijl de toekomst voorlopig op de lange baan wordt geschoven, tuttelen zij in de bioscoop rond. Voor hem is het een splinternieuwe op het kazerneterrein, de Azoria, 'prachtig aangekleed (zonde van het geld – een simpele, grote nissen zou hebben volstaan)'. Voor haar zijn het de Odeons en Gaumonts in de steden waar ze werkt, en ook The Oisin in Killorglin, in 1939 geopend en praktisch naast Patricks wolopslagplaats. In twee jaar zien ze in totaal meer dan honderdveertig films (de films die ze samen zagen niet meegeteld). En hun bioscoopbezoek is het hoogst in de tweede helft van 1944 toen hun gemiddelde op twee films per week lag. Tot de hare behoren *Passage to Marseilles*, *The White Cliffs of Dover*, *The Hitler Gang*, *Rebecca*, *Pride and Prejudice* en *The Purple Heart* ('Je bloed zou ervan koken – het gaat over zes Amerikaanse luchtmachtmensen die in Japan neerstorten en over hun beproevingen daarna'). Tot de zijne behoren *A Canterbury Tale* van Powell en Pressburger, *The Kid from Spain* van Sam Goldwyn, *This Happy Breed* van David Lean en Noël Coward ('prachtig tot in de kleinste details'), *Ministry of Fear, Double Indemnity* en *Holy Matrimony* (met Gracie Fields – 'was verdraaid blij toen ik na tien minuten werd weggeroepen voor een verstuikte enkel'). In hun brieven herhalen ze de plot en zwijmelen ze om de sterren. Hun recensies ('Bevat alle elementen om een verdraaid goede film te zijn, maar heeft het net niet', 'Snap verdikkie niet waar de mensen zo over jubelen. In de zaal werd niet eenmaal gelachen') zouden als filmkritiek geen prijs winnen, maar ze doen het dan ook niet voor het applaus. Evenmin beschouwen ze hun bioscoopbezoek als een ontsnapping uit de werkelijkheid. Het verhaal van de film is hun verhaal. De personages zijn zij. 'Ik vond de scène waarin ze dansen zo prachtig – wanneer ze hem in zijn oor wil bijten. O lieveling, ik moest de hele tijd aan jou denken.'

In het echte leven hebben vrienden vaak tegen hen gezegd hoeveel ze op twee filmsterren lijken – hij op Mickey Rooney, zij op Claudette Colbert. Hij vindt de vergelijking met Rooney een belediging, want daardoor gaat hij zich zelfs nog minder knap voelen dan hij is – een opdondertje, uitpuilende ogen, mopsneus, ronduit belachelijk. Zij is minder beledigd door de hare met Colbert (volgens Mary Galvin was dat het eerste wat haar opviel toen ze elkaar ontmoetten), al kan zij noch Arthur het zien. De uiterlijke overeenkomst geeft hun het gevoel dat ze een filmster zijn, al is het maar in hun eigen film. *Love Story* met Margaret Lockwood roept bij haar herinneringen op aan hun tijd in Davidstow: 'Het speelde zich af in Cornwall, dus je kunt je wel voorstellen wat ik dacht.' Bij *Mr Lucky*, met Cary Grant en Laraine Day, klimt hij zowat tegen het witte doek op: 'Ze is verrukkelijk en toen ze hem kuste voelde ik me eenzaam en verlangde ik naar jou. Later droomde ik over de film met

Kim en Arthur als sterren en ik was blij dat ze op hem wachtte.' Andere films die ze zien herinneren hen aan de problemen die ze zelf hebben. Ze maken ruzie over de katholieke piëteit van *Song of Bernadette.* En over *Cover Girl,* met Gene Kelly en Rita Hayworth, zegt hij: 'Vond het best leuk. Zoals gewoonlijk was jij het meisje – toen Danny (ik) zei: "Ik ken haar 6 maanden" en zij (jij) binnenkwam en zei: "Nee, 7 maanden, 6 dagen, 18 uur en 23 min", had ik haar wel kunnen kussen – eerlijk, ik zat te draaien op mijn stoel. Wat me ook opviel was de overeenkomst tussen haar ambitie voor het toneel en de jouwe voor de geneeskunde – maar ik vond dat jij superieurder was in je bereidheid je ambities onmiddellijk op te geven. Dat ben je toch, nietwaar lieveling?' Verontrustender is *A Guy Named Joe,* over een vlieger die terugkeert als geest om de nieuwe liefde van zijn vriendin in de gaten te houden. Arthur vindt het een leuke film ('Al wil ik geen dode held zijn, dus Spencer Tracy kon ik niet zijn'), maar hij betwijfelt of Mary de film moet zien: 'Ze zal de hele tijd aan Michael en Ron moeten denken.' Waarop Kim antwoordt: 'Mary heeft hem gezien en ze heeft ervan genoten, behalve van het slot, daar moest ze om huilen.' Soortgelijke problemen rijzen er bij de musical *The Years Between* in de Opera House, waar Kim Mary voor uitnodigt: 'Erg goed, maar ik kon er eigenlijk niet echt van genieten – en zij ook niet, om voor de hand liggende redenen. Het gaat over een man die, naar aangenomen wordt, bij een crash om het leven komt en na tweeënhalf jaar terugkeert, maar in de tussentijd heeft zijn vrouw besloten met iemand anders te trouwen.' Nee, films zijn voor hen geen ontsnapping uit de werkelijkheid, maar een herinnering aan de beproevingen en bezoekingen ervan.

Na 1945 gaven mijn ouders hun bioscoopbezoek op, alsof films deel uitmaakten van de oorlog die ze achter zich hadden gelaten. (Of liever gezegd, hij gaf het op, zij zou, als ze de kans had gehad, ermee door zijn gegaan.) Ze gingen naar cafés, dan-

cings, theaters in Manchester, maar niet naar de plaatselijke lui-
zentent. Maar één keer gingen we, toen ik klein was, met ons allen naar een film: *South Pacific,* de filmversie van de musical van
Rodgers en Hammerstein over Amerikaanse militairen tijdens
de Tweede Wereldoorlog op een ver eiland. Mijn moeder vond
de muziek zo mooi dat ze de soundtrack kocht, mijn vader werd
teruggevoerd naar zijn tijd op de Azoren en mijn zus en ik raak-
ten in vervoering van de technicolor. Het was erg leuk, gaf iedereen volmondig toe, we moesten heel gauw maar weer eens
naar de film. En deden het nooit meer.

Maar in 1944 maakten films deel uit van hun verhaal. Zelfs de
titels waren een spottende echo van wat ze meemaakten: hetzij
verliefdheid (*He's My Guy, The Girl I Left Behind*) of scheiding
(*Till We Meet Again, Thanks for the Memory*), hetzij onbuigzaamheid (*Take It or Leave It*) of hoopvolle verwachting (*The Way
Ahead*).

KIM AAN ARTHUR, Booth Hall, Manchester, 13-11-44

*Kwam hier om 5 uur 's middags aan. Vanaf Windyridge zijn
dat twee bussen – erg langzaam. De eerste met wie ik bij aankomst kennismaakte was Wilkins, een vreselijk product uit
Manchester en kennelijk een oorlogsmedicijnman (ik geloof dat
hij daarvoor chemicus was). Het is een heel groot ziekenhuis –
het duurt tijden om van de ene kant naar de andere te lopen, dus
gebrek aan lichaamsbeweging zal ik niet hebben. Ging tegen
twaalven naar bed en werd een halfuur later met een schok
wakker, omdat ik een muis hoorde piepen. O, ik haat die beesten.
Liet het licht aan en sliep onrustig. Zal vanavond een val zetten
en hoop hem te vangen. Ik zit vandaag bij opname – dat wil
zeggen van 10 uur 's morgens vandaag tot 10 uur 's morgens
morgen.*

Onnodig te zeggen dat Arthur in de wolken is. Een betrekking in het Booth Hall, even buiten Manchester, brengt haar terug in een omloopbaan om zijn familie. Zij ziet het anders, ziet het als een vacature die zich toevallig heeft aangediend. Tegen de tijd dat Arthur weer thuis is zal zij waarschijnlijk weer verder zijn getrokken. Toch vindt ze het een leuk vooruitzicht om Mary weer te zien; die komt haar van het station afhalen en helpt haar met het sjouwen van haar bagage naar Windyridge. De kleine Mikela is sinds de zomer als kool gegroeid. Ze is achttien maanden en loopt nog niet, maar op die eerste avond, in de eetkamer waar Kim bij is, doet ze het opeens – ze laat Mary's hand los en loopt opgetogen in één keer door naar de keuken. Het is een goed voorteken, dat beaamt iedereen: het oorlogskind staat eindelijk op eigen benen.

Kim is weer in het noorden gaan werken om op Kinderen ervaring op te doen. Ze heeft er idealistische ideeën over. Wanneer kinderen goed op een medische behandeling reageren weet je dat het geen uitstel van executie is, maar een heel nieuw leven, een Wederopstanding. Maar het voldane gevoel waar ze op heeft gehoopt blijft uit. Ze heeft nauwelijks haar witte jas aan of ze moet een meisje met fecaal braken onder narcose brengen en verliest haar bijna. Ook haar collega's vallen tegen. De chirurg, een zekere Tierney, is ontstellend slechtgehumeurd (de verdommes en verdories zijn niet van de lucht) en zijn nonchalante benadering van de anesthesiologie is beangstigend. Bij hun eerste gezamenlijke operatie, op een jongen die hoofdletsel en een gescheurde milt heeft na een val van zijn fiets, zegt hij tegen haar dat het narcoticum te licht is en moet ze het van hem verdubbelen, en de jongen is drie uur later nog niet bij. Erger is dokter Phelps, Tierneys wellustig loerende voorganger en sporadische invaller. Wanneer hij hoort dat ze uit Kerry komt, neuriet hij 'The Rose of Tralee' terwijl hij met zijn scalpel in de weer is:

Ze was lieflijk en schoon, als een roos in de zomer
Maar 't was niet haar schoonheid die mij voor haar won,
O nee... Het waren haar ogen, hun eerlijke tover.
O Roos van Tralee, mijn maan en mijn zon.

Het valt Phelps niet gemakkelijk om zo midden in een operatie
het 'O nee...' de vereiste begeleiding mee te geven: een licht
schokken met het hoofd om aan te geven dat vervoering over
zijn beminde de zanger overmant. Maar ze begrijpt de hint. Misschien zou het bij iemand anders werken, maar gekweel over
haar Kerryse afkomst is wel het laatste wat haar hart kan winnen.
Ze gruwt trouwens van Phelps harige oren die zelfs zichtbaar
zijn wanneer hij een operatiesnoetje draagt: ouwe ezel, ouwe
bok. Op een andere dag komt ze binnen met een nieuwe tweed
jas aan en wanneer een verpleegkundige haar ermee compli-
menteert zegt Phelps: 'Ja, wel aardig.' Ze slaakt een zucht van opluchting wanneer ze naar haar kamer kan vluchten, ondanks
haar commensaal de muis. Het is maar een kleine muis, maar zij
is het potsierlijke prototype van de vrouw uit de mopjes, gillend
op een stoel wanneer hij zich vertoont. Er zijn dagen dat ze zich
afvraagt waarom ze eigenlijk uit Brum is weggegaan. In theorie
maakt ze hier minder uren, maar in de praktijk is er, zoals ze al
had kunnen raden, weinig verschil en ze krijgt maar £200 per
jaar, vijftig procent minder dan ze had. Waarom heeft ze het gedaan? Op een ochtend ziet ze zestien nieuwe opnamen – 'Kun je
je iets ergers voorstellen dan 16 worstelende, brullende kinderen?' De meesten hebben longontsteking. Op de dagen dat
Peach afwezig is heeft ze ook de verantwoording voor huiden.
Al die hartverscheurende, chronische eczemen, zoals dat van
Kela: ligt het aan het water, of aan de lucht? De wintermist van
Manchester sijpelt de gangen in – het is of je emmers soep ops-
lurpt. En verder zijn er de bommen, minder talrijk dan vroeger,
maar nog altijd riskant. Zelfs zonder bommen is Manchester

geen stad om er in je eentje rond te lopen. Op een avond heeft ze met Mary afgesproken in Market Street om samen naar het theater te gaan. Maar Mary is laat en ze moet de wenskaarten bestuderen die in de etalage van een kantoorboekhandel liggen, in de hoop dat niemand haar voor een del zal houden. Al die wellustige blikken opeens. Vroeger had je dat niet zo.

'Komt het door de oorlog dat mannen zo stapelgek zijn geworden?' vraagt ze wanneer Mary er is.

'Jij zou juist blij moeten zijn,' zegt Mary. 'Naar mij kijken ze niet meer.'

'Klets,' zegt ze. 'Ik heb het heus wel gezien.'

'Enfin, ik zit er niet op te wachten. Het leven is al moeilijk genoeg.'

KIM AAN ARTHUR, Booth Hall, 9-11-44

Mary schrijft Ron elke dag. Je zou toch denken dat hij het niet erg zou vinden te wachten tot de oorlog voorbij is, maar nee, hij blijft maar de hele tijd vragen of ze al een beslissing heeft genomen. Hij kan soms zo vervelend en humeurig zijn. Het is vandaag haar trouwdag, maar ze is er vrij goed onder.

MARY AAN ARTHUR, Windyridge, 25-10-44

Je zult begrijpen dat het erg moeilijk voor me is definitief ja tegen Ron te zeggen. Ik houd van Michael op een heel andere manier en ik zal het altijd blijven doen.

RON AAN ARTHUR, RAF tandheelkundige kliniek nr. 8, België, 21-11-44

Ik hoor regelmatig iets van Mary, maar eigenlijk leer ik uit haar brieven niets. Deze stationering komt verdraaid goed uit,

al is het maar omdat ik in staat word gesteld meer van een af-
stand tegen de situatie aan te kijken. Op dit moment weet ik zo
goed als zeker dat het nooit iets zal kunnen worden, want Mary
heeft te veel meegemaakt om ooit gelukkig met mij te kunnen
zijn en er zijn te veel haken en ogen. Ben jij dezelfde mening
toegedaan? Het ziet ernaar uit dat we in hetzelfde schuitje zitten
wat onze respectieve 'banden' betreft en dat we misschien dan
toch een gezamenlijke vrijgezellenwoning zullen moeten nemen.
Wat zou het niet allemaal een stuk simpeler zijn als we bij een
glas in de White Horse of de King's Arms over deze dingen kon-
den praten.

Kims terugkeer naar Manchester in november 1944 valt samen
met Rons vertrek naar België waar hij gedetacheerd wordt bij
de tandheelkundige dienst van het tweede front. Als het waar is
dat het leger marcheert op een gevulde maag, dan vliegt de
luchtmacht met haar op zijn tanden – en hij had de taak ervoor
te zorgen dat die tanden in orde waren. Het is een baan als elke
andere, zegt hij bij zichzelf, en zijn nieuwe tandheelkundige behandelkamer, die is ingericht met veroverde Duitse spullen, is
een verdraaid stuk beter dan hij ooit heeft meegemaakt. Aan de
muur bij zijn bureau plakt hij een foto van 'Ukkie', Mikela, maar
zoveel luchtmachtsoldaten zeggen dat hij een prachtdochter
heeft (waarop hij moet antwoorden dat het maar een peetdoch-
ter is) dat hij zich afvraagt of hij hem er niet af moet halen. De
door de *boche* gemaakte metalen boren liggen lekker zwaar in de
hand. Voor zijn patiënten in de stoel zijn het martelwerktuigen,
maar hij heeft bewondering voor de precisie. 'Wijd offen,' zegt
hij tegen hen wanneer ze bleek en zwijgend in zijn stoel zitten.
'Wir gaan joe gans beter machen, ja.'

Ron heeft nooit tandarts willen worden, maar zijn werk vervult hem met enorme trots. Niet dat de patiënten dat waarderen:
van elke tien die hij ziet, weigeren er twee een behandeling en

komen er zeven met een smerige mond. Laatst zei een vent nog tegen hem dat hij 'niet geloofde' in tandenpoetsen, alsof hygiëne een soort geloof is dat je naar believen kunt afwijzen. Hij verwacht heus geen dankjewel, maar het schept toch een band wanneer je keurig werk hebt afgeleverd op een stel verrotte tanden. De gevechtsrantsoenen zijn de helft van het probleem. De mannen krijgen dozen vol scheepsbeschuit – hij heeft nog nooit zoveel gaatjes bij elkaar gezien. Soms probeert hij zijn patiënten een beetje verstand in te boren, maar de meesten zijn te stom om voor de duvel te dansen. In een privé-praktijk komen ze tenminste nog omdat ze wíllen komen. Bij de strijdkrachten en op scholen is tandheelkunde ondankbaar werk, en het zal met de komst van de Nationale Gezondheidszorg ongetwijfeld ondankbaar werk blijven. Dat zijn allemaal redenen waarom hij niet weet hoe hij moet reageren op Arthurs voorstel voor een gezamenlijke praktijk na de oorlog. O, hij is best blij dat hij in de plannen is opgenomen, maar zijn ze wel reëel? ICI heeft zojuist een advertentie geplaatst voor een bedrijfstandarts à £800 per jaar. Helemaal niet gek. Zou een praktijk zoals die van Arthur Blakely in Worsley – elke avond keihard werken tot acht of negen uur, een waarnemer moeten zoeken als je op vakantie wilt, enzovoort – opwegen tegen de extra £300 tot £500 per jaar (waarvan de helft naar de belastingen gaat)? Hij mag dan misschien lui zijn, hij wil het liever proberen te redden op een redelijk inkomen en proberen tijd te hebben om van het leven te genieten. Hij ziet veel meer in het soort praktijk waar hij eens heeft gewerkt in het Merendistrict – de dag zit er halfweg de middag op – maar niet om mee te beginnen. Veel keus heb je trouwens niet. Verschillende collega's van hem zijn terug in de burgermaatschappij en afgaande op de verhalen in de *British Dental Journal* moet je zoveel kruiwagens hebben en konten likken dat al dat gepraat over fair play na je demob de grootste kul is. Hij wil gewoon een baan, een huis, zijn vrienden en misschien een auto – verder niet. En o ja, een vrouw. Idealiter Mary. Maar dat zit er waarschijnlijk niet in.

Ondertussen zit hij in België en taxeert hij met jongensachtige bravoure het plaatselijke schoon. 'Naar het schijnt kun je hier iets beginnen met iemands vrouw zonder dat hij met zijn ogen knippert,' vertelt hij Arthur, 'maar als je het aanlegt met zijn vriendin zit je in de problemen.' Tot nu toe is hij niet in de verleiding gekomen – de vrouwen mogen dan *très chic* zijn, hun uiterlijk is niet om over naar huis te schrijven en hun benen zijn net lucifershoutjes. Maar hij kan zich voorstellen dat zijn opvattingen na een paar maanden celibaat zouden kunnen veranderen. Aldus de verhalen die hij zijn oude vriend vertelt en hij spreekt hem niet aan als eventuele zwager, maar als medevrijgezel die eveneens ongelukkig is in de liefde. Er wordt weleens gezegd dat mannen van die tijd zich een *stiff upper lip* aanmaten – en niet over hun emoties konden of wilden spreken. Maar Ron en Arthur vertellen niet alleen hun respectieve *inamorata* hoeveel ze van haar houden, ze vertellen ook elkaar hun minder positieve emoties – hun vrees, lafheid, pijn, angst, gevoel van nutteloosheid. Hoewel Arthur (wanneer hij met Kim bekvecht) zich graag voordoet als een onbuigzame rationalist, is hij in werkelijkheid een kolkende vulkaan die zijn hart moet uitstorten, of hij wil of niet. Ron is zijn beste vriend en vertrouweling en Ron vindt hetzelfde van hem: 'Het helpt verduveld veel als je nu en dan stoom kunt afblazen en jij, arme donder, jij bent de enige vent met wie ik een band heb.'

In Manchester trekken ook Kim en Mary met elkaar op en ze bejammeren hun problemen met mannen. Mary heeft Ron langer dan een jaar op een afstand gehouden, maar nu voelt zíj zich afgewezen. Al voordat hij vertrok begon Ron minder vaak op bezoek te komen. Gezien het feit dat ze een getrouwde vrouw (of weduwe) is en iedereen erover roddelt zagen ze elkaar te vaak, zei hij. Mary ziet wel in dat het haar verdiende loon is, de straf voor haar weigering met hem over trouwen te praten, maar hoe had ze het anders moeten doen? Elke keer wanneer ze hem vroeg te wachten zei hij: 'O, dan weet ik wel hoe laat het is,' en stiefelde hij kwaad weg. Zij had het veel te vanzelfsprekend gevonden dat hij er altijd wel zou zijn: Ron, de rots in de branding, de barmhartige Samaritaan en de schouder waarop je kon uithuilen. Nu is hij weg en zonder twijfel zullen de snolletjes die hij in België ontmoet toeschietelijker zijn. Zijn laatste brieven verschillen niets van wat een broer zijn zus zou schrijven – al is hij dan niet meer sarcastisch en dat is tenminste iets.

Het ironische is, zo vertelt ze Kim, dat ze juist anders over Ron was gaan denken. En over Michael. Of liever gezegd, over Michaels ouders, want over hem zal ze altijd hetzelfde blijven denken. Omdat ze hun een kleinkind had geschonken had ze gehoopt dat ze een hechtere band met Michaels vader en moeder zou krijgen en dat die haar in sommige opzichten zouden 'helpen'. Hoe ijdel die hoop was bleek toen Kay, Michaels moeder, een tijdje terug op bezoek kwam toen ze na een vakantie in Yorkshire op weg was naar hun huis in Wales. Omdat Kay Kela meer dan een halfjaar niet had gezien verwachtte Mary dat ze wel een poosje zou blijven – maar al na anderhalf uur zei Kay dat ze er snel vandoor moest, want ze moest nog bij vriendinnen in Bury langs voordat ze haar reis naar Ruthin vervolgde – maar dat was gelogen, want toen Mary de volgende dag ging winkelen zag ze haar in Bolton bij een bushalte staan. Ze is er heel verbitterd over. Je zou toch denken dat Kay wel verzot op het kind zou zijn, omdat ze een stukje van Michael is? Mary wil heus geen geld van Kay hebben. Alleen aardigheid. Maar toen ze tegen Kay zei dat ze zo moeilijk kon beslissen wat ze met Michaels kleren moest doen, was haar enige reactie: 'Ja, hè' – net of het haar Siberisch liet. Ze snapt nu waarom elke keer wanneer ze schreef of Kela en zij in Ruthin mochten komen logeren, het huis altijd vol was geweest. Ze had allang het vermoeden dat Michael de enige van die familie was die de moeite waard was. Ze zal Michaels DFC en Wings eraf halen en de kleren naar Arthur sturen. Er is ook nog een lekkere warme kamerjas. En wat ze met al die pijpen en leerlooiersbriefjes moet doen, ze heeft geen idee. Ook niet wat de toekomst haar brengen zal als Ron voorgoed weg is. Ze voelt zich zo vreselijk alleen.

Kim doet haar best Mary te troosten. Maar omdat ze zelf in de put zit als gevolg van haar eigen problemen kost het haar moeite optimistisch te zijn. 'Laat het aan de Tijd en het Lot over,' zegt Arthur de hele tijd tegen haar. Ze zou hetzelfde tegen Mary willen zeggen over Ron – als ze het zelf maar geloofde. Negen maanden terug zaten ze nog met hun vieren blij in Londen. Maar wat kunnen de Tijd en het Lot voor vrouwen doen wanneer ze te maken hebben met twee mannen die zo koppig zijn?

KIM AAN ARTHUR, Booth Hall, 10-12-44

Voelde me vanavond opeens heel terneergeslagen worden – ik zou kunnen zeggen zonder aanwijsbare reden, maar dat zou niet geheel waar zijn. Ik had zitten denken over een brief van Ron die Mary me had laten zien. Hij had het daarin over een vriend die in de nesten zit en hij zei iets over de stomme katholieke houding tegenover geboortebeperking. Het zette me aan het denken, want ik weet dat voorbehoedmiddelen een heel belangrijke plaats in je huwelijksleven zouden innemen – en niet in het mijne. Wanneer ik me zo voel, wil ik je het liefst zeggen dat het geen zin heeft, ik ben RK en jij niet. Ik wil trouwen in een RK kerk en jij niet. Ik wil RK kinderen en jij niet. Jij keurt voorbehoedmiddelen goed en ik niet. Als je alles bij elkaar optelt wordt het niets, lieveling.

Als je alles bij elkaar optelt wordt het niets. Het geloof is groter dan de liefde. Eén plus één is niet gelijk aan geluk. Dat is dus de uitkomst van de optelling wanneer 1944 op z'n eind loopt. De katholieke kwestie is nog altijd niet opgelost. Ondanks al de x'en en LIHVJ's, de roddels en grapjes, de weerberichten en medische notities, zijn ze geen stap verder gekomen. Elke keer bijten ze hun tanden stuk op de hardheid van de materie. *Het* is als een rotsblok waar ze niet omheen kunnen. Hun brieven over het onderwerp zouden een heel boek kunnen vullen. Of beter nog, ontdaan van alle herhalingen zouden ze een toneelstuk kunnen worden – een toneelstuk met overlappende monologen. Eenakter voor Man en Vrouw op zoek naar een Ontknoping.

ARTHUR: Maak je toch niet zo druk. Laat het aan de Tijd en het Lot over.

KIM: Denk je dus dat de Tijd en het Lot wel zullen beslissen of we in een katholieke kerk kunnen trouwen en katholieke kinderen krijgen?

ARTHUR: Volgens mij zijn er twee mogelijkheden. Of we beslissen voor eens en altijd dat het nooit iets wordt en blijven goede vrienden en hopen dat we over een paar jaar met iemand anders gelukkig zullen zijn, of we laten de zaak rusten tot ik thuiskom en afgezwaaid ben en we het kunnen 'uitproberen'.

KIM: Ik snap niet hoe ik ooit heb kunnen denken dat het iets zou worden. Het kwam denkelijk alleen maar doordat ik zo gelukkig was en zoveel van je hield dat ik het een ondraaglijke gedachte vond dat ik niet bij je kon zijn. Maar nu weet ik dat het uitzichtloos is. Dit voelt echt als het einde. Misschien heb ik nu genoeg gezegd om je ervan te overtuigen dat ik uiteindelijk toch niet de ware voor je ben.

ARTHUR: Mijn excuses als ik je van streek heb gemaakt. Maar wat heeft het voor zin ons te gedragen als een stel ver-

liefde pubers? We moeten de feiten onder ogen zien –
we leven in een wereld waar het om de feiten gaat.

KIM: Voor mij is het probleem simpel: wat is beter, ongelukkig zijn met jou, of ongelukkig zijn zonder jou?

ARTHUR: Weet je nog dat ik je eens vertelde over een oppasser,
een zekere Quinn? Wel, gisteravond zat ik iets met hem
te drinken en hij vertelde me dat hij katholiek was en
dat hij was getrouwd met een protestants meisje in een
protestantse kerk en dat hun kinderen protestants zijn.
Hij had destijds een flinke ruzie met zijn ouders gehad, maar nu is hij heel gelukkig getrouwd en de verhouding met zijn ouders is goed. Ik dacht, dat moet ik
je even vertellen.

KIM: Ik zat met mijn broer Gerry in de Queen's iets te drinken en hij wilde weten wat we eraan gingen doen.
Toen hij hoorde hoe jij erover dacht keek hij niet zo
blij, moet ik helaas zeggen. Ik heb het er met hem maar
niet verder over gehad, want ik kan de waarheid niet
onder ogen zien.

ARTHUR: Ik maakte ook kennis met een Canadese vlieger, een
zekere Hubert, die, zo bleek, een keertje bij mijn tante
Nan in Southport had gelogeerd en verre familie van
haar is (en dus van mij). We dronken samen iets en
gingen toen naar mijn tent en zetten de radio aan. Hij
begon over de Frans-Canadezen en zei dat alle problemen die daar waren konden worden herleid tot de katholieken en dat alle problemen die hij op zijn reizen
door de wereld was tegengekomen konden worden teruggevoerd op achterlijke mensen die datzelfde geloof
aanhingen. Zijn eigen moeder was katholiek, zijn vader ook, maar na haar dood deed zijn vader gewoon
waar hij zin in had en hij vertelde Hubert hoeveel beter hij zich nu voelde.

KIM: Dus je denkt dat ik míjn ideeën op den duur wel zal veranderen? Welnu, vergeet dat maar – nooit. Dus waar staan we?

ARTHUR: We zouden ervoor kunnen kiezen bepaalde zaken gewoon te negeren. Er is een tussenweg, lieveling – als we onze ideeën nou eens een tikkeltje veranderden.

KIM: Ik houd verschrikkelijk veel van je, maar er is één ding dat ik niet kan veranderen.

ARTHUR: In het ergste geval kunnen we altijd scheiden en opnieuw beginnen.

KIM: Als ik voor de burgerlijke stand met jou zou trouwen, zou ik net zo goed met jou kunnen samenwonen – ik zou me dan net zo getrouwd voelen. Een leuk gevoel is het niet.

ARTHUR: Je zou er mettertijd aan gewend kunnen raken.

KIM: Ik zou duizend dingen voor je willen doen. Maar trouwen ergens anders dan in een kerk kan ik niet.

En zo gaat het maar door. Ze putten zichzelf uit, zoeken toevlucht bij drank en eindejaarsjolijt. Op Guy Fawkes-avond kijkt Arthur naar het afsteken van de vuurpijlen en warmt hij zijn handen aan een brandend beeld van Hitler. Op kerstavond gaat Kim naar Windyrigde, maakt een wandeling met Mary, helpt het kind naar bed brengen, eet boterhammen met ham, drinkt een glas gin met citroen, wisselt cadeautjes uit (een portefeuille-met-beurs voor Kathleen, een broche voor Mary), komt rillend aan in het Booth Hall na bij de halte Worsley Courthouse anderhalf uur op de bus te hebben gewacht en gaat naar de nachtmis. De dag zelf brengt ze op de afdeling door – maar 's middags zijn er voor de mensen van de OK koffie en broodjes en om vier uur thee met whisky, en dan triffle, snoep en een toneelvoorstelling voor de kinderen. Arthurs kerst begint om half elf in de mess met een biertje (veel mannen nog half dronken van de vorige avond); na de toespraak van de koning serveren de ovc's de patiënten een warme maaltijd; dan nog meer bier vergezeld van cognac vóór hun eigen koud buffet en een paar whisky's; meer whisky in een van de hutten; een partij squash en een douche; dan een revue in het garnizoenstheater en daarna moet Arthur tot één uur achter de bar zwoegen – maar een van de jongens heeft met een fles whisky op hem gewacht en dan verschijnen er vier oppassers die zo dronken zijn als een meloet (hij verstopt de whisky en pakt een fles cognac) en iedereen juicht hem toe en jouwt Mac uit en hoewel hij hun de mond probeert te snoeren voordat ze Mac (en Carslake en Musgrave) wakker maken, vertrekken alle jongens richting heuvel waar ze hem toejuichen en Mac uitjouwen – het is een leuke dag, al had hij het liever thuis gevierd. Ook Ron gaat met kerst niet naar huis, maar hij stuurt Kela wel een vorstelijk cadeau: een witte hond van hout die een kar met melkflessen voorttrekt en de flessen kunnen eruit worden gehaald en als kegels worden gebruikt: een prachtig cadeau in deze tijd van armetierige spulletjes. Wanneer Arthur van het cadeau hoort wordt hij woedend ('Hieruit blijkt maar weer wat een vreselijke armoede en ontbering de bezette landen hebben gekend') en Mary kan er niet veel troost uit putten. Ron mag dan lief zijn voor Kela, tegen de moeder is hij nog altijd afstandelijk.

Zal er in 1945 verbetering in de situatie komen? Het ziet er niet naar uit. De Duitsers graven zich voor de winter in. Dick Strachan, een goede vriend van Arthur en Ron, sneuvelt. Niet ver van het Booth Hall komen V2's neer. En op 30 december wordt Kim wakker omdat ze ramen hoort klepperen en haar bed voelt trillen en de volgende dag hoort ze dat het geen V2 was, maar een aardbeving. Een aardbeving in Manchester! (Geen doden.) Arthur heeft er juist in Kims brief over gelezen wanneer, potverdikkie, er ook eentje in de Azoren is, de vloer trilt terwijl hij aan de bar staat te roken. De grond onder zijn voeten verschuift, lijkt het wel. Beiden hebben een vreselijke nachtmerrie – Kim over doodgaan bij een vliegtuigcrash, Arthur dat de roze gloed van zijn oliekachel iemand is die hem komt vermoorden. 'Gelukkig Nieuwjaar!' schrijft ze, na de avond te hebben doorgehaald in zijn ouderlijk huis en, biecht ze op, 'twee mannen te hebben gekust' – zijn vader en de buurman, de oude meneer Evans. 'Ik vraag me af wat 1945 zal brengen? Ik hoop zo dat het een gelukkig jaar wordt.' De stemming in Windyridge is opgewekt, maar ze heeft een gevoel of ze zichzelf tegen beter weten in moed inspreekt. Ze slaapt in zijn slaapkamer, maar dat biedt geen troost. Aan de deur hangt leeg zijn badjas.

Misschien is het een voorteken. Op 2 januari, vervuld van goede voornemens voor het nieuwe jaar, schrijft hij: 'Ik kan eindelijk verklaren dat ik onder geen beding in een RK kerk ga trouwen – of RK kinderen wil hebben. Dat is definitief en onherroepelijk – zelfs als mijn leven erdoor zou worden geruïneerd.' De brief doet er twee weken over om aan te komen. 'Ik kan nog steeds niet geloven dat dit het einde moet zijn,' antwoordt ze. Hoewel ze in de volgende brieven grapjes maakt, alsof er niets aan de hand is, is ze bij Mary huilerig en terneergeslagen. 'Denk alsjeblieft niet dat ik me met jouw zaken wil bemoeien, maar moet je echt zo definitief zijn?' smeekt Mary haar broer. 'De arme Kim is de laatste tijd helemaal niet in orde en ze ziet er diepongelukkig uit. Ik hoop dat je een mogelijkheid vindt niet twee levens op deze manier te ruïneren. Ik spreek uit ervaring, als iemand die weet hoe het is om alles kwijt te raken.' Door bemiddeling van Mary stemmen ze erin toe elkaar te blijven schrijven en *het* te laten rusten tot hij thuis is. Maar zijn boodschap is een compromisloos Geen Overgave: trouwen op zijn voorwaarden, of helemaal niet. Ze heeft zich in de twee voorafgaande jaren nog nooit zo radeloos gevoeld.

Zij hoopt (tegen beter weten in) dat hij zijn ultimatum zal intrekken. Hij hoopt (met triomfalistisch zelfvertrouwen) dat zij zijn zijde zal kiezen. Zo neen, dan is er geen man overboord. Hij heeft nog andere ijzers in het vuur. Elk moment kunnen de zeven zusters aankomen.

9 Liefdeslijnen

Ik heb zin een grafiek uit te zetten. Laten we hem de liefdeslijn noemen. De contouren van het landschap beginnen zich al af te tekenen. De horizontale as geeft de tijd aan, de verticale de emoties, met onderaan onverschilligheid, bovenaan hartstochtelijk vuur en ertussenin wederzijdse aantrekking. Als ik op een schaal van 0 tot 10 het verloop van mijn ouders liefde uitzet, merk ik dat hij in oktober 1942 (dat feestje in het Hope) de grafiek binnenkomt in de buurt van de 3, stijgt naar 4 voordat Arthur naar IJsland vertrekt (Kim maakt kennis met zijn ouders), aanvankelijk gelijk blijft en dan zakt naar 1 in de tweede helft van 1943 (zij gaat naar Ierland, hij heeft het over vriendschap, de brieven worden minder frequent, beiden gaan met een ander om), omhoogschiet naar 9 in de eerste maanden van 1944 (de veertien dagen bij Tante, het weekend in Londen), afvlakt op 7 nadat Arthur naar de Azoren is vertrokken (met een sprong terug naar 8 wanneer hij met zijn poliopatiënt voor drie dagen terugkomt), uitflakkert naar 6 in het najaar wanneer frustratie en conflicten over het geloof zich aandienen en dan scherp naar 4 en lager duikt na zijn ultimatum van januari 1945. De lijn eindigt daar niet. Vóór hun trouwen zullen er nog meer fluctuaties komen. En na hun trouwen ook. Ik zou de lijn kunnen volgen tot aan zijn dood in 1991, of zelfs, omdat ze haar hele leven van hem heeft gehouden, tot 1997. Pas met haar dood eindigt de lijn.

Een grafiek heeft haar voordelen, maar een grafiek kan maar een deel van de werkelijkheid laten zien. Het verhaal van een liefde is niet enkel een liefdesverhaal – andere krachten werken er ook op in. In het geval van mijn ouders spelen meningsverschillen over het geloof een rol en die leiden tot uitslagen in hun liefdeslijn, los van andere gevoelens of gebeurtenissen. Werk is een andere variabele: mijn moeders succesvolle carrière heeft invloed op hoe mijn vader over haar denkt en zijn onvermogen een concrete bijdrage aan de oorlog te leveren (zijn 'inactieve dienst') heeft een negatieve invloed op zijn zelfrespect en dat op zijn beurt bedreigt zijn vermogen lief te hebben. Dan is er gezondheid – die van hen en die van hun patiënten. Een grafiek zou de invloed van griep, polio, menstruatie, tbc en perinatale dood op de relatie moeten tonen. Door al die variabelen vertoont de grafiek fluctuaties die moeilijk te traceren zijn. Aangenomen dat één lijn volstaat. Zouden er namelijk niet twee lijnen moeten komen, één voor elke hoofdpersoon, want de gevoelens die ze voor elkaar koesteren vallen immers niet altijd samen? Zo ja, dan zou de blauwe (jongens)lijn bijna zeker de wegbereider zijn en zou de roze (meisjes)lijn een eindje erachteraan komen: het was mijn vader die het vaakst het heft in handen nam. Maar mijn moeder leefde niet in zijn schaduw. Ze had haar eigen innerlijke schaduwen, haar stemmingen en depressies en zwaarmoedigheden, maar ook haar gebrek aan vertrouwen dat het met hun relatie iets zou worden – dus haar liefdeslijn zou in zijn geheel lager moeten liggen dan de zijne. Twee lijnen zouden misschien logischer zijn. Maar zouden ze aan dezelfde kant van de grafiek moeten beginnen? Waarom zou je ze niet vanaf tegenovergestelde hoekpunten uitzetten, zodat ze in het midden met elkaar kunnen trouwen? Maar zelfs dan zou een lijn niet adequaat zijn. Hoe kan een lijn de twijfels registreren die geliefden bij de aanvang van een relatie kennen ('Maar ik ken hem/haar amper!'), of later ('Is hij/zij wel de ware?'). Zal liefde door zulk zelfonderzoek doven, opvlammen, of onveranderd blijven? En waar zou je in een grafiek de paradox moeten neerzetten? 'Niemand heeft zich ooit zo gevoeld,' zeggen geliefden en dan in de volgende adem: 'Eindelijk weet ik wat liefde is.' Dat klopt niet met elkaar, maar toch is het de feilloze logica van het hart.

Grafieken zijn een nuttig visueel hulpmiddel, maar een groot deel van de liefde blijft onzichtbaar. Knappe koppen in laboratoriumjassen kunnen als indices voor begeerte de hartslag, pols, pupilverwijding, afscheiding van vloeistoffen en intensiteit van het orgasme meten. Maar we trekken hun methoden en hun motieven in twijfel en ze vertellen ons enkel wat we al weten. Aan dichters heb je soms meer dan aan wetenschappers, maar als het gaat om het spreken van de waarheid kun je zelfs van dichters niet op aan. Het was een dichter, Yeats, die mannen de raad gaf in de liefde tactisch te werk te gaan, zich terughoudend op te stellen teneinde vorderingen te maken:

Geef nooit het hele hart, want
liefde zal nauwelijks iets waard
zijn voor hartstochtelijke vrouwen
als alles zeker lijkt; (...)

Mijn moeder, een rustige maar gepassioneerde vrouw, zou het niet met Yeats eens zijn geweest. Voor haar was de liefde die mijn vader haar bood, de moeite van het overwegen waard juist omdat die zeker was. Ze wist dat hij van haar hield. Had ze maar even geaarzeld, dan zou ze (gezien al de andere problemen) er direct zijn uitgestapt. Maar het zou van naïviteit getuigen als ik zou denken dat hij haar in zijn brieven alles vertelde. En zeker zij opende niet haar hart voor hem. Hoe eerlijk ze ook was, ze vond het moeilijk om onder woorden te brengen wat ze allemaal dacht en voelde. Ze wist niet eens wat ze allemaal dacht en voelde. De liefde bleef haar eigen weg gaan, tegen alle verwachtingen in, maar het was geen onbelemmerde of rechte weg. Zijrivieren bemoeilijkten haar loop. Zoals altijd.

Tot zover liefdes verticale as. Maar hoe zit het met haar horizontale, de progressie in de tijd? Kan liefde chronologisch worden gemeten? Hoe meet je de wilde fluctuaties die geliefden in een tijdsbestek van enkele minuten doormaken ('Ik haat je', 'Ik houd verschrikkelijk veel van je'), laat staan in die van uren, dagen, weken en maanden? Is er überhaupt sprake van een lijn? In retrospectie, wanneer je van een veilige afstand aan de liefde terugdenkt, lijkt ze meer op een serie friemeltjes en stipjes – vignetten, niet een naadloos aaneengesloten verhaal. Ga uw eigen liefdesgeschiedenis maar na, dan zult u het zien. Een zin, een hand, een moedervlek, de druppels van douchewater op haar schouder, de varens waarin we lagen terwijl rugzaktoeristen over het heidepad langs kwamen, die dag in het zwembad, de amberkleurige jaap in haar linkeroog, de smaak van haar zweet, haar onderhuidse trilling vlak erna, de manier waarop ze altijd het klokhuis van een appel eet, haar lach, haar haar dat de wastafel verstopt, haar verkeerd uitgesproken woorden, de kleur van Lake Louise toen we erop neerkeken, de avond dat ze zal zeggen wat ik altijd heb gewild dat ze zal zeggen, een hotelkamer in Stockholm, haar rechterborst in de kom van mijn hand terwijl ik achter haar nek lig te slapen, de nacht stiekem buitenshuis die we elkaar hebben beloofd, paella en wijn op het lege terras van een restaurant, de keer dat ik haar slaapzak in zee waste toen ze misselijk was geworden van het eten van garnalen, die grappige tand, die jurk, die andere jurk, het fotomodel in de advertentie van de investeringsmaatschappij Scottish Widows, mijn hand tussen haar benen toen ze zat te rijden, de foto toen ze van het strand in Vai afkwam, de plotseling opkomende herinnering (toen ze aan het joggen was) aan de mannen die ze vroeger had gehad, die raffia tas die ze bij zich had, de kaarten die ze verstuurt, de e-mails, het telefoontje waar ik nog altijd op wacht, de knobbel in haar enkel, de ronding van haar been, de vorm van haar geest. De liefde bestaat als idee, de stroom onder alles wat we doen, maar deze dingen, de manieren waarop we ons de liefde herinneren (of haar nu registreren, of anticiperen dat ze in de toekomst zal zijn), de tastbare tekenen – die hebben een gescheiden existentie. De liefdesstukjes zijn wat het woord zegt: gewoon stukjes. Daarzonder zou er geen lijn zijn – geen huwelijk, geen kinderen, geen toekomst. Maar op een grafiek zullen deze stukjes die zo essentieel zijn, niet aan het licht treden.

Op een keer nam ik een vriendin mee naar huis. Ik kende haar van de universiteit, we hadden in hetzelfde studentenhuis gewoond en mijn ouders hadden haar twee keer ontmoet. 'Ze lijkt me een aardig meisje,' zei mijn moeder na de tweede keer en ze voegde eraan toe toen we alleen waren: 'Ik hoop dat als jullie met elkaar naar bed gaan, een van jullie voorzorgsmaatregelen treft.' Ik interpreteerde dit als een acceptatie en nam aan dat we op één kamer mochten slapen. Maar toen we aankwamen werd mijn vriendin naar de logeerkamer gebracht, terwijl mijn vader mij iets te drinken inschonk. Ik protesteerde: waarom opeens het verbod? 'Je mag in je eigen huis doen en laten wat je zelf wilt,' antwoordde mijn moeder, 'maar niet in het mijne.' Het was een klamme avond en het huis trilde van de statische elektriciteit. Boven voelde de logeerkamer bedompt. Duisternis leunde vanaf de moeraslanden naar binnen. 'Het is hier verdorie net de Woeste Hoogte,' zei mijn vriendin, zittend op het bed. Ze voelde zich een vijfde wiel aan de wagen. De onhartelijke ontvangst, de beddenregeling, mijn vader die haar niet iets te drinken aanbood – ze wou maar dat ze nooit was gekomen. We begonnen fluisterend ruzie te maken. Kom nou beneden, smeekte ik. Nee, zei ze, ze ging naar huis. Op dit uur, zei ik, ze leek wel gek. Nee, ik was gek, zei ze met stemverheffing. Ik klemde mijn hand om haar mond: stel dat mijn ouders ons ruzie hoorden maken? Ze ontworstelde zich: en wat dan nog? Waarom trok ik niet weer bij hen in als ik het vervelend vond? Zij ging in elk geval weg, zei ze en ze duwde me opzij, liep naar haar koffer en sloeg hem dicht. Er klonk een luid gekraak toen het deksel neerkwam. Een plastic fles zonnebrandolie die ze op het laatste moment optimistisch had ingepakt zat klem en olie explodeerde tegen het grijze veloutébehang en liet een lichtbruine vlek in de vorm van een boom achter: verspreide bladpatronen boven, dicht gebladerte in het midden, het druipspoor van een stam naar de plint. Samen gingen we met tissues, toiletpapier, handdoeken, water, het zure tegengif van aftershave aan het werk. Het haalde allemaal niets uit. We klopten, we betten, we wreven – zonder resultaat. Ten slotte, na het te hebben goedgemaakt met een omhelzing en een zoen, liepen we naar beneden. Er was een ongelukje gebeurd, legden we uit. Mijn vriendin zei dat ze wilde betalen voor een nieuw behang. Mijn moeder wilde er niet van horen. Mijn vader bood haar verlaat iets te drinken aan. We gingen zitten en dronken en aten en lachten en mijn ouders leerden mijn vriendin beter kennen en mijn vriendin en ik leerden elkaar beter kennen en jaren later werd ze mijn vrouw.

De vlek bleef, ondanks alle pogingen hem weg te krijgen. Telkens wanneer we op bezoek kwamen was hij er, in volle glorie achter het nachtkastje dat mijn moeder had gekocht om hem aan het oog te onttrekken. Een plek in de tijd. Een symbool van de verwarring rond de seksuele moraal. En de plaats van een oud gevecht. Tegenwoordig kibbelen we meer dan dat we ruziën en vaak doen we geen van beide: als aankondiging van echtelijke disharmonie zat de vlek er dus naast. Maar ik kan hem niet uit mijn hoofd zetten.

Waar zou deze episode op een grafiek komen te staan? Nergens. Toch lijkt ze me wel belangrijk, om redenen die ik niet helemaal begrijp. Ze heeft niets romantisch en ze zet geen van ons beiden in een gunstig licht, maar toch komt ze in mijn privé-anthologie voor, samen met de voor de hand liggende stukken (eerste ontmoeting, eerste keer vrijen, huwelijksdag, geboorte van de kinderen, enzovoort). Misschien is het geen toeval dat mijn moeder een rol in die episode speelt. In mijn Blake-Lawrenciaanse studentenfase beschouwde ik haar als een tegenstander van hartstocht en seksuele vrijheid. Toch voelde ik dat er meer achter zat – een verhaal dat ze niet vertelde en waardoor ze die dag gespannen was en die ten slotte had 'gemaakt' dat de koffer ontplofte. Wie zal het zeggen. Nu ze dood is zal ik nooit achter de waarheid komen. Zelfs als ze nog leefde zou ik er nooit achter zijn gekomen. De liefde is een duister en geheim gebied. We kunnen kaarten maken en grafieken uitzetten en taartdiagrammen tekenen, maar daar vertellen we nog niet de helft mee. We zullen het hart nooit kennen.

De liefdesbrieven van mijn ouders zijn een kostbare vondst. Of prozaïscher gezegd, ze zijn een bron van kennis. Ze helpen verklaren wie mijn moeder was, en hoe ze leefde en waarom ze deed wat ze deed. Er staan dingen in die ik niet wist. Maar ik ga me niet wijsmaken dat ze me alles vertellen. En ik ben blij dat bepaalde mysteries mysteries blijven.

10 De zeven zusters

Brief gekregen van Carina Tweedie die verpleegster was op IJs-
land (ik had haar nooit zo gemogen, maar toen keerde haar
verloofde niet meer terug nadat hij had getelegrafeerd dat hij
aanstalten maakte een onderzeeër aan te vallen) en daarin
stond dat een van de zeven zusters die hier volgende maand
aankomen een vriendin van haar is en erg aardig. Dus nu weet
je wat je te wachten staat.
Je zegt dat je je 'niet kunt voorstellen dat Ron aan de zwier
gaat'. En ik? Ik denk dat Ron minder humeurig zou zijn als hij
eens met wat meisjes uitging, al is het maar om zijn wilskracht
op de proef te stellen.

Opnieuw afschrikwekkende mist en ijs. De ambulances zeggen
dat ze niet willen uitrijden – althans, de chauffeurs niet. Ben
reuze blij dat ik niet ergens op het platteland huisarts ben – het
zou een hel zijn.
Was gisteren in Windyridge. Bij het avondeten zei je vader voor

de honderdste keer dat het Pendlebury het enige fatsoenlijke kinderziekenhuis in Manchester was. Hij wrijft het me altijd onder de neus – denkt dat het Booth Hall een vieze bende is. Maar ik heb van me afgebeten. Alsof het iets zou uithalen, wanneer hij eenmaal iets in het hoofd heeft. (Net als iemand anders die ik ken.) Ik ben het niet met je eens dat het jammer is dat Ron niet met meisjes uitgaat om zijn wilskracht op de proef te stellen. Wil je dat ik mijn wilskracht op de proef stel? Ben je voornemens de jouwe op de proef te stellen bij de zusters? Probeer het svp de resterende weken nog vol te houden.

ARTHUR AAN KIM, Azoren, 26-1-45

Alleen één interessant nieuwtje vandaag, maar een belangrijk: de zeven zusters zijn om 1 uur vannacht aangekomen. Onnodig te zeggen dat ik er niet was om hen in te stoppen. Mijn vriend Carslake had niet eens bedden voor hen laten opmaken – scheepte hen gewoon af met een paar dekens en lakens op een kaal matras: 'Waarom zouden we ze anders behandelen dan luchtmachtmensen.' Ik neem aan dat ze nog in bed liggen – ze hadden een roerige overstek. Ik heb begrepen dat juffrouw Butler echt... [STUK VAN PAGINA AFGESCHEURD]. En ik hoor dat twee anderen ook niet lelijk zijn. Mac en Jim gaan het hun vrouw niet vertellen, met het oog op jaloezie. Je zult maar op die manier met elkaar getrouwd zijn. Ik ben blij dat jij en ik zo niet zijn, lieveling.

Wel herinner ik me dat ik verduveld jaloers was toen je in Manchester met Billy uit ging, ook al was Mary Galvin er dan bij. En wie was die gast uit Leigh of daaromtrent die jou mee uit nam? En dan een of andere vent uit Bolton. Nu ik het er toch over heb, het lijkt me dat je net zo vol slinksheden zit als een Frans meisje.

Carslake kwam met alle zeven zusters naar de ZB om hen aan ons voor te stellen. Ik kan niet zeggen dat ik erg onder de indruk was, maar het lijkt me een aardig, gezellig stel en leuker om te zien dan de meisjes die we in Reyky hadden. Carslake was in zijn sas. Ze beginnen morgenochtend met hun werk – en ik zit deze hele week in het ziekenhuis. Mooie timing dus.

Wat ik ermee bedoelde dat het Ron (en mij) goed zou doen met een meisje uit te gaan, is dat je na een poosje wanneer je niet met een meisje kunt praten, er steeds vaker aan begint te denken – dan ga je je verduveld ondeugend voelen en begin je je af te vragen of je wel trouw zou blijven – en ga je feitelijk bang worden voor jezelf, enzovoort. Het is moeilijk uit te leggen. Maar omdat ik al die andere jongens heb zien uitglijden, was ik echt benieuwd wat ik zou doen als hier een knap meisje op het toneel zou verschijnen. En als ik, wanneer jij en ik met elkaar getrouwd zouden zijn, niet eens met een ander meisje uit zou kunnen gaan zonder me ontrouw te voelen – dan zou ik zeker niet met je moeten trouwen, vind je niet? Niet dat ik ooit met een van hen uit zou willen gaan, maar je begrijpt wel wat ik bedoel. Hetzelfde geldt voor jou – ik zou helemaal niet blij zijn als je enkel een klein meisje was dat niets van het echte leven had gezien, ik zou me bezorgd afvragen hoe je zou reageren na, zeg maar, een paar jaar huwelijk.

Het is nu zes uur en we moeten naar de hoofdofficiersmess voor cocktails – er is een ontvangst voor de zusters. Arme meisjes, de grote kennismakingsronde is begonnen. Moet opschieten – adie.

De hele dag druk. Aardig wat brandwonden. Nog steeds erg koud en mistig. Denk dat mijn badkamer de enige plaats is die het nog doet – overal elders gesprongen waterleidingen.

Ging langs bij het Hope en liet me overhalen met het avondeten te blijven, zeker toen Mike Winstanley aanbood me terug te rijden. Hij gaat gauw trouwen. Je zult blij zijn te horen dat hij niet zonder benzine kwam te zitten en dat hij me bij het hek uit liet stappen zonder zelfs maar de motor af te zetten. Ik weet dat je hem niet erg vertrouwt en ik ook niet, maar het was aardig van hem me een lift te geven.

Ron vertelde dat hij in een Amerikaanse ZB een cartoon zag met de tekst: 'Laat je V-Day niet verpesten door een VD.'

Pappie moet in Killorglin nog altijd het bed houden. Het is niet ernstig, maar de dokter zegt dat hij er niet uit mag.

Had vannacht een heel rare droom – dat ik een kind kreeg.

ARTHUR AAN KIM, Azoren, 29-1-45

Werd vannacht bij een vent geroepen die zijn arteriae carotis had proberen door te snijden (zonder succes, de arme donder), toen door naar een artsenoverleg waar de zusters ook bij kwamen. Op mijn afdeling komt Cousins (Lorna) – opleiding genoten op Guys, ongeveer 30, aardig iemand, maar nauwelijks verleidelijk (je hoeft je over haar geen zorgen te maken). Ze heeft de afgelopen 8 jaar op OK gestaan, dus weet niet hoe keelpijn, kou, enz. moet worden behandeld en dat is alles waar ze hier mee te maken krijgt. Hooper (Audrey) – lang en lief, een jaar of 27 – ziet eruit of ze verloofd zou moeten zijn, maar ik zie geen ring. Rees (Molly) is de jongste en de leukste, donker, vrij bleek, en bekoorlijk – en ze schijnt vrij goed te kunnen flirten. De anderen zijn juffrouw Byrne, de hoofdzuster – Iers, veel karakter, 35. Juffrouw Williams – zwaargebouwd, ongeveer 34, erg direct. En misschien wel de aardigste van het hele stel, Dilys Palmer, klein, leuk figuurtje, blond, blauwe ogen, vrij lief. En dan is er natuurlijk juffrouw Butler – de vriendin van Carina Tweedie, zij heeft de grootste... [DEEL VAN PAGINA WEGGEKNIPT OF

AFGESCHEURD]... die je ooit heb gezien, en naar alle waar-
schijnlijkheid... bereid het met iedereen te doen... wierp verlegen
blikken in mijn richting... is zo te zien ruim bemeten.
Lag om 11 uur in bed, in mijn eentje.

KIM AAN ARTHUR, Booth Hall, 30-1-45

Ik weet niet of ik je al heb verteld dat de vrouw van dokter
Crawford een kind in het Hope heeft gekregen – het stierf na 10
dagen aan longontsteking. Ook was er een heel ernstige uit-
braak van gastro-enteritis op de Kraamvleugel en ze verloren
ongeveer 14 baby's. Ze hadden bacteriologen uit Oxford laten
komen om het te onderzoeken, maar naar het schijnt was het een
virusinfectie en er kon niets aan worden gedaan.
Mijn brieven zijn kort en triest, ik weet het. Op de dag dat je de-
ze krijgt, zul je waarschijnlijk op stap gaan en dronken worden
en ik kan je geen ongelijk geven. En als er zusters vrij zijn zul je
waarschijnlijk zin hebben te zeggen 'wat kan het mij donderen'
en hen mee uit nemen en ik kan je geen ongelijk geven.

ARTHUR AAN KIM, Azoren, 1-2-45

Die verrekte nazi's hebben nog een belachelijke hoop vechtlust in
hun donder – rotkerels – maar ik voel me een stuk opgewekter
dan in de afgelopen tien maanden. Stond gisteravond met
Throne en Coffin in het maanlicht en we stelden ons voor hoe
we zouden horen dat de oorlog afgelopen was – waarschijnlijk
een bericht op de radio. Of het nu nog een halfjaar duurt dan
wel morgen afgelopen zal zijn, ik kan me gewoon niet voorstel-
len hoe het is om weer in vrede te leven.
Daarna naar Charles' tent gegaan voor een praatje, want hij is
met Molly Rees uit geweest. Ik had hem al eerder voorgesteld dat
wij, nu de meisjes hun officiële kennismakingsronde hadden ge-

had, hen weleens voor een wandeling zouden kunnen uitnodigen – maar ik merkte dat hij het al had georganiseerd. Hij is
met haar naar de bios geweest en was na afloop verbaasd over
zijn eigen deugdzaamheid – ze hebben samen op een heuvel gezeten die uitkijkt op de lichtjes van de stad en over een heleboel
dingen gepraat – en toen heeft hij haar teruggebracht en ze
vroeg of hij bij hun mess 'binnen wilde komen' en er was niemand daar – maar hij stond verbaasd over zichzelf toen hij zei:
'Nee, ik kan beter gaan.' Hij voelt zich nu fantastisch, vol zelfvertrouwen, want hij was al benauwd geweest hoe hij na 15
maanden hier op zo'n situatie zou reageren – hij is namelijk getrouwd en heeft twee kinderen.

Vanochtend tot 12 weer gepraat met 'de meiskes'. Ga vanavond
uit met Bugs en Hicks – met Cousins, Hooper en Rees.

Had vannacht een vreselijke droom. Droomde dat jij kort na de
zusters hier aankwam, maar ik werd dronken en bedierf alles,
na zo lang zoet te zijn geweest – walgelijk.

MARY AAN ARTHUR, 1-2-45

Kim heeft gevraagd jou te schrijven, want het zal haar een paar
dagen niet lukken – haar vader is namelijk erg ziek en ze hebben haar gevraagd of ze overkwam.

ARTHUR AAN KIM, Azoren, 3-2-45

We haalden de meisjes op om 7 (tot onze verbazing waren ze al
klaar en stonden ze te wachten). Waren om 7.20 in Praia, bestelden het avondeten en liepen naar een cafeetje verderop in de
straat waar we elk een cognac namen. Er zaten daar een vijftal
dronken luchtmachtmensen (het was betaaldag) en drie Portu-
gezen met een mandoline, en piano en gezang, dus het was een
ontzettende herrie – na een poosje nam Hicks het op de piano

over en op het laatst moesten we hem ervandaan trekken. In de
Confienca hadden Audrey (Hooper) en Fifi (Lorna Cousins of
Cosens – ik kan niemand bedenken die zo weinig Fifi is als zij,
maar zo noemt ze zich nu eenmaal graag) elk een halve kip en
de rest nam biefstuk met eieren. Toen een fruitsalade en om
10.45 gingen we naar de Miramar waar we op hoge krukken
aan de bar zaten, min of meer in paartjes – Hicks met Audrey,
Bugs met Molly, en Fifi met mij. (...)

Je zou bijna denken dat hij nooit een vrouw heeft gezien. Een
halfjaar in zijn stoffige archipel en de zusters zijn als water in de
woestijn. Niet dat ze zulke schoonheidskoninginnen zijn, of dat
hij op zoek is naar romantiek. Maar omdat de relatie met het
thuisfront tot stilstand is gekomen heeft hij zin in een verzetje.
Sinds hij in juni op het station van Swindon afscheid nam van
Kim is de enige gezellige tijdpassering die hij met een vrouw
aangeboden heeft gekregen, het soort waar je voor moet betalen
en daar is hij te krenterig of te kieskeurig voor. Bij zijn twee recente uitstapjes – naar Gibraltar en Casablanca, en toen naar het
aangrenzende Furnas – stonden de prostituees op elke straat-
hoek. Maar in tegenstelling tot zijn metgezellen weerstond hij
de verleiding, hoe aanlokkelijk sommige vrouwen ook waren.
Dat vertelde hij Kim althans. En gezien de openhartigheid waarmee hij over zijn enthousiasme voor de zusters praat is er geen
reden aan zijn woord te twijfelen. Ere wie ere toekomt: Arthur is
eerlijk. Waar zijn medeofficieren nalaten hun vrouw of verloofde over de komst van de zeven ongetrouwde, jonge zusters te
vertellen, weigert Arthur dat spelletje mee te spelen. Misschien
speelt hij andere spelletjes. Ik zou niet durven beweren dat dat
niets voor hem is. Maar van stiekemheid en leugens kun je hem
niet beschuldigen.

Doktertje is op zichzelf al een spelletje, natuurlijk. Op de Azoren spelen ze er de volwassen versie van, niet die waar kinderen

zich bij uitkleden. Volgens de spelregels hebben dokters het geld en de macht en verpleegkundigen de jeugd en de schoonheid, en het spel ontwikkelt zich volgens strikt geslachtsbepaalde lijnen. De bedoeling van het spel is dat de dokter een seksuele verovering maakt en dat de verpleegkundige punten verdient door mee te werken. Je kunt zowel bonuspunten als strafpunten krijgen – schandaal, zwangerschap, anonieme brieven aan echtgenote – maar als het spel verstandig wordt gespeeld hoeven er geen verliezers te zijn. Het wordt alleen maar gevaarlijk wanneer een dokter het hart van een zuster breekt, want zijn hart kan per definitie niet worden gebroken. Of Mac, Carslake, Coffin, Throne en anderen oude rotten in het spel zijn vermeldt de geschiedenis niet. Maar het ziet ernaar uit dat ook zij het spannend vinden dat de zeven waterdragende maagden er zijn en, als beloning voor al dat halen en brengen, organiseren ze een avondje-uit in de stad. Een etentje met culinaire fijne kneepjes. En daarna nog meer fijne kneepjes en porretjes. Doktersvoorschrift.

Voor de zusters is zoveel overspannen aandacht knap vervelend, al komt het nauwelijks als een verrassing. Elke vrouw die bij de strijdkrachten zit kan avances verwachten. 'Je moet tegen ze liegen en op ze liggen' – dat is de leus: vrouwen bij het leger worden als grondzeil behandeld en vrouwen bij de marine als rubberen dinghy. Vandaar dat sommige zusters liever bij de luchtmacht dienen, want vliegers zouden fatsoenlijker zijn. De zeven zusters zouden in Lagens graag een paar vliegers willen ontmoeten, maar ze krijgen de kans niet. 'Zullen we iets drinken?' vragen de artsen hun dringend en ze monopoliseren hen. 'Een hapje eten, een beetje dansen, een eindje wandelen, zeg het maar.' Het gaat niet van een leien dakje en de zusters zijn niet van plan zich zomaar gewonnen te geven. Maar ook een meisje kan zich eenzaam voelen. En zich afvragen waarom ze moeilijk blijft doen wanneer een knappe man haar bij de hand neemt en haar over de kliffen helpt en wanneer de lucht warm is en de maan een gouden band over de zee legt...

Onschuldig vermaak: zo presenteert Arthur het haar. Een beetje vrouwengezelschap voor de verandering, meer is het niet, snoes – heus geen dingen die zo ondeugend zijn dat hij het haar niet zou durven vertellen. Ze weet niet hoe ze erop moet reageren. Als Arthur en zij het definitief hadden uitgemaakt zou hij het haar niet hebben verteld, toch? Het feit dat hij haar net zo vaak schrijft als vroeger is een hoopvol teken, hoe hopeloos de situatie ook lijkt te zijn. Dat hij het leuk vindt haar jaloers te maken door de hele tijd over de zusters te zeuren is eigenlijk niet zo ontmoedigend: hij voelt zich tenminste nog bij haar betrokken. Toch kost het haar moeite hem niet een draai om zijn oren te willen geven. Is dit een voorproefje van hoe hun huwelijk zal zijn, hij de hele tijd op stap terwijl zij Oppascorvee heeft en thuiszit? En waarom zou ze het goed moeten vinden dat hij plezier heeft terwijl zij er niet bij is? Wanneer ze op de radio het liedje 'Making Whoopee' hoort – de vrouw die de meeste avonden alleen thuiszit, de man die niet belt of schrijft – missen de woorden hun uitwerking niet. Arthur zegt dat hij het onschuldig druk heeft, maar is dat wel zo?

In een van zijn brieven vergelijkt hij Engelse militairen met Amerikaanse GI's en hij besluit met: 'Alle mannen zijn even slecht – boven de navel geen verstand – maar in tegenstelling tot de yanks stoppen wij voordat het verkrachting wordt.' Alle mannen zijn even slecht en vrouwen zijn geen haar beter, zo is haar mening: ze heeft zojuist verhalen gehoord over een schandaal in het Dudley Road waar een arts en een zuster tijdens een feestje naar de lege poli voor zwangerschapscontrole glipten, wat voor andere artsen en zusters het sein was hun voorbeeld te volgen – de volgende morgen troffen schoonmakers de grond bezaaid met ondergoed aan. Dat heb je ervan wanneer artsen en zusters na werktijd met elkaar omgaan. Hoe kan Arthur nu serieus menen dat het allemaal onschuldig is? En zelfs als híj onschuldig is, zegt dat nog niets over de slinksheden van zusters. En dan hun vasthoudendheid wanneer ze er eenmaal hun klauwen in hebben geslagen. En hun gemakkelijke houding tegenover lichamelijkheid: doordat ze de hele dag met lichamen te maken hebben kennen ze vrij weinig remmingen over hun eigen lichaam. Nee, het zit haar helemaal niet lekker. Per slot van rekening is ze zelf een van zes zussen geweest – acht, als je de twee meerekent die overleden zijn – en ze weet hoe vrouwen zijn. Dat zou ze hem kunnen vertellen, en nog veel meer bovendien. Maar hij zou niet luisteren en ze gaat niet de zeurende echtgenote uithangen – dat wil hij namelijk, maar dat genoegen zal ze hem niet doen. Dus de toon waarop ze tegen hem spreekt is zo vriendelijk plagerig mogelijk. 'Kijk gewoon de andere kant op,' adviseert ze hem. 'Ogen rechts wanneer de zusters links van je lopen, en omgekeerd.' Het zou vernederend zijn als ze toegaf hoe ze zich echt voelt.

De enige vingerwijzing komt van Mary. Die vertelt Arthur dat Kim er ellendig uitziet. Het kan het enthousiasme waarmee hij over zijn uitstapjes met de 'meiskes' vertelt niet temperen. Evenmin lijkt het tot hem door te dringen dat haar vader erg ziek is (en wordt verdacht van hartfalen) en dat ze zich zo beroerd heeft gevoeld dat ze drie dagen niet heeft gegeten. Misschien is het hem wel opgevallen, maar heeft hij voor zichzelf vastgesteld dat ze overdrijft, of gewoon zielig doet. Maar op de laatste dag van januari gaat het opeens slechter met haar vader en vragen ze haar naar Ierland te komen. Wanneer ze hem op vrijdagavond ziet geeft ze hem nog geen dag – hij kan niets binnenhouden, heeft fibrillaties, en de huisarts zegt: 'Het zal niet lang meer duren.' Maar hij haalt het weekend en wanneer het dinsdag wordt ziet het ernaar uit dat hij erdoorheen zal komen. Ze zou langer willen blijven, maar het ziekenhuis heeft haar maar een paar dagen verlof gegeven en dat ging al niet van harte, vertelt ze Arthur. 'Patterson zei niet eens hoe erg hij het voor me vond, maar vroeg gewoon op vreselijke toon: "Hoe lang blijf je weg?" Maar het ziet er nu naar uit dat ik met een gerust geweten terug kan. Pappie weet hoe erg hij eraan toe is en hij is erg bang en wil graag de hele tijd mensen om zich heen hebben. Gelukkig maar dat ik voor beide verpleegsters mijn hand in het vuur durf te steken.'

Maar durft ze ook haar hand in het vuur te steken voor de verpleegsters op de Azoren? En voor Arthur? De brieven die hij in haar afwezigheid heeft gestuurd, zo merkt ze wanneer ze in Manchester terug is, zijn vol drank en etentjes en uitgaan tot diep in de nacht. Op de derde 'vormt hij min of meer een paartje met Fifi'. Op de vijfde worden de zusters uitgenodigd voor een chic diner, 'allemaal in avondjurk – en wat voor avondjurk, sommige heerlijk verleidelijk'. Het diner wordt gevolgd door dansen op 'aftik'-melodieën en opnieuw richt hij zijn aandacht op zuster Cousins (of Cosens). Hij doopt haar *Cosy*, ofwel Knusje, 'een stuk beter dan Fifi – ik merk wel hoe ze reageert wanneer ik haar zo noem'. Op de zevende, wanneer de geallieerden nog maar vijfenzestig kilometer van Berlijn zitten, brengt hij rapport uit over hun laatste vorderingen: 'Charles is een hevige flirt begonnen met Molly. Waarschijnlijk breekt hij nog haar hart, afgezien van andere zaken.' Op de tiende moet hij binnenblijven, omdat hij als officier van gezondheid piketdienst heeft, maar hij vindt het niet erg, want Knusje zit de hele maand in de nacht.

Inmiddels heeft hij het nieuws over haar vaders ziekbed ontvangen en schrijft hij een brief om haar te troosten, zij het dat die troost merkwaardig tactloos is: 'Ik moet bekennen dat ik een voorgevoel had dat je te laat zou zijn. Ik voel me een rotzak dat ik dit schrijf, maar ik ben tenminste eerlijk. Per slot van rekening, als hij gezond en fit is kun je lachen om mijn voorgevoel. En als je inderdaad te laat was is het waarschijnlijk maar goed ook – ik ben blij dat ik tot nu toe niet aanwezig ben geweest bij het sterfbed van mijn familieleden. Wat we ons willen herinneren is niet het terminale deel, maar hoe ze waren toen ze nog leefden.' Hij kon zichzelf wel voor zijn kop slaan dat hij 'was doorgegaan alsof er niets aan de hand was en plezier had', zegt hij. De stukjes die hij uit het blaadje papier had geknipt over juffrouw Butler waren alleen als plagerij bedoeld (ze is dik, veertig en een moeke). Ontnuchterd verontschuldigt hij zich dat hij haar voor de gek heeft gehouden – om daarna opgewekt zijn relaas te vervolgen wie precies is gekoppeld aan wie.

Verwacht hij dat ze desondanks van hem zal houden? Of beschouwt hij haar inmiddels als een jongensachtige vertrouwenspersoon bij wie hij zijn escapades kwijt kan? Hoe het ook zij, hij vindt het de gewoonste zaak van de wereld dat hij haar elk klein voorval vertelt. Eerlijk zullen we alles delen: dat is zijn leus. Dus zelfs het eten en de drank die hij met andere vrouwen deelt, deelt hij, op papier, ook met haar. Misschien is het naïef of narcistisch van hem om te denken dat ze er niet door geraakt zal worden. Misschien is het bot om alles tot op elk opdringerig detail te vertellen. Maar het bewijst dat hij geen 'air' heeft en niet weet hoe hij anders moet zijn. Aanvankelijk vat ze het goed op. Zelfs wanneer ze uit Ierland terug is protesteert ze niet. Maar dat komt alleen, vertelt ze hem, 'omdat ik te moe en te akelig was om jaloers te zijn'. Maar zodra ze tijd heeft erover na te denken verklaart ze dat ze 'duvels jaloers is. Tot nu toe heb ik geen enkele reden gehad om te piekeren. Maar nu zit ik me hier de hele avond af te vragen waar jij zou zijn en met wie, enzovoort. Ik denk ook dat je de diepongelukkige brieven die ik je schreef te licht hebt genomen. En je schijnt niet te hebben gemerkt dat sinds ik ze schreef en jou vertelde hoe uitzichtloos het me allemaal voorkomt, mijn toon, zoals jij zou zeggen, "koel en onpersoonlijk" is geworden. Zelfs het nieuws dat je binnen niet al te lange tijd thuiskomt maakt me niet zo blij als zou moeten. Maar ik wil het daar niet over hebben, want ik voel me daarzonder al akelig genoeg.'

In elk geval kan hij, wanneer hij met de hele club op stap is, in alle eerlijkheid verklaren dat er niets stiekems gebeurt. Maar stel dat hij met één bepaalde zuster knus begint te worden? Wat dan?

ARTHUR AAN KIM, Azoren, 10-2-45

Bleef gisteravond met Knusje nog wat napraten – over alle OVG's en de schandaaltjes in het algemeen. Ze verloor haar verloofde afgelopen februari toen hij met zijn destroyer verging. Ik heb haar uitgenodigd voor een dansavond in Angra en vanmorgen belde ze terug om te zeggen dat het goed was, want Audrey neemt haar dienst over. Basil gaat met Dilys en Charles met Molly.

KIM AAN ARTHUR, Booth Hall, 14-2-45

Vind Charles' gedrag heel schokkend. Ook als hij niet aan zijn vrouw denkt, zou hij zich dan toch niet een beetje moeten schamen, vooral tegenover jou en anderen die weten dat hij is getrouwd? Of zijn zulke dingen zo normaal geworden dat niemand zich er nog om bekommert? Overigens doet een behoorlijk aantal getrouwde zusters en hoofdverpleegsters die hier werken luchtig over de mannen met wie ze uit zijn geweest. Maar mij lijkt het vragen om moeilijkheden.

ARTHUR AAN KIM, 14-2-45

Het was al 10.20 toen we bij de tennisclub aankwamen. Toch behoorden we tot de eersten en iedereen zat op een hoge kruk aan de bar. We sloegen een paar cognacs met sinaasappelsap achterover en toen begon de band. In een mum van tijd kwamen alle

casanova's op ons af – ik zag Knusje ongeveer 10 minuten en
danste de hele avond maar twee keer met haar. Er werd met een
heleboel confetti gestrooid en iedereen probeerde iedereen te be-
trappen met zijn mond open – de papiertjes vielen in onze
drank en moesten eruit worden gevist. Ik voelde me fantastisch –
een heerlijke snee in mijn neus. Om 3 uur 's nachts zei Carslake
dat het tijd was te gaan, dus we vertrokken – met ons achten in
zijn auto – om 4 uur.

Met z'n achten in een auto, terug van een dansavond? Wat zal
dat knus dringen zijn geweest. Iemand moest op de schoot van
iemand anders hebben gezeten. Kom op, voor de dag ermee. Je
begrijpt toch zeker wel dat ik voor geen greintje jaloers ben – al
hoop ik dat meneer Tierney niet zat te kijken toen ik je laatste
brief las en dat hij me niet 'hmm' hoorde zeggen.
Droomde vannacht alweer dat pappie overleed – dat is de twee-
de keer in één week.

Uitgaan met andere vrouwen heeft helaas het schrijven van
brieven weer lelijk verstoord. Afgelopen woensdag, prachtig
weer, zijn Harra en ik met Knusje en Audrey 's middags op stap
gegaan. We organiseerden een lift naar de lucht-zee-reddings-
basis en namen daar twee roeiboten en voeren naar het bad-
strand en hebben daar mieters gezwommen en veel jool gehad
op het strand. Audrey had nachtdienst, maar na het avondeten
wipte ik even aan en haalde ik Knusje op voor een revue in de
Azoria. Goede conférencier, slangenmens (roodharig, vrouwe-
lijk), concertinamuzikant (vrouwelijk – blond), xylofonist
(vrouwelijk – brunette) en kaartgoochelaar.

Gisteravond speelde de band in de mess – een verdraaid goed excuus voor een fuif en dus organiseerden we er een. Dat zijn 3 fuiven in 4 avonden! Harradence was verdraaid grappig toen hij in een lege waterkan zong en Bing Crosby imiteerde.

KIM AAN ARTHUR, Booth Hall, 22-2-45

Met Mary naar de bios geweest en 'The Thin Man Goes Home' gezien. We kwamen binnen tegen het eind van de vorige voorstelling en omdat het een thriller was wilde ik niet kijken hoe het afliep. De twee stelletjes op de achterste rij keken evenmin. Ik zei tegen Mary: 'Achter ons is een veel leukere voorstelling.'
Hoe is het met je Cousin [=nicht]? Nee, geef haar maar niet de groeten. Ik heb je eens gezegd dat de menselijke natuur heel zwak is, maar jij zei dat het belachelijk was. In elk geval heb je mij nu niet meer nodig om je sokken te stoppen. Maar vraag haar niet het in je tent te doen en word niet al te knus, zelfs niet met een Nicht.

ARTHUR AAN KIM, 23-2-45

Gisteren haalde ik Knusje op bij het ziekenhuis en toen maakten we een wandeling over de kliffen, alleen wij met ons tweeën – we vertrokken om 2.30 en kwamen terug om 6. Wat denk je dat er is gebeurd? Ik zal het je vertellen. <u>We hebben de hele tijd gelopen</u>. Er waren te veel luchtmachtmensen om te gaan zitten. Trouwens, het zou veel te koud zijn geweest.
Je moet niet zo geschokt zijn dat getrouwde mannen met een meisje uitgaan – dat is min of meer wat 80 procent van hen doet. Ik vind het niet erg als jij uitgaat als een heleboel mannen erbij zijn – hoe meer zielen, hoe veiliger, en zo – maar als je in je eentje bent gaat iemand altijd denken dat het 'ware liefde' is. Ik zou het moeten weten. Dus ga het maar niet proberen.

Mieterse dag – erg koud, maar de zon schijnt naar binnen terwijl ik hier voor een loeiend haardvuur zit. Hiertegenover is een grasveld waar wordt gevoetbald. En op dit moment zie ik dat iemand op een brancard binnen wordt gebracht, dus ik neem aan dat er direct werk voor me aan de winkel is.

Vraag me af wat je nu doet – praten met Knusje? Dit is een van die avonden dat ik jou normaliter een akelige brief zou schrijven, maar die discussie schijnen we ondertussen te hebben upgegeven. Ik vraag me nog steeds af wat er gaat gebeuren wanneer je thuiskomt. Enfin, misschien ben je tegen die tijd wel voor Knusje gevallen.

Ik kan al duidelijk voor me zien hoe jij mijn brieven uitpluist om te zien hoe diep mijn laatste speren in de zusters zijn doorgedrongen. Ik ben niet van plan je de kans te geven opgelucht adem te halen. Mac begint het nu bij Audrey rustiger aan te doen en hij verkeert in grote gewetensnood. Hij reageert verdraaid geërgerd wanneer ik hem voor de gek houd en dreig zijn vrouw te schrijven, en dergelijke – raar hoor! Ik denk dat Charles nog steeds netjes is met Molly, maar ook maar net.

Ik had niet beseft dat ik vrouwen maar in twee categorieën indeelde – hetzij verleidelijk, hetzij topselectie – maar ik zal dat vasthouden tot ik iets beters heb verzonnen. Het is nu 2 uur 's middags en Harra en ik gaan met Audrey en Knusje een wandeling maken over de kliffen – ze nemen thee en sandwiches mee. Dus ik ga straks verder. Adie.

PS: als ik de indruk wek dat ik erg veel met Knusje en de anderen uitga moet je niet vergeten dat hier heel weinig te doen is – ik heb helemaal niets omhanden, tenzij ik ernaar op zoek ga.

*Bovendien lijkt het eiland een stuk beschaafder – en normaler –
wanneer er meisjes zijn. Weerhoudt ons ervan om zo dronken
als een meloet te worden en schuttingtaal uit te slaan.*

Dus dáár kwam het vandaan. In de laatste oorlogsmaanden had
mijn vader voor zichzelf uitgemaakt dat er niets op tegen was als
een man uitging met een vrouw en tegelijkertijd verwachtte dat
zijn andere vrouw – de vrouw thuis – het goed zou vinden. Onschuldig vermaak, noemde hij het. Kim was er niet van overtuigd. Mary ook niet. Het kon hem niets schelen. Laat ze maar
opspelen zoveel ze willen, het was zijn idee van een huwelijk.
Hij kreeg het zaad op de Azoren in handen en toen de oorlog
voorbij was nam hij het mee naar huis, in de hoop dat er een
exotische bloem uit zou groeien. Het was niet exact de bloem
van de polygamie en ook niet die van een *marriage blanc,* maar
hij geloofde dat een man kon opbloeien als hij twee vrouwen er-
opna hield, de ene voor het gezelschap en de andere voor het
plezier. Het was een opvatting die in de koude, schrale aarde
van het naoorlogse Engeland moeilijk was te cultiveren. Een
tijdlang vergat hij dat hij het zelfs maar had uitgezaaid. Maar
eind jaren vijftig en begin jaren zestig bloeide het in uitbundige
bloemenpracht op. En hing dreigend over mijn jeugd. En wierp
tien jaar of langer zijn schaduw over mijn moeders leven.

Mocht mijn toon verwijtend klinken, dan komt het omdat zij
eronder leed. Maar ik wil Arthur niet scherp veroordelen voor
zijn gedrag in het voorjaar van 1945. Hij heeft VT-itis. Hij begint
genoeg te krijgen van het tentenleven. Zijn carrière, zijn hoop
op een huwelijk, de vrede – alles is voorlopig van de baan. Nog
maar een paar weken en hij gaat naar huis, dus hij moet er nu
nog maar het beste van zien te maken. In zijn onschuld vertelt
hij Kim alles. Hij zou het leven een stuk gemakkelijker voor
zichzelf hebben gemaakt als hij bepaalde delen weg had gelaten. Maar hij kan er niets aan doen dat hij de waarheid eruit

flapt. Een man, zegt hij, kan best een beetje van het leven genieten zonder zijn hoofd te verliezen: af en toe uitgaan met een meisje is 'min of meer wat 80 procent van [de getrouwde mannen] doet'. Een vrouw daarentegen, die van nature zwak en romantisch is, zou alleen maar met mannen uit moeten gaan als ze zich in een groot gezelschap bevindt. Gaat ze alleen met één man om, dan zal ze denken dat het 'ware liefde' is. Hij vertelt er niet bij hoe Knusje zich zou kunnen voelen, na al die tijd dat ze à deux met hem heeft doorgebracht. Het gaat hem erom dat hij Kim iets anders duidelijk wil maken: dat mannenregels niet voor Kim opgaan.

Het onthullendst is echter de manier waarop zij erop reageert – of liever gezegd, waarop zij er niet op reageert. Haar verdraagzaamheid wordt ernstig op de proef gesteld. Allereerst zegt hij dat hij 'onder geen beding' in een katholieke kerk wil trouwen, ook al zou dat het einde van hun relatie betekenen. Dan vertelt hij haar over zijn uitjes met de verpleegkundigen die al gauw uitjes met één verpleegkundige worden, Knusje. Ten slotte krijgt ze te horen dat hij, mochten ze met elkaar trouwen, van plan is ook met andere vrouwen uit te gaan (terwijl zij dat recht niet heeft, omdat zij als vrouw – lief, oprecht en gevoelig – het niet aan zou kunnen). Dit zou voor ieder ander voldoende reden zijn om op te stuiven, of om er een streep onder te zetten. Voeg daarbij het gevoel van déjà vu dat ze moet hebben gehad over zijn naamgevingsspelletjes – in plaats van zuster Cousins (of Cosens) bij haar echte voornaam te noemen (Lorna), of bij de naam die ze liever heeft (Fifi), verzint hij er zelf eentje (Cosy, ofwel Knusje) en dat zou erop kunnen wijzen dat hij verre van onverschillig tegenover haar staat. Verscheidene malen biecht Kim op dat ze jaloers is. Alleen eenmaal – wanneer ze uit Ierland terugkomt – zegt ze het met overtuiging. Voor de rest gebeurt het op plagerige toon. In plaats van te zaniken of te jammeren of boos te worden steekt ze de draak met hem. Wordt het verkeer niet in gevaar gebracht als er acht man in een auto worden gestouwd? Is het mixen van vrouwen (net als het mixen van drank) niet slecht voor je gezondheid, zoals wordt beweerd? Zelfs wanneer hij haar een foto van de meiskes opstuurt (een paar maanden eerder had hij er nog over geklaagd dat foto's van haar zo onflatteus waren. Is dit dan zijn idee van hoe een vrouw eruit hoort te zien?) houdt ze zich in en geeft ze een koele taxatie: 'Hier volgt mijn eerlijke, onbevooroordeelde mening. Audrey is heel aantrekkelijk, veel meer dan Molly, hoewel die een leuke glimlach heeft. Ook Knusje ziet er heel leuk uit. Maar ik persoonlijk zou als pin-up Barbara Stanwyck nemen.' Gepikeerdheid zou onwaardig zijn. Accepteren en mond houden – dat is de enige verstandige koers. Ze aanvaardt het Agnes-achtig, als een lam.

Waarom? Omdat ze hem vertrouwt? Omdat ze zijn verslagen leest als zielige strategieën om haar jaloers te maken? Omdat ze weet dat hij gauw thuis zal komen en dat de dingen die hij op de Azoren uithaalt dan van geen belang zijn? Of omdat ze zich al van hem heeft losgemaakt, omdat ze ziet dat hij over haar geloof toch geen water bij de wijn wil doen? Begon ze zelfs al te wanhopen aan het instituut huwelijk als zodanig? Elk huwelijk is op een andere manier ongelukkig, maar de huwelijken die ze de laatste maanden is tegengekomen lijken wel heel erg mislukt te zijn. Neem bijvoorbeeld Bill en Betty Strachan, vrienden van Mary die pas zijn getrouwd – toen hij met kerst verlof had, sliep Bill thuis bij zijn moeder in plaats van bij Betty en nu heeft hij haar geschreven dat hij ermee wil stoppen. En dan is er een hoofdverpleegkundige wier man in het buitenland bij de RAF zit en die tijdens zijn afwezigheid verschillende affaires heeft gehad. Nu is ze zwanger – misschien van haar man, misschien niet. Ze hebben een lang gesprek en aan het eind zegt de zuster: 'Ik hoop echt dat u gauw zult trouwen, dokter.' Trouwen? Om zo overspelig te worden als zij, of om in de steek te worden gelaten als Betty Strachan? Dank je feestelijk. Maar het argument van de zuster is dat zij, Kim, 'te koel en te blasé' is en dat een huwelijk haar goed zou doen. De opmerking komt hard aan: ze voelt zich helemaal niet koel en blasé. Maar het is een masker dat ze draagt wanneer ze zich kwetsbaar voelt. En gezien alle dingen waarmee ze sinds januari is geconfronteerd, heeft ze het instinctief opgezet. Haar brieven aan Arthur roeren maar heel licht aan wat erachter zit. Maar Mary heeft het in elk geval gezien.

Wat haar op de been houdt is, zoals altijd, haar werk. Keihard werken weerhoudt haar van piekeren en bezig zijn met andermans ellende duwt de hare naar de achtergrond. Nieuwjaarsdag zet de toon: eerst een kleuter DBA (dood bij aankomst – ze moest het de moeder vertellen), dan een baby met WR+ (positief testresultaat van Wassermans reactie – bewijs van congenitale syfilis): 'Ook dat moest ik de moeder vertellen. Leuk nieuwjaarscadeau. Ik voelde me net een onwelkome gast.' (Het kind sterft nog geen week later – een zegen). Niet lang daarna assisteert ze bij een tracheotomie op een kind met laryngale difterie. Ze had altijd gedacht dat een tracheotomie een eenvoudige ingreep was, in enkele minuten klaar, maar Tierney doet er tot haar woede een uur over – en veertien dagen later sterft het kind. Ook een kind met meningitis sterft. Op de Kraam is een uitbraak van gastro-enteritis, gevolgd door een tonsilitis-epidemie. De ene week ondervragen politiemensen haar over een kind dat op de stoep van een klooster is achtergelaten, de volgende krioelen ze op de afdeling rond nadat een ander kind dood in een zandkuil is gevonden. Kim zou zich een stuk beter voelen als ze goed kon opschieten met haar directe collega's, 'twee jidden en drie Ieren', maar alleen voor Winner, een van de eersten, heeft ze respect. Ook de specialisten zijn niet de moeite van haar aandacht waard – Ashley bijvoorbeeld komt binnenzeilen, vraagt: 'Wat hebben we hier?', werpt een blik op haar aantekeningen, doet geen moeite de patiënt te onderzoeken en geeft haar gewoon haar eigen diagnose terug, of die nu juist is of niet. Kassa voor de gevestigde orde. Terwijl zij nauwelijks het zout in de pap verdient – in februari gaat ze maar met £11 naar huis. 'Ik moet toch eens nakijken waarom de belastingen zoveel inhouden,' klaagt ze tegen Arthur en ondertussen laat ze het ziekenhuis weten dat ze voornemens is haar halfjaarcontract uit te dienen en in mei weg te gaan – misschien voordat hij thuiskomt.

Al is ze nog zo zwaarmoedig, ze brengt graag elk vrij uurtje met Mary door. Die staat op het punt naar Red Lodge te verhuizen, het huis dat haar vader heeft gekocht. Op een dag gaan ze het voltooide schilder- en behangwerk bekijken en ze steken door de sneeuw het park over. Mary heeft de avond tevoren een oliekachel aangestoken om te voorkomen dat de leidingen bevriezen en wanneer de vrouwen op het huis aflopen ruiken ze een scherpe geur – en wanneer ze de deur opendoen komt als begroeting een rookwolk naar buiten rollen. De oliekachel moet uren hebben gerookt, want de muren en het schilderwerk zijn bedekt met vies zwart – ontzettend, niet op de laatste plaats wanneer ze het Ernest moeten vertellen: die ontploft. Twee weken later, wanneer de boel schoon is, treffen ze voorbereidingen er te gaan slapen, maar ze zijn zo lang bezig met het opslaan van ongewenste spullen op zolder – Kim staat op een wankele ladder en hijst stoelen en koffers omhoog en beiden krijgen elke keer een lachstuip – dat er geen tijd meer is. Maar eindelijk verhuist Mary, een week voor haar vijfentwintigste verjaardag. Zenuwachtig geworden door bombardementen en bang voor inbrekers vindt ze het helemaal niet leuk om daar in haar eentje met Kela te slapen. Maar terugkeren naar Windyridge zou voor haar gevoel een nederlaag zijn, dus de twee vrouwen spreken af dat Kim zo vaak als haar werk het toelaat komt logeren.

De regeling geeft hun de gelegenheid hun problemen met elkaar te bespreken. Niet dat Kim het klagerige type is, maar het kan niet uitblijven of op een avond begin maart, na een paar glazen, komt het verhaal van Knusje eruit – en Mary is terecht razend. In een brief die ze Arthur de volgende dag schrijft geeft ze hem de volle laag:

Dus je gaat met een zuster uit en maakt Kim jaloers en je zegt 'Jippie'? Ik ben blij te horen dat je weer van het leven geniet, maar het verbaast me dat de aanwezigheid van vrouwen zoveel verschil kan maken, terwijl er van ons, vrouwen aan het thuisfront, wordt verwacht dat we een volstrekt manloos bestaan leiden. Hoe komt het verdikkeme toch dat mannen gewoon alles mogen doen waar ze zin in hebben en vrouwen groen en geel kunnen worden van jaloezie, maar als wij eens met een man uitgaan is het verkeerd. Mijn advies aan Kim is om ook eens met een man uit te gaan, maar ik zie al voor me wat er zou zwaaien als ze het deed. Waarom snapt niemand van jullie hoe verdraaid oneerlijk het is? Voor mannen de ene regel en voor vrouwen de andere – mijn God. Het kan me niets schelen hoe onschuldig het volgens jou is – het is verdikkeme gewoon niet eerlijk. Niet dat Kim klaagt, maar het moet haar pijn doen dat je je aandacht op één vrouw richt en zo met volle teugen van het leven geniet. Ik denk dat mannen altijd wel zo zullen blijven, maar o wat zou ik graag de rollen willen omdraaien en dan zien wat er zou gebeuren. Ik ben me ervan bewust dat je tegenwoordig vrouwen hebt die hun man ontrouw zijn, maar goeie God, wanneer een man weet dat hij thuis een fatsoenlijke vrouw heeft, waarom moet hij dan toch zo nodig met een andere uit? Meer heb ik niet te zeggen. Ik kan me al het scherpe epistel voorstellen dat ik terug zal krijgen, want het zal je diep raken en je zult proberen jezelf eruit te bluffen door sarcastisch te zijn. Maar je argumenten zullen niet opgaan, broeder, en diep in je hart weet je dat het verkeerd is.

De opvatting die Mary huldigt – 'Voor mannen de ene regel en voor vrouwen de andere (...) het is verdikkeme gewoon niet eerlijk' – was destijds niet zo algemeen als tegenwoordig. De meeste mensen, en zeker de mensen die Arthur en zij kenden, geloofden dat mannen en vrouwen andere lichamelijke driften hadden. Als een man zich af en toe liet gaan was dat normaal. Maar als een vrouw hetzelfde deed was ze gestoord, lichtzinnig, een nymfomaan. Mary trapt daar niet in. Arthur moet worden teruggefloten, voor zijn eigen bestwil. Ook voor Kims bestwil – zij, Mary, weet precies hoe het is wanneer een man over je heen loopt en hoewel ze het voor de korte termijn van Michael had getolereerd, voor de lange termijn, als hun een lange termijn vergund was geweest, zou ze het anders hebben aangepakt. Niemand is gebaat bij een onevenwichtige relatie. Wil Kim de belangrijke katholieke kwestie kunnen oplossen, dan moet ze eerst hierover met Arthur de degens kruisen – en hem tot de orde roepen.

Mary zou niet zo fel reageren als ze niet erover in zat dat Ron zich net zo gedraagt als Arthur. Hoewel zijn brieven naar huis suggereren dat het leven een lange zedige cyclus van kiezen vullen is, weet ze dat het niet waar kan zijn. Sinds januari tuft hij door Normandië in zijn Mobiele Tandheelkundige Kliniek, een omgebouwde drietonner met boven de voorruit de tekst 'Nobody's Baby'. Het leven langs de weg bevalt hem goed: geen last van al die 'sterrenhemels en dienstkloppers' die je in de officiersmess tegenkomt, het is leuk om voor jezelf te koken ('soep, vlees uit blik, toast en sloten thee') en je vindt nog eens wat. 'Toen we laatst in een greppel vastzaten vond ik in de modder een menselijke wervel – een macabere herinnering aan de laatste oorlog.' ('Een goede mof,' zo luidde het onderschrift bij de foto die hij ervan nam.) Vervelend genoeg ligt in het gebied dat hij bedient ook Minaucourt, het dorpje waar Michael werd neergehaald – 'Gek dat van alle regio's die er op het vasteland zijn, ik juist hier terecht moest komen. (...) Het zet me soms aan het denken.' Hij heeft al een bezoek gebracht aan Michaels graf, een houten kruis in een hoek van het dorp, met een vaas verse bloemen ernaast – en hij stuurt foto's op van wat hij heeft aangetroffen. De wetenschap dat er voor het graf wordt gezorgd geeft Mary gemoedsrust, maar het bezoek is niettemin aanleiding voor frictie. Omdat ze had gezegd, toen hij het haar vroeg, dat hij er heus niet heen hoefde en geen moeite hoefde te doen foto's te nemen, leidt hij er nu uit af dat ze eigenlijk niet wilde dat hij erheen ging en dat ze liever had gehad dat hij geen foto's had genomen en dat ze denkt dat hij er alleen maar heen ging om het spookbeeld van Michael ter ruste te leggen zodat hij, Ron, de aandacht kon krijgen die hem als huwelijksgegadigde toekomt. Wat een overgevoelige donder – hij begrijpt haar altijd verkeerd. Maar misschien was het naïef van hen te denken dat een bezoek niet tot problemen zou leiden: het was te voorzien dat een foto van Michaels graf haar zou aangrijpen. Maar gelijk of niet, Ron heeft zich nu teruggetrokken. 'Ik correspondeer weer met een heel knappe WAAF,' vertrouwt hij Arthur toe. 'Ze was een van de blondines in Kirkham en we zijn al zover dat we samen een 48-je gaan doorbrengen.'

Dus Mary heeft het intuïtief bij het goede eind: Ron heeft er genoeg van om niet te weten welke rol hij in haar leven speelt en is van het rechte pad afgedwaald. Geen wonder dat ze tegen Arthur tekeergaat wanneer ze over zíjn avontuurtjes hoort. Om het hem betaald te zetten spoort ze Kim aan naar een bal masqué in het Booth Hall te gaan. 'Zet daar maar lekker de bloemetjes buiten,' zegt ze. 'Of geef Arthur in elk geval het idee dat je de bloemetjes buitenzet.' Samen dossen ze haar uit als Hollands meisje, met schort, muts, klompen, vlechten en een rok die tot op vijf centimeter boven de knie komt. Niemand zal geloven dat de vlechten echt zijn (en toch zijn ze het, want ze heeft haar haar weer laten groeien) en iedereen zegt dat ze eruitziet als zeventien. Er zijn prijzen voor het beste kostuum en de jury – onder wie de wellustig kijkende Phelps – is van oordeel dat het

Hollandse meisje er een moet hebben. Maar dan komt aan het licht dat ze een verklede arts is en het beleid is dat alleen verpleegkundigen in de prijzen vallen. Na afloop verontschuldigt Phelps zich dat hij haar niet heeft herkend. Ze weet aan hem te ontkomen en danst de rest van de avond met twee broers, de ene een RAF-vlieger, de andere een marineman, beiden erg aardig. Maar ze is niet op haar best (de daaropvolgende drie dagen ligt ze met griep in bed) en de lust ontbreekt haar om wraak op Arthur te nemen. De brief waarin ze hem over het bal vertelt, is veel te mild om hem jaloers te maken. En wanneer ze zwijmelend over Paget vertelt, de smakelijke, nieuwe arts, of althans een poging in die richting waagt ('Ik wil niet zeggen dat hij lang, donker en knap is – maar donker is hij wel. En hij is niet getrouwd'), is haar toon te luchtig om overtuigend te zijn.

Vrede is nog maar enkele weken weg. Hoewel Mary zegt dat ze hem de oorlog zou moeten verklaren, laat Kim de zaak verder rusten en zoekt ze troost bij goedkope muziek. Arthur mag haar liefde dan wel niet verdienen, kan ze er iets aan doen dat ze die gevoelens voor hem koestert? *She's got him under her skin. Night and day he's the one. Can't help loving that man of hers.*

ARTHUR AAN KIM, 20-3-45

Knalfeest om de zustersmess in te wijden. Het was begonnen als cocktailpartij voor de bevelvoerende officieren, maar toen we er om 8.30 kwamen was het hele orkest dronken, hadden de achtergebleven officieren hun voetjes van de vloer en liepen talloze andere kerels rond met een snee in hun neus. Tot mijn genoegen gold dat alleen voor een van de zusters – Audrey. We dronken snel door om de achterstand in te lopen. Het feest was om 10.30 afgelopen – daarna gingen we met ons tienen (onder wie Knusje) naar Jappes, aten daar een snelle gebakken schotel (toast, bacon, roerei) en dronken cognac en koffie.

Voor de rest geen nieuws, behalve goed oorlogsnieuws – het bruggenhoofd in de Rijn breidt zich snel uit. Als het in dit tempo doorgaat zou Duitsland volgens mij in elkaar gestort kunnen zijn wanneer ik met verlof ben.

KIM AAN ARTHUR, 22-3-45

Opnieuw een prachtige lentedag. Ramen wijdopen. Verwachtte half en half jou elk moment te zien verschijnen. Denk dat ik van nu af aan zonder kousen ga lopen. Deed gisteravond een appendix, want Tierney zit in Ierland en Pattison vroeg of ik er misschien zin in had. Het was heerlijk om weer eens wat snijwerk te doen – genoot echt.

Heb de laatste tijd veel met Paget gepraat. Hij is erg aardig. Ik heb mijn charmes nog niet op hem losgelaten. Gezien het feit dat je in april thuiskomt zou het te veel problemen kunnen geven. Maar aan de andere kant...

Aardig van Harra dat hij niet met Knusje en jou is meegegaan naar Praia. Hij moet vast het idee hebben dat het serieus is, anders zou hij niet vinden dat hij jullie in de weg loopt.

ARTHUR AAN KIM, 1-4-45, paaszondag

Misschien heb ik je niet verteld dat ik het alleen maar overdrijf over Knusje (die, zoals ik zei, ongeveer 32 is) om jou voor de gek te houden. Als ik er 'ware liefde' van zou willen maken, zou het me niet lukken: op andere avonden gaat ze met andere mannen uit (gewoonlijk in gezelschap). Als ik er een seksuele relatie van zou willen maken, zou het me niet lukken. Ik ga alleen maar uit om iets te doen te hebben. Is dat duidelijk? Als het alleen je bedoeling was me te plagen, zet er dan voortaan alsjeblieft uitroeptekens bij om het aan te geven.

Alles loopt tegelijk op zijn eind: mijn tour, jouw baan, de oorlog.

Vandaag na de thee een halfuur geoefend mijn uitrusting in te pakken – en werd toen nijdig op mezelf dat ik mijn tijd daaraan verdeed. Musgrave is al bijna een week ingepakt en zit de hele dag in zijn tent te niksen. Jim Flitcroft heeft zijn behandelkamer gesloten en brengt zijn tijd door met Esther Coleman, een actrice van O&O (die hij klaarblijkelijk van Londen kent). Mac Russell zwerft als een verdwaald schaap rond wanneer hij niet met Audrey zit te praten. Ook Charles is rusteloos – en gaat maar twee keer per week met Molly uit.

KIM AAN ARTHUR, 1-4-45

Het gaat weer niet goed met pappie. Ik zou eigenlijk erg van streek moeten zijn, maar ik ben gewend geraakt aan de gedachte dat het alleen nog maar een kwestie van tijd is. Het klinkt hard, maar hij behoort tot de mensen die het vreselijk vinden als ze niet meer bezig kunnen zijn – en toen ik er de laatste keer wegging besefte ik dat ik hem weleens nooit meer zou zien.

ARTHUR AAN KIM, 2-4-45

Gisteravond feestje voor het squadron. Kort na mijn aankomst schrok ik me een hoedje toen een van de jongens opstond en een heel complimenteuze speech begon af te steken en me een houten bureauset gaf (vloeirol, inktpotjes, onderlegger, kalender, enz.) die minstens £4 moet hebben gekost. Eerlijk, als cadeau van een klein groepje luchtmachtmensen was het prachtig. Toen ik opstond om hen te bedanken had ik het flink te kwaad, dat kan ik je wel vertellen. Later probeerden ze me dronken te voeren en daar slaagden ze min of meer goed in – uiteindelijk goot ik mezelf om 1 uur in bed.
Ik denk dat ik Knusje morgenavond mee uit neem. En Audrey herinnerde me eraan dat ik haar lang geleden een wandeling

over de kliffen had beloofd, dus ik zei dat ik haar vrijdag zou
meenemen. Behoorlijk in trek. Niet gek, hè?

Brief van Sheila. Na al de tijd in Londen te hebben gezeten heeft
ze, nu de oorlog bijna voorbij is, ergens in de buurt van Leices-
ter een baan gevonden. Ze vertelt dat men in Londen al met be-
vrijdingsfeesten is begonnen.

Dus de oorlog liep op zijn eind en de knusse tête-à-têtes met
Knusje leidden tot niets. Dat is het idee dat in zijn laatste brieven uit de Azoren wordt gewekt. Of was hij subtieler dan waar
ik hem voor houd? Was zijn ontkenning op 1 april – 'Als ik er
een seksuele relatie van zou willen maken, zou het me niet lukken' – gewoon weer een van zijn 1-aprilgrappen? Zijn brieven
breken op 8 april af, al kan er misschien nog een week overheen
zijn gegaan voordat hij naar huis vloog. Op de vijfde ging hij
met Knusje naar een revue. Op de zesde haalde hij 'een heerlijke snee' tijdens een cocktailparty, al beweerde hij dat hij zich –
niets voor hem – niet met de zusters had bemoeid. Dan was er
nog die wandeling die hij Audrey had beloofd en de tijd die hij
aan Knusje besteedde. Warme wind, wit strand, duizelingwek-
kend hoge kliffen, het gevoel dat er lente in de lucht zat. De lege
stoelen op de achterste rij in de Azoria, in het donker na de film
wanneer iedereen weg is. Wie weet wat er toen gebeurde. Hij
was jong, zij was jong, de volgende dag zou hij naar huis vertrekken, wat was er natuurlijker dan een herinnering aan de tijd
die ze samen hadden doorgebracht, al was het maar een kus... Ik
heb geen idee. Het past me niet wel een idee te hebben. Mensen
sterven en jij hebt alleen nog maar het gat waar hun leven is geweest. Mijn ouders zijn nu schrijnende leegten geworden. Ik
zou hun graag een lichaam willen geven. Maar hun leven hoort

hun toe, niet mij. Ik heb geprobeerd het verhaal te vertellen dat hun brieven vertellen. Archivaris, redacteur, biograaf, romancier – dat ben ik allemaal een beetje geweest. Maar ook zoon. Afstammingsverwantschap hoeft me niet van speculatie te weerhouden. Maar nieuwsgierigheid hoort halt te houden zodra ze oversekst voyeurisme dreigt te worden. Wat mijn vader met Knusje deed is niet belangrijk. Dat weet ik, want ik weet hoe de afloop is. Maar de rol die ze speelde is wel belangrijk. Ook dat weet ik.

Als mijn moeder had geweten hoe de afloop was, zou ze het dan in het voorjaar van 1945 anders hebben aangepakt? Ik denk het wel. Confrontatie was niets voor haar, maar ze zou hem hebben laten weten dat er geen sprake kon zijn van vriendinnetjes. In plaats daarvan hield ze haar mond stijf dicht en hoopte ze dat het probleem over zou waaien. Ze probeerde bovendien niet meer verliefd op hem te zijn en stond in de verleiding er een streep onder te zetten, de zaak per luchtpost af te blazen. Maar het vooruitzicht deed veel te veel pijn. Hadden ze de zaak afgeblazen, dan zouden ze uit elkaar moeten gaan en als ze uit elkaar moesten gaan zou haar hart breken. De afloop zou moeten wachten tot hij thuiskwam. Waarom zou ze hem verwijten dat hij met Knusje om bleef gaan, hoe jaloers ze er ook van werd, wanneer de kans op een huwelijk (vrij of anderszins) toekomstmuziek was? Waarom zou ze de kwestie 'andere vrouwen' op de spits drijven wanneer de uitzichtloosheid van hun situatie (het geloofsprobleem dat hen van elkaar scheidde) het overbodig maakte?

Dat voorjaar bereiken hun brieven een impasse. Toen ik ze las leek het me onmogelijk dat mijn ouders hun verschillen zouden bijleggen. En toch wist ik dat ze het hadden gedaan – of dat zij ze zo diep hadden begraven dat een huwelijk mogelijk werd. Gaf mijn moeder toe? Bood mijn vader haar een uitweg? Of iets anders? Ik moest het weten. Mijn geboorte hing ervan af.

11 Eindelijk thuis

KIM AAN ARTHUR, Booth Hall, 3-5-45

Mijn lieveling,

Werd zojuist door je gebeld. Kan maar niet wennen aan het idee dat de MG niet elk moment de heuvel zal komen oprazen. Ik had vanochtend niet echt het gevoel dat je wegging – want ik wist dat ik je vanavond zou spreken en je gauw weer zou zien. Maar het zal een vreselijk lange week worden.

Tegen drieën kwam Mary Galvin om me naar de autorijschool te brengen. Vond het erg leuk, maar niet zo leuk als de andere lessen die ik heb gehad. De instructeur zei dat ik een heel goede kijk had op het rijden en hij was goed te spreken over de manier waarop ik telkens mijn been van het gaspedaal naar de rem verplaatste wanneer het nodig was. Mijn belangrijkste zwakte is het nemen van bochten, denk ik.

Afgelopen week om deze tijd zaten we in de Black Dog. Zaten we er maar weer.

Dag mijn eigen lievelingetje,
Ik ben een beetje teut – voornamelijk opwinding, denk ik, maar
ik ben ook moe en het haardvuur hier op mijn kamer is ontzet-
tend warm en ik word er doezelig van. EN IK HOUD NOG
STEEDS VAN JE. Ja, ik heb sinds zeven uur vanavond zes pints
op, maar je kent me.
Ik denk dat ik het minstens zes weken erg druk zal hebben met
medische keuringen en daarna met nog meer medische keurin-
gen voor de jongens die met demob gaan. Maar ik zie het niet
zitten om hier op de basis mijn intrek te nemen, zelfs als je niet
overkomt – er is niets te beleven. De meerderheid is buitenslaper.
Het schijnt verduveld moeilijk te zijn hier een kwartier te vin-
den, maar ik regel wel iets. Ik ga er morgen achteraan.
Als je zelfs maar een beetje op me lijkt, zul je met een lach van
oor tot oor hebben geslapen.

Het is begin mei 1945 en Arthur, opnieuw verdreven uit zijn vertrouwde omgeving, trekt door de straten van Edinburg op zoek
naar een hotelkamer voor zijn vrouw. Hitler is drie dagen dood,
maar het is nog oorlog en kamers zijn niet gemakkelijk te vinden. Hij heeft geen succes bij de duurdere hotels. Maar in het
pas geopende Royal Stuart Hotel in Abercrombie vindt hij een
dubbele kamer à £5-5s-od per week – en de directrice, wier
zoon in dienst zit, zegt dat ze zal kijken of ze een korting kan regelen. Edinburgh ligt niet bepaald gunstig. Hij werkt in Rosyth,
op een uur rijden, en hij zal het elke dag tot half zes druk hebben – allerminst ideaal wanneer de laatste trein om half negen
teruggaat en de laatste veerboot een uur later (in die tijd lag er
nog geen verkeersbrug over de Forth). Maar de basis heeft geen
accommodatie voor echtgenotes. De hotels in het nabijgelegen
Dunfermline zijn te duur – £7-7s-od per week en hij zit op een

schamele £3-10s-0d. En hoewel dokter Campbell, de plaatselijke huisarts, hem een kamer in zijn huis heeft aangeboden, zou Arthur zich belemmerd voelen in zijn komen en gaan, want Campbell en zijn vrouw, het prototype van een stug echtpaar uit deze streken, zullen al zijn stappen in de gaten houden. Het wordt dus Edinburg totdat ze iets geschikters vinden. Hij kan haar na zijn werk treffen en misschien nu en dan overblijven. Je kunt er goed winkelen en dat zal ze leuk vinden. En het is een stad waarin Arthur en Kim, zoals alle geliefden, helemaal kunnen opgaan.

Kim, in het Booth Hall waar ze haar werkzaamheden op de kinderafdeling afrondt, is niet erg gelukkig met de voorgestelde regeling. De drie weken na Arthurs terugkeer zijn euforisch geweest: picknicks in klaverweiden, uitstapjes naar plattelandskroegen, zondagse lunches in Windyridge, rijlessen in zijn MG. Na een jaar van gepieker en scheiding ging het allemaal heel snel. Maar nu is hij weer naar het noorden overgeplaatst. En hoewel Edinburg geen Reyky of Lagens is (wat wil zeggen dat het haar vrij staat zich bij hem te voegen), vraagt ze zich bezorgd af of ze daar de situatie aan zou kunnen. 'Denk erom, ik ben je man,' zegt hij tegen haar. Jawel, maar dat is gemakkelijker gezegd dan gedaan. Want hoe je je als getrouwd stel gedráágt, dat zegt hij er niet bij.

Ze is per slot van rekening Arthurs vrouw nog niet en het dragen van zijn ring bezwaart haar. Zeker, ze is ook pragmatisch en ziet het argument wel in. De Schotten zijn puriteinen. 'Geen herenbezoek' – dat is de regel. Elk bezoek dat hij haar brengt zal argwaan wekken, tenzij men (het echtpaar Campbell, de hotelreceptionisten, de hospita's, wie dan ook) denkt dat ze man en vrouw zijn. Nee, voor een ring valt heel veel te zeggen: het aandoen van een ring – derde vinger, linkerhand – zal vervelende vragen ondervangen. Toch kan ze het niet helpen dat ze het een doodzonde vindt. Een trouwring dragen zonder dat de heilige trouwbelofte is uitgewisseld! Ze weet wat haar broers en zussen ervan zouden zeggen, wat haar moeder ervan zou zeggen, wat haar vader ervan zou zeggen als hij niet zo vreselijk ziek was. Ze zit er ook over in dat Arthur nu zal denken dat hij haar naar zijn hand kan zetten – niet dat hij genoeg van haar zal krijgen en bij haar weg zal gaan (hij is niet het Don Juan-type), maar dat hij zal aannemen dat ze nu op zijn voorwaarden met hem zal trouwen. Is eenmaal een begin gemaakt met de komedie dat ze zijn vrouw is, dan zal ze het op het laatst ook in het echt worden. Maar dat kan niet, zo heeft ze zo vaak tegen hem gezegd dat ze er de blaren van op haar tong kreeg – tenzij er in een katholieke kerk wordt getrouwd. Nee, ze mag niet toestaan dat de gedachte bij hem postvat dat haar overschrijding van een grens betekent dat hij heeft gewonnen. Hun oorlog is nog niet afgelopen. Elke avond aan de telefoon zeurt ze, moppert ze, reageert ze beledigd, terwijl ze vroeger haar schouders ophaalde en lachte. Hij is eraan gewend dat ze zich op papier doodongelukkig voelt, maar niet wanneer ze bij elkaar zijn, of door de telefoon, en hij begint zich eraan te storen. Het leven is zo simpel – waarom zou je het moeilijk maken? Waarom doen vrouwen altijd zo dwars, verdorie? Geërgerd schrijft hij haar een quasi-serieuze brief, het soort brief dat hij normaal voor 1 april bewaart, net of hij een Lieve Lita om hulp vraagt.

Geachte dokter,
Ik schrijf u deze brief om u om raad te vragen. Een jaar of drie geleden ontmoette ik een meisje bij wie het liefde op het eerste gezicht was. Sindsdien vroeg ik haar bij alle mogelijke gelegenheden mee uit – zo vaak zelfs dat ik vele oude vrienden schandelijk verwaarloosde. Ik ging op diverse tijdstippen tussen elf uur 's avonds en half zes 's morgens bij haar weg, want ze wekte altijd de indruk dat ze wilde dat ik bleef, zei dat het haar niets kon schelen wat andere mensen dachten. Met de gebruikelijke zelf-

zuchtigheid van de meeste figuren bij de strijdkrachten (de hou-
ding van: 'Beter vandaag een ei dan morgen een kip') heb ik al-
tijd zoveel mogelijk van deze gelegenheden geprofiteerd.
Maar nu ik in dit land ben gestationeerd heb ik een verande-
ring van houding bij haar bespeurd. Bij alles wat ik wil doen
zet ze een vraagteken. Had ik vroeger wanneer ik op verlof was
de vrij onverantwoordelijke houding van 'Wat kan het mij sche-
len?', nu wordt me gevraagd er rekening mee te houden wat elke
passant zou kunnen vinden, wordt me uit het hoofd gepraat
lang te blijven, wordt van me verwacht dat ik mijn ogen open-
houd wanneer ik haar kus, enzovoort, enzovoort. Ik vraag me af
of haar gevoelens zijn veranderd – vroeger deed ik wat ik wilde
en nu doet zij het.
Het klinkt waarschijnlijk erg kinderachtig allemaal, maar ik
zou graag uw mening willen vernemen.

Achter de gekscherende toon gaat echte bezorgdheid schuil –
dat ze veel te veel bezig is met 'wat de mensen wel zullen denken' en dat hun machtsstrijd een subtiele verandering heeft on-
dergaan. In het verleden liet ze hem de baas zijn. Nu wil zij de
teugels in handen nemen. Het is geen goed voorteken voor een
huwelijk.

Op dezelfde dag dat hij zijn quasi-serieuze brief schrijft
raadpleegt zij een priester. Ze is het al een hele tijd van plan,
om klaarheid in de situatie te krijgen, en Arthur heeft haar aangemoedigd, al hoopt hij tegelijk ook dat ze ervan zal afzien.
Pastoor McDermott is jong en Iers. Ze kennen elkaar van zijn
bezoeken aan de afdelingen van het Booth Hall. Hij is meer
dan sympathiek. Maar zijn antwoord is ontmoedigend, zo vertelt ze:

Niet dat hij het afkeurde, lieveling – integendeel, hij zag niet in
waarom het niet goed zou kunnen uitpakken, maar met de ge-

bruikelijke voorbehouden. Ik ben bang dat we daar niet omheen kunnen.

Om getrouwd te worden door een RK aalmoezenier moeten we dispensatie krijgen en om die te krijgen moet je drie dingen beloven: dat er geen dubbel huwelijk komt (d.w.z., we worden alleen in een RK kerk getrouwd); dat je mij niet zult beletten mijn geloof te belijden; en dat de kinderen RK zullen worden. Ik heb lang met hem gepraat en hij was echt heel aardig, maar zo moet het gebeuren. Geloof me alsjeblieft wanneer ik zeg dat ik erg veel van je houd, maar ik trouw alleen in een RK kerk met je en niets kan me daarvan afbrengen. Ik vraag je daarom, wil je nog steeds dat ik naar je toe kom? Ik heb je beloofd dat ik het zou doen. Maar wil je het nog steeds, nu je dit allemaal weet?

Het ziet ernaar uit dat ik hier vóór bevrijdingsdag niet weg kan.

Dat zijn dus de regels. (Het zouden de regels blijven tot 1970 toen de rooms-katholieke voorschriften over gemengde huwelijken en de kinderen uit gemengde huwelijken werden versoepeld.) Nu hij weet hoe de zaken ervoor staan, wil hij nog dat ze komt, vraagt ze. Natuurlijk, antwoordt hij. Hij rekent erop. Zodra ze klaar is op het Booth Hall. Op bevrijdingsdag, als het haar lukt. Zo niet, dan zo snel mogelijk. De dag dat ze komt zal hun eigen bevrijdingsdag worden, zegt hij, de dag van hun overwinning, 'de eerste van de honderden die we samen zullen hebben'. Hij zal haar van de trein halen en ze zullen naar het Royal Stuart wandelen en hen samen voorliegen. Naam? Morrison, meneer A. en mevrouw K. Adres? De Red Lodge, Walkden, Manchester. Het is Mary's adres, maar die zal het niet erg vinden. Wat de leugen over hun burgerlijke staat betreft, ze vóélen zich immers getrouwd, dus waarom niet?

Maar uiteindelijk zal ze, nog steeds bezorgd dat hij het als de dag van zíjn overwinning zal beschouwen en niet als die van hen, niet eerder kunnen komen dan op 13 mei. Bevrijdingsdag zelf gaat vrijwel geheel aan hen voorbij. Zij brengt hem rustig op haar werk door en 's avonds gaat ze bij Mary op bezoek. In de stad is van alles te doen, horen ze, maar geen van beiden is in de stemming iets te vieren – zij is op van de zenuwen en Mary heeft haar buik vol van Ron die in Cannes incommunicado is (en er ongetwijfeld van geniet). Arthurs bevrijdingsdag is even onfeestelijk. Hij heeft het druk met ziekenrapport en trouwens, het stortregent. Zijn commandant op Rosyth is maj. Gimson. Samen doen ze de medische keuringen, dat wil zeggen, ze controleren de gezondheid van al het RAF-personeel tussen Gretna en John O'Groats, niet alleen de honderden die tijdens de oorlog gewond zijn geraakt, maar ook de duizenden die met demob gaan. Arthur heeft naar deze keuringen uitgekeken, want hij beschouwt ze als een kans eindelijk iets nuttig te doen – niet zozeer de oorlog winnen als wel de vrede bespoedigen. Zijn rol wordt echter al gauw routine (bloedonderzoeken, urinemonsters, papierwerk dat net zo goed door een schrijver gedaan zou kunnen worden) en het duurt niet lang of hij verveelt zich. Kims komst is het enige waarvan zijn hart sneller gaat kloppen. Op zaterdag, bevrijdingsdag, zal hij aan het werk zijn, maar hij hoopt op tijd klaar te zijn om de 5.59 naar Edinburgh te kunnen nemen, de trein die vlak voor de hare binnenloopt.

Wanneer het zover is laat Gimson hem eerder inrukken – rustige dag, pasgetrouwd stel, 'buitengewoon verlof', het zou niet aardig van hem zijn als hij het niet deed en zo. Arthur is om 4.30 in Edinburgh, struint weer de straten af, ditmaal op zoek naar een ring. Weliswaar heeft ze beloofd dat ze er een bij zich zal hebben, maar je kunt beter het zekere voor het onzekere nemen. Gewoon iets om mee te zwaaien, mocht een hospita nieuwsgierig blijken te zijn (hij heeft de laatste tijd 'een beetje ijzigheid' gevoeld wanneer hij het over zijn vrouw heeft, net of niemand hem gelooft). Later, toen ze echt gingen trouwen, zouden ze een set achttienkaraats gouden ringen kopen. Maar in de tussentijd is er niets mis met tin. Hij vindt het antwoord – ringen die er helemaal niet goedkoop uitzien – in een steegje achter Princes Street. De juwelier, die haast heeft omdat hij gaat sluiten, doet een paar shilling van de prijs af en die maakt hij op in een kroeg om de hoek. De trein moet ondertussen de grens zijn gepasseerd. Hij zal mooi op tijd op het station zijn. Maar voor het geval er iets misgaat en ze te laat of te vroeg aankomt heeft hij voor haar een plattegrond getekend met de weg naar Abercrombie Place. Wil hij dit nog altijd doorzetten, gezien alles wat hen van elkaar scheidt? Allicht. Hij kan zich geen andere toekomst voorstellen.

Terwijl hij zijn pint drinkt zit zij in de trein met haar enige koffer. Haar vingers omklemmen het handvat, wikkelen zich eromheen en rollen zich weer in, snijden in haar handpalmen. Is dat een ring die ze om heeft? Is het net zo'n goede koop als de zijne? Ze voelt zich een beetje opgelaten in haar nieuwe uniform – de schoenen, de bloes, het speciaal gekochte mantelpak – net een meisje dat voor het eerst naar de middelbare school gaat. Het enige waar ze moed uit put, is de gedachte dat hij op het perron staat te wachten. 'O, wat verlang ik naar zaterdag', zei hij, 'en naar de maanden en jaren daarna.' Hij zal haar van de trein afhalen en ze zullen naar het hotel lopen en zich inschrijven als meneer en mevrouw Morrison. Ze zijn volwassen en dit is een volwassen daad. Hun bevrijdingsdag. De eerste van honderden. Het begin van de naoorlogse tijd.

Om u de waarheid te zeggen heb ik geen flauw idee of mijn moeder haar koffer inderdaad zo stijf omklemde. Misschien had ze hem wel in een rek boven haar hoofd gelegd. Wel weet ik dat ze nerveus was over haar vertrek naar Edinburgh en dat die nervositeit zich in de dagen voor haar vertrek uit Manchester uitte in onzekerheid over wat in die koffer zou moeten. Hoeveel zou ze nodig hebben? Hoe lang zou ze blijven? Zou het koud, nat, winderig of vochtig weer worden? Hoe chic was het hotel – zou ze zich voor het ontbijt netjes moeten aankleden, of zou ze zelfs bij het avondeten in vrijetijdskleding kunnen komen? Hoeveel gemakkelijke schoenen, hoeveel met hoge hakken? Arthur had al met Campbell, de plaatselijke huisarts, gesproken over een parttime baan voor haar en het zag er hoopvol uit. Maar wat voor kleren waren passend voor een waarnemer in een Schots stadje in de zomer? Een jurk met lange mouwen? Een wollen deux-pièces? Een rok tot op de knieën en een hooggesloten bloes? Onzeker, en omdat ze van Arthur geen bruikbare antwoorden had gekregen, pakte ze haar koffer verschillende malen in en uit. Ze liep nog altijd te dubben toen Mary Galvin de hutkoffer kwam ophalen die ze achter zou laten. Een zijden sjaal of een wollen? Het blauwe mantelpakje of het grijze? 'Maak je niet zo druk, Agnes,' zei Mary. 'Ze hebben heus winkels in Edinburgh.' Pas toen ging het deksel van de hutkoffer dicht en werd de zaak met een 'Ach ja, je hebt wel gelijk' gesloten.

Mijn moeder leverde altijd strijd met koffers. Voelde zich bezwijken onder de vraag hoeveel ze zou inpakken. Wist nooit in te schatten wat ze kon verwachten, tenzij het om een logeerpartij bij familie ging. Wilde graag versmelten met de omgeving, maar zolang ze de habitat niet kende wist ze niet welke kameleonshuid er vereist zou zijn. 'Pak in wat je gaat aantrekken' was geen beslissing maar een identiteitscrisis, zeker in mei 1945. Welk ik zou de reis naar Arthur ondernemen? De onstuimige geliefde? De heimelijke minnares? De nieuwe bruid? De jonge arts? De economische migrant? De roos van Tralee? Ze had bepaalde kledingstukken, vooral ondergoed, die Arthur mooi vond. Hij zou het leuk vinden als zij die meenam – maar bond ze dan niet de kat op het spek? Over geen koffer werd zo lang gedubd. Er zou alles in gaan wat ze voor de voorzienbare toekomst nodig zou hebben. De koffer was zij. Maar wie was zij?

Haar lijdensweg als ze aan het inpakken was had ik als kind vaak gadegeslagen. Maar de speciale manier waarop ze het handvat van een koffer omklemde herinner ik me van de keer dat ik haar tegen het eind van haar leven van het station King's Cross afhaalde. Ze had tegen die tijd moeite met lopen, was in Leeds naar haar plaats geholpen en had te horen gekregen daar te blijven, rijtuig F, zitplaats 23. De trein was laat: ik moest achter de slagboom wachten. Naast me maakten jongemannen met bloemen kennis met de romantische kwelling van stations. Zelfs ik voelde een opgewonden huivering van blijde verwachting, alsof ik daar stond te wachten om de nieuwe vrouw van mijn leven af te halen, de vrouw wier gezicht, zo vreesde ik, ik niet zou herkennen. Eindelijk kwam de trein binnenneuzelen. De jongemannen stormden vooruit om hun geliefde in hun armen te sluiten. Ik liep het grijze perron af, tegen de stroom in, en vond mijn moeder in de deuropening van rijtuig D. 'Je had niet hoeven te komen,' zei ze, terwijl ze haar handvat omklemde. 'Ik had het heus wel gered.' Ik gaf haar een zoen op haar wang en hielp haar eraf. Een kruier kwam met een rolstoel aan en we zetten haar er voorzichtig in. Hoewel ze een week bleef was haar koffer zo licht als een veer. Hij zweefde naast me het perron af en de kofferbak van de auto in. Thuis hielp ik haar hem open te ritsen: een nachtpon, een rok en een bloes, panty's en ondergoed voor zeven dagen, drie zakken snoep voor de kinderen, een tandenborstel – en een boek van Maeve Binchy erbovenop.

Ze was tegen die tijd door alle te spelen rollen heen en het kon haar niets schelen wat in de koffer zat. Ze dofte zich niet op voor het leven, maar versimpelde zich voor de dood.

KIM AAN ARTHUR, Rosyth, juni 1945

Vergeet de deur niet op slot te doen wanneer je weggaat, lieveling. Maak maar thee voor jezelf als je wilt – kon ik het maar

voor je doen. Ik zal proberen niet lang weg te blijven. Ik houd
van je.

De trein komt het station binnenrijden en hij staat er en begroet
haar met een ring: bevrijdingsdag, vrede en geluk, de dageraad
van hun naoorlogse wereld. Zes weken later overlijdt haar vader.
Het bericht komt niet onverwacht – hij is al maanden ziek –
maar ze huilt wanneer de piccolo het telegram komt brengen.
De begrafenis is op 29 juni, een vrijdag. Ze pakt haar koffer weer
in. Tegen die tijd hebben ze kamers gevonden in Rosyth, dicht
bij zijn basis. Kim werkt bij Campbell (die haar parttime betaalt,
maar fulltime gebruikt), terwijl Arthur op de fiets naar zijn medische keuringen gaat. Goed gerepeteerd, zelf half en half erdoor overtuigd, spelen ze man en vrouw. Op de lange avonden
wandelen ze naar de kroeg, of soms, omdat hij vroeg sluit, blijven ze thuis en zwijmelen bij liedjes op de radio: ze dachten dat
hun liefde over was, dat het echt uit was tussen hen, maar (in
koor) 'afscheid nemen konden ze niet'.

De hospita, die ze de bijnaam "Tante' geven, ter herinnering
aan haar voorgangster in Davidstow, vraagt zich bezorgd af of ze
wel goed eten en genoeg slaap krijgen: die pasgetrouwde stelletjes, weet u wel. Om te voorkomen dat Kim en Arthur vermage-
ren zet ze hun vlees uit blik, sla, tomaten, gekookte aardappelen
en enorme hompen brood voor. Maar in werkelijkheid heeft het
tweetal zich nog nooit zo goed gevoeld. Tot het telegram komt
en Kim haar zwartste kleren inpakt. Arthur weet een dag verlof
los te peuteren en reist met haar mee naar Manchester. Daar
stapt ze over op de trein naar Preston en dan naar Holyhead. De
volgende dag krabbelen ze een brief naar elkaar. Ze slaapt
slecht, zegt ze, want ze is er niet aan gewend de nacht ver van
hem door te brengen. Het uitzicht uit Tantes kamer, zegt hij, is
niet meer wat het geweest is.

Ze is op tijd, zij het op het nippertje, want ze komt om kwart over twee in Killorglin aan en de begrafenis is om drie uur. Het is een enorme gebeurtenis, de kerk in Mill Road zit tot de nok toe vol. Haar vader zou zo'n gelegenheid nooit aan zich voorbij laten gaan. 'Maar hij is erbij,' zegt ze bij zichzelf, terwijl ze een blik op de kist werpt, maar het is geen aanwezigheid die telt. Met haar broers en zussen loopt ze achter de kist, arm in arm, zo breed als een straat. Een oude tante strooit zout uit dat ze uit haar jaszak pakt, 'om het *andere volk* op een afstand te houden'. Geesten in de rouwstoet? Kim huivert bij de gedachte. Eindelijk bereiken ze het kerkhof, op een heuvel die over de Laune uitkijkt. De priester murmelt zijn gebed: 'Heilig hart van Jezus, laat één druppel van uw kostbaar bloed dat vergoten is voor uw dienaar Patrick in het vagevuur, neerdalen op zijn ziel. (...)' Vertrouwde rituelen, maar vandaag komen ze haar onvertrouwd voor. Komt het door Arthur dat zij ze nu door de ogen van een vreemde ziet? Of komt het door haarzelf, doordat ze vier jaar in Engeland heeft gewoond? Ze kijkt strak naar haar schoenen – enkelbandjes met drukknopen, glanzend zwart leer, lage hakken, gekocht bij Kendals' in Manchester – en voelt zich thuis opeens verloren.

Tijdens haar afwezigheid sleutelt Arthur aan zijn auto. Dat is (afgezien van Kim) het leukste van terug zijn in Engeland: zijn hoofd onder de motorkap steken, vaststellen wat het probleem is, sleutelen, een oplossing zoeken. Hij voelt zich in die houding meer een arts dan wanneer hij kerels onderzoekt die met demob gaan. Ze hebben een vakantie gepland voor eind juli, een toer van hooglanden en eilanden, en hij heeft met het oog daarop zijn benzinebonnen gespaard – zijn toelage is een royale dertien *gallon* per maand. Hoewel de MG de laatste tijd kuren vertoont weet hij welke onderdelen hij moet hebben om het te verhelpen en nu hij toch in Manchester is na Kim op de trein te hebben gezet kan hij in het uur voordat hij zijn eigen trein terug naar het noorden neemt een catalogus ophalen bij Cockshoots in Roseburn Street. Nu hij de codenummers heeft kan hij de onderdelen telefonisch bestellen en zijn vader vragen ze te halen en dan zorgen dat Kim – die op de terugreis door Manchester komt – ze meeneemt naar Rosyth. Zodra dat is geregeld heeft hij de auto in een mum van tijd weer in orde. De volgende dag, tussen het beluisteren van borstkassen van vliegers, het sleutelen aan de cilinderkop en het spelen van een partij snooker door, regelt hij de zaak door de telefoon, eerst met Cockshoots, dan met zijn vader en ten slotte met Kim in Killorglin. Ze maakt niet de indruk er met haar aandacht bij te zijn wanneer hij haar de regeling uitlegt, dat moet worden gezegd. Ze heeft weer die berustende, wanhopige klank in haar stem, alsof ze sinds haar terugkeer naar huis haar vertrouwen heeft verloren – haar vertrouwen in een huwelijk met hem. Maar hij weet dat het een zware slag voor haar is geweest en hij neemt geduldig de details met haar door. Weliswaar zal het ophalen van de MG-onderdelen bij Ernest haar misschien een uur extra kosten, het zal zeker dubbel en dwars opwegen tegen hun vakantie, hun eerste grote reis in vredestijd.

De volgende dag komt er een brief uit Windyridge:

Beste Arthur,

Ik ben bij Cockshoots geweest. Ze hadden maar 1 oliefilter, 1 pakking inlaatspruitstuk en 1 pakking uitlaatpijp – ik heb er 12/- voor betaald. Voor de andere onderdelen raden ze je aan contact op te nemen met de MG-dealer in Edinburgh of Glasgow, of rechtstreeks een brief te schrijven naar de fabriek. Excuses dat ik hier niet meer kan doen.

Het allerbeste,

Paps

PS: Ik wilde het je al een tijdje vragen, maar elke keer wanneer ik je zie vergeet ik het weer: tot welke kerk behoort Agnes eigenlijk? Ik zou me, zoals je wel kunt raden, grote zorgen maken als ze rooms was.

Net als de dood van Patrick O'Shea komt de brief als een schok, maar niet als een verrassing. Mary heeft Arthur al langer dan een jaar gewaarschuwd dat het vroeg of laat zou gebeuren. Nog maar een maand eerder was ze er opnieuw over begonnen: 'Paps zit me bijna onophoudelijk op mijn huid over Kims geloof en hij zei opnieuw – niet woedend ditmaal, maar heel kalm – dat hij zelfmoord zou plegen als je met een katholiek zou trouwen.' In de drie weken in april dat Arthur thuis woonde sneed vader noch zoon het onderwerp aan. Nu is de brandende vraag dan eindelijk gesteld, als een PS onder een brief over auto-onderdelen. Het is niet duidelijk waarom Ernest dit moment heeft uitgekozen. Misschien kwam hij erop door het bericht dat Kim voor haar vaders begrafenis naar haar ouderlijk huis in Kerry is vertrokken. Misschien verdenkt hij het tweetal ervan in zonde te leven. Of misschien vindt hij dat hij Arthur snel om zijn neewoord moet vragen voordat Arthur Kim om haar jawoord vraagt. Hoe het ook zij, de toon is onomwonden en direct. Maar Ernest is minder recht door zee dan het lijkt. Slinks, ingebed in de context, noemt hij Arthurs *inamorata* Agnes, niet Kim. En de vraag wordt tussen neus en lippen gesteld, als een toevoeging. De auto-onderdelen zijn opgehaald. En o ja, 'tot welke kerk' behoort je verloofde?

Ernests brief leidt tot grote consternatie bij iedereen. 'Ik heb hem gezegd dat ik, als het om een schoondochter gaat, niemand liever zou verwelkomen dan zij,' schrijft Kathleen aan Arthur en daarmee distantieert ze zich van het gerechtelijk onderzoek van haar man. 'Kim is grootgebracht op haar manier en wij op de onze en gezien de kleine plaats die het geloof in ons leven inneemt (vooral in dat van paps) is het moeilijk te begrijpen waarom hij zo onverdraagzaam doet. Maar ik weet dat hij jouw geluk voor ogen houdt.' Arthur begint in klad aan een antwoord. Intussen stelt hij Kim telefonisch op de hoogte en zegt dat ze zich geen zorgen hoeft te maken – hij zal het wel regelen. Ze moet alleen de twee pakkingen en het oliefilter in Windyridge ophalen wanneer ze op de terugreis erdoorheen komt. De volgende dag na het avondeten herschrijft hij de brief aan Ernest net zo lang tot hij er tevreden over is en dan fietst hij van Tante naar de brievenbus. Na een pint in de plaatselijke kroeg rijdt hij terug en treft hij tot zijn verbazing Kim aan, ccn dag eerder. Ze is warm, moe en vies, maar ze had het als 'een heerlijke reuzeverrassing' bedoeld en dat is het ook – tot hij merkt dat ze de onderdelen niet bij zich heeft. Hij kan het niet geloven. Hij heeft het zo goed geregeld. Waarom heeft ze niet gedaan wat hij vroeg?

'Ik wilde zo snel mogelijk hier zijn,' zegt ze. 'Dat is het gewoon.'

'Het zou je maar een uurtje hebben gekost,' zegt hij. 'Ze verwachtten je.'

'Maar stel dat je vader het me had gevraagd. Ik zou dan niet hebben geweten wat ik moest zeggen.'

'Ik heb het hem ondertussen al verteld.'

'Maar je hebt me niet verteld wat ík moest zeggen.'

Ze bekvechten in de vochtige juli-avond, met het raam open, en Tante zal beneden er vast naar hebben zitten luisteren. Ze vinden allebei dat ze heel onaardig zijn behandeld, Kim des te meer, omdat ze in de rouw is. Er worden terechte verontschuldigingen gemaakt. Maar zij is degene van wie ze afkomen. Wanneer hij de volgende morgen naar zijn werk is schrijft ze een paar trieste regels onder de brief die ze hem uit Ierland heeft gestuurd en die op de tafel ligt: 'Het spijt me, lieveling. Ik weet dat het een teleurstelling voor je is en ik schaam me dat ik zo stom ben geweest. Maar ik zal het goedmaken.'

Tijdens het lezen van hun brieven, en tussen hun brieven, voel ik dat ik twee kanten word opgetrokken. Mijn vader en die rot-MC: snapt hij dan niet dat mijn moeder op dit moment wel andere dingen aan haar hoofd heeft dan auto-onderdelen? Haar vader overleden en alles wat pastoor McDermott zei weer schrijnend pijnlijk geworden door haar terugkeer naar Kerry – het is een zware last en daar hoeft het ophalen van pakkingen bij Ernest de Inquisiteur niet nog eens bij te komen. Hoe kon hij het haar vragen? En alleen maar om porto uit te sparen. Het is niet eerlijk. En gevoelloos bovendien. Als hij dat niet snapt en niet zijn excuses maakt, kan ze net zo goed direct haar koffers pakken en vertrekken. Er zijn vast andere mannen die haar beter zouden behandelen. Kom op, vuur ik haar aan, zet er een streep onder, ga weg als het moet. Ik ben bereid af te zien van mijn leven als ik u een geschikter huwelijk kan zien sluiten, mam.

Maar aan de andere kant... Waarom pikt ze het? Moet ze echt zo godvergeten onderdanig zijn? Ik wil haar door elkaar schudden. Bijt toch van je af, mens. Geef hem ervan langs. Er bestaat een mopje over de volgzame houding van vrouwen van haar tijd – 'Hoeveel Ierse vrouwen zijn er nodig om een lamp te verwisselen?' 'Nee hoor, ik vind het echt niet erg om in het donker te zitten' – en ik wil het haar vertellen om haar te provoceren. Maar als ze in staat was kwaad te worden en van zich af te bijten, zou ze dan niet een ander zijn? Op haar werk kwam ze voor zichzelf op. Maar in de liefde kon ze niet voor zichzelf opkomen. Of liever gezegd, waar ze voor opkwam was voor de liefde zelf en ze betaalde gewillig de prijs om die liefde in stand te houden. Als de gevoelens die mijn vader voor haar koesterde twijfelachtig waren, zou ze misschien minder meegaand zijn. Maar hoe verwend, onvolwassen, egoïstisch en koppig hij ook was, ze twijfelde geen moment aan hem – vandaar haar verontschuldigingen wanneer ze (zoals hier) helemaal geen schuld droeg. Ik ben schatplichtig aan haar vermogen te capituleren. Ik dank mijn zijn aan haar meegaand-zijn. Maar tegelijkertijd rouw ik om haar lijden en word ik dol van haar passiviteit.

Was het een uitvloeisel van haar godsdienst? Was haar bereidheid mijn vader te dulden een product van hetzelfde geloof dat hij ongedaan probeerde te maken? Zeker niet. Het katholicisme eist niet van zijn gelovigen dat ze zwak zijn. Maar de protestant (en de zoon van de vader) in mij staat in de verleiding een verband te leggen tussen haar passiviteit en een onderdeel van de katholieke eredienst – de (klakkeloze?) gehoorzaamheid die bij de mis wordt geëist. Misschien is dat de reden dat ik de heilige communie, de anglicaanse versie van de eucharistieviering, in mijn puberteit niet te pruimen vond – ik bedoel niet de wijn en de ouwel, zelfs niet de symboliek van vlees en bloed, maar de woorden die eraan voorafgaan: 'Wij wagen het niet (...) We zijn het niet waard zelfs maar de kruimeltjes onder uw tafel te vergaren.' Spaar me alsjeblieft. Wat een nederigheid. Waag het eens wel! Wees het eens wel waard. Laat je niet door een God als voetveeg gebruiken.

Op een keer kon ik in de Kerk van het Heilige Graf in Jeruzalem met eigen ogen zien hoe laag iemand door het geloof kon zinken. De vrouw droeg een tweed jas en bruine kousen, ze zag er Europees uit en ze kroop als een worm over de grond. Vanaf de ingang van de kerk, tussen de benen van toeristen zoals ik, kroop ze tien meter vooruit en kuste de steen, kroop nog eens twintig meter naar het graf en ging ten slotte staan om zich bij de rij pelgrims te voegen die stonden te wachten om naar binnen te gaan. Maar eenmaal binnen liet ze zich onmiddellijk weer op handen en knieën zakken. Die dag had ik kopten, joden en moslims in allerlei houdingen van zelfvernedering gezien. Maar niemand was zo diep gegaan als de vrouw met de kousen waarvan de knieën versleten waren, de vrouw die een kruisje sloeg voor haar Schepper. Was mijn woede gericht op haar, of op haar geloof, of op het beeld dat ze opriep – het beeld van mijn moeder die zich voor mijn vader ter aarde wierp. Ik weet het niet. Ik weet niet eens of ze echt wel katholiek was. Ik weet alleen dat ik weg moest lopen om te voorkomen dat ik haar een schop zou geven.

Mijn moeder was niet de vrouw in Jeruzalem. Ik heb geen

recht boos te zijn. Ik vind het alleen jammer dat ze haar rug niet meer had gerecht en minder verontschuldigend was geweest voor wie ze was.

ERNEST AAN ARTHUR, Windyridge, 14-7-45

Ik moet bekennen dat je brief een hele klap voor me was. (...)

Wanneer Kathleen de enveloppe op de mat ziet liggen weet ze direct wat het is. Haar hart slaat over, net als een week eerder toen Ernest zich liet ontvallen dat hij eindelijk de vraag had gesteld. Ze brengt hem de brief op hun slaapkamer waar hij zich staat aan te kleden om naar zijn werk te gaan en loopt naar Mary en Kela die aan het ontbijt zitten. De toast ligt onder de grill aan te branden wanneer ze naar de stilte boven luisteren. Een beangstigend lange stilte. Ze hebben met elkaar afgesproken snel naar boven te rennen als ze hem naar de badkamer horen lopen. Eindelijk klinkt er boven gekraak, dan het geluid van voetstappen op de trap. Hij komt een beetje bleek de keuken in en blijft met zijn rug naar de Aga staan. 'Een brief van Arthur,' zegt hij en hij geeft hem aan hen, zodat ze hem kunnen lezen. 'Nu weet ik het,' zegt hij, terwijl hij zijn thee drinkt.

'Tot welke kerk behoort Agnes eigenlijk?' Wel, ze is rooms. Dat had Arthur hem eerder willen vertellen. Kim en hij wilden er helemaal niet stiekem over doen: was het hun gevraagd, dan zouden ze er eerlijk antwoord op hebben gegeven. Maar de kwestie was de afgelopen twee jaar een bron van zorg voor hen beiden geweest en ze wilden er eerst samen uitkomen. Hoe het precies zal uitpakken blijft natuurlijk de grote vraag, maar hij wil zijn vader de verzekering geven dat zijn opvattingen over het katholieke geloof geen zier zijn veranderd. Inderdaad, hij houdt van Kim en is voornemens met haar te trouwen. Maar niet in een katholieke kerk. Bovendien zal geen van hun kinderen – geen van *zijn kleinkinderen* – van priesters les krijgen, of slinks door Kims familieleden worden geïndoctrineerd. Ze hebben het samen doorgesproken. Kim weet waar Arthur staat. Ze belijdt een primitieve en bijgelovige godsdienst die ongeschikt is voor de moderne wereld en dat heeft hij haar gezegd. Katholieke priesters spelen de baas over een lafhartig volk, houden hen in de Middeleeuwen, en dat heeft hij haar gezegd. Gezien haar opvoeding valt het haar uiteraard niet gemakkelijk het met hem eens te zijn. Maar hij twijfelt er niet aan dat ze zal bijdraaien en met hem zal trouwen op de rationele voorwaarden die hij stelt. Meer valt er eigenlijk niet over te zeggen. Nu Ernest op de hoogte is gesteld vertrouwt hij, Arthur, erop dat ze de zaak verder kunnen laten rusten. Zinnige kritiek op het geloof is terecht en goed, maar onverdraagzaamheid hoort in geen enkele discussie thuis. Kim is onzeker en gemakkelijk van streek te brengen. Als in Windyridge iets zou worden gezegd wat haar op de vlucht zou jagen, zou Arthur het hen nooit vergeven. Trouwen met Kim weegt voor hem zwaarder dan wat ook – en moet dat niet bepalend zijn voor de opinie van zijn ouders? Zijn ze niet eenstemmig in hun oordeel over Kim? Hebben ze niet twee jaar lang de gelegenheid gehad haar te kennen? Is ze niet vriendelijk, loyaal, intelligent, en zou niet elke man trots zijn en zich gelukkig prijzen als hij haar als echtgenote had? Welaan dan, waarom zou het feit dat ze rooms is opgevoed er een zier toe doen? Dat is allemaal verleden tijd. Het heeft geen zin er nu nog drukte over te maken. Als hij, paps, dat niet inziet en niet in de geest van tolerantie kan handelen, is hij niet de man voor wie hij hem hield, de man die zijn kinderen had bijgebracht dat je anderen hun mening moest laten, hoe stompzinnig die mening ook was. Laat hiermee dan de laatste woorden over deze zaak gezegd zijn. Of als er meer over te zeggen is, laat het dan een keer bij een pint worden gezegd, man tegenover man. Maar hij vertrouwt erop dat het niet nodig zal zijn. Hij vertrouwt erop dat zijn vader Kim als zijn schoondochter in zijn armen zal sluiten. Vertrouwt erop dat zijn vader erop vertrouwt dat hij niet katholiek wordt.

'Nu weet ik het,' zegt Ernest, terwijl hij zijn thee drinkt. Dan voegt hij eraan toe, wanneer hij ziet dat zijn vrouw en dochter hun hoofd samenzweerderig naar elkaar toe buigen, 'maar ik neem aan dat jullie het al wisten.' Ze ontkennen het. Hij herhaalt zijn beschuldiging. Ze houden voet bij stuk. Alleen even heeft hij nog iets over Kim te klagen: 'O, ik mag haar best, maar het is wel stiekem van haar geweest om niet naar de mis te gaan wanneer ze hier was.' Ach, misschien is ze niet zo vroom dat ze elke week gaat, zeggen zijn vrouw en dochter. Of misschien heeft Arthur haar laten beloven niet te gaan. Of misschien ging ze niet uit respect, wilde ze het hun niet onder de neus wrijven. (Of misschien ging ze wel, maar hield ze het voor zich.) Hun argumenten overtuigen hem niet. Maar hij is al tien minuten te laat voor zijn werk en al is hij geschokt, gek genoeg voelt hij zich er rustig onder. Beter slecht nieuws dan geen nieuws, zegt hij. Vooral wanneer het slechte nieuws niet eens zo erg is.

'Ik ben heel blij dat je mijn opvattingen over het katholieke geloof en de macht van de priesters deelt,' schrijft hij Arthur later die dag. Hij vindt het bijzonder erg van hun probleem, zegt hij – 'Wat zonde toch dat jullie je daarover zorgen moeten maken' – maar in elk geval zijn ze allebei volwassen genoeg om een oplossing te vinden. God verhoede dat Arthur zou denken dat hij 'zich indringt' (mams opvatting), of dat hij 'vreselijk onverdraagzaam zit te zaniken' (die van Mary), maar hij hoopt 'in jullie beider belang dat jullie niet je ogen sluiten voor de feiten en niet denken dat de situatie geregeld is met enige mondelinge toezeggingen of afgesproken maatregelen. Dat soort regelingen zijn vele malen eerder geprobeerd, maar ze verwateren of verzanden altijd en beide levens worden uiteindelijk diep ellendig. Een huwelijk kent al veel te veel valkuilen zonder die extra ballast van radicaal tegenovergestelde meningen die de partijen er over het geloof op na houden. Heus, het is een heel vitale kwestie.'

In Rosyth laat Arthur bij een lunch van vlees uit blik en sla Kim de brief lezen. Haar vader is nog geen week begraven en ze is niet in de allerbeste stemming wanneer ze hem leest. Ze was ook al niet bepaald gelukkig met Arthurs brief (hij heeft het kladje voor haar bewaard), want er werden oude vooroordelen in herhaald en haar werd geen centimeter ruimte gelaten. Maar Ernest weet nu tenminste eindelijk hoe de vork in de steel zit en hij kan de denominatie 'katholiek' accepteren, vooropgesteld dat er 'ex' voor staat. Het is een opluchting, dus hartelijk dank. De enige oppositie bevindt zich nu nog in Killorglin, bij haar moeder en broers en zussen – en in haar hoofd.

MARY AAN ARTHUR, Red Lodge, 15-7-45

Bravo! Wat ben ik blij dat je het paps hebt verteld en o jongen, wat een puike brief – je hebt het hem heel goed verteld. Hij neemt het buitengewoon kalm op. In elk geval heeft hij er zelf om gevraagd en nu heeft hij het gekregen ook. Houd je geluk goed vast – het leven is vluchtig en zit vol nodeloze ellende. Ik heb me erbij neergelegd dat ik nooit meer volmaakt gelukkig zal zijn, maar ik dank God dat ik het eens een poosje ben geweest, hemels gelukkig.

Dat Mary blij is dat haar vader op zijn nummer is gezet, is niet alleen zusterlijke solidariteit. De problemen die ze zelf met hem heeft worden steeds erger. Hoewel ze officieel in Red Lodge woont voelt ze zich er te kijk liggen wanneer ze er alleen met Kela slaapt en daarom is ze meestal in Windyridge. Op zichzelf zou dat niet erg zijn, ware het niet dat Ernest zich voortdurend met haar zaken bemoeit. Haar sociale leven, haar kleren, haar nagellak, de behandeling van Kela's huid (ze gebruiken nu calamine) – hij probeert over alles zeggenschap te hebben. Hij bemoeide zich er zelfs mee toen ze haar auto verkocht – de knaap van de RAF die £50 bood zou £70 hebben betaald als ze voet bij stuk had gehouden, maar paps zei dat ze het zekere voor het onzekere moest nemen en zijn geld moest aannemen. Lieve God, ze zou zo langzamerhand toch wel in staat moeten zijn haar eigen leven te runnen? Als hij kon zou hij nog haar stoelgang regelen.

Het zou een stuk schelen als Ron er was, maar die zit nog steeds in Frankrijk. Ze heeft een weekendje Edinburgh voorgesteld met hun vieren wanneer hij de volgende keer met verlof thuis is. Maar ze betwijfelt of hij dan bij haar op bezoek zal komen, laat staan de moeite zal nemen mee te gaan naar Schotland. Uiteraard straft hij haar voor haar opmerking dat ze nog minstens voor een jaar geen huwelijk – met niemand – in overweging wil nemen. Maar als hij denkt dat hij haar op andere gedachten kan brengen door chagrijnig te doen, heeft hij het mooi mis. In haar hart heeft ze beslist dat hij waarschijnlijk de beste één na beste is. Of hád ze het beslist – maar toen stopte hij zowat helemaal met schrijven. Als hij is gevallen voor een WAAF of voor een of andere del in Cannes trekt zij aan het kortste eind. Maar wat had ze anders moeten doen? Pas dit jaar heeft ze zekerheid over Michael gekregen. En zijn persoonlijke bezittingen die uit het vliegtuig zijn geborgen, waaronder de negenkaraats gouden zegelring met het onbewerkte achthoekige facetvlak, heeft ze nog altijd niet teruggekregen. Pas wanneer ze zijn ring weer heeft, hem in haar handpalm heeft liggen en het gat ziet waar Michaels ringvinger doorheen ging, kan ze over het dragen van de ring van een ander beginnen na te denken. Het gaat voor haar gevoel veel te snel allemaal. Waarom kan Ronnie het niet accepteren?

In Frankrijk probeert Ron het te accepteren – maar hij kan niet het vermoeden bij zichzelf wegnemen dat als ze nu geen ja wil zeggen, ze het nooit zal zeggen. Wat zal er gebeuren wanneer al die kerels zijn afgezwaaid? Ze is een knappe vrouw en zodra die RAF-vliegers met hun strepen, als bijen om haar heen zwermen, heeft een jongen zoals hij die nooit vlieger is geweest geen schijn van kans. Eerlijk gezegd heeft hij een gevoel of er gewoon met hem is gesold. Het is al erg genoeg om nooit Mike's plaats in Mary's hart te kunnen innemen, maar het is veel erger om twee jaar aan het lijntje te worden gehouden. Geluksvogel, zei iedereen thuis toen hij hun vertelde waar hij werd gestationeerd. Maar de Rivièra kan hem gestolen worden. Het klimaat mag dan lekker zijn, maar vreselijk zoals het er meurt. Eens zullen de Fransen leren wat gezondheid en hygiëne zijn, maar tot die tijd is het hier een stinkende mestvaalt. En wat die voluptueuze, naar seks hunkerende vrouwen betreft, de enige zekerheid die ze je bieden is een penicillinekuur. Hij is begonnen met een scherpe, wekelijkse campagne om te worden gedemobiliseerd. De capaciteit van de tandheelkundige kliniek wordt ingekrompen en hij hoort rechtens als eerste op het lijstje te staan. Hij is des te meer erop gebrand te vertrekken sinds de komst van twee nieuwe OVG's. De ene is een kapitein zielknijper (dat wil zeggen een psychiater) die zelf compleet knots is en de ander een mietje die een slap handje geeft. Zijn enige troost is het bevel dat hij voert over een groep Duitse krijgsgevangenen die de muren repareren, deuren afhangen, wastafels maken, enzovoort. Goede werkers, dat moet hij hun nageven. Maar dat is nu de taak van moffen, boeten voor hun wandaden en meehelpen de naoorlogse wereld op te bouwen. Als tandarts draagt hij er zijn steentje aan bij. Smoelreconstructie. Voor iedereen nette tanden, gelijke behandeling en loon naar werken.

In augustus wordt de atoombom op Nagasaki en Hiroshima afgeworpen en werpt Japan de handdoek in de ring. Ronnie viert de capitulatie van Japan met een officier-tandarts van het leger – champagne, spuitwijn, bier, whisky en gin, afgesloten met smerige Franse aperitiefs. Een feestje dat er zijn mag. En ook een kater die er zijn mag. Als elke dag zo kon zijn, tekent hij ervoor. Maar er verandert niets. Dat najaar taal noch teken over een demobilisatie. En ook niet of Mary heeft besloten ja te zeggen. Hij voelt zich, zo vertelt hij Arthur, 'behoorlijk gefromaged'.

Er worden tussen mijn ouders (nog niet mijn ouders) geen brieven gewisseld tussen de dag van haar vaders begrafenis, 3 juli, en de dag dat Kim weer naar Ierland vertrekt, 28 december. Ze woonden toen bij elkaar en konden met elkaar praten: dus waarom zouden ze schrijven? Er zit daarom een leemte in het verhaal. Maar ik beklaag me niet. Het is hun privé-tijd. Ik weet dat ze allebei voor dokter Campbell werkten (hij op verloren uurtjes tussen medische keuringen door, zij praktisch fulltime) en dat ze het schandalig vonden dat ze zo slecht werden betaald. De ouwe krent stelde zich op het standpunt dat £12 per week redelijk was voor een waarnemer, ook al lag het gangbare tarief dichter bij de £16. Ik weet dat ze golf en squash speelden en, toen het winter werd, gingen schaatsen. Ik weet ook dat hij een hoogtezon ging gebruiken – na de Azoren wilde hij in het bleke, sombere Engeland graag een kleurtje hebben. Maar voor de rest was het stil.

In hun brieven naar huis vermeden ze de huisvestingsregeling die ze hadden getroffen. Hij woonde op de basis, vertelde hij zijn ouders, en Kim zat in de stad op kamers. Zijn medeofficieren kregen een ander verhaal te horen – dat hij met zijn nieuwe vrouw een kwartier buiten de basis had. Tegenover mijn zus en mij, jaren later, werd met geen woord over deze fase in hun leven gerept. Het zou dan immers hebben betekend dat ze toegaven dat ze voor hun huwelijk hadden samengewoond, een praktijk die zij, zoals de meeste ouders in de jaren zestig, veroordeelden. Misschien huldigden ze het standpunt dat de wereld, of hun tienerkinderen, moesten worden behoed voor promiscuïteit. Of misschien moesten ze niets hebben van de jaren-zestig-openheid over voorhuwelijkse seks, terwijl zijzelf in 1945 zo stiekem hadden moeten doen. Er is weinig reden gepikeerd te zijn over hun onoprechtheid – hypocrisie, zou ik het destijds hebben genoemd. Maar ik vind het jammer dat ze niet openhartiger waren. Ze zouden zichzelf (en mij) misschien onnodige schuldgevoelens hebben bespaard.

Als ze niet in een katholieke kerk konden trouwen, had Kim eens tegen hem gezegd, konden ze net zo goed in zonde leven. En in haar ogen deden ze dat ook. Ze moest zich er vreselijk bij hebben gevoeld – net een maîtresse. Maar het was beter dan haar geloof verraden.

KIM AAN ARTHUR, Ormond Hotel, Dublin, 27-12-45

Is het niet verschrikkelijk? Jij daar, ik hier.

ARTHUR AAN KIM, Rosyth, 28-12-45

Ik probeer te bedenken wat de naam van het hotel in Dublin is waar je normaal logeert en het enige dat ik kan bedenken is het Sherborne – of is het het Sherbourne. Gek, hè – nog geen 33 uur van elkaar en ik zit nu al naar je te smachten. Ik denk de hele tijd, ik had je langer moeten kussen, niet de hele tijd moeten bazelen, en o, duizenden andere dingen. Hoop dat het niet slap klinkt.

Ze gaat om twee redenen naar Ierland terug: om voor haar moeder te zorgen die God weet wat mankeert, en om Kitty geestelijk bij te staan die gaat trouwen. Ze zal niet lang wegblijven. Er is geen meningsverschil met Arthur geweest. De onverenigbaarheden zijn er nog steeds, maar ze is van plan hem te volgen naar zijn nieuwe post in Thornaby, bij Middlesbrough, en maar te zien wat ervan komt. Hij heeft een paar dagen verlof voordat hij vertrekt en dat komt goed uit. Kitty's huwelijk is op 16 januari (een woensdag) in Dublin en hij kan als gast overkomen, als de jonge, Engelse *beau* van Kitty's zus.

Na een kerstfeest op Windyridge, met een gelouterde Ernest op zijn best, vindt Kim Killorglin maar naargeestig. Haar moeder, in zwarte weduwenrouw en ontroostbaar, moet het bed houden. Ze is afgevallen en weegt nog maar 38 kilo, 'gewoon vel over been' en kan niet worden overgehaald iets te eten. Maar het ergste is dat ze wil dat er dag en nacht iemand bij haar zit, bij voorkeur haar dokter-dochter. Gewoonlijk is het pas twee uur 's nachts voordat ze indommelt en Kim naar haar bed kan sluipen. De eerste vier dagen lijken wel vier jaar. 'Je komt na Kitty's bruiloft toch wel terug om voor me te zorgen?' smeekt haar moeder op een ochtend. Arthur heeft het idee geopperd samen van Dublin terug te rijden, zodat hij Killorglin kan zien. Maar als ze dat doen, zegt ze, zullen ze niet uit de greep van haar moeder kunnen blijven. 'Jij hebt gezien waar ik woon,' protesteert hij. 'Mag ik dan niet zien waar jij woont? Per slot van rekening word je mijn vrouw.' Ja, dat is zo. Maar wordt ze het echt? Hij schijnt te vergeten dat er nog een onoverkomelijk probleem is.

Op de sporadische momenten dat ze even bij haar moeder weg kan praat ze met Kitty over haar zorgen. De twee vrouwen verschillen niet veel in leeftijd en hebben altijd goed met elkaar kunnen praten en het scheelt als je iemand hebt die jou begrijpt. Maar wanneer Kitty op haar beurt haar om medisch advies over het 'huwelijksleven' vraagt, vindt ze het moeilijk er even openhartig op te reageren. 'Iemand had haar een vrij luguber verslag van de eerste nacht gegeven,' vertelt ze Arthur. 'Ik heb haar proberen gerust te stellen zonder het een persoonlijk tintje te geven. Ik weet niet wat ze over jou en mij vermoedt, maar ik heb haar geen klaarheid gegeven. Ik heb nog steeds dysmenorroe en als ik ditmaal niet zo vroeg was geweest zou ik denken dat ik een abortus heb gehad, afgaande op het bloedverlies.' Jaloezie maakt haar gêne er eens zo groot op: hoewel Kitty de jongste is, stapt zij in het huwelijksbootje, waardoor Kim en Sheila de ouwe vrijsters van de familie worden. 'Waarom trouw je niet met me, lieveling?' vraagt ze hem. 'Ik word er zo jaloers op dat het voor Kitty allemaal zo gemakkelijk gaat. Gisteren ging ik met haar naar Killarney waar ze iets moest regelen en ik barstte bijna in tranen uit. Ik verkeer zelfs niet in die "gelukzalige eenzaamheid" waar jij in verkeert. Ik houd veel te veel van je en ik mis je – dat is mijn probleem.'

'Gelukzalige eenzaamheid' – zo heeft Arthur de staat getypeerd waarin hij na haar vertrek verkeert. In andere brieven stelt hij de situatie minder opgewekt voor. 'Als ik niet zou kunnen schrijven zou ik verduveld ongelukkig zijn,' zegt hij in een ervan. En in een andere (hij zendt ze dik en snel, elke dag een brief, en verder zijn er de telefoontjes 's avonds) noemt hij het leven zonder haar 'vreselijk. Ik ben als een hond zonder staart – een man zonder persoonlijkheid – een vrouw zonder echtgenoot.' Niettemin roert de hond zonder staart zich nog vrij luidruchtig. Na in Windyridge kerst te hebben gevierd rijdt hij naar Rosyth terug en om de verveling van de terugreis te verdrijven neemt hij Ron mee die met verlof uit Frankrijk is overgekomen en (mistroostig over Mary) moet worden opgevrolijkt. De autorit naar het Noorden is een heldendicht van hard rijden en veel drinken. Hun eerste stop is direct al in het begin, in de Cross Keys in Eccles. Voor allebei een gewillig biertje en dan op naar Kendal waar ze om 12.45 aankomen en een stop maken bij de Fleece, daar een paar biertjes pakken en om 1.10 vertrekken. Dan stomen ze verder via Shap – probleemloos, de auto rijdt als een zonnetje – eten onderweg (stuur in de ene hand, een ganzenpoot in de andere) en bereiken ze Penrith om twee uur 's middags. Ron kent een vent die daar een kroeg heeft – dus daar nog eens twee bier en veel slap geouwehoer voordat ze om 2.35 vertrekken. Ze komen om klokslag drie in Carlisle aan, te laat om nog iets te drinken te krijgen, dus in plaats daarvan gaan ze tanken. Door naar Hawick, waar Ron het overneemt. In Galashiels, om 4.30, belt Arthur zijn basis – alles rustig, had zich geen zorgen hoeven te maken, maar het kost hem wel 2/- om daarachter te komen. De telefoon staat tegenover een kruidenier, dus hij controleert het water en merkt dat de auto dorst heeft en leent van de kruidenier een grote kan om die te lessen – en koopt vier flesjes bier om de hunne te lessen. Ron doet het daarna rustig aan en ze arriveren om 6.50 in Edinburgh waar ze zich in het North British hotel scheren, Mary opbellen en iets eten. Ze maken nog een stop bij de kroeg bij de veerboot en daar zit Arthur een tijdje op het toilet omdat hij last heeft van darmkrampen, en – potverdorie! – wanneer ze om 8.58 naar buiten rennen heeft de veerboot juist zijn loopplank opgehaald, maar ze komen aanronken en de loopplank wordt weer neergelaten en alles is voor elkaar. In Rosyth rijden ze rechtstreeks naar de club voor een laatste, rustige slok voordat ze om elf uur naar bed gaan en tot over twaalven blijven doorkletsen. In totaal zijn dat dan volgens mijn telling minstens acht pints per man. Maar ze zijn jong en niemand heeft nog het blaaspijpje uitgevonden, en de volgende morgen kalefatert Tante hen op met een stevig ontbijt: cornflakes, grapefruit, gebakken eieren, bacon met dipjus, twee rondjes toast met jam, en thee.

Tante vindt het zielig voor Arthur dat zijn vrouw weg is. Het kost hem ook zoveel moeite zich in zijn eentje te redden. Eerst steekt hij bijna de boel in brand als hij in de huiskamer de haard aanmaakt. Het is deels Tantes schuld, want ze heeft hem in de keuken aan de praat gehouden, maar hoofdzakelijk de zijne doordat hij een krant heeft gebruikt om het vuur aan te steken. Wanneer hij binnenkomt laait in de haard het ene stel vlammen op en in de kolenkit het andere (dat blust hij met zijn thee), met als gevolg gaten in het linoleum, gebladderd houtwerk en zwart behang tot een meter boven de grond. Net zo vervelend is het verdraaide schrijfwerk dat hij op zijn werk moet doen voor *Een medische geschiedschrijving van de oorlog*. De jonge Halliburton zou zijn aantekeningen moeten uittikken, maar omdat die op nieuwjaarsdag te laat kwam en in de olie was heeft Arthur hem op rapport gezet en nu is de lummel uit zijn hum en doet hij alles op zijn elfendertigst. En dan is er de ruzie die Arthur in de bar heeft met Gillies en zijn vrouw Ila (beiden arts) over vrouwen die in de nieuwe Nationale Gezondheidszorg de geneeskunde uitoefenen. Zij zijn sterk voor, Arthur fel tegen, en de gemoederen laaien hoog op. Kortom, zonder Kim om zich heen is hij nergens – en chocolademelk voor het slapengaan en een warme kruik bieden niet veel soelaas. 'Weet je nog dat ik zei dat het misschien een goede gedachte zou zijn als we een poosje niet bij elkaar waren, al was het maar om te bewijzen dat het de bedoeling is dat we altijd bij elkaar blijven?' vraagt hij. 'En? Ben je het nu met me eens of niet?' Opgelucht keert hij Rosyth de rug toe, dumpt zijn tassen in Thornaby, maakt snel kennis met zijn nieuwe collega's en rijdt naar Holyhead om daar de ferry te pakken.

Ook Kim, in Langford Street, staat te springen om te ontsnappen. Niemand weet wat haar moeder mankeert, maar om haar ondiagnosticeerbare pijn te verlichten schrijft de huisarts morfine voor. Naar Kims mening is haar moeder er veel te dol op – er is uiteraard geen vuiltje aan de lucht wanneer ze gesedeerd is, maar dubbel zoveel wanneer ze bijkomt, humeurig en dwars en vol klachten. De nieuwste streek die ze Kim levert is dat ze in de kleine uurtjes uit zwerven gaat, zodat Kim moet opstaan en haar weer in bed moet stoppen. Van eten wordt ze nog beroerder, zegt ze, en het maximum dat haar kinderen in veertien dagen bij haar erin kunnen krijgen is een beetje lever en aardappelen. Ze hadden gehoopt dat Kitty's bruiloft een wonderbaarlijk herstel zou bewerkstelligen, maar de dokter zegt dat haar moeder niet fit is om ernaartoe te gaan. Er wordt een verpleegkundige uit Dublin ingehuurd om drie dagen bij haar te zijn wanneer iedereen weg is. De kinderen lichten haar voorzichtig in. De vrouw zegt dat ze niet door een vreemde verzorgd wil worden. Ze vragen het haar dringend: wat moeten we anders, mammie? Wil je dan dat we niet naar de bruiloft gaan? Ze komt tot bedaren. Maar wanneer de verpleegkundige er is krijgt ze het weer op haar heupen – scheldt haar uit, wil haar niet in haar huis hebben, klimt uit bed, begint haar kleren aan te trekken en dreigt het huis uit te lopen. Zelfs de verpleegkundige, die rood haar heeft en gewend is aan lastige oude dames, kijkt een beetje beteuterd. Maar Margaret O'Shea (geboren Lyons) heeft noch de kracht, noch het evenwichtsgevoel om in haar eentje de trap af te komen en laat zich overhalen weer in bed te stappen. Na een uur of twee mokken (terwijl de verpleegkundige onverstoorbaar aan haar bed zit) geeft ze zich gewonnen. Het duurt niet lang of ze kunnen het uitstekend met elkaar vinden. Kim, die hen hoort babbelen, blijft een heel eind uit de buurt.

Ze heeft eigen problemen die het hoofd geboden moeten worden. Over twee dagen ziet ze Arthur. Of liever gezegd, dan zal hij voor het eerst in de Ierse republiek zijn. Wat zal hij van haar familie denken? En hoe zullen zij hem vinden? Ze hoopt maar dat hij snel is met het geven van rondjes. Maar ze wil ook niet dat hij dronken wordt: wie weet wat voor onverdraagzame taal er dan wordt uitgeslagen. Ze vraagt zich af hoe hij het ervan af zal brengen als hij aan het ontbijt met priesters in gesprek raakt. En hoe hij eruit zal zien in zijn RAF-uniform (het mooiste wat hij heeft); het zal in de kerk onherroepelijk opvallen ('Wie heeft in 's hemelsnaam die Engelse gevechtsvlieger uitgenodigd?'). Wat zou het niet heerlijk zijn als de huwelijksplechtigheid hem zo zou aangrijpen dat hij ermee zou instemmen haar in de kerk te trouwen; als Dublin zijn weg naar Damascus werd. Maar eerder zou de paus protestant worden dan dat Arthur van gedachten zou veranderen. In elk geval zijn haar broers en zussen gewaarschuwd.

De huwelijkslunch zal in het Shelbourne Hotel zijn. Kitty is maandenlang ermee bezig geweest: tongfilet à la meunière, gegarneerde gegrilde koteletten, geroosterde kip en bacon met gekookte aardappelen, trifle, vruchtenpudding en koffie. Een goede keuze, zegt Kim. Het zou Frankrijk in de jaren twintig geweest kunnen zijn als de kleine lettertjes op de menukaart hen niet eraan hadden herinnerd dat het Dublin in 1946 was ('Het is bij wet verboden bij de lunch en het diner boter te serveren'). Morgen zal Joe hen ernaartoe rijden. Killarney, Mallow, Tipperary, Thurles, Kildare: het is een heel eind, maar ze zal wegdoezelen, door het zwiepen van de ruitenwissers heen, en van een ander huwelijk dromen, het volgende huwelijk, een huwelijk waar de vrouw die met Arthur trouwt de vrouw is die zij dolgraag wil zijn.

Er bestaat een foto van hen die op de trouwdag is genomen en waar ze allebei met Joe en zijn meisje Bridie in een café in Dublin zitten (nog geen week later zouden Joe en Bridie zich verloven). Maar daarna stokt de briefwisseling weer. Geen nieuws is goed nieuws. Mijn ouders – nog niet mijn ouders – zijn bij elkaar en hoeven elkaar niet te schrijven. Na zijn reis naar Ierland gaat Arthur in Thornaby aan het werk. Kim blijft hem als zijn marketentster volgen en wordt waarnemer in het Royals Ziekenhuis in Stockton-on-Tees. Drie maanden lang delen ze een onderkomen – ze hoeven elkaar zelfs niet te bellen. Maar in maart wordt hij weer naar Schotland overgeplaatst en vertrekt hij naar East Fortune, aan de andere kant van Edinburgh vanaf Rosyth, en omdat zij nog in Stockton zit begint de briefwisseling opnieuw. Het verhaal is nu bijna uit. De draagtassen zijn zowat leeg. Alleen die ene kleine, bruine enveloppe is er nog. Mijn handen jeuken om alle obstakels uit de weg te ruimen, om mijn ouders bij het altaar te krijgen. Ik weet dat ze het hebben gehaald. Maar ik weet niet hoe en ik kijk voor het antwoord reikhalzend uit naar die enveloppe.

KIM AAN ARTHUR, The Royals, Stockton, 4-3-46

12 uren sinds je vertrok – het lijkt eerder 12 jaar. Toen ik juffrouw White vanmiddag mijn verslagen bracht zei haar secretaresse dat men zaterdag en vanochtend naar me had lopen zoeken. Op dat moment belde dokter Elder en hij vroeg waar ik had gezeten – ik zei dat ik op de Kraam bezig was geweest met kinderbeschermingszaken. Ik weet niet wat hij ervan geloofde, maar hij zei dat ik elke dag contact moest opnemen met het kantoor, enzovoort, en dat dokter Hughes mij morgen om 4 uur wil zien.

ARTHUR AAN KIM, RAF-basis, East Fortune, East Lothian, 6-3-46

Dit is G--vergeten vreselijk – ik voel me verduveld eenzaam, heb een hekel aan alles en iedereen hier, en sta gewoon te springen hier weg te kunnen. Zo is het nu overal zonder jou – akelig. Heb Wilcox geschreven en hem gevraagd of ik terug kon naar Thornaby, om twee redenen: 1) jou, 2) om in de buurt van huis te zijn. Hoop dat ik iets van hem hoor voordat ik tachtig word. Zal waarschijnlijk worden gedetacheerd naar de Hebriden of zoiets. Voor een man alleen is het niet zo'n slechte post, denk ik, maar dat geldt niet voor mij. Voor mij mogen ze het houden – ik wil jou en alleen maar jou, hoe eerder hoe liever.

Ik ben teleurgesteld. Er zijn nog meer brieven in dezelfde trant. Maar het antwoord, zo er al een antwoord is, wordt niet in zoveel woorden gegeven. Arthur is nog altijd betrokken bij medische keuringen en het is stomvervelend bovendien. Kim zit weer op de Kraam: veertien aanstaande moeders op één ochtend in de poli – bijna net zo erg als in Birmingham. Hoewel haar collega's heel hartelijk zijn – 'Ben een toneelstuk gaan zien met Tewk en haar vriendin, die is Ierse, maar een heel aardig meisje, we mogen mensen dat niet voor de voeten werpen' – lijkt het niet erg de moeite te lonen hen beter te leren kennen wanneer ze toch niet lang blijft. Beiden leven voor de weekenden. Hij rijdt elke vrijdagavond naar haar toe en gaat maandag bij het aanbreken van de dag terug. Door de week kunnen ze in brieven of door de telefoon plannen maken, onderhandelen, hun meningsverschillen bijleggen. En toch staat er niets op papier waaruit kan worden opgemaakt dat ze dat inderdaad ook hebben gedaan. Het is alsof ze zich gewoon laten meedobberen. Alsof er geen problemen meer zijn die opgelost moeten worden.

Haar brieven zijn kort en nietszeggend – hetzij beknopte verslagen van haar werk, hetzij 'babbel-de-babbel en somberheid'. Zijn brieven zijn langer, worden alleen geanimeerder wanneer ze over zijn auto gaan. Elke maandag bij het krieken van de dag wanneer hij in zijn mg van Stockton naar East Lothian terugrijdt, probeert hij het record van de voorafgaande week te breken. De rit duurde de eerste keer vier uur en vijfendertig minuten, toen drie uur en vijfenveertig minuten (had sneller gekund als het niet had gemist, 'het ene moment dikke troep waarin ik verdronk, het andere dunne troep die over het dak scheerde'), toen drie uur en drieëndertig minuten (met een stop van vijf minuten in Newcastle), toen drie uur en drie minuten ('Op tijd voor het ontbijt, waarna ik die verwijfde majoor die ik niet kan uitstaan, met snooker versloeg; niet slecht, hè?') en ten slotte twee uur en zesenvijftig minuten ('Een record – het had sneller gekund, maar toen ik over de brug reed viel de knalpot eraf'). Hij vindt het vervelend dat zijn brieven niet gezellig zijn, maar echt, er is niets te vertellen: 'Voor de rest absoluut gedemoraliseerd. Ik kan echt niet meer tegen dit nutteloze bestaan in dit rotgat met volstrekt overbodige patiënten. Als morgen de hele basis zou worden gesloten zou niemand het verschil merken.' Bij de ZB parkeert hij zijn auto naast het mortuarium en dat lijkt hem een passende plaats. Ook Kim is in een sombere stemming: de dagen zijn 'bedompt', zegt ze, en ze mist hem 'zoals niemendal ter wereld'.

Dan verandert alles. Haar moeder overlijdt. Thuis, vredig, tweeënzeventig jaar, diep betreurd door haar tien overgebleven kinderen en vele kleinkinderen. Doodsoorzaak: volgens de familie verdriet. Negen maanden rouw en simuleren en toen blies ze de laatste adem uit, of, zoals ze het zelf zou hebben gevonden, werd ze herboren. De dichtregels van Henry Wotton uit de zeventiende eeuw zouden haar grafschrift kunnen zijn:

Hij ging als eerste heen, zij trachtte nog devoot
Te leven zonder hem; hervond niet het geluk; ging dood.

Maar aan de andere kant, mammie tráchtte het niet eens, ze draaide haar gezicht gewoon naar de muur op het moment dat Patrick overleed. Dat is althans de mening van haar dochter. In elk geval hoeft zij, Kim, er geen schuldgevoelens aan over te houden, alleen de herinnering dat ze zich aan haar moeders bed verveelde. Dat is nu allemaal voorbij. Voorbij het opstaan midden in de nacht om haar te verzorgen. Voorbij de Kerstmissen in Killorglin en de zomers in Ross Beigh. Joe heeft het familiebedrijf al overgenomen; nu zal hij het huis erven. In september zullen Bridie en hij trouwen – alweer een huwelijk – en binnen afzienbare tijd zal Langford Street, nu een onvruchtbare schoot, weer met een gezin zijn gevuld. 'Enfin, thuis is het nu allemaal voorbij,' schrijft Kim aan Arthur op de dag van de begrafenis. 'Het moet wel een heel leeg huis zijn. In zekere zin ben ik blij dat ik daar niet ben – het zal gemakkelijker zijn, denk ik – en in elk geval blij dat jij in de buurt bent: ik zou verloren zijn zonder jou. Ik heb juffrouw Smithson gezegd dat ze vanavond mijn haard niet hoeft aan te maken, want ze heeft weinig kolen – ik ga me wel bij haar vuur warmen en vroeg naar bed. Als ik verder niet meer schrijf zul je het begrijpen, nietwaar lieveling?' Het is niets voor mijn moeder om een begrafenis van een familielid te missen. Was de band die ze met haar moeder had minder hecht dan die met haar vader? Misschien. Maar het was in elk geval een lange reis en het was niet gemakkelijk om vrij te krijgen, en ze had haar moeder nog maar kort ervoor gezien en er waren genoeg familieleden in het zwart en het leek allemaal zo volstrekt zinloos. Haar huis lag nu elders. Het volgend jaar zou ze dertig worden. Het werd tijd met een schone lei te beginnen.

Ze zal het tegenover zichzelf nooit zo bot hebben gesteld en het gebeurde ook niet van de ene dag op de andere, maar de dood verbrak de banden die mijn moeder met Ierland had. (Later vertelde ze mijn zus dat ze pas na de dood van haar ouders naar Engeland was gekomen – een verzinsel, maar niettemin de emotionele waarheid.) Het feit dat ze wees werd zette ook de bijl in de wortels van haar katholieke geloof. Haar moeder was vurig gelovig geweest, zelfs fanatiek – de belichaming van de Mariadevotie – en zelfs ver van haar ouderlijk huis voelde mijn moeder zich door haar voorbeeld beknot: bij elk dilemma fluisterde de stem van haar moeder: *Zo gedraagt een goed katholiek zich.* Nu was die stem tot zwijgen gebracht. Na maart 1946 komt het geloof niet meer in mijn moeders brieven voor. Nooit meer zegt ze tegen Arthur: 'Ik trouw alleen in mijn kerk met jou.'

Maar ze is geestelijk nog niet toe aan een huwelijk met Arthur – zelfs niet wanneer Ronnie en Mary aankondigen dat zíj gaan trouwen. De aankondiging komt als een verrassing: iedereen (inclusief Ronnie) begon al te denken dat zijn zaak tot mislukken was gedoemd. Ironisch genoeg wordt na een gezamenlijk weekendje in Stockton (zij met hun vieren) de knoop voor Mary doorgehakt. Wanneer Mary zondagavond in Worsley terug is belt ze Windyridge op om haar ouders te vragen of Kela bij hen kan blijven slapen, want zij, Mary, is moe van de reis en is van plan op Red Lodge te blijven. Ernest, die weet dat Ronnie bij haar is, staat erop dat ze naar Windyridge komt. Er volgt een ruzie door de telefoon en Mary is razend over haar vaders gemene, bemoeizieke dwarsheid. Hij kan er toch wel van opaan dat ze fatsoenlijk is? Ronnie, die de zaak probeert te sussen, zegt dat ze er niet zo'n punt van moet maken, hij rijdt haar wel naar Windyridge, ze kan beter doen wat haar vader zegt. Maar de episode is een keerpunt. Ze heeft er haar buik vol van om stiekem te moeten doen over haar omgang met mannen. De trouwdag wordt vastgesteld op een dag die al over enkele weken is, eind mei, wanneer hij met demob zal zijn. 'Waarom geen dubbel huwelijk?' vraagt een opgewekte Ron aan Arthur, zij met hun vieren op dezelfde dag hun jawoord?

Ja, waarom niet? Het is een voor de hand liggende gedachte. Wie, behalve Kim, kan hen ervan afhouden? En Kim zou met alle plezier in een dubbele, driedubbele, vierdubbele of Joost mag weten hoeveel dubbele plechtigheid met Arthur willen trouwen. Maar het gaat allemaal te snel. Haar geweten zegt nog altijd nee. Ze zit nog diep in de put over de dood van haar ouders. En bovendien zijn er praktische bezwaren. In tegenstelling tot Mary hebben zij geen huis. In tegenstelling tot Ron gaat Arthur pas in het najaar met demob. Het is verstandiger te wachten en, als hij echt een dubbel huwelijk wil, tegelijk met Joe en Bridie te trouwen, in het najaar. Wat dat betekent weet hij maar al te goed, maar hij gaat niet op de provocatie in en blijft aandringen. Dan krijgt ze blindedarmontsteking en ligt ze een week in het ziekenhuis en tegen die tijd is het allemaal te laat. Ze gaan naar het huwelijk van Ron en Mary, niet als tweede bruidspaar maar als gast. Achteraf is Arthur toch wel blij dat het zo is gelopen. Hij vindt het niet erg om alleen getuige te zijn en te zien hoe zijn oudste vriend zijn zwager wordt zonder dat hij er zelf een hoofdrol bij hoeft te spelen.

In juli wordt hij gedetacheerd naar Oakington, een plaats bij Cambridge waar hij vervelende herinneringen aan heeft. Dit was het vliegveld waarvandaan Michael opsteeg op de avond dat hij stierf – Arthur is er maar één keer eerder geweest: om Michaels spullen op te halen. Omdat hij bijgelovig is vindt hij dat hij 'verduveld voorzichtig' moet zijn en hij wimpelt alle uitnodigingen om te vliegen af. Hij is belast met de demobilisatie van luchtmachtpersoneel, frustrerend werk wanneer zijn eigen demobilisatie het enige is dat hem interesseert. Op de basis liggen tweeduizend man en er is, buiten hemzelf, maar één ovc, een 'vreselijk kakkineuze vent' van zesentwintig met een eigen woning en uitzicht op een baan bij de Koloniale Medische Dienst in Hongkong, de schoft. Arthur heeft het overdag druk met de keuringen, maar tijdens de lange avonden gaat hij achter een geschikte praktijk aan, want hij is er nu van overtuigd dat daar zijn toekomst ligt, huisarts worden. In Ely doet zich een mogelijkheid voor en Ernest komt als zijn geldschieter erheen rijden om de praktijk te bekijken. Waardeloos, zegt hij. De arts die de zaak verkoopt heeft schulden, het huis is smerig, de behandelruimte is slecht opgeknapt, en trouwens, je zit hier in de Fens, een laaggelegen en ongezond deel van het land. Waar moet hij dan verder zoeken? Londen is in het beste geval een hellepoel, het Zuid-Oosten is vergeven van de kouwe kak, het Zuid-Westen en Schotland liggen te ver weg. Bovendien moet je rekening houden met de kosten. Toen de oorlog begon bedroeg het gemiddelde inkomen van een huisarts £1100 per jaar. Het zou nu iets hoger kunnen zijn, maar toch, als Arthur het serieus wil aanpakken zal hij £200 nodig hebben om een auto op de weg te houden en minstens £500 voor eten, kleren, enzovoort – als je nieuwe patiënten wilt aantrekken is het belangrijk dat je er gefortuneerd uitziet. Geld dat bij de juiste mensen wordt uitgegeven verdient geld, zegt Ernest, maar langlopende schulden kunnen een man ruïneren. Zolang Arthur geen ge-

schikte praktijk vindt, een goedlopende zaak die hij kan betalen, kan hij beter bij oom Bert in Southport werken voor £15
per week.

Kim neemt niet aan deze mannengesprekken deel. Algemeen
wordt aangenomen dat ze een stille vennoot zal zijn, ervan uitgaande dat ze überhaupt een vennoot zal zijn. 'Nu de oorlog is
afgelopen houd je toch zeker op met werken,' zeggen de mensen, net of de geneeskunde een tussendoortje was, een bezigheid waarmee je tot bevrijdingsdag de tijd doodde. Hebben
wijfjesdokters nog wel een toekomst nu de mannetjes terug
zijn? Ze voelt zich op een zijspoor gezet en overbodig. Op haar
laatste dag in Stockton komt ze te vallen en verzwikt ze haar enkel en is ze genoodzaakt bij Mary te herstellen. Gegeven de situatie met haar been en het feit dat hij elk moment met demob
gaat, is het niet de moeite waard hem naar Oakington te volgen.
'Neem het er maar van, snoes,' zegt hij tegen haar, maar zij, gefrustreerd doordat ze niet kan werken, is rusteloos, alsof ze
paardenvlees heeft gegeten. 'Hoe eerder ik een baan heb,'
schrijft ze, 'hoe beter.'

In het archief van hun brieven luiden haar laatste woorden
aan hem: 'Droom zacht', en de zijne aan haar: 'Ik heb zojuist
door het raam de nieuwe maan gezien.' Dan vallen ze stil. Hun
verkeringstijd is voorbij. Wat daarna volgt is (voor ons) oud
nieuws.

Dinsdag 30 oktober 1946. De triomfale intocht van mijn ouders
in Earby, een fabrieksstadje op de grens van Lancashire en
Yorkshire. Kleding? Arthur in een blauw luchtmachtuniform,
Kim in een tweedelig mantelpakje en een regenjas, met hoofddoek. Vervoermiddel? Een rode MG sport, het dak ondanks de
motregen uitdagend neergeklapt. Doel van de reis? Het betrekken van een vochtig en deprimerend huis dat naast een overweg
ligt. Kim, die het huis maar een keer heeft gezien, was vergeten

hoe lelijk het was. 'Geen nood,' zegt Arthur, terwijl verhuizers langslopen met bedden, dressoirs en andere afdankertjes van Windyridge, 'nu je niet meer werkt zul je zeeën van tijd hebben om het op te knappen.' Ze lacht, hapt niet. De gevechten van de afgelopen drie jaar hebben haar uitgeput en deze man staat te trappelen om aan de slag te gaan en brandt van verlangen om de teugels in handen te nemen. Werk? Ze kan zich moeilijk voorstellen dat ze het zonder werk zou moeten stellen. Maar ze gaat er nu geen ruzie over maken met haar man. Dat is hij sinds zes dagen.

Foto's van het huwelijk laten een bescheiden gebeurtenis zien, naoorlogs sober. Bij elkaar passende ringen (ditmaal achttienkaraats goud). Anjers. Tweedelige mantelpakjes. Praktische schoenen. Een rij verwaaide gezichten voor een grindbepleisterde muur: Ernest, Kathleen, Arthur, Kim, Mary – met tante Winnie (Kathleens zus) en haar twee dochters terzijde. Geen Ron: misschien heeft hij de foto genomen. Geen confetti. Geen limousine. Geen anglicaanse priester of katholieke pastoor. En niemand van haar familie.

Dus hij heeft gewonnen. Ze zijn op zijn voorwaarden getrouwd, voor de burgerlijke stand, niet ver van Windyridge. Maar wanneer ik mijn moeder op haar trouwdag in de ogen kijk zie ik geen spoor van verdriet of nederlaag. En wanneer ik me hun aankomst in Earby voorstel proef ik alleen maar verzet tegen de grauwheid van hun nieuwe huis. Als dit een capitulatie is – haar namen, tongval, geloof en identiteit verstrooid in de wind die van het Penninisch gebergte waait – dan is het een bereidwillige capitulatie. Eindelijk vrede. Ze legt haar armen langs haar lichaam en vlijt haar hand in de zijne.

Waarom? Omdat ze van hem hield. Misschien is het niet verstandig of juist geweest. En is het niet het hele verhaal. Maar het is in elk geval het antwoord dat zij zou hebben gegeven. Liefde.

Een coda. In de vijf dagen tussen de trouwplechtigheid en hun aankomst in Earby gaan mijn ouders in Londen op huwelijksreis. Drie nachten in het Strand Palace Hotel. Kroegen, winkels, koffiesalons, elke avond uitgebreid en duur eten, en een avond naar het Duke of York's Theatre waar ze een klucht van E. Vivian Tidmarsh zien, *Is jullie huwelijksreis echt wel nodig?* Is de hunne het? Ze hebben samengewoond, samen gewerkt, samen vakantie gehad en ze kennen elkaar zo intiem als elke bruid en bruidegom maar kunnen wensen. Maar als Ernest hun graag een weekendje Londen en een bezoek aan een schouwburg in het West End gunt, waarom niet. Ze zitten frontloge en laten het gelach als confetti op hen neerdalen.

ECHTGENOOT: Je kon niet meer op je benen staan.
ECHTGENOTE: Ik heb maar één glas gehad.
ECHTGENOOT: Ja, dat weet ik, maar je bleef het maar volschenken.

Het stuk begint met de aankomst van een echtpaar in een landhuis, na hun bruiloft. Hij is eerder getrouwd geweest en de huwelijksreis biedt haar de mogelijkheid hem aan de tand te voelen over zijn eerste vrouw ('Ik had twee fouten waar ze zich dood aan ergerde. Alles wat ik zei en alles wat ik deed'). Op een gegeven moment verschijnt de eerste vrouw met het bericht dat de echtscheiding die hij in Californië heeft laten uitspreken ongeldig is. De man verbergt zijn eerste vrouw voor zijn tweede. Verwikkelingen volgen. Er wordt een pyjama tevoorschijn getoverd en er wordt veel heen en weer gerend tussen slaapkamers. Wanneer het doek valt klapt Arthur enthousiast. 'Wat een flauwekul,' zegt hij stralend. 'Maar een verdraaid leuke avond.'

Wanneer ze het theater uitlopen is Kim stil. Hij schrijft het toe aan vermoeidheid, maar de volgende morgen is ze net zo minnetjes. Hoewel ze niet tot het huilende soort behoort ziet hij dat ze van streek is. Die zin aan het begin van dat verdraaide stuk heeft de zaak er niet gemakkelijk op gemaakt voor haar (was het de meid die het zei, of was het de butler?): 'Zo'n burgerlijk huwelijk is niets voor mij. Het is niet echt, weet je.' Precies wat Kim denkt. Geen wonder dat ze niet zo moest lachen. Ze zijn getrouwd, maar zij vóélt zich niet getrouwd, niet echt. Vandaar dat ze die morgen bijna een uur in de badkamer blijft treuzelen waar ze haar verdriet verbergt en een glimlachend gezicht voor hem probeert op te zetten, het soort gezicht dat een echtpaar op zijn huwelijksreis hoort te trekken.

De oplossing – de noodzakelijke voorwaarde voor het welslagen van hun wittebroodsweken – schiet hem opeens te binnen wanneer hij op de rand van het bed zit te wachten tot ze de badkamer uitkomt. Het is iets wat hij zich herinnert uit een gesprek dat hij opving toen hij in 1941 als arts-assistent in het Charing Cross Ziekenhuis werkte. Iets wat je kunt doen, een plaats waar je heen kunt gaan. Dat hij er niet eerder aan heeft gedacht. Wanneer ze uit de badkamer komt zegt hij niets, kust haar alleen op elk ooglid. Ze lopen de trap af om te ontbijten. Na afloop zegt hij dat ze samen ergens naartoe gaan, 'een verrassinkje'.

Buiten op het Strand motregent het en voor alle bussen staat een rij. Geeft niet. Vijf minuten lopen en ze zijn er. Het is een grijs en oninspirerend gebouw, maar de pastoor begrijpt wat ze willen. Het is bij mensen in hun situatie vrij gebruikelijk. Hebben ze een getuige? Een man die buiten bij de deur rondhangt wordt overgehaald het op zich te nemen (na afloop steekt Arthur hem discreet een briefje van tien shilling toe). Vijftien minuten duurt het maar, twintig op z'n hoogst. De allereenvoudigste plechtigheid. Geen kerkzang, geen wierook, nauwelijks gebeden. Maar wel de uitwisseling van trouwbeloften. De vereniging van handen. Twee handtekeningen. En, het belangrijkste, de zegen van Rome. Ze bedanken de pastoor en lopen naar buiten. De zon is door de wolken heen gebroken. Zo trouwde

Kim twee keer met hem, de eerste keer op zijn manier, de twee-de op de hare.

Mijn moeder vertelde me dit verhaal vlak voordat ze stierf. Waar gingen ze heen? Naar de H. Anselmus en H. Cecilia in Kingsway? De Corpus Christi in Maiden Lane? De H. Patrick aan Soho Square? In geen van de registers staat hun naam. Mijn moeder beschrijft de plechtigheid als een 'huwelijk'. Beaty zegt dat het een 'zegen' moest zijn geweest. Deskundigen vertellen me dat mijn ouders hun huwelijk hebben laten 'rectificeren'. Omdat mijn onderzoek geen enkel document boven water heeft gebracht kan ik niet vaststellen of het verhaal klopt. Het is mo-gelijk dat mijn moeder het gewoon heeft verzonnen om zich te verzoenen met haar capitulatie. 'Je vader zag dat de burgerlijke stand me niet lekker zat,' vertelde ze me en in haar versie van de gebeurtenissen komt hij haar halverwege tegemoet. Gezien zijn onbuigzaamheid in het algemeen en zijn weerstand tegen ka-tholieke kerken in het bijzonder lijkt het niet erg met zijn karak-ter te stroken. Toch ben ik geneigd haar te geloven: mijn vader was een impulsieve man en in de veilige anonimiteit van Lon-den waar niemand (dat wil zeggen, Ernest) er ooit achter hoef-de te komen, zou hij dit gebaar gemakkelijk gemaakt kunnen hebben.

Zelfs wanneer het is verzonnen, is het verhaal belangrijk. Het geeft aan waar mijn moeder bij haar sterven in geloofde: dat mijn vader ondanks zijn onverdraagzaamheid bereid was dit voor haar te doen, omdat hij van haar hield. En dat is niet ver-zonnen.

12 Een korte geschiedenis van wat er daarna gebeurde

1946-1997. Eenenvijftig jaar. De rest van haar leven. Ik heb de neiging het hierbij te laten en het verhaal af te sluiten. Dat zou ik doen wanneer dit een negentiende-eeuwse roman was geweest – verlaat de heldin bij het altaar waar een getrouwde toekomst haar van ver tegemoet straalt. Maar we zijn een eeuw of twee verder in de tijd en dit is non-fictie en het lijkt me onjuist de rest van het verhaal niet te vertellen. Hoe liep het met Kim af? Wat voor echtgenote was ze? Wat voor moeder? Wat voor arts?

Het plan was dat ze niet zou werken. Dit was Arthurs Penninische praktijk – gekocht met Morrison-geld – en Arthurs geboortegrond. Het was ook 1946, het jaar waarin de held terugkeerde. Vrouwen, die het fort hadden verdedigd, werden weer echtgenote en moeder, terwijl de mannen hun baan terugkregen als beloning voor het winnen van de oorlog. In sommige beroepen, zoals het onderwijs, mochten geen getrouwde vrouwen werken. Er was thuis immers genoeg te doen. 'Zorg dat zijn eten op tafel staat en poeder je neus,' stond in de ABC's voor huisvrouwen. 'Klaag niet als hij laat is. Val hem niet lastig met jouw problemen. Laat hem zien dat zijn wensen jou ter harte gaan.' Toen ze dat najaar Earby binnenreden was dat de bagage die mijn ouders droegen. Het was de bagage van hun tijd. Hij zou jagen en verzamelen en zij zou het vrouwtje spelen.

Het lukte haar niet. Het was al erg genoeg om thuis te zitten. Maar om thuis te zitten wanneer in dat huis, de Crossings, ook nog werd gewerkt (de behandelkamer lag aan de andere kant van de keukendeur) was een marteling. Was hij van plan haar als een vogel in een kooitje te houden? Afgesproken werd dat ze zou 'helpen', zij het alleen parttime. De praktijk was klein en om hem van de grond te krijgen hadden ze meer patiënten nodig. Zonder haar assistentie in de behandelkamer zou hij geen tijd hebben om rekruten te lokken. De concurrerende huisarts zat tegen zijn pensionering aan en ze hoopten een paar mensen van zijn lijstje te kunnen overnemen. Ze waren, als een jong man-en-vrouwteam, het gezicht van de embryonale Nationale Gezondheidszorg: toekomstgericht, nieuwe bezems, frisse wind. Hij liep in zijn RAF-uniform en reed in een MG met open dak. Zij won het hart van aanstaande moeders, al was ze het zelf dan nog niet. Patriarchale middenklasse-trots zei weliswaar dat een man genoeg hoorde te verdienen om zijn vrouw te onderhouden, maar logica zei dat twee salarissen beter waren dan een. Zelfs Ernest zag er het nut van in dat Kim meewerkte, 'als het maar voor een beetje is'. 'Trek een vrouw van middelbare leeftijd aan die voor jullie het huishouden doet,' zei hij. 'Je kunt veel beter £5 per week verdienen en er vijftig procent van betalen dan al het vieze werk zelf moeten doen.'

De winter van 1947 was de strengste van de eeuw. Lokale wegen waren wekenlang ondergesneeuwd. Om een patiënt in een boerderij op het veenland te bezoeken moest je je een weg banen door drie meter hoge sneeuwhopen. De Crossings was een koud en lelijk huis, het voorhek grensde aan de spoorwegovergang waar de lijn Colne-Skipton de A56 kruiste. Geen nestje voor een pasgetrouwd stel. Maar ze groeven zich in en sloegen zich door de ijstijd heen en toen het lente werd begonnen ze een beetje rond te toeren, reden naar de Dales of wipten naar Manchester om op bezoek te gaan bij zijn ouders of bij Ron en Mary. Ze sluiten ook vriendschap met allerlei stellen die, net als zij, regelmatig in het café kwamen: Stephen Pickles, rechtmatige erfgenaam van de Pickles-fabriek, en zijn stralende jonge vrouw Val; Charles Shuttleworth, een zakenman uit Nelson, en Selene; Gordon en Edna Parkinson die in het nabijgelegen Thornton-in-Craven woonden; Stanley en Doreen Mason, Arthur en Florrie Wallbank, Bobby en Myra Dickinson, John en Ann Barratt; en Bryan en Hilly Thackeray, uitbaters van de Cross Keys waar ze elkaar troffen. Het was een vriendelijk stel jongelui, gedemobiliseerd blij en naoorlogs gelukkig. Toch voelde Kim zich een vijfde wiel aan de wagen – omdat ze Ierse was (wat ze bagatelliseerde), omdat ze katholiek was (wat ze volstrekt geheimhield), maar vooral omdat ze werkte.

In 1946 hadden de meeste plattelandsartsen een praktijk aan huis en verdienden ze hun geld op de traditionele manier – drie shilling hier, zes shilling daar, afhankelijk van wat de patiënt zich kon veroorloven. Maar op 4 juli 1948 zag de *National Health Service*, de Nationale Gezondheidszorg, het licht: gratis medische zorg voor iedereen. Huisartsen hadden zich hevig tegen deze aanvang verzet, want ze waren bang dat ze eenvoudige overheidsfunctionarissen zouden worden. In Windyridge werd Aneurin Bevan, de minister van Gezondheid, als een vijand beschouwd. 'Een smeerlap van het ergste soort,' noemde Ernest hem. 'Een volksmenner die op de galerij speelt, stemmen inpikt en vol leugens zit. Ik zou willen dat jij een weekje meneer Bevans dokter was. Hij zou daarna dan wel anders piepen.' Maar Arthur deelde zijn vaders vijandigheid niet. In zijn ogen had het nieuwe stelsel zijn voordelen. In plaats van een honorarium bij elkaar te moeten schrapen hadden Kim en hij een vast salaris, gebaseerd op 'hoofdelijke omslag' (vijftien shilling voor elke patiënt op hun lijst – waardoor hij ongeveer £1200 per jaar verdiende en zij de helft daarvan). In plaats van te moeten worstelen met moeilijke gevallen werden ze aangemoedigd hen te verwijzen naar ziekenhuisspecialisten. (En waarom ook niet? Ze kenden hun grenzen en hadden het sowieso al druk genoeg.) In plaats van spreekuur in de Crossings te houden kregen ze subsidie om elders een praktijk op te zetten, met een receptioniste en, na enige tijd, een derde maat, Gordon Dick. De mensen mochten hen, zo leek het, en vonden het niet erg dat ze niet uit de streek kwamen. Het waren echte huisartsen die zowel naar je gemopper als naar je longen luisterden. De praktijk groeide; ook het geld op de bank. Ze kochten een Alvis en vonden een inwonende huishoudelijke hulp – Rosa, een vluchtelinge uit Oostenrijk. Voorlopig hadden ze haar nog niet erg nodig, dat was waar, behalve om telefonische boodschappen aan te nemen. Maar zodra er kinderen kwamen...

In het begin van de jaren vijftig kwamen die. Eerst ik, en toen veertien maanden later mijn zus Gill. Er zou, zoals mijn vader in 1944 had voorspeld, inderdaad een derde zijn geweest, maar mijn moeder had een miskraam en hield het daarna voor gezien. Ze waren tegen die tijd achter in de dertig en dat werd destijds oud gevonden om nog kinderen te krijgen. Ze waren inmiddels uit de Crossings gegroeid en zochten nu iets anders. Er werd in Thornton, niet ver van het huis van Gordon en Edna, een verleidelijk leegstaande pastorie gesignaleerd, en Arthur en Ernest belegerden de kerkbestuurders en wisten hen uiteindelijk over te halen de woning te verkopen. Twee jaar duurde de verbouwing – het meeste werk werd in de weekenden door mijn vader zelf gedaan. Hij had door al het ploeteren en bietsen op de Azoren de smaak van het klussen te pakken gekregen. Dankzij zijn inbreng en de hulp van vrienden bleven de onkosten laag, maar toch was de tol hoog: aanschaf £2500, aannemer £1458, centrale verwarming £626, loodgieterswerk £267, elektra £206, schilderen en behangen £596, biljarttafel £108 – in totaal £6000. Maar de verkoop van de Crossings bracht £3600 op. En inmiddels hadden ze een nieuwe praktijkruimte, in een rijtjeshuis in Water Street. Om binnen te komen liep je over een brug over een watertje. Door de regen die van het Penninisch gebergte kwam was het, daar vlak onder je voeten, een snelstromend water geworden, zelfs in de zomer. Het stroomde net als de tijd, elk jaar sneller.

In juni 1955 was de pastorie in Thornton klaar en konden we erin. Mijn vader herdoopte haar de Grange, de Hoeve, en reinigde haar daarmee van religieuze associaties. Mijn moeder moest er blij mee zijn geweest. Het huis was een afvallige, zij was een afvallige, maar niettemin zat ze als een katholiek in het huis van protestantisme. Hoe lang ze er zouden blijven viel nog te bezien: ze droomden van een praktijk in Cheshire en ze flirtten ook met emigratie naar Canada. Maar uiteindelijk zouden ze pas verhuizen toen ze stopten met werken – en toen alleen nog maar naar vijftig meter verderop. De Grange was een ruim huis: vijf slaapkamers, een biljartkamer, een schuur, stallen en buitengebouwen, een voortuin die afliep naar een bosgebied, een achtertuin die bijna groot genoeg was voor een tennisbaan, een grootmoedershuisje, twee kassen en twee weilanden. Mijn vader kon zijn geluk niet op: dat allemaal van hem! Mijn moeder was blij omdat hij blij was, maar zelf stond ze er ambivalent tegenover. De O'Shea's waren vrij bemiddeld geweest, maar aan zoveel ruimte was ze niet gewend. Ze voelde zich er een dwerg in, een kleine geest die van kamer naar kamer fladderde.

Wat voor moeder was ze? Een werkende moeder. Niet alleen had ze de huisartsenpraktijk in Water Street, ze zou ook verbonden zijn aan de kraamkliniek Cawder Ghyll in Skipton waar ze een poli voor zwangerschapscontrole leidde en de bevallingen van haar patiënten deed. Het maakte haar onafhankelijk van mijn vader, gaf haar de gelegenheid zich te specialiseren en zorgde ervoor dat ze zich – omdat het vrouwenwerk was – niet zo'n buitenbeentje voelde. (Maar vijftien procent van de artsen die in 1951 in Groot-Brittannië geregistreerd stonden was vrouw; van die vrouwen was minder dan een derde – ongeveer tweeduizend – huisarts. Vrouwelijke huisartsen in plattelands- gebieden waren een zeldzaamheid. En een Ierse, katholieke, vrouwelijke huisarts in een plattelandspraktijk in het noorden was helemaal ongehoord.) De nieuwe Welvaartsstaat legde grote nadruk op jeugdgezondheid: gratis melk en sinaasappelsap, oogonderzoek, regelmatige controle van gewicht en lengte, amandeloperatie. Misschien waren wijzelf een heel andere me- ning toegedaan wanneer we in de rij stonden te wachten voor een prik, maar kinderen hadden het nog nooit zo goed gehad. Mijn moeder had haar handen vol aan het aanjagen van de wind der verandering. Gill en ik waren niet de enige kinderen in haar leven, leek het; ook al die andere kinderen slorpten haar tijd op. Rosa werd zowel kindermeid als huishoudster. Gunner en Terry, de twee labradors, werden overdag mijn bron van warmte. Met mijn hoofd gebed in goud lag ik met hen onder de keukentafel, of ik zat met mijn rug naar de Aga op de grond. Ik had niet zo- zeer gebrek aan liefde als wel, soms, gebrek aan een moeder. Mijn moeders moeder had haar nooit bemoederd, ze verzorgde liever de Marialamp in de kerk terwijl thuis een huishoudster de scepter zwaaide, en daarom had ze nooit een rolmodel gehad. De moeders in de reclameboodschappen op onze televisie in zijn walnoten kast hadden blond haar, een stralende glimlach en hun armen vol wasgoed. Mijn moeder leek in niets op hen. Ze had donker haar, ze was cerebraal, hoekig en vaak afwezig, en ze gaf meer om pediatrie dan om Persil. Ze had een inwonende huishoudster. Ze reed in een auto (tenzij mijn vader erin reed).

Er werd allang niet meer gesproken over het opgeven van haar werk. We vormden een heel on-jarenvijftiggezin.

Toch vond ik haar een 'gewone' moeder en zij moedigde dat aan. Hoe gering haar belangstelling voor het huishouden ook was, ze maakte zich er nooit met een jantje-van-leiden van af. Behalve wanneer ze avondspreekuur had – en dat probeerde ze zoveel mogelijk te vermijden, zodat ze thuis kon zijn wanneer mijn zus en ik van school kwamen – kookte ze altijd en schepte ze op, gaf ze de mannen in huis de grootste portie. Ze verstelde en streek ook, taken die in haar ogen te veeleisend of te saai waren voor mijn vader. Hij vervulde de verwachte mannenrollen: het wassen van de auto, het maaien van het gazon en het betalen van de rekeningen, en ook golfen en naar de kroeg gaan. Hoe onverzettelijk ze op de kraamafdeling ook was, thuis conformeerde mijn moeder zich liever naar de mannen (inclusief naar mij). Dat was gemakkelijker dan de degens met hen kruisen.

Er waren dagen – of avonden – dat ik zielsveel van haar hield, momenten dat ik haar voor mezelf alleen had. Meestal waren dat de momenten dat ze me in het bad stopte en mijn nek inzeepte en 'Smoke Gets in Your Eyes' zong. Maar wat ik me vooral herinner zijn de momenten dat ze er niet was. Ik zat dan aan haar kaptafel, boog de poten van een haarspeld open of redde slierten van haar haar uit de sponsachtige egel van haar haarborstel. Of ik lag op de bodem van haar enorme klerenkast te snoezelen, tussen de geuren van een bontjas of een baljurk. Mijn vader was degene die over de spelletjes ging, die ons in de kruiwagen rondreed, de zomertent opzette, op de grond ging liggen om de elektrische raceautootjes over hun achtbaan te laten zoeven, een zwembad bouwde van polytheen en olievaten en me een bal leerde vangen. Mijn moeder was geen spelletjesmens. Misschien hadden haar ouders nooit tijd gehad met haar te spelen. Of misschien was het gewoon kenmerkend voor de tijd – in de jaren vijftig mocht een moeder dan wel zorgen voor verantwoord speelgoed voor haar kinderen, er werd niet van haar verwacht dat ze ook nog bij hen op de grond kwam zitten, tussen houten blokken en pluizige speelgoedbeesten. Dat viel me later op, bij mijn eigen kinderen: ze was lief met hen, maar ze had geen idee hoe ze met hen moest spelen. Spelen kende ze niet. Ze was veel te veel op haar werk georiënteerd. Voor mijn vader was werk een noodzakelijk kwaad, iets wat je moest neutraliseren met bier, golf, klussen, gokken op de beurs en slapen. Voor haar was het leven – of zou het dat zijn geweest als ze zich er net zo diep in had gestort als ze wilde.

Het was niet alleen mijn vader die haar ontmoedigde. Ze had ook de tijd tegen. Werk was voor vrouwen met een hoofddoekje om, in fabrieks- of mijnstadjes, vrouwen wier gezin de paar extra shillings goed kon gebruiken, of voor gestudeerde vrouwen die te knap of te potteus waren om in het huwelijksbootje te stappen. Een vrouw uit de middenklasse met jonge kinderen mocht alleen als parttimer werken. Op basis van haar kwalificaties en ervaring had mijn moeder het belangrijkste lid van de maatschap moeten zijn. En veel vrouwelijke patiënten, of mannen die behoefte hadden aan een gevoelige aanpak, maakten het liefst een afspraak met haar. Maar wanneer mensen bij ons aanbelden en naar de dokter vroegen, wisten we dat ze mijn vader bedoelden. Hij was de De, zij was gewoon een Een. Gill en ik voelden ons dokterskinderen, niet doktorenkinderen. Als we met vakantie waren vroegen kinderen op het strand: 'Wat doet je vader?' Niemand vroeg het ooit over mijn moeder.

Was ze ongelukkig met deze gang van zaken? Niet dat ze het zou hebben toegegeven. Ze las de stoïcijnen niet, had liever Jilly Cooper, maar ze zou het eens zijn geweest met Seneca: 'Wat je niet kunt veranderen kun je beter verdragen.' Het tijdperk kon niet worden veranderd (het conservatisme vierde van 1951 tot 1964 hoogtij), mijn vader kon niet worden veranderd en zijzelf kon niet worden veranderd, was veel te veel quiëtist om zich anders dan via haar werk te laten gelden. Had men haar in de kerk en op school geleerd dat vrouwelijkheid een staat was die je moest verdragen? Of was ze op eigen houtje tot die conclusie gekomen? Was haar stoïcisme een deugd of een zwakheid? Hoe het ook zij, ze ging zonder klagen door. Als mijn vader iets deed wat haar niet zinde, of als ik zoiets deed, kregen we op zijn hoogst een blik, een stilte die het ons duidelijk maakte. Ze zei nooit in zoveel woorden wat ze voelde. Alleen in zo weinig woorden. Hoe minder, hoe beter. En het beste was helemaal geen woorden.

Toch ontgaat het een kind niet wat een ouder voelt en vanaf het moment dat ik mijn moeder als een separaat individu zag, voelde ik de teleurstelling bij haar. Ik hoorde die wanneer ze 'Smoke Gets in Your Eyes' zong, een lied over verwachtingen die niet waren uitgekomen. Ik zag die in haar trieste, afwezige ogen. Soms prikte er vochtigheid in die ogen, maar ik kan me niet herinneren dat ik haar ooit heb zien huilen. Ze was nooit iemand die 'op het publiek speelde': in gezelschap ging ze liever in het niets op. Maar dat terugtrekken in zichzelf, die stilheid, die tegenzin om te worden opgemerkt – eigenlijk was dat ook een vorm van spelen op het publiek. Die make-upspullen in haar kast (de poederdonsjes, lippenstiften, mascaraborsteltjes) waren om te verhullen, niet om te verfraaien. Laat anderen zichzelf maar etaleren. Zij verschool zich liever.

Tot haar onuitgesproken gevoelens behoorde haar aversie tegen het dorpsleven. De groene heuvels, de schapenteelt, de bemoeizucht van deze streek, de Yorkshire Dales, gaven haar het gevoel dat ze thuis was, maar het was een thuis dat ze ontvlucht dacht te zijn. Killorglin, zo had ze hem in 1944 verteld, was een gat. Ze zou er 'kierewiet worden' als ze er een tijdje zou zitten, want je moest 'bij iedereen op bezoek om goedendag te zeggen'. Wat ze zo heerlijk vond van Manchester en Birmingham waren niet alleen de winkels, maar ook dat je wist dat niemand jou daar kende. Maar nu was ze weer in Lilliput, tussen kleine mensjes die elkaars kleine leventje begluurden. Mijn vader vond de Dales een goede plaats om er kinderen groot te brengen en ze legde zich erbij neer. Maar als ze de kans had gehad zou ze ergens hebben gewoond dat veel stedelijker was (treinen op drukke stations, obers die floten wanneer de laatste kroeg dichtging, peukjes met sporen lippenstift op straat – die rare dingetjes zou ze heerlijk hebben gevonden). Wanneer we in rubberlaarzen een wandeling door de weilanden maakten ging ze zelden met ons mee. En ze zag er te veel uit als een dame om op bezoek te gaan bij een boerenvrouw aan het eind van een modderweg. Op een zaterdag, toen ze op een landweg tussen East Marton en Gargrave reed, kwam ze in een poel terecht en glibberde ze een greppel in. Mijn zus zat naast haar en sloeg met haar gezicht tegen het dashboard; ik kan me haar gekneusde wang en opgezette bovenlip nog goed herinneren. Mijn moeder kwam er zonder kleerscheuren af, maar het ongeluk gaf in een notendop weer hoe weinig ze zich daar thuis voelde. Het platteland was niets voor haar. Als de Cawder Ghyll en de drukte van de verloskamers er niet waren geweest zou ze gek geworden zijn.

Als het Gill en mij zou worden gevraagd zouden we hebben gezegd dat we gelukkig waren, ook al hadden we onze problemen – driftbuien, encoprese, obesitas. Dat laatste overdrijf ik. Maar dik waren we allebei wel en we werden er op school mee gepest. Onze ouders zagen het niet als een probleem: het was puppyvet, meer niet, en we zouden er wel overheen groeien. Misschien waren ze onbewust zelfs wel opgelucht. Voorbij was de tijd van de bonkaarten en andere oorlogsnachtmerries. Kijk, zei ons spek, we zijn erdoorheen gekomen.

In de naoorlogse Engelse provincies vierde het anti-Ierse vooroordeel hoogtij. Was mijn moeder het weleens tegengekomen?

Zo ja, dan vertelde ze het niet. Tegen die tijd was haar accent nog nauwelijks te horen: niemand hoefde het te weten en als ze er niet naar werd gevraagd vertelde ze het ook niet. Het uitwissen van sporen was niet de enige manier waarop ze ermee omging. Ze vertelde ook mopjes over haar eigen stam. De Ieren zijn stom, lamlendig, dronken, straatarm – je kon de Engelsen beter voor zijn en het als eerste zelf zeggen. In brieven aan mijn vader tijdens de oorlog had ze goedmoedig de draak gestoken met Ierse collega-artsen. Toen ze stopte met werken had ze op haar nachtkastje een boek met mopjes over de *Kerryman* liggen ('Ken je de mop van die *Kerryman* die met kerst een paar waterski's kreeg? Hij loopt nog steeds te zoeken naar een meer met een helling.'). Geen enkele anti-Ierse bak was te grof voor haar en net als veel katholieken uit de Republiek verafschuwde ze de IRA ('Jezus, Maria, Jozef,' zei ze wanneer er alweer een bomaanslag of sektarische moord op het nieuws was, 'zijn er dan niet genoeg Troubles op de wereld zonder de hunne?'). Wanneer goede vriendinnen schutterig een toespeling op haar afkomst maakten reageerde ze er met onnavolgbare zwier op. 'Ik ben een heerlijke vent tegengekomen,' zei een van hen bijvoorbeeld en ze wierp haar een veelzeggende blik toe. 'Hij is overigens Iers, Kim – een zekere O'Sullivan.' Waarop ze met gespeelde verbazing antwoordde: 'O'Sullivan! Misschien zijn we wel familie,' zo charmant dat niemand de spanning voelde.

Alleen één keer herinner ik me een stemmingsstoring. Het was Kerstmis 1960 of daaromtrent en mijn oom en tante – tante Mary, oom Ron en hun gezin – waren uit Manchester over. Tegen deze tijd werkte oom Ron als tandarts bij Tootals, de fabrikant van overhemden en dassen, en had hij elke gedachte aan deelname aan een huisartsenpraktijk opgegeven (een verstandig besluit, zeiden de Morrisons, want Ron was geen streber en ook geen gezelschapsmens). Ron en Mary Astle hadden een groeiend gezin nu Richard, Edward en Jane aan Kela waren toegevoegd. Omdat zij met hun zessen waren en wij met ons vieren en omdat ook oma Morrison en de oude J.J. Duckworth uit Elslack en een van zijn dochters waren uitgenodigd, moesten we twee tafels aan elkaar schuiven (een rechthoekige en een ovale) om iedereen een plekje aan de lunch te geven. Koude regen sloeg tegen de ramen van de eetkamer toen we onze plaats innamen. Het begon al donker te worden. 'Dertien,' zei mijn vader na de koppen te hebben geteld. 'Mijn geluksgetal.' Hij zat aan de andere kant van de kamer en sneed de kalkoen aan en wij kinderen, aan de tegenovergestelde kant, trokken aan onze knalbonbon. Een surprise, een stukje papier met een mopje en een papieren muts vlogen eruit en terwijl de volwassenen rode wijn dronken en de kalkoen becommentarieerden lazen wij hardop het papiertje uit onze knalbonbon voor.

'Hoeveel Ieren heb je nodig om een raam op de bovenverdieping te lappen?'

'Hij ziet er geweldig uit, mams, lieverd.'

'Weet niet, hoeveel?'

'Hij heeft vanaf zeven uur in de oven gestaan.'

'Twee – eentje om te lappen en eentje om de ladder vast te houden.'

'De borst is mooi wit en lekker mals.'

'Hoewel Ieren heb je nodig om een raam op de benedenverdieping te lappen?'

'Ik was bang dat hij te droog zou zijn, zelfs met folie eromheen.'

'Weet niet, hoeveel?'

'Het donkere vlees ziet er prachtig en sappig uit. Wil iemand vulling?'

'Twintig. Eentje om te lappen en negentien om het gat voor de ladder te graven.'

Er werd niet erg gelachen. De mopjes in de knalbonbons werden elk jaar flauwer. Maar iets was voor tante Mary aanleiding naar mijn moeders familie te informeren.

'O, het gaat allemaal goed met ze.'

'Heb je er nooit over gedacht daar kerst te vieren, Kim?'

Mijn moeder, die bezig was met de gebakken aardappelen, ontweek de vraag. Mijn vader, die een glas of twee te veel op had, lachte en zei: 'Wat zeg je me nou, Kerstmis met een stelletje boeren. In die veenkolonie?'

Het tekent mijn moeder dat ze in eerste instantie niet reageerde – een licht spannen van de spieren, meer niet. Maar mijn vader bleef doorlachen, alsof hij verwachtte dat ze zou invallen. Misschien deed dat voor haar de deur dicht. Bleek en zwijgend liep ze de kamer uit. Ook toen ze weg was zat hij nog na te proesten. We waren geschokt. Het was nooit eerder voorgekomen dat mijn moeder haar emoties toonde. 'Arme Kim,' zei Mary en ze stuurde mijn vader achter haar aan om haar te halen. Onder de overgebleven volwassenen werd druk gefluisterd. Er werd gezegd dat ze te hard werkte, last van hoofdpijn had, dat het bereiden van een kerstlunch voor elke vrouw een enorme opgave was. Zwijgend, omdat het vrede-op-aarde weg was, aten we haar zachte, witte borst. Zelfs mijn neven en nichten waren timide, terwijl die toch gewend waren aan echtelijke ruzies. Toen ik een keer bij hen logeerde was ik de keuken ingelopen waar Ron en Mary bij een friteuse met elkaar stonden te ruziën. Toen ze me zagen hielden ze op, lachten en stuurden me weg – de kleine vredestichter die voelde dat ze weer zouden beginnen zodra hij zijn hielen had gelicht. Bij hen vlogen de vonken er altijd vanaf. En Mary wist voor zichzelf op te komen. Maar dat mijn moeder voor zichzelf opkwam was ongehoord. Mijn vader en zij hadden geen meningsverschillen. Geen waar ze voor zouden uitkomen. Of geen die niet door haar capitulatie opgelost zouden kunnen worden.

Het duurde niet lang of hij kwam met een 'Alles is weer in orde' terug. Even later kwam ze zwijgend weer binnen, opnieuw opgemaakt. Tegen die tijd vlamde de kerstpudding blauw van de cognac, was het incident gesloten. Maar bij mij was er van binnen iets opengegaan – het plotselinge gezicht op een vrouw tussen wezens die haar vreemd waren, verweesd en met heimwee naar huis. En hoewel mijn moeder 'weer snel zichzelf' was, was ze het voor mij nooit meer.

Mijn herinnering aan die Kerstmis is een van de weinige met mijn moeder in de hoofdrol. In de andere is mijn vader de hoofdpersoon en zij een figurant – vaak een zwijgende. Het was de tijd dat vrouwen geen eigen verhaal te vertellen hadden. Wanneer ik aan haar terugdenk, schiet me dan ook niet een verhaal te binnen, maar een stemming. Een gelaatsuitdrukking. Een gevoel. Een bepaald iets in de lucht. Maar niet iets met dramatiek, zoals een voorval. Ik vind dat frustrerend. Ik zie haar maar voor een ogenblik scherp. Je ziet weleens dat een trein 's nachts de rails onder een bepaalde hoek raakt en dat een witte fosforflits opvonkt die de omliggende bomen en gebouwen een halve seconde verlicht. Mijn herinneringen aan mijn moeder zijn net zo, korte flitsen, meer niet. Ze is niet, zoals mijn vader, een 'persoonlijkheid' (die overdonderend aanwezig is). Ze hééft persoonlijkheid, maar dat is iets wat veel subtieler moet worden opgeroepen, wat een kwestie van nuance is, niet van kleur. In de spiegel zie ik soms hem, nooit haar. Ik heb haar binnen in mij – een bepaalde manier van denken en voelen – maar ik bespeur geen uiterlijk kenmerk. Ze is mijn moeder, mijn DNA, mijn geheime mee-deler. Maar vinden kan ik haar niet.

Komt het doordat ik een man ben – is dat het probleem? Is het geslachtsblindheid? Zou mijn zus, als vrouw, beter zijn toegerust haar te decoderen? Zou dit boek eigenlijk door haar geschreven moeten worden? Misschien. Maar als sekse inderdaad een kerker is, als mannen inderdaad niet dát van vrouwen snappen, als het enige genre dat voor kerels openstaat de kerelsboeken zijn – de kameradenromans, de avonturenverhalen, de oorlogsboeken, de vader-zoonmemoires, dan zou... maar nee, dat zou dieptreurig zijn.

Ik placht mijn moeder altijd te beschouwen als *de vrouw die was*, getrouwd met *de man die deed*. Maar gezien haar werkverslaving, haar onvermogen om naast hem op een stretcher of een leunstoel te relaxen, zie ik dat ik me vergis. Ze was helemaal niet iemand die niets deed; ze vond het alleen vreselijk als men zág dat zij iets deed. Onzichtbaarheid was haar streven en daar slaagde ze dubbel en dwars in. Ik bekijk foto's, in de hoop dat die een paar herinneringen uit het moeras zullen opdreggen. Ik praat met vrienden en familieleden, maar niets wat ze zeggen brengt haar dichterbij. Het is alsof ze spoorloos is verdwenen.

Mijn vader liet brieven, dagboeken, cassettebandjes, opschrijfboekjes, een stamboom en zelfs een boodschap op mijn antwoordapparaat na. Zij liet bric à brac en meubels na, maar niets wat op een unieke manier *zij* was. Zo wilde ze het. Wat was begonnen als een verheimelijking van haar andersheid werd een talent om zichzelf af te sluiten. Na het uitwissen, in het leven, van Agnes, nu het vergeten, in de dood, van Kim.

Kerstmissen waren belangrijk, waren het enige vaste familiegebeuren, al was van haar familie er dan niemand bij. In het begin hadden veertien mensen voor de lunch aan tafel gezeten, maar Ernest, mijn vaders vader, stierf in november 1958. 'Kijk uit dat je niet net zo uitdijt als ik,' schreef hij nog maar enkele weken voor zijn dood, zijn laatste advies aan zijn zoon. 'Echt, een dikke buik is een ongemak dat niet terug te draaien is.' Zwaarlijvigheid droeg waarschijnlijk aan zijn hartaanval bij. Toen hij op een morgen wakker werd klaagde hij over pijn in zijn borst en tegen de tijd dat de dokter kwam was hij dood. Zijn dood kwam voor Arthur niet als een verrassing; vijf jaar eerder had hij specialisten al een brief geschreven over zijn vaders hartproblemen. Maar zoveel verdriet had hij niet van zichzelf verwacht. Verder was er het probleem waar Kathleen moest wonen, want Ernest had in zijn bureau een brief achtergelaten waarin hij zijn kinderen vroeg 'voor mams te zorgen en haar onder geen beding *alleen te laten wonen*, zelfs niet voor één nacht'. In de loop der tijd diende zich een oplossing aan: Ron en Mary zouden naar Windyridge verhuizen (een geschikter huis voor hun groeiend gezin dan Red Lodge) en oma kon naast ons in het opgeknapte huisje komen. Een goede regeling – maar niets kon mijn vaders gevoel van verlies wegnemen. Ongeveer een jaar voor de hartaanval had Mary, in plaats van gewoon te bellen, hem een brief geschreven. 'Kon je maar voor een weekendje overkomen, want ik heb het gevoel dat paps, ook al zegt hij het niet, het erg vindt dat hij je niet ziet en niets van je hoort,' schreef ze. 'Het loopt al bijna naar de drie maanden dat je hier voor het laatst was, niet? Ik begrijp dat je het druk hebt en je moet niet in paniek raken of je zorgen maken – ik vind het alleen tijd worden dat je even aan komt wippen.' Die keer was hij inderdaad bij hem langsgegaan. Maar in de drie maanden voor zijn vaders dood was hij niet op bezoek geweest. Niets voor hem. En een schuldgevoel waar hij nooit overheen kwam. Ik weet nog dat hij tegen me zei, toen ik naar Londen verhuisde, dat het belangrijk was dat we contact met elkaar hielden. Het was meer bedoeld voor mij dan voor hem.

Er was een reden waarom mijn vader niet bij zijn vader langs was geweest. Hij was verliefd. In 1957 werden Beaty en haar man Sam uitbaters van de bar van de plaatselijke golfvereniging. In de daaropvolgende tien jaar lag mijn vaders hart bij de negentiende *hole*. Hij droeg Beaty op handen en omdat hij was wie hij was, kwam hij er met zijn hele gezin, zodat ook wij haar op handen konden dragen. Wanneer het stil was mochten mijn zus en ik in het clubhuis komen. Veel vaker, op zondag, speelden we achter tussen de drankkratten, met een zak chips en een flesje sinaasappellimonade om ons stil te houden. Mijn moeder zat op een kruk te roken en keek toe. Alsof ze hieraan gewend was. Alsof je als echtgenote dit gewoon deed.

Mijn vader mocht dan niet lang of knap zijn, zijn glimlach was hartveroverend, zijn energie was wonderbaarlijk en hij zag er jong uit voor zijn leeftijd. Hij was geen stiekemerd of rokkenjager, maar deed alles openlijk, argeloos. Ook Beaty bezat die argeloosheid. Ze had Marilyn-achtig blond haar en grote, puntige borsten en de golfers aan de bar flirtten graag met haar. Maar ze beschouwde zich als een goed katholiek – en lette erop dat ze altijd aardig was tegen mijn moeder. Na verloop van tijd kwamen Beaty en Sam regelmatig bij ons op bezoek – of liever gezegd, Beaty, want Sam, die verantwoordelijk was voor de bar en de maaltijden, had weinig vrij. Hoewel gemakkelijk in de omgang had hij soms een stuurse trek en een frons op zijn gezicht. Hij was groter en forser dan mijn vader en zou hem dus gemakkelijk een lesje kunnen leren. Maar net als mijn moeder was hij machteloos. Ze zagen de vonk tussen Arthur en Beaty overspringen, maar kregen te horen dat het niets voorstelde. Als er iets gaande was wat niet door de beugel kon, zo stelde Beaty Sam gerust, waarom zou Arthur dan zijn hele gezin meenemen? Hij was niet gewoon hun beste klant, hij was ook de plaatselijke huisarts, een nuttige man om aan je kant te hebben. Sam moest een voorbeeld nemen aan Kim, die zo welwillend op haar kruk zat. Hij moest er niet zo'n drukte over maken.

Of ze echt zo welwillend was valt te betwijfelen. Het beeld dat me is bijgebleven van haar op die barkruk is dat van iemand die erop toezag dat ze niet te veel dronk, omdat ze anders haar zelfbeheersing zou verliezen. En zelfs als ze niet achterdochtig was geweest, zou ze zich zeker hebben verveeld en de pest in hebben gehad – zonde van al die tijd aan de bar van de golfclub wanneer ze samen thuis hadden kunnen zitten. Maar het is waar dat ze niet opspeelde – zelfs niet toen mijn vader elke maandagavond met Beaty begon uit te gaan. Beaty was zwaarmoedig, zei hij, en moest 'opgepept worden'. En omdat Sam elke avond werkte, wie was er anders om haar op te vrolijken? Mijn moeder mocht natuurlijk met alle plezier mee, maar ja, dan werd het wel erg vol allemaal en bovendien, ze was niet zo dol op kroegen en clubs. Afgaande op Beaty's glimlachende gezicht op foto's hadden Arthurs restauratieve maatregelen snel succes. Maar de maandagse uitjes bleven doorgaan – en toen Ernest overleed was mijn vader degene die moest worden getroost. Hun uitstapjes werden avontuurlijker. Hij begon in de kleine uurtjes thuis te komen. Al gauw werd er geroddeld. Een patiënt zag hen in een nachtclub in Bradford. Twee getrouwde mensen die zonder hun wederhelft op stap waren – dat kon onmogelijk onschuldig plezier zijn. De mensen konden doodvallen, zei mijn vader. Maar hij had gemakkelijk praten: hij was de man met boter op zijn hoofd. Maar voor mijn moeder, die thuiszat met haar jaloezie en vernedering, was het moeilijker.

Het werd nog moeilijker toen Josephine werd geboren. Beaty en Sam hadden te horen gekregen dat de kans klein was dat ze kinderen zouden kunnen krijgen, maar opeens, wonder boven wonder, een dochter. Er zijn wel gekkere dingen gebeurd: echtparen geven de hoop op en adopteren een kind en merken dan dat de vrouw zwanger is. Maar toen ik in mijn puberteit zat kwam op zeker moment de gedachte bij me op dat Josephine weleens mijn halfzus zou kunnen zijn. Ze werd in de Cawder Ghyll geboren, de kliniek waar mijn moeder de bevalling van haar patiënten deed. En omdat Beaty haar patiënt was deed ze ook haar bevalling. Ik weet nog dat mijn vader mijn zus en mij op de dag van de geboorte meenam en dat een verpleegkundige een piepklein gezichtje in een deken ophield om het ons te laten zien. Hij was dol op Josephine – zoals mijn moeder, anders zo discreet, sarcastisch opmerkte. Ik kijk nu naar oude foto's en de gelijkenis tussen hem en haar is nog onmiskenbaar. Maar zo ze inderdaad van hem zou zijn, dan heeft hij het nooit gezegd. Ook mijn moeder of Beaty niet, zelfs niet veel later. Ze kwam niet in zijn testament voor. Er waren geen bekentenissen op het sterfbed. Misschien met het oogmerk Sam of Josephine te sparen. Hoe het ook zij, ik moet accepteren dat het mijn zaken niet zijn. Het staat haaks op het moderne en onder adoptiebureaus heersende inzicht dat kinderen de waarheid moeten kennen. Het maakt mijn genealogische verwarring er eens zo groot op. Maar ik verwacht niet dat ik er ooit achter zal komen.

Mijn moeder deed haar best zijn verhouding met Beaty te dulden, maar er waren momenten dat de grens van haar stilheid werd bereikt. Op een dag trof ik haar onder aan de trap aan. Ze had haar jas aan en haar koffer gepakt en ze liet me weten dat ze een paar dagen wegging. Ik moest niet ongerust zijn, zei ze, maar hoe kon ik dat? Ze ging nooit zomaar weg; de enige reizen die ze in haar eentje maakte waren naar Ierland, en ongeacht waar ze ditmaal heen ging, Ierland was het zeker niet. Ik denk dat ze naar de Midlands ging, naar haar zus Sheila, en toen ze terugkwam bekvechtte ze nog een dag (dat wil zeggen, capituleerde ze weer). Haar vertrek was voor mijn vader een ontnuchterende ervaring, maar niet zo'n grote dat hij Beaty opgaf. Hij hield van haar – zo gaf hij nu toe, 'maar op een andere manier dan ik van jou houd'. Ze hoefde niet bang te zijn dat hij niet meer om haar zou geven. Laat hem toch een beetje de kolder in zijn kop hebben, meer vroeg hij niet.

Waarom pikte ze het eigenlijk? Omdat ze hem geloofde toen hij zei dat hij van haar hield. Toegegeven, ze was verontwaardigd dat hij bij Beaty gezelligheid zocht. Waarom kon hij die niet bij haar zoeken, waarom kon hij niet tegen haar aardig zijn? Maar hij gaf er geen moment blijk van dat hij bij haar weg wilde, of een eind aan hun huwelijk wilde maken. Toegegeven, hij at van twee walletjes. Maar wat dan nog? Zolang Beaty zijn bijgerecht was, was dat dan zo erg? In de Lieve Lita-rubrieken stond dat vrouwen die zich in de positie van mijn moeder bevonden, van zich moesten afbijten – wraak nemen door zelf te flirten, weglopen met de kinderen, dreigen met een scheiding. Maar zij had geen zin in een verhouding, wist dat hij, als we wegliepen, achter ons aan zou komen en beschouwde als katholiek (afvallig of niet) een scheiding als een doodzonde. Ook zag ze ertegen op naar Kerry terug te gaan, want ze was bang dat ze daar alleen maar *Schadenfreude* tegen zou komen – hadden ze haar niet gewaarschuwd voor een huwelijk buiten haar kring? Om dezelfde reden was ze tegen een terugkeer naar haar kerk. In theorie hoefde ze zich er door niets van te laten weerhouden. Ze kon met een hoofddoekje naar de mis in Colne, tien kilometer verderop, en als ze geluk had zou geen van haar patiënten haar zien. Maar ze had dat allemaal achter zich gelaten. Ze had haar bed in Arthurs koninkrijk gespreid en moest dat beslapen.

In dat bed keerde ze zich een tijdje van hem af. Maar erbuiten, in en om het huis, in de praktijk, in de kroeg, aan de oppervlakte, ging hun leven gewoon door. Niemand snapte er iets van. Ze was veel te intelligent om over zich heen te laten lopen. Als ze goede vrienden had gehad die ze in vertrouwen had kunnen nemen, zou ze misschien bozer en opstandiger hebben gereageerd. Maar haar vrienden waren allemaal hun vrienden en ze was te trots en in zichzelf gekeerd om haar verdriet aan de grote klok te hangen. Er waren geen feministische verenigingen waar ze zich bij kon aansluiten, geen relatietherapieën, niets voor iemand in haar situatie. Ze zette haar tanden op elkaar.

Op foto's uit die jaren ziet ze er slank en elegant uit. In een korte broek en een blauwgeribbelde trui, terwijl ze waterplanten uit een visnet plukt; in een blauw mantelpak (met een witte handtas) bij een Triumph cabriolet; in een gele anorak en met x-benen, terwijl ze in Glenshee leert slalommen; in een groen jack, terwijl ze bladeren uit het tuingazon wegharkt; in een bontjas bij een winterse haard; in een blauw mantelpak (alweer, maar ditmaal lichter blauw), terwijl ze met mijn vader voor het huis poseert – op elke kiek ziet ze er anders uit, een kameleon, slechts half aanwezig, alleen met haar gedachten, lachend noch fronsend, de intelligente blik in haar ogen het enige constante. Beaty daarentegen grinnikt en straalt. Het schoot me pas weer te binnen toen ik de foto's opnieuw bekeek (de glansafdrukken, de honderden Kodak- en Agfa-dia's) hoe vaak Beaty bij onze gezinsactiviteiten aanwezig was. Het volstond voor mijn vader niet dat hij haar 's avonds mee uitnam, of haar het weekend bij ons thuis uitnodigde. Ze ging ook mee op onze vakanties. Wat ze hem bood was niet zozeer seks als wel onvoorwaardelijke aanvaarding. Ze mocht dan wel niet zo'n maatje zijn als mijn moeder, ze schrok hem ook niet af met intelligentie. Bovendien kon je plezier met haar hebben. Voordat ze achter de bar stond was ze verpleegkundige geweest. Knus: dat was het woord. Hij had er vijftien jaar over gedaan en het was niet de Azoren, maar uiteindelijk had mijn vader toch zijn Knusje gekregen. Ze nam ook mij voor zich in. Er is een foto van ons allemaal, zonnebadend op een strand bij Kircudbright. Dat wil zeggen, iedereen behalve mijn moeder: zij nam de foto.

Later logeerde Beaty in de stacaravan die we in Abersoch hadden gekocht – gewoonlijk wanneer wij er waren, maar soms in haar eentje met Josephine. Op een keer kwam ze per ongeluk te vroeg, op het moment dat tante Mary (een van de andere regelmatige gasten) nog aan het inpakken was voordat ze vertrok. Mary deed zo koel mogelijk – bood geen kopje thee aan, ging er zo snel mogelijk vandoor, weigerde praktisch iets te zeggen. Kim mocht Beaty's aanwezigheid dan wel pikken, dat was voor Mary nog geen reden hetzelfde te doen. Tegen die tijd liep de relatie al op haar eind en was mogelijk leed al geschied. Maar het was Mary's manier van blijk geven van zusterlijke solidari-

teit. En een berisping aan het adres van haar broer, zoals indertijd de schriftelijke die ze hem in 1944 had gestuurd. 'Het kan
me niets schelen hoe onschuldig het volgens jou is – het is verdikkeme gewoon niet eerlijk.'

Mijn vader was met zijn één meter zeventig, zijn tonvormige
borstkas en de twee zwarte wallen onder zijn ogen allesbehalve
het type van de charmeur. Maar hij stelde vrouwen op hun gemak: bij hem geen verlekkerd loeren of dominant machogedrag
dat hen voor hun fatsoen deed vrezen. Ook de echtgenoot voelde zich niet bedreigd en in de loop der jaren kwamen verschillende getrouwde vrouwen onder zijn ban. Twee of drie ontmoette hij op vakantie en nam hij, zij het dan tijdelijk, in het gezin op.
Het excuus was doorgaans dat hij met hen te doen had – A's man
werkte ver van huis, B moest worden getest op leukemie, C's zenuwen speelden zo op dat de nachtwinden haar uit de slaap hielden, enzovoort, enzovoort. Hij had die vrouwen ontmoet terwijl
hij de hond uitliet of aan de bar zat, en dan nodigde hij hen thuis
uit, ervan overtuigd dat mijn moeder hen ook aardig zou vinden.
Vaak vond zij hen ook aardig en de vrouwen vonden haar altijd
aardig, maar bij hem sprong de vonk over. In mijn overspannen
puberteit verbeeldde ik me dat er meer achter deze relaties stak
dan het geval was; ik denk momenteel niet meer dat ze seksueel
waren (zelfs Beaty bleef ontkennen dat het met haar ooit seksueel was). Maar er was wel sprake van een zeker wervingsgedrag
en van een spanning die verder ging dan vriendschap. Op een
keer, toen hij niet in de buurt was, had mijn moeder het wrang
over mijn vaders gewoonte om 'met zwerfdieren thuis te komen'.
Hij was als een kat die met een pasgeboren vogeltje de keuken in
komt. Of als een kwispelende jachthond die zijn bazin graag een
plezier doet. Zei ik dat mijn moeder er *wrang* over sprak? *Sardonisch* zou er dichter bij komen. Ook *bitterheid* zou erbij gezeten
kunnen hebben – maar ze zou het nooit van zichzelf hebben

goedgevonden dat ze dat woord gebruikte en ze zal het ook niet van mij goedvinden dat ik het gebruik.

Nee, bitterheid was gereserveerd voor Beaty. Als die er niet was geweest zou de relatie die mijn vader met die andere vrouwen had onschuldig hebben geleken. En zelfs in het geval van Beaty kon mijn moeder haar bitterheid niet voor honderd procent kwijt. Aanvankelijk kreeg ze te horen dat ze 'spoken zag'. En toen het duidelijk werd dat het niet zo was, praatte hij haar het gevoel aan dat ze het 'buitenproportioneel opblies'. Respectvol als ze van nature was, ontdaan van naam en identiteit, overdonderd door zijn protesten dat het allemaal onschuldig plezier was, was ze niet in staat terug te vechten.

Het probleem zat hem ten dele in het feit dat zijn grenzen heel anders waren dan de hare. Hoewel beiden arts waren en nuchter tegenover het lichaam stonden, was zij verlegener en gereserveerder dan hij. Hij liep graag zo naakt rond als het fatsoen het toeliet – het hoefde maar even warm te zijn of hij trok zijn kleren tot op een korte broek uit, wie ook maar in de buurt was. Hij hield ook van de naaktheid van anderen, niet wellustig of voyeuristisch, maar omdat hij van mening was dat het lichaam, en niet kleren, ons tot mens maakt. Een paar vrouwen vonden dat opdringerig of ronduit ongemanierd; een van hun vriendinnen raakte volkomen van slag toen hij haar in het bad een gin-tonic kwam brengen. Maar anderen vatten het goedmoedig op: Arthur was nu eenmaal een beetje excentriek. En sommige vrouwen nam hij met zijn onbevangenheid voor zich in. Dat gold zeker voor mijn moeder, ondanks zichzelf. En absoluut voor Beaty, net als voor Knusje vóór haar. Wat deed hij immers voor kwaad?

Het kwaad dat hij mijn moeder deed kwam er als migraine uit. Ze had er in de oorlog last van gehad toen ze overwerkt was en het ging over toen haar ontstoken kiezen werden getrokken. In 1948, in Earby, kwamen de aanvallen weer even terug, in combinatie met diplopie of dubbelzien. Maar pas in de jaren zestig begonnen ze echt ernstig te worden. IJzeren banden lagen als een klem om haar hoofd, pijn verschroeide haar oogkassen en ze was misselijk en moest in het donker liggen. Mijn vader drong erop aan dat ze het in hun praktijk rustiger aan deed en haar werk in de Cawder Ghyll terug bracht. Maar ze kon haar patiënten moeilijk verbieden kinderen te krijgen. En ondertussen telde de praktijk alleen hen beiden en weigerde mijn vader een waarnemer aan te trekken. De vrije weekenden verdwenen: een van hen – hij dus – moest dienst hebben. Gezinsvakanties betekenden: wij met ons drieën, terwijl hij thuisbleef. Mijn moeder vermoedde – of ik vermoedde het namens haar – dat Beaty de reden was dat hij niet meeging op vakantie. De vakanties voelden niet als vakantie. Waren we weer thuis, dan woedden mijn moeders migraineaanvallen onverminderd voort. Kaas, chocola, sterkedrank – alles werd opgegeven, maar het hielp allemaal niet. Het eenstemmige oordeel luidde dat ze last had van stress. Maar de stress kwam niet door haar werk (daar was ze dol op en daarvan zou ze met plezier meer hebben gedaan), maar van het piekeren over wat er van haar was geworden. Het was midlifemigraine. Het gevolg van identiteitsconflicten. En doordat mijn vader tien jaar op Beaty verkikkerd was.

De migraineaanvallen bereikten een hoogtepunt op een zaterdag in de zomer. Het was de dag van het dorpsfeest en mijn vader had de gemeente toestemming gegeven zijn weiland te gebruiken. Er hing onweer in de lucht. Tussen de regenbuien door waren er wedstrijden – hardlopen, zaklopen, driebenenloop en eierrace, en mijn vader ging rond met bloedworst van zijn barbecue. Tijdens een korte onderbreking slenterde ik terug naar het huis, ik weet niet waarom. Van boven hoorde ik vaag gekreun komen en het werd luider toen ik de trap opliep. Mijn moeder lag op het tweepersoonsbed – of liever gezegd, rolde met haar hoofd heen en weer en sloeg met haar armen en benen. Wat me angst aanjoeg was niet het geluid dat ze maakte, of de dichtgeschoven gordijnen, of het feit dat ze halfweg de middag in bed lag, maar dat ik haar daar zonder enige terughoudendheid zag liggen, kronkelend, schoppend, ongecontroleerd. 'Ga paps halen, gauw,' zei ze, met gespannen maar wijdopen ogen. Harder dan ik in een van de wedstrijden had gehold holde ik naar het weiland terug. Ook hij kwam snel in actie toen ik hem riep, smeet zijn tang neer en stormde naar het huis, als een man die was geroepen om een brand te blussen. Later stond er een zwarte auto op de oprijlaan. Ik hield hem aanvankelijk voor een begrafenisauto, een vergissing die nog groter werd toen iemand in de keuken zei: 'Je moeder heeft nu eindelijk rust.' Maar de man die met mijn vader stond te fluisteren droeg een kleine, zwarte tas en had, hoewel hij een dodenpak droeg, de stem van een arts en niet van een begrafenisondernemer. Ik trof hen in de biljartkamer aan toen ik er binnenliep – twee whisky's en een samenzwering. Een blik van mijn vader stuurde me snel weer naar buiten en toen werd de deur gesloten zodat hun gemompel niet gehoord zou worden. Maar ik wist dat mijn moeder nu veilig was. En hoewel ze die dag en de helft van de daaropvolgende sliep kwam ze terug, de orde hersteld, de klem om haar voorhoofd weg.

Er werden onderzoeken gedaan om een tumor uit te sluiten. Er werden nieuwe pillen geprobeerd. Het duurde niet lang of de hoofdpijnen kwamen terug, nooit meer zo hevig weliswaar, maar erg genoeg om haar een poosje uit te schakelen – een paar dagen duisternis en Veganin. Ik weet hoe ze zijn, want ik heb ze van haar geërfd: ze komen elke maand of zo, net als een ongesteldheid, al heb ik het niet zo erg als zij. Het dorpsfeest blijft me bij als de dag dat haar stoïcisme het liet afweten. Zou ze het zelfs een beetje aangedikt kunnen hebben? Mochten haar kreten en gewoel een schreeuw om hulp zijn geweest, dan hadden ze succes. Later bezorgde haar hoofd haar andere problemen:

angstaanvallen, duizelingen, geheugenstoornis en tinnitus, met zijn gezoem van melancholie en doordringend gefluit van wanhoop. De demonen van de cortex. Maar indertijd heette de demon Beaty. En hoewel ik Beaty niet de schuld geef van de migraineaanvallen (ik geef Beaty nergens de schuld van), wierp haar bestaan een tijdje een zwarte schaduw op ons leven.

Ik kan me niet herinneren ooit seksuele gevoelens voor mijn moeder te hebben gehad. Misschien scheelde het dat ik tot mijn twaalfde of dertiende niet wist wat seks was. Maar mijn onwetendheid weerhield me er niet van op mijn elfde te worden gebiologeerd door de borsten van Marjorie Malina (waar ik stiekem naar gluurde toen we in Zuid-Frankrijk met vakantie waren), of door Beaty's borsten (die ze ontblootte wanneer ze in onze badkamer Josephine zat te voeden), of door de borsten van onze verschillende huishoudsters. Waarom raakte ik opgewonden van die vrouwen van middelbare leeftijd en niet van mijn moeder, van wier donkere tepels ik eens in de douche een glimp had opgevangen? Waarom fantaseerde ik niet over haar? 'De meeste mannen hebben in hun dromen met hun moeder geslapen,' zegt Jocaste tegen Oedipus. Is het niet abnormaal geen incestueuze verlangens te hebben? Ik hield van de geursporen die ze in het huis achterliet. Maar het erotische daarvan was de erotiek van de afwezigheid; ze namen haar plaats in wanneer mijn moeder er niet was. Haar lichamelijke aanwezigheid beroerde me niet, omdat die niet lichamelijk was. Haar aanwezig-zijn was haar niet-aanwezig-zijn. En het bewijs dat ze weg was – de lege kamers, de ongebruikte borstels, de onbewoonde kleren – was voor mij sensueler dan haar in huis aanwezig te hebben. Ik vermeide me in fantasieën over ouderloosheid. Ik vond het leuk een eenzaam kind te zijn.

Vond zij het ook leuk eenzaam te zijn? Hoewel ze me niet meer in het bad stopte neuriede ze nog steeds 'Smoke Gets in

Your Eyes'. De droefheid van het liedje leek vroeger een algemeen karakter te dragen, maar nu wist ik dat die specifiek was: vanbinnen was er iets veranderd. Ze voelde zich bespot; haar ware liefde had zich niet waar betoond. Ze was getrouwd in de veronderstelling dat liefde ruim voldoende zou zijn. En met een baan, twee kinderen en een huis dat zo solide en ruim was als de Grange, had ze ruim voldoende, meer dan ruim. Toch droeg ze deze tumor van droefheid met zich mee, deze vlek op haar hart. Ze had er geen spijt van dat ze van mijn vader hield, maar het leven zou misschien gemakkelijker zijn geweest als ze elkaar niet hadden ontmoet. Gewoonte, kinderen, werk en het huishouden ontdeden elk huwelijk van zijn scherpe kanten, dat wist ze. Maar het hunne was speciaal geweest. Ze had veel opgegeven om er een succes van te maken. En kijk nu eens.

Bij mijn vader woekerden geen cellen van melancholie. Zijn enige ziekte was zijn ongeremde optimisme. Hij trok zich er niets van aan wanneer de weerman zei dat het regende – hij wist zeker dat de zon weer zou schijnen. 'De man die alles heeft' – zo noemde hij zichzelf soms. Maar als je alles hebt, kun je dan elders verliefd worden? Hij zei tegen haar van wel, je kon best van twee vrouwen tegelijk houden. Zij meende van niet.

Ik moet haar droefheid niet overdrijven. Misschien verwar ik die met mijn eigen droefheid en dat is de droefheid dat ik haar niet meer hier heb. Wanneer ik die oude foto's weer bekijk merk ik dat ze toch glimlacht soms, zelfs met Beaty naast haar. Maar een glimlach is gemakkelijk opgezet; hij is maar een omgekeerde frons. Daarachter ligt het gevoel van verlies en nutteloosheid dat haar de troggen van de depressie in zou jagen. Stemmingen, zo noemde zij ze, en ze hoopte dat zij ze ons kon besparen door zich klein te maken. Het hielp niet. Ik raakte overstuur van die perioden dat ze zich terugtrok. Hoe diep zou ze kunnen zinken? Waarom zei ze niet wat er was? Stel dat ik haar voorgoed kwijtraakte? Wanneer anderen van wie ik sindsdien heb gehouden een depressie kregen, werd ik altijd een beetje hysterisch. Het is geen excuus, maar misschien roept hun depressie herinneringen op aan de hare en aan mijn angst dat ze zou sterven of verdwijnen. ('Ach,' hoor ik haar zeggen wanneer ik deze theorie opwerp, 'wat een kletskoek.')

Tegenslag versterkte mijn band met mijn moeder. Ze was een slachtoffer en toen ik in mijn puberteit zat gedijde ik op slachtoffers. De doden van Passendale, Auschwitz, Hiroshima en My Lai zongen als elegieën in mijn hoofd. De mensen die werden gefolterd, verbannen, beroofd van hun burgerrechten, misbruikt, de mannen en vrouwen met een uitgehongerd lichaam en een opengebarsten hoofd – ze kwamen in al mijn dromen voor. Ik rekende mijn moeder tot hen.

Als mijn zus thuis had gewoond zou ze, als seksegenote, misschien een steun en toeverlaat voor mijn moeder geweest zijn. Maar Gillian zat op kostschool in het Merendistrict, omdat ze haar toelatingsexamen voor de middelbare school had verknald. Mijn moeder stond er ambivalent tegenover dat ze ernaartoe werd gestuurd. Hoewel ze haar eigen kostschooltijd leuk had gevonden en St Ann's stukken beter vond dan de plaatselijke middelbare school, was ze bang dat Gillian het misschien als een straf zou beschouwen. Omwille van de eerlijkheid werd ook op mij druk uitgeoefend om op kostschool te gaan. Maar ik zat al twee jaar op het atheneum in Skipton en zette mijn hielen in het zand en toen zelfs het schoolhoofd in Giggleswick – de dichtstbijzijnde kostschool-mogelijkheid – zei dat het naar zijn mening beter was als ik bleef, gaven mijn ouders de strijd op. Ik mocht dus thuis blijven en een uitwonende leerling zijn, terwijl mijn zus was verbannen. We vormden een huishouden dat door het examensysteem van slagen-of-zakken in tweeën was gedeeld. Drie jaar later begon Gillian het zo vreselijk te vinden op St Ann's (dat had ze altijd al gevonden, maar nu brachten haar brieven naar huis het veel duidelijk onder woorden) dat ze werd gered, meegenomen, thuisgebracht en (omdat haar niveau door de verbanning hoger was geworden) toegelaten tot de middelbare meisjesschool in Skipton. Maar in de tussentijd had ik, de vakanties daargelaten, mijn moeder voor mezelf alleen.

Bij mijn vader moest ik dingen dóén (tennissen, de auto wassen, het gazon maaien); bij haar mocht ik zitten. Zijn lessen in autoreparatie gingen me boven mijn pet, maar ik luisterde aandachtig wanneer zij praatte en ik discussieerde met haar over liefde en mode. Op mijn dertiende zong ik alt en had ik geen gezichtsbeharing en was mijn linker teelbal nog maar net ingedaald – dus het was in orde dat ik honorair meisje werd. Samen sloten we de gelederen tegen mijn vader die ons met zijn onbehouwen dwingelandij – zo maakte ons zwijgende zusterschap hem duidelijk – diep krenkte. Hoe dik ook het bord was dat hij voor zijn kop had, de boodschap drong tot hem door. Zo herinner ik me een zomervakantie waarin hij overkwam voor een weekendje in een regenachtige caravan in Wales en – in alle staten over ons zwijgende verzet – ons vertelde wat een vreselijke lamstralen we waren en naar de kroeg verdween. Hij zou toch al naar de kroeg zijn gegaan, maar het was niets voor hem tegen zijn gezin uit te vallen en het in de steek te laten. Hij kwam min of meer met hangende pootjes terug. De volgende dag deden we meer ons best – hij zou aan het eind van die dag toch al vertrekken. Naar buiten toe was de harmonie hersteld. We legden het bij. Maar de stellingen waren betrokken en mijn moeder vond mij aan haar zijde.

Het hechtst was onze band toen ik een jaar of veertien à vijftien was, de leeftijd waarop jongens zich heel nauw met hun moeder verbonden voelen, of althans een bepaald soort jongens, het soort dat door hun vader wordt geïntimideerd of afgewezen. Omdat ik waterpokken had gehad was ik niet naar school en in plaats van me thuis te laten nam ze me mee toen ze visite reed. Ik had een geïllustreerde Shakespeare bij me, een waardeloos plaatjesboek met gesimplificeerde verhalen van alle toneelstukken, dus terwijl ik me een weg door een nieuw historisch stuk baande verdween zij in een huis in Kelbrook of Foulridge. Dan kwam ze weer in de regen aanlopen en terwijl ze naar de volgende patiënt reed wisselden we verhalen uit – de buikomvang van Falstaff, de aambeien van mevrouw Cowgill. Mijn moeder was geen groot lezer, maar er hing een aureool van belezenheid en denkbeelden om haar heen. Ik droomde ervan dat er ergens een meisje was dat dat ook zou hebben, maar ik had haar nog niet ontmoet, dus in de tussentijd... In Colne stopten we bij een bakker en ze kwam terug met een warm, geel brood in zijn schacht van wit perkament. 'Voor de lunch,' zei ze, terwijl ze voor een groot, halfvrijstaand huis in Trawden stopte. 'Alleen deze laatste nog.'

Regen trommelde roffels op het dak. Het brood lag warm in mijn schoot en ik plukte er een stukje af, een korst. Ik was nu bij *Richard III* (en, als ik het had geweten, aan de grens tussen Lancashire en Yorkshire) en het was moeilijk te volgen wie familie was van wie. Ik moest denken aan Paddy Rogers, de Ier van wie we Engels kregen, een banneling net als mijn moeder. Wanneer hij Shakespeare voorlas (en Joyce en Hardy en T.S. Eliot en Wilfred Owen) was het verhaal gemakkelijker te volgen dan wanneer ik het zelf las. Hij slaagde erin boeken dichter naar ons toe te halen, binnen handbereik te brengen, dingen die we in de hand konden nemen. Zelfs de 'tuut' en de 'plak' in *Een portret van de kunstenaar als jongeman* leken voorwerpen die we binnen de vier muren van het Skipton Atheneum zouden kunnen vinden. Kort ervoor had ik *Brood van mijn jeugd* van Heinrich Böll gelezen, een boek dat zich afspeelde in het vooroorlogse Duitsland, in een tijd van ontbering en voedselgebrek. In het boek komt een scène voor waar de held hongerig een brood verslindt. In de auto, ongeduldig geworden door mijn moeders afwezigheid, begon ik hetzelfde te doen. Niet dat ik honger had, maar als je nadoet wat de mensen in boeken doen wordt het leven een stuk leuker. Ik trok een nieuw stukje van het brood af, geen korst ditmaal, maar de zachte, witte substantie eronder. Waar bleef mijn moeder toch? Ze was al minstens twintig minuten weg. Ik stelde me een oude dame voor die onder narcose op bed lag, uitgestrekt als de avondhemel. Mijn moeder zou haar eerst hebben gevraagd de knoopjes van haar bloes los te maken, ja zo, dank u wel, en ze zou knedend het witte vlees betasten op zoek naar de bulten. Ik rukte nog een stukje brood eraf en stak het in mijn mond. Nu zou mijn moeder haar penlight in allerlei lichaamsopeningen laten schijnen – oren, neus, keel, misschien zelfs 'daarbeneden' – op zoek naar cysten en poliepen. Onder de bergen wit vlees zouden de zenuwen van de vrouw zich als kaassnijdraad uitstrekken. Ik dompelde mijn hand weer in het brood: het midden was helemaal weg, dus ik begon de substantie van de binnenwand eraf te plukken, klauwde naar de zachte bekleding van de baarmoeder. Een halfuur en nog altijd geen teken van mijn moeder. Misschien was de patiënt helemaal geen oude vrouw. Misschien was een prenatale controle uitgelopen op een middennatale crisis en kon mijn moeder elk moment naar buiten komen om me te vragen lakens te pakken en op de kachel water aan de kook te brengen, de weeën kwamen nu sneller, haar hand tastte naar het hoofd van het kind, ik stond klaar met de schaar om de navelstreng door te knippen...

Toen was ze er weer, onder de regen, en ze sloeg lachend het portier dicht – 'God, sorry, ze bleef maar doorbeppen' – en met een blik op het brood: 'Weg lunch.'

Hadden we ons sindsdien ooit zo met elkaar verbonden gevoeld? Later volgden er nog wel vaker intieme fasen – de keer dat ze me bij de schoorsteenmantel troostte na mijn eerste gebroken hart, het meisje was er met een oudere jongen vandoor gegaan; en nog later de brieven die ik schreef vanaf mijn vakan-

tiebaantje als barman in Noord-Wales, bedoeld haar aan het lachen te maken terwijl we van elkaar waren gescheiden, vol met
de hebbelijkheden van mijn klanten. Maar de dag van het brood
was het hoogtepunt. Het kwam deels doordat ik haar aan het
werk zag. Thuis kon het gemakkelijk aan je aandacht ontsnappen dat ze veel meer was dan mam. Werk was niet zomaar iets
wat troost schonk, of 'haar gedachten afleidde' van haar huwelijksproblemen. Het was een uitdaging, een stimulans, een vak,
een handigheid en een vorm van sociale interactie, en ze deed
het op haar voorwaarden. De geneeskunde was haar bevestiging. Het was een vak dat haar het gevoel gaf dat ze nuttig was.
Maar belangrijker nog, het gaf haar het gevoel dat ze *zij* was. In
de auto ving ik er een glimp van op. Daar zaten we en we werkten op onze eigen manier met elkaar samen, in mijn hand een
boek, in de hare een auroscoop. Een maatschap. Zoals zij vóór
Beaty met mijn vader had gehad.

Ook wanneer we in de Cawder Ghyll bij haar langs gingen
zag ik hoe ze zich in ziekenhuizen thuis voelde. De praktijk in
Water Street was klein, met als enig gezelschap mijn vader en
een receptioniste. Ziekenhuizen waren groter en leuker: in de
oorlog was ze eraan gewend geraakt en ze was opgegroeid met
het gevoel van mensenmassa's (het enorme gezin in Langford
Street, de volle slaapzalen in het Loreto-klooster in Killarney).
Was het een vergissing geweest in een huisartsenpraktijk te gaan
werken? Zou ze als chirurg gelukkiger zijn geweest? Of zou het
een leven van naaien en zagen zijn geworden, niet anders dan
dat van een naaister of een slager? Veel later, toen ze veertien
dagen lag op te knappen in het Gisburne Park, ging mijn moeder 's avonds bij haar medepatiënten langs, maakte een praatje
met hen en controleerde hun patiëntenkaart, alsof ze hun arts
was (en in haar verwardheid dacht ze dat misschien). Ze hield
van het gezelschap – de verpleegkundigen, de artsen, de ther-
mometers, de watten en de medicijnflesjes. Zelfs de geuren wa-

ren vertrouwenwekkend: jodium, bleekwater, de lichte geur van de ziekenzaal (en wat gaf het dat zij nu de zieke was). Ziekenhuizen waren instituties van goedhartigheid. En mijn moeder, in negentien van de twintig gevallen, een institutie van gelijkmoedigheid.

Op die dag, dertig jaar terug, had ik daar een glimp van opgevangen – of had ik haar gezien zoals ik haar thuis nog nooit had gezien. Het werd het cement van onze relatie. En het maakte het voor ons gemakkelijker mijn vader buiten te sluiten.

Het was in diezelfde tijd dat ik met Sandra naar bed begon te gaan. Ze was onze nieuwe huishoudster, de derde of de vierde sinds Rosa aan het eind van de jaren vijftig bij ons wegging. Ik was veertien en technisch gesproken een minderjarig broekie, maar zij was maar vier jaar ouder en had amper meer ervaring. Ik hield niet van haar, maar ik vond haar wel erg lief en ik vond het leuk haar verzet te breken. Dat verzet zat bij haar niet erg diep en diep ging ikzelf ook niet bij haar. We waren kinderen, opgewonden door ons plotseling volwassen geworden lichaam, maar onzeker hoe we het voor penetratie moesten gebruiken. 'Dit zou ik eigenlijk niet moeten doen,' zei ze vaak, doelend op de positie die ze innam, dat wil zeggen, onder mij, maar ook als huishoudster die het vertrouwen van haar werkgevers genoot. Omdat ze last kreeg van haar geweten vocht ze me van zich af. Maar dan zoende ik haar in haar hals en streelde ik haar borsten en dan mocht ik ongehinderd doorgaan. Ik kan me niet herinneren dat ik haar veel op haar mond kuste. Dit was geen hartstocht of zelfs maar intimiteit. Maar we waren vrienden zonder onze kleren aan en onderwijl ontdekten we het orgasme. Onze spelletjes in bed cultiveerden een illusie die ook door die tijd, de Jaren Zestig, werd aangemoedigd, een droom van seks zonder consequenties. Slapen met elkaar was een tienerexperiment. De pret en spelletjes vonden plaats op vrijdagavond wanneer mijn ouders naar de kroeg waren. Naderde het sluitingsuur, dan hielden we onze oren open voor de auto. De steelsheid kwam ons volkomen normaal voor. Mijn vader en Beaty gedroegen zich ook steels, maskeerden hun begeerte als platonische vriendschap. Dat was de huisregel: alles moest er onschuldig en familiaal uitzien. Mijn moeder was hier het meest de dupe van. Niet dat ze dan ook echt onze dupe was. Ik weet zeker dat ze het wist, maar net als bij mijn vader hield ze zich van den domme. Op een keer betrapte ze ons in de eetkamer. Sandra pakte bestek uit een alkoof en ik kwam van achter op haar af en legde mijn handen om haar borsten. We stonden daar te worstelen en te zwaaien, met mijn mond in haar nek, mijn borst tegen haar ruggengraat, mijn erectie tegen haar stuitje, toen mijn moeder in de deuropening verscheen. 'Wat doen jullie daar?' vroeg ze, meer geïntrigeerd dan beschuldigend. 'We waren een beetje aan het dollen,' zei ik en ik deed alsof ik met Sandra vocht om het recht wie voor het avondeten de tafel mocht dekken. Mijn moeder zou het geen seconde hebben geloofd, maar ze haalde haar schouders op en liep de kamer uit.

Als ik op die tijd terugkijk zie ik dat mijn vader en ik parallelle levens leidden: handelend in eendrachtige samenwerking met onze partner. Hij ging naar bed met Beaty en ik ging naar bed met Sandra, vlak onder de neus van mijn moeder. Allebei zouden we hebben gezworen – als het ons op de man af was gevraagd – dat we het meest van haar hielden (we zouden haar zelfs bij dezelfde naam hebben genoemd: 'mams'). Maar allebei verraadden we haar. En hoewel ze ons in de loop der tijd vergaf (haar adolescente zoon vrij gemakkelijk, haar man met moeite), moest ze gedurende een seizoen of langer het gevoel hebben gehad dat ze in een hete broeikas woonde, een stoofpot van hormonen, een hol van mannelijke ontucht.

De geschiedenis van haar seksuele leven? Zo verteld.

Niemand voor hem.

Niemand tijdens hem.

Niemand na hem.

Waar ze van hield? Elegante kleren, baby's, verzamelen van antiek, Frank Sinatra, Bing Crosby, Alan Bennett, Victor Borge, de humor van Dave Allen, de kunst van het converseren (zij in een luisterende rol). Waar ze niet van hield? Vloeken, onkruid wieden, bier, lange wandelingen en ongewassenheid.

Ze hield zichzelf in en ik begreep dat je je op die manier hoorde te gedragen. Extraverte mensen waren dan wel leuk, ze waren ook vulgair. In plaats van te koop te lopen met wat je had, kon je het beter voor jezelf houden. Terwijl ik me blozend en stamelend door mijn puberteit heen werkte nam ik haar esthetica van de verlegenheid over. Geen moment kwam bij me op wat erachter zat – haar diepgewortelde vrees om te tonen wie ze was. Ook haar kameleontische huid ging op mij over: ik was alles (en daarom niets) voor iedereen, de stille jongen achter in de klas, de grote aanpasser.

Gaf ze me überhaupt wel wijze lessen mee? Gaf ze me adviezen voor later? Vertelde ze me hoe ik me tegenover vrouwen hoorde te gedragen? In *The American President*, een weinig prestigieuze Hollywood-film, krijgt de titelheld (Michael Douglas) als goede raad van zijn jonge dochter te horen dat de weg naar het hart van een vrouw een complimentje over haar schoenen is. 'Heeft mama jou dat verteld?' vraagt hij (haar moeder, respectievelijk zijn vrouw, is enige jaren eerder overleden). Natuurlijk had ze dat; dat zijn immers de dingen die moeders verondersteld worden te doen, je dingen vertellen die je voor later gebruik in je achterhoofd opslaat. Maar mijn eigen moeder was niet zo. Ik kan me niet herinneren dat er ooit een conventionele wijsheid van haar lippen drupte, een lijst met *do's and don'ts*.

Koop bloemen voor haar, maak vleiende complimenten over haar uiterlijk, kijk geïnteresseerd bij wat ze zegt, zeg drie keer per dag dat je van haar houdt, lever geen kritiek op haar kleren en maak nooit ofte nimmer een opmerking over haar gewicht. Ze moest zulke dingen ridicuul en zoetsappig hebben gevonden. Haar taak was mij door mijn kindertijd heen te helpen. Maar wat relaties betrof, daar moest ik op eigen houtje achter zien te komen.

In 1950 waren mijn ouders zo avontuurlijk geweest om zes weken door Oostenrijk en Zwitserland te trekken, met een vakantiebudget van £50 in zijn beurs en een foetus (ik) in haar. Nadien werden het vakanties in Groot-Brittannië. In 1960 was het veertien dagen Mallorca, maar voor de rest waren het tenten, caravans en gehuurde vakantiebungalows aan de Britse westkust. Mijn moeder moest zich in de regen en de wind, naast een sombere, smaragdgroene zee, thuis hebben gevoeld. Maar Schotland en Noord-Wales waren het dichtst dat we ooit bij Ierland kwamen. We waren één keer in Kerry op vakantie geweest toen ik vijf was, daarna nooit weer. Ik wist niet wat ik miste en toch miste ik het. Voor de broers en zussen van mijn moeder had het vertrek uit Killorglin niet betekend dat ook de banden ermee waren verbroken. Eileen en haar kinderen kwamen bijvoorbeeld elke zomer over, helemaal uit Afrika of Amerika. Maar voor mijn moeder was dat geen optie. Haar familie kwam op bezoek bij ons, maar wij gingen niet op bezoek bij hen. Als ze al heimwee had was er niets van te merken. De televisiespots voor Kerry Gold-boter roerden geen gevoelige snaar bij haar aan en toen toeristen uit de hele wereld de schoonheid van de Ring van Kerry begonnen te ontdekken gaf ze geen blijk van lokale trots. Ze wilde liever niet na hoeven te denken over waar ze vandaan was gekomen en wie ze was geweest. Ik betreurde deze verschroeide-aardetactiek. Maar zo wilde ze het – het was haar keuze, of haar martelaarschap.

Tien jaar lang was de vraag waarheen we op vakantie zouden gaan (en of mijn vader met ons meeging) een netelige geweest. Toen kochten we in 1967 een 'chalet' – een veredeld soort caravan – die uitkeek op het Warren-strand bij het Welshe plaatsje Abersoch. Mijn vader had een speciale band met de plek: toen hij klein was ging hij altijd op het schiereiland Llyn op vakantie – en omdat hij voor het chalet 'een klein fortuin' (£2700) had neergeteld, zorgde hij ervoor dat hij het zo vaak mogelijk gebruikte. Het Warren-strand had een kantine, met tafeltennis en zondagsopening, en mijn ouders maakten daar nieuwe vrienden. Na sluitingstijd werden de vrienden teruggevraagd – 's middags om op het terras te komen zonnen, 's avonds om in de fosforescerende zee te zwemmen. Mijn moeder zat het zwemmen uit. Ze zat ook het waterskiën uit toen mijn vader een speedboot en wetsuits kocht, maar als er niemand in de buurt was waagde zij soms een poging. Ze stelde zich tevreden met een plekje aan de kant. 'Ik zorg wel voor de thee en de broodjes,' zei ze. 'Als Arthur maar gelukkig is – daar gaat het om.'

Tegen deze tijd was zijn relatie met Beaty bekoeld en na het chalet flakkerde ze nog verder uit. Mijn moeder zei tegen zichzelf dat ze gelijk had gehad de tanden op elkaar te zetten en het vol te houden, al had de inspanning wonden bij haar achtergelaten. Ze had hem terug, niet helemaal met de staart tussen de benen, maar met onverdeelde loyaliteit. Ze telde haar zegeningen, of liever gezegd, hij telde ze voor haar. Dus het was allemaal weer goed gekomen? Nee. Daar was nog altijd het verlies van het geloof, het gevoel dat een god haar had verzaakt. En de onderliggende depressie – de kleine schaduw die nu dreigender opdoemde en dateerde uit de tijd voor Beaty en zelfs voor hem.

Vrouwen waren jaloers op haar taille. Haar borsten mochten dan te klein zijn en haar heupen te breed, ze was slank. Ze telde geen calorieën en deed niet aan lichaamsbeweging en ik was ervan uitgegaan dat ze van nature slank was. Nu ik erop terugkijk heb ik een somberdere verklaring: ze had geen trek in het leven meer. Ze eet geen fruit en weinig vlees en als het aan haar ligt zou ze op toast leven. Alleen selderij lijkt ze heerlijk te vinden – of misschien vind ik het heerlijk haar de lichtgroene stengel in zout te zien dippen en hem tussen haar tanden te horen knarsen. Wanneer ze eet zit ze erbij als een vrouw die niet op haar gemak is, die bang is te genieten, omdat ze anders aankomt. Als ze zichzelf zou verwennen, al is het maar voor even, zou de onaangename waarheid aan het licht komen.

Uiteraard kookt ze, want dat hoort een huisvrouw nu eenmaal te doen, maar ze schept er geen vreugde in – en omdat mijn vader het zonde van de tijd vindt vraagt ze nooit mensen te eten ('De familie Jansen vraagt jou te eten en dan moet jij op jouw beurt hen terugvragen en iedereen zit maar uren aan tafel terwijl ze in die tijd veel beter snooker of darts hadden kunnen spelen'). Persoonlijk zou ze gasten niet erg hebben gevonden. Maar in andere opzichten is het een opluchting. Voedsel interesseert haar gewoon niet. Als ze zou kunnen zou ze astronaut zijn en haar voedingsstoffen uit pillen halen.

Als wilde mijn moeder zich in de Engelse middenklasse verankeren werd ze, zij het in lichte mate, een snob. Aanvankelijk vond ze het niet erg dat ik met arbeiderskinderen omging. Ze had ook weinig keuze: er waren gewoon geen middenklassekinderen in Earby of Barnoldswick, voor zover ik wist. Een van mijn vrienden heette Graham Jagger – zo mager als een hazewind, snel geblesseerd, maar een kei op sportgebied. Op een keer namen hij en ik na een partijtje voetbal op het sportveld in Sough een bad bij hem thuis in Kelbrook – een ijzeren kuip voor de haard. Mijn moeder mocht de familie Jagger graag. En vond het goed dat ik met hen 'verkeerde'. Ik merkte niets van verwaandheid.

Maar toen ik halverwege mijn puberteit zat kwam daar verandering in. Omdat mijn vader met boerenknechten en fabrieksarbeiders aan de tap zijn biertje dronk en hun gezelschap liever had dan dat van zakenmensen en advocaten, noemde ze hem een omgekeerde snob en getroostte ze zich veel moeite om ervoor te zorgen dat ik zijn voorbeeld niet volgde. Ze stoorde zich aan mijn zware streekaccent – en aan mijn vraag, toen ik een jaar of tien was, wat het voorvoegsel 'kut' eigenlijk betekende. Haar angst was dat ik met de verkeerde mensen om zou gaan. Die-en-die was onbeschaafd, waarschuwde ze me – en als ik ertegenin ging wees ze me erop dat het hele gezin patiënt van haar was, dus ze wist waar ze het over had. Onbeschaafde meisjes waren helemaal een probleem – stel dat ik te dik met hen werd? Stel dat een van hen zwanger werd? Op het gebied van geboortebeperking was ze een liberaal. Neem geen risico en schrijf de pil voor, dat was haar devies. Maar ze was niet van plan haar zoon de vruchten van die ruimhartigheid te laten plukken. Zelfs bij de pil kon er iets misgaan en een meisje zou het aanbod van een doofpot-abortus kunnen weigeren. Ik ging binnenkort naar de universiteit. En zou daar met een beetje geluk een aardig meisje ontmoeten. Wat vreselijk als me dat allemaal door de neus zou worden geboord wegens een verwikkeling met een of ander wild of willig meiske uit de streek.

Ze had zich geen zorgen hoeven te maken. Voor een jongen in de puberteit is zijn moeder de sjabloon van vrouwelijkheid. Toen ik met meisjes begon uit te gaan, was achting voor de man de kwaliteit waar ik naar zocht. Het was een eigenschap die in het kleinsteedse noorden van de jaren zestig niet moeilijk te vinden was. Zolang je af en toe maar aardig tegen hen was pikten meisjes veel van je, leek het. Ze deden min of meer alles wat je vroeg, behalve zich op bepaalde plaatsen te laten aanraken (dat mocht alleen nadat je voor een nette periode met hen was uitgegaan, een periode die, afhankelijk van het meisje, varieerde van veertien dagen tot vijf jaar). Afgezien van seks hadden wij, jongens, het helemaal voor het zeggen: het leven thuis, een patriarchaat, werd weerspiegeld in het leven buiten. Hoewel ikzelf niet het krachtdadige type was raakte ik eraan gewend de baas in de relaties te zijn, degene die reed, de film uitkoos, de kaartjes voor een dansavond regelde – de appel die niet ver van de boom viel. Een paar jaar voer ik er wel bij. Later kreeg ik tegengas, stuitte ik op zaken waar de moedersjabloon me niet op had voorbereid. Ik was gewend aan intelligentie bij vrouwen, maar niet aan zelfbewustheid. Het was niet bij me opgekomen dat mannen niet altijd hun zin krijgen.

Mijn vader wilde dat ik arts werd – dat ik de praktijk overnam en in de buurt woonde. Mijn moeder kon het niets schelen wat ik deed, zolang het maar netjes was. Kinderen gingen het huis uit – je kon hen niet tegenhouden. Het hoorde bij het opgroeien en zelfstandig worden. Toch voelde ik me schuldig dat ik bij haar wegging. Mijn vader huilde toen ik vertrok (naar de universiteit, twee uur rijden van huis), maar ik wist dat hij eroverheen zou komen. Van mijn moeder wist ik het niet zo – wie zou haar gezelschap moeten houden en steun geven wanneer de situatie met Beaty weer oplaaide?

Zoals altijd gaf werken haar steun. Ze had geen hobby's en hoewel ze een groter lezer was dan mijn vader zei dat niet veel, want hij las alleen maar de *Daily Mail* en de *Sunday Express*. In latere jaren schoof ik haar soms literaire romans toe en eenmaal, in de hoop de Ierse snaar aan te roeren, een boek met gedichten van Seamus Heaney. Maar ze was gelukkiger met gemakkelijke leesstof: Jilly Cooper, Dick Francis, Maeve Binchy. 'Ach, het is allemaal flauwekul,' zei ze wanneer ik informeerde naar het laatste boek dat ze in de bibliotheek had geleend, maar ze zat liever uit te blazen met flauwekul dan te worstelen met hoge kunst. Strengheid reserveerde ze voor taalkundige kwesties. '"Klip en klaar"!' zei ze spottend wanneer een of andere politicus die woorden gebruikte. 'En het is "asterisk" en niet "asterix",' zei ze afkeurend. Een journaliste die ik ken weet zich nog steeds te herinneren dat mijn moeder haar een uitbrander gaf toen ze 'als mij' zei. Zelf gebruikte ze taal spaarzaam. Ze snoeide en knipte, alsof ze weer met een scalpel op OK stond.

Het was mijn vaders idee om met werken te stoppen toen ze zestig werden. Hoewel hij nog altijd goed met zijn meeste patiënten kon opschieten was zijn belangstelling voor de geneeskunde, die toch al nooit erg groot was geweest, al een hele tijd verdwenen. Op hun afscheidsfeestje goten zijn vrienden met zoveel regelmaat whisky in hem dat hij niet meer op zijn benen kon staan (ik heb de foto's waarop hij naar buiten wordt gedragen). De volgende dag was hij vroeg wakker, helder van hoofd en trappelend van ongeduld om aan de slag te gaan. Zijn nieuwe project, het bouwen van een huis op het weiland achter de Grange, wakkerde oude hartstochten en klusjesvaardigheden aan. Hij was gelukkig, ontlast van verplichtingen, vrij om te doen en te laten wat hij zelf wilde.

Mijn moeder was minder gelukkig. Als het aan haar had gelegen zou ze eindeloos zijn doorgegaan met werken. Maar hij haalde haar over er een streep onder te zetten – geen geneeskunde meer, zelfs geen Cawder Ghyll. Ze miste het werk ontzettend. De zeeën van tijd die ze nu had waren als een gevangenschap, niet een bevrijding. Hoewel ze hem met het nieuwe huis hielp was het zijn project, niet het hare. De dagen strekten zich grauw voor haar uit. In tegenstelling tot hem had ze slaapproblemen. Als het dag werd was ze nog wakker en lag ze te piekeren – over het hart van haar man, het gezichtsvermogen van haar dochter, het feit dat haar zoon geen echte baan had. Waarom duurde het zo lang voor ze klaar waren met het huis? Waar zouden ze al hun meubels neerzetten wanneer het zover was?

Wie zou het oude huis kopen, gezien het achterstallige onderhoud? Waren hun pensioenvoorzieningen wel toereikend genoeg? Wie zou voor de hond zorgen wanneer ze de volgende keer op vakantie gingen? Hoe groot was de kans dat ze zouden worden beroofd? Was het wel eerlijk Sandra te vragen te stofzuigen nu ze dat baantje in de boetiek van Nelson had? Zouden ze haar moeten vragen nu huur te betalen? Wat moesten ze doen als ze voor de rechter zouden moeten komen voor die bomen die Arthur zo plompverloren had gekapt? Als ze vandaag naar Skipton ging, wanneer zou het dan minder druk op de weg zijn, 's morgens of 's middags? Waar zou ze parkeren? Zat er wel benzine in de auto? Zou ze een afspraak maken met de kapper? Moest ze hetzelfde permanent nemen als de laatste keer? Zouden ze het grijs kunnen wegwerken...? Nee, de grauwe grijsheid liet zich niet wegwerken. Het werk had muizenissen ver van haar vandaan gehouden, maar nu ze ermee was gestopt werd ze erdoor overspoeld. Ze had, klaagde ze, te veel tijd om te denken. De kleine zorgjes waren het ergst. *Weltschmerz* kon ze nog aan, maar deze maalstroom van zeurende futiliteiten niet.

Ze hield de ernst van haar depressies voor ons verborgen, uit angst dat we verontrust zouden raken. Maar soms bekende ze dat ze 'zwaarmoedig' was, of meldde mijn vader dat ze had zitten 'piekeren en peinzen'. Hij had verwacht dat ze op zou bloeien nu ze een werkeloze dame was geworden. Maar nee, ze verrimpelde en verschrompelde.

En dan waren er de botbreuken. Tweemaal brak ze haar pols bij een kleine val. Aanvankelijk leken het onfortuinlijke ongelukken te zijn, maar toen viel het woord osteoporose – atrofie van het botweefsel. Ze was nog maar vóór in de zestig toen ze er last van begon te krijgen. Het is bekend dat stress en slechte eetgewoonten de aandoening verergeren en in het geval van mijn moeder deed ze er nog een schepje bovenop: een geroosterde boterham als ontbijt, kaas en cream crackers als lunch, vlees en twee stukjes groente (maar de groente sloeg ze weleens over) als avondeten. Artsen die hun eigen gezondheid verwaarlozen, het bekende verhaal. Maar mijn vader was erg pietluttig als het om gezond eten ging. Waarom had hij, zo opdringerig in de meeste zaken, haar geen gezondere eetgewoonten opgedrongen? Of was dit de enige kant van haarzelf waar ze zich aan vastklampte, waarvan ze tegen hem zei dat hij zich er niet mee moest bemoeien, dat ze zelf wel uitmaakte wat ze at of niet? Misschien zat aftakeling in haar genen en waren haar botten gewoon voorgeprogrammeerd om te knappen. Zij, eens één meter zeventig, lijkt nu een stuk kleiner te zijn geworden – alsof het innerlijke verschrompelen, in een depressie, invloed had op haar lichaam. Toen Gill en ik klein waren placht ze tegen de zijkant van de deurpost, met streepjes die ze langs de liniaal trok, te meten hoe groot we waren, om te zien hoeveel we groeiden. Ik stel me voor dat ik hetzelfde met haar doe, om te zien hoeveel ze krimpt.

Ze hielden het chalet in Abersoch zo lang mogelijk aan, maar ze kochten ook een Dormobile voor het maken van tochten. De spectaculairste (waarbij de Dormobile naar de andere kant van de oceaan werd verscheept, in plaats dat ze een Amerikaans equivalent huurden) was in 1973 toen ze vijf maanden door Amerika en Canada toerden. Het excuus was dat ik er studeerde, maar de echte reden waren de reiskriebels. De Dormobile nam de kriebels weg. Later werd de Dormobile geüpgraded naar een Hymer, de Rolls Royce onder de kampeerwagens. 'Er zijn zoveel plaatsen waar we heen kunnen,' zei mijn vader. 'En nu we niet meer werken hebben we alle tijd van de wereld.'

Alle tijd van de wereld was nog steeds niet voldoende om hen in Ierland te krijgen. Dat gebeurde pas in september 1988 toen mijn moeder over de zeventig was en al haar broers en zussen, met uitzondering van Kitty en Eileen, waren overleden.

Vanaf de nachtferry van Holyhead reden ze naar Dublin om te ontbijten, belden Eileen in Crumlin, lunchten in Wicklow, reden door Glendalough, trokken vandaar verder en overnachtten op allerlei kampeerplaatsen. Meestentijds regende het. De koplampen vielen de hele tijd uit, de auto startte niet, de uitlaat brak toen Arthur achteruit tegen een muur opreed en moest met ijzerdraad worden vastgezet. Maar ze gingen op bezoek bij haar beide zussen en ontmoetten verscheidene nichten en neven. In hun dagboek van 1988 staat elke stap van de reis opgetekend. Elke naam en plaatsnaam is onderstreept. Voor de rest van dat jaar (en van alle andere jaren) waren de notities om beurten door hen beiden geschreven. Maar voor de veertien dagen in Ierland is het allemaal zijn handschrift. Zij heeft er niets over te melden.

'Elke dag telt een moment dat Satan niet kan vinden,' schreef William Blake. Toen mijn ouders waren gestopt met werken kwam dat moment rond zes uur 's avonds: een gin met martini voor hem, een gin-tonic voor haar. Bij voorkeur buiten, in het vervagende zonlicht, met het Yorkse steen warm onder hun voeten. De Dales aan de andere kant van de tuin, glooiend in westelijke richting. Fries stamboekvee sloffend door het weiland. Zwaluwen kwetterend boven hun hoofd. Een lens van een opkomende maan. Verrukkelijk.

In 2001 werd van een vrouw geconstateerd dat ze al drie jaar naast het lijk van haar man lag en het grapje ging dat ze geen verschil had gemerkt – de seks, de gesprekken, de bijdrage aan het huishouden waren gewoon hetzelfde geweest. Toen mijn moeder tien jaar terug naast het lijk van mijn vader lag, was het omdat haar leven tegelijk met het zijne was gedoofd. Na een dag of twee stond ze op voor de crematie, maar haar hart had zich in het vuur bij het zijne gevoegd. Had ze dan geen eigen, autonoom zelf? Geen eigen identiteit die het waard was te worden bewaard? Natuurlijk wel. Maar wat beiden samen hadden was groter. Hij had op z'n zachtst gezegd zijn fouten, maar wanneer ze bij hem was voelde ze zich springlevend. Nu voelde ze zich half dood en erg klein.

Ze hield het voor de kinderen vol, maar voor haarzelf hoefde het niet meer. Ze bleef nog een paar jaar autorijden, maar stopte ermee toen ze eens op het gaspedaal trapte in plaats van op de rem en recht door een rotonde ploegde. Ze had een tekkel, Nikki. Ze verzamelde gedenkplaten en snuifdozen. Ze was actief in de christelijke charitatieve beweging Mother's Union, logeerde bij oude vriendinnen en ging babysitten bij haar kleinkinderen. Maar de zin van haar bestaan was samen met mijn vader in vlammen opgegaan.

Ook ik was kapot van verdriet toen hij stierf en ik schreef als therapie een boek met herinneringen aan onze relatie. Toen het uitkwam vroegen de mensen me wat mijn moeder ervan vond. 'Ze vindt het geen probleem,' zei ik, want dat had ze me gezegd. Maar ze zei ook tegen mijn zus, vlak voordat het uitkwam: 'Ik kan mezelf wel opknopen om dat rotboek.' Pre-publicatiezenuwen, dachten we; zodra het uit was zou ze zich wel beter voelen. En toen een paar vriendinnen het lazen en haar de verzekering gaven dat het 'goedbedoeld' was, belde ze me op om het me te vertellen en klonk ze opgelucht. Maar waar de andere boeken die ik had geschreven trots in haar huiskamer lagen bracht dit nieuwe het nooit zover. Na haar dood vond ik het in haar klerenkast, op de bodem van de onderste la. Te oordelen naar de staat waarin de pagina's verkeerden was het nooit opgeslagen. Het lezen van het manuscript was voor haar voldoende geweest.

We hadden vaak over het boek gesproken en ze had er nooit een klacht over geuit, behalve dat ze hoopte dat bepaalde passages als fictie zouden worden gelezen. Maar het feit dat ze het me zonder protest liet publiceren was misschien de toegevendheid van een moeder die haar enige zoon zijn zin geeft. Of misschien was het capitulatie. Nu beschuldig ik mezelf ervan dat ik, precies zoals mijn vader, haar quiëtistische aard heb geëxploiteerd. Welk recht heb ik kritiek op hem uit te oefenen wanneer ik me schuldig maak aan hetzelfde vergrijp?

Het kwam steeds vaker voor dat ze iets brak en haar breuken genazen steeds langzamer. De ergste kreeg ze bij het ongeluk op de rotonde (even buiten Skipton, in een weekend in augustus – het was een wonder dat ze nergens tegenop was gereden, zeiden getuigen). Mijn zus en ik waren op dat moment met vakantie en vanuit haar ziekenhuisbed liet mijn moeder haar vriendinnen met de hand op het hart beloven dat die ons niet zouden bellen: ze wilde onze vakantie niet bederven. Haar gebruikelijke antwoord op elk aanbod voor hulp was hetzelfde: ze wilde niemand tot last zijn.

Na het ongeluk vroeg ik haar of ze ooit had overwogen te verhuizen. Het viel toch immers niet mee, zo op haar eentje, zei ik. En ze gaf zelf toe dat ze neerslachtig was. Zou ze het dan niet leuker vinden ergens anders te wonen?

'Pap heeft dit huis gebouwd voor onze oude dag,' zei ze. 'En nu ben ik oud. Gill mag het hebben wanneer ik er niet meer ben, maar zolang het nog niet zover is ga ik hier niet weg.'

'Ik wil u hier niet weg hebben, mam. Ik vroeg het me alleen maar af. Verhuizen komt onder de beste families voor, weet u – en er zijn mensen die zelfs teruggaan naar hun geboorteplaats.'

'Ik terug naar Ierland? Geen denken aan.'

'Ik wil gewoon niet dat u vereenzaamt.'

'Mijn vriendinnen wonen hier. En Gill. En er komen mensen op bezoek – gisteren kwam nog een verpleegkundige van de Cawder Ghyll langs.'

'Bestaat de Cawder Ghyll dan nog?'

'Nee. Het is nu een bejaardenhuis – voor mensen zoals ik, weet je.'

Het ongeluk betekende het einde van haar autogebruik. Als het aan haar had gelegen was ze doorgegaan, maar het mocht niet meer van de artsen. Ze was afhankelijk geweest van auto's – MG, Alvis, Metropolitan, Triumph Herald, Mercedes, Fiat, Renault – de status van de modellen varieerde met het geld op de bank, maar de auto's hadden onveranderlijk een linnen dak of een open kap. Ze had ze nodig gehad om patiënten te bezoeken. Nu werd zij steeds meer en meer de patiënt.

Zonder een panty zijn haar benen zielig dun. Bonenstaken, noemde zij ze. Botten met een schacht van krimpfolie eromheen. Ze stond als het ware steeds wankeler op haar benen. Maar ondanks haar wankelheid wilde ze beslist thee voor me zetten toen ik op een dag in juli, tijdens een hittegolf, op bezoek was. Terwijl ze door de keuken stommelde, op zoek naar melk, mokken, theezakjes, bekende ze dat ze Tafeltje-Dek-Je had afgebeld. Het was de maaltijdbezorging die we hadden geregeld toen duidelijk werd dat ze niet at. Wanneer had ze het afgebeld, vroeg ik. O, rond Pasen. Waarom? Omdat ze hen meer dan zat was, daarom, en omdat ze het leuk vond voor zichzelf te koken. 'Wat heb ik anders te doen?' vroeg ze. 'Trouwens, ik voel me veel beter.'

Ik werd boos. De reden dat ze zich nu zo'n stuk beter voelde dat ze de maaltijdbezorging kon afbellen, was dat ze at; nu ging ze weer achteruit. En wat het koken voor zichzelf betrof, er waren geen tekenen die daarop wezen. 'Is dit blauwe Stilton?' vroeg ik, niet ironisch, over een stuk blauwe kaas dat ze me aanbood. 'Nee, het is Lancashire.' Ik wees op de schimmel. 'O, ik ben van de kaas afgestapt,' zei ze. En ook van de rest, afgaande op de verrotte halve krop sla en de fles melk die in de ijskast zuur stond te worden. Voor de rest was de ijskast leeg. Ze zei dat er nog genoeg in de vrieskist lag, maar ik vond er maar één eenpersoonsmaaltijd in. Haar handen leefden in de vrieskist, zo te voelen. 'Slechte bloedcirculatie,' zei ze. Ze gaf toe dat het haar weinig meer kon schelen – ze had geen pijn, maar ze had een gevoel of ze alleen maar leefde om te leven, 'dagen en weken en maanden met niets om naar uit te kijken'. Ik wist niet wat ik ertegen in kon brengen. Haar depressie leek volkomen logisch.

De volgende dag nam ik haar mee naar Londen – een smoes om haar te eten te geven, een kans om uit te rusten. Door de verandering van omgeving knapte ze een beetje op. Kathy en ik werkten de hele dag, maar ze genoot van de avonden *en famille*, beschouwde ze zelfs als enorme verwennerij. Na een week zei ze: 'Jullie knuffelen me nog dood.'

DRIE DAGBOEKAANTEKENINGEN, 11-11-96, dodenherdenking

Ik neem de trein om haar in het Gisburne Park op te zoeken. Slechte start op station King's Cross wanneer een man van mijn leeftijd in het rijtuig stapt om een moeder in de leeftijd van mijn moeder weg te brengen – hij opgewekt, zij helder en ongekreukeld, ik nors peinzend over de onrechtvaardigheid van het verouderingsproces: voor de dood van mijn vader zag mijn moeder er jong uit, maar de laatste tijd is ze enkele tientallen jaren aangekomen. Een naargeestige reis, waarbij ook nog komt dat de conducteur ons over de intercom vraagt of we om elf uur zo vriendelijk willen zijn de traditionele twee minuten stilte in acht te nemen ter herdenking van de gevallenen, maar dat de trein dan om één over elf in Retford stopt, en dat betekent het innemen van nieuwe passagiers die niets van het verzoek weten en het uitbraken van oude die de stilte niet in acht kunnen nemen. In de taxi vanaf het station Skipton trekt de hemel dicht. Zwarte wolken strekken zich als kneuzingen naar alle kanten uit. Pendle Hill in de verte heeft de vorm van een oude grafheuvel. Wanneer ik de lange oprijlaan oprijd schiet het me te binnen dat dit de plaats is waar mijn ouders vroeger naartoe gingen voor hun grote, jaarlijkse fuif, het Craven and Pendle Harriers'

Hunt Ball. Ik weet nog dat mijn moeder me haar geparfumeerde wang toeboog voor een nachtzoen en dan in haar hemelsblauwe avondjurk verdween. Overgelaten aan de genade van een baby-sitter kon ik niet slapen, zo lag ik te fantaseren over de heerlijke tijd die ze moest hebben – het buffet en de kroonluchters en de polka's van het dansorkest. Dertig jaar later zie ik de plaats ein-delijk met eigen ogen. De entree waar ze haar bontjas afgaf staat nu vol rolstoelen. In plaats van belles en beaux staan er nu looprekken in de gangen. Waar ik verdrietig van word, is niet zozeer van wat er van deze plaats is geworden als wel van wat er van mijn moeder is geworden dat ze hier weer een bezoek aan brengt. Buiten staan zes croquetbogen te roesten. De pauwen op het gazon kunnen niet de energie oproepen om te schreeuwen. Overal om ons heen memento mori.

Maar mijn moeder, in bed, voelt zich prima en overtreft mijn verhaal over het Intercity Dodenherdenkingsfiasco met een ei-gen verhaal. Ook zij probeerde de stilte in acht te nemen, vertel-de ze, maar om elf uur 'kwamen twee verpleegkundigen van fy-sio binnen en ik kon niets tegen ze zeggen, dat zou onfatsoenlijk zijn geweest.' Ik verdenk haar ervan dit verhaal te hebben ver-zonnen om het gesprek gaande te houden. In andere opzichten lijkt ze me in de war. Ze vraagt of het me is opgevallen 'hoe prachtig het licht was gisteravond om acht uur: ik moet in slaap zijn gevallen – toen ik wakker werd was het nog volop zon.' Avondzon in november? De wereld van tijden en data glijdt van haar weg. Het is alsof ze een paar draadjes kwijt is. Alsof ze niet meer weet welke dag het is.

Tweede kerstdag-oudejaarsavond 1996

Een paar dagen naar Suffolk. Kathy en de kinderen zijn al vooruit gegaan en ik rijd naar Yorkshire om mijn moeder op te halen. Wanneer ik er aankom zitten ze in elkaar gedoken voor

een petroleumkachel, want de centrale verwarming heeft het be-
geven. 'Wat erg voor u,' zeggen we tegen mijn moeder, maar ze
schijnt geen last te hebben van het ongemak – haar lichaam
wordt zo door andere pijnen geteisterd dat een beetje onderkoe-
ling niets meer uitmaakt. Nadat de verwarming is gemaakt
hebben we nog een paar leuke dagen. Maar op het eind, op ou-
dejaarsdag, staat ze bij het aanbreken van de dag op om een
plasje te doen, verliest haar evenwicht en valt op de harde stenen
vloer. Daar vind ik haar een tijdje later. Er zit een diepe jaap in
haar elleboog en hoewel het niet erg bloedt (haar hart is te zwak
om krachtig te kunnen pompen), is haar arm alleen maar bot
en kraakbeen. De dokter in Halesworth vindt het er niet best uit-
zien en wil haar opnemen in een ziekenhuis in Norwich. Ik ver-
tel hem dat ze in Yorkshire woont, dus hij regelt een opname in
Bradford – beter dan Airedale (voor haar het dichtstbijzijnde)
voor een huidtransplantatie. Ze zou vandaag met een paar
vrienden van ons naar huis gaan, maar ik vind dat het mijn
taak is haar ernaartoe te rijden en erop toe te zien dat ze goed
wordt opgevangen. Het is buiten zes graden onder nul wanneer
ik haar koffers in de auto leg. Zelfs de A1 is bevroren. Maar we
zijn er tegen het vallen van de avond – en tegen half negen, na-
dat ze is ingeschreven, in bed is gestopt en in slaap is gevallen,
zegt men dat ik eigenlijk wel naar huis kan – mijn zus komt
haar de volgende morgen bezoeken. Er valt natte sneeuw en van
de M1 in Sheffield is maar één rijstrook open, maar omdat er
geen verkeer is behalve de strooiwagens – wie zou er op zo'n
avond nog uit gaan? – kan ik in een ruk doorrijden naar het
zuiden. Het slaat net middernacht wanneer ik bij de Blackwall
Tunnel ben. In drie uur en veertig minuten thuis. Ik voel me net
zo triomfantelijk als mijn vader, op een van zijn ritten naar
Abersoch toen hij het record probeerde te breken.
De volgende dag is ook mijn moeder triomfantelijk. Het zieken-
huis heeft besloten geen huidtransplantatie te doen. Mijn zus

komt haar ophalen. Verbonden maar opgewekt gaat ze naar huis.

19 mei 1997, verzorgingshuis Cromwell's

Ze is nu twee maanden hier. Is het verkeerd van ons dat we dat hebben goedgevonden, terwijl mijn vader zijn laatste weken thuis doorbracht? Geen idee. Maar toen we ons neerlegden bij wat haar huisarts ons zei, dat een huis als Cromwell's de enige reële optie was, leek het weinig zin te hebben haar nog langer van huis te houden. Cromwell's is vriendelijk, wordt goed geleid en is ideaal gelegen voor bezoeken van buren (ook gemakkelijk voor Gill). Hoewel de aspergillus onvermurwbaar is, doet mijn moeder het hier in andere opzichten heel goed: ze is weer helder en scherp van geest en ze babbelt de hele dag met de verpleegkundigen. Gisteravond zei ze tegen me: 'Het voelt hier meer als thuis dan thuis.'

Vandaag tref ik haar aan in een gecapitonneerde stoel. De knopen zijn, voor zover ik kan nagaan, verdwenen en alleen de smalle elastieken repen waar ze aan vastzaten zitten er nog. Ik stel me voor dat haar lichaam op dezelfde manier uit elkaar valt. Maar haar geest is nog intact gebleven en draait op volle toeren en na een uur ben ik uitgeput van haar woordenstroom. Komt het door de medicijnen? Spaart ze zich voor het bezoek? Of worden alle mensen zo die op de rand van de dood staan? 'Ik ben blij dat je er bent, want ik moet naar de wc,' zegt ze. Ik help haar overeind en ze probeert in haar eentje te lopen, maar haar voeten beginnen weg te glijden zodra ze de grond raken en uiteindelijk moet ik haar half slepend, half tillend ernaartoe brengen, geen grote inspanning, want ze weegt maar achtendertig kilo. Op de wc-bril zakt ze schuin opzij en ik ben bang dat ze eraf zal vallen. 'Ik kan maar beter hier blijven,' zeg ik. 'Ja,' zegt ze, onbekommerd dat dit nooit eerder is voorgekomen, ik daar in

het toilet waar ik de urine hoor suizelen en zie hoe het witte toi-
letpapier tussen haar benen wordt gedept. Ik draag haar terug
naar bed, geen knoeiwerk nu, haar taille tegen de mijne, alsof
we met een navelstreng met elkaar zijn verbonden.
'Tussen twee haakjes, ik weet het,' zegt ze. 'Wees maar niet onge-
rust, ik ben er niet bang voor.' Ze bedoelt de aspergillus en het
feit dat ze niet beter wordt. Haar vriendin Margaret heeft haar
verteld wat de diagnose is toen mijn moeder haar erom vroeg
('En je moet het eerlijk zeggen'). Ikzelf heb het Margaret afgelo-
pen week verteld. Maar mijn moeder kon ik het niet vertellen –
kan het nog altijd niet aan de orde stellen, zelfs nu ze het ter
sprake heeft gebracht. Hoe verkeerd is dat? Heb ik een muur tus-
sen ons opgetrokken? Als ik dapperder en openhartiger was,
zouden we dan diepgaande gesprekken over sterfelijkheid gehad
kunnen hebben? Ik betwijfel of ze dat wil, maar toch heb ik een
gevoel of ik haar heb laten zakken. Ze is wijs, volwassen, een
arts. En ik zit haar maar zinloos in bescherming te nemen tegen
een waarheid die ze al kent.

Epiloog: op een dag zal het telefoontje komen

Op een dag zal het telefoontje komen. Het zal mijn zus Gill zijn, om negen uur 's ochtends. Ze is zojuist gebeld door Janice van Cromwell's, het verzorgingshuis – mijn moeder is opeens slechter geworden, ze ziet 'erg blauw' (een kwestie van bloedcirculatie, niet van de kou) en zij, Gill, vindt dat ik eigenlijk vandaag zou moeten komen. Ik reageer sceptisch: is het echt wel nodig? (Het is Kathy's verjaardag en we hebben afgesproken dat we uit zullen gaan.) Mijn moeder heeft altijd al koude tenen en vingers gehad. Dat ze blauw ziet klinkt voor mij niet als het einde.

Omdat ik het niet vertrouw zal ik Janice bellen, want ik wil het rechtstreeks uit haar mond horen. Ze zal me vertellen dat mijn moeder in eerste instantie vroeg of ze kon worden aangekleed en in een stoel neergezet, wat niets voor haar is – maar dat ze toen overgaf en dat er bloed in haar braaksel zat. Het is moeilijk te zeggen, zal ze zeggen. Mijn moeder heeft geen pijn. Als het wel zo mocht zijn zou ze haar diamorfine kunnen geven, maar dan zou haar ademhaling trager worden en die is al langzamer dan eerst. Het is moeilijk te zeggen, maar als ik kan, kan ik maar beter komen, als het kan vandaag, snel, onmiddellijk.

419

Bevend zal ik de telefoon op mijn werkkamer neerleggen. Maandenlang heb ik dit zien aankomen, maar nu is het ongezien gekomen. Ik zal naar buiten kijken, langs de rozen die de glazen deur omlijsten, voorbij de zomerbloemen aan weerszijden van het trapje naar de kelder, naar het onopwindende, voorsteedse tafereel aan de andere kant van het gazon – hangmat, ligstoelen, badmintonnet – en het zal gewoon onmogelijk lijken dat iemand op zo'n dag dood zou kunnen gaan, want in alle boeken is de dood een winters gebeuren, de dood in mijn eigen beperkte ervaring (mijn vader, vijf jaar eerder) was het korte licht van december en flarden sneeuw. Dat zal ik tegen mezelf zeggen, want ik ben van plan nog een paar uur door te gaan – geen paniek. Er ligt werk dat ik moet afmaken, er zijn zaken waarover ik zou nadenken. Maar omdat ik niet in staat ben te werken of na te denken zal ik in een kwartier een tas hebben ingepakt, een briefje voor Kathy hebben neergelegd en zijn vertrokken.

Ik zal ruim op tijd op het station King's Cross zijn, vroeg genoeg om het perron af te lopen naar het begin van de trein waar een nagenoeg leeg rijtuig is en een tafeltje voor mezelf. Ik zal mijn boeken en paperassen uitspreiden, maar ik zal in de twee uur en veertig minuten naar Leeds alleen maar uit het raam kijken, niks geschrijf, niks gelees. Uit het raam, naar het verleden. Ik heb deze reis de laatste tijd al zo vaak gemaakt, pendelend tussen mijn huis en mijn moeders huis, dat ook de trein een huis is geworden. Ik zal uitrekenen dat ik, met een gemiddelde van één reis per maand, al is het soms eens per week geweest, daarbij alleen gerekend mijn eigen reizen en niet de vakanties in Yorkshire *en famille*, de laatste paar jaren zo'n £ 4000 aan deze reizen moet hebben uitgegeven. Zoals een brave zoon betaamt. Maar zoals een slechte zoon doet, uitrekenen hoeveel het hem heeft gekost. Waar geld is, daar is de duivel. Maar waarschijnlijk heb ik het van mijn moeder. Ontplofte ze immers niet wanneer ik haar opbelde voordat het zes uur was (wanneer het goedkope tarief begint), of wanneer ik uit Londen overkwam op een tijdstip waar niet de dalurenkorting voor gold? En hoe kwalijk dat gecijfer ook is, het moet me ervan weerhouden over die grotere kwestie te gaan zitten piekeren – dat ik onderweg ben om mijn moeder te zien sterven.

Volgens de dienstregeling vertrekt de trein van Leeds naar Skipton één minuut na de aankomst van de trein uit Londen, een dubieuze verbinding zelfs wanneer je het op een rennen zet, maar vandaag zullen we vroeg binnenlopen. Ik zal het gemakkelijk halen, met een speling van drie minuten. Het verloopt allemaal zo soepel dat er een kalmte over me zal komen, alsof ze vandaag niet kan sterven, of dat ze zal wachten tot we allemaal bij haar zijn, zoon en dochter, een herhaling van mijn vaders dood, weliswaar in een tehuis en niet thuis, maar voor de rest rechtstreeks uit een Victoriaanse roman, helemaal volgens het boekje, de familie om het bed geschaard. Dit kalme gevoel zal helemaal tot Shipley blijven. Daar staat de trein twintig minuten stil en dan pas zal iemand zich door de perronluidsprekers verontschuldigen voor de vertraging, 'als gevolg van een ongeïdentificeerd voorwerp dat in Keighley op de bovenleiding is gegooid'. Is dat ongeïdentificeerde voorwerp een lijk? Heeft iemand zelfmoord gepleegd? Of is het een spelletje van kinderen op het spoortalud dat uit de hand is gelopen, een of andere fatale gebeurtenis die nu een obstakel vormt op mijn weg naar een andere fatale gebeurtenis die elk moment zijn beslag kan krijgen, of misschien al heeft gekregen.

Terwijl de minuten verstrijken zal ik op het kleine station in de trein blijven zitten, en steeds meer mensen zullen een zucht slaken, afkeurende geluiden maken, hun spullen bij elkaar zoeken, uitstappen. Hoe lang kan ik me vastklampen aan de zekerheid dat ik het nog zal halen, of aan de berusting dat als ik het niet haal, het zo had moeten zijn, dat mijn moeder te ver heen was om het nog belangrijk te vinden? De zon zal zijn vriendelijke licht over alles uitstorten. Aan de andere kant van het parkeerterrein zullen schoolkinderen lopen, opgewonden, de laatste week van het semester. Ik zal mijn zakdoek pakken en mijn neus snuiten, geen tranen van verdriet maar hooikoorts. Had ik maar een mobieltje bij me, dan kon ik Cromwell's bellen. Wanneer de vertraging nog langer duurt zullen ze omroepen dat er een bus wordt gestuurd en hij zal, wanneer hij dan eindelijk komt, de passagiers bij de stations afzetten, de stations waarvan ik de naam ondertussen al in volgorde uit mijn hoofd ken: Saltaire, Bingley, Crossflatts, Keighley, Steeton & Silsden, Cononley, Skipton. Ik zal me ondertussen al een tijdje hebben zitten afvragen of ik geen taxi zal nemen en nu zal ik uit de trein stappen en op zoek gaan. Terwijl ik door de straten dwaal zal ik mijn moeders verwijten al horen wanneer ik straks bij haar ben: 'Een taxi? Helemaal van Shipley? Hoeveel heeft dat wel niet gekost? Waarom die haast? Je wist toch dat ik zou wachten?' Zou ik, voordat ik een taxi heb, niet vanuit een cel moeten bellen om te horen hoe het met haar is? Als ze is opgeknapt of al dood is, zal een langzame rit per bus er niet meer toe doen. Maar toch doet het er wel toe. Eindelijk begin ik in paniek te raken: ik wil er zo snel mogelijk heen.

Op het grote plein zal een rij van vier geparkeerde taxi's staan die er allemaal heel plattelands uitzien. Ik zal mijn hoofd door het raampje van de eerste steken en de chauffeur zal op de passagiersplaats kloppen en zeggen: 'Stapt u maar in.' Wanneer ik hem eerst wil vragen of hij me naar de andere kant van Skipton kan rijden, minstens dertig kilometer, veel verder dan zijn gebruikelijke route, zal hij gewoon opnieuw op de zitplaats kloppen. Ik zal instappen en naast hem gaan zitten en mijn twee tassen zullen achter ons worden gedumpt. Hij zal groot en vriendelijk zijn, Voor-Indisch, met een licht pokdalige huid. Naar Skipton dus, zal hij zeggen en hij zal me erop attent maken dat er een meter in zijn taxi is en ook dat hij (paradoxaal genoeg) nu moet worden betaald. Ik zal hem geruststellen: ik kan het heus betalen, het komt best goed. Hoeveel gaat het ongeveer kosten? Hij heeft moeite met de optelling, of met de taal – een van beide. Zestig à zeventig, zal hij zeggen, en ik zal vol ongeloof reageren en aanstalten maken uit te stappen, maar dan schrijft hij 16/17 op een stukje papier, en ik zeg goed en geef hem opnieuw de verzekering dat ik het geld bij me heb en zal zeggen dat ik haast heb omdat mijn moeder erg ziek is. We zullen langzaam wegrijden. In het drukke verkeer zal hij moeilijk kunnen opschieten, maar zelfs wanneer we een vrije baan hebben zal hij niet harder gaan dan vijftig en ik begin me af te vragen of hij (al zeg ik het nog eens twee keer) heeft gesnapt dat ik haast heb, omdat mijn moeder erg ziek is. De meeste tijd zal hij zitten te kakelen in zijn mondstuk aan het eind van de flexibele pijp – hij zegt iets, drukt op een knopje, produceert uit het mondstuk een gesis en daardoorheen een stem die ook zit te kakelen. 'Mijn vriend,' zal hij ter verklaring zeggen, met een grote grijns over zijn volle breedte, en hij zal eraan toevoegen dat hij uit Keighley komt, niet Shipley, en dat hij dus de weg naar Skipton kent, het is allemaal oké. En ik zal me afvragen of het inderdaad allemaal oké is, of een man die op weg is naar zijn moeders dood niet iets beters verdient dan dit, iemand die serieuzer en waardiger is, of op zijn minst er op tijd aankomt.

Terwijl we in een file door Bingley rijden en berusting de paniek verdrijft, zal ik naar zijn gezin informeren. Hij heeft twee zonen, zal hij zeggen, van drie en vijf. En is hij hier geboren? Ja. En zijn ouders? Die zijn hier in 1958 gekomen. Dat is vroeg, zal ik zeggen, en ik bedenk dat bruine gezichten toen zeldzaam waren, dat al de anti-Pakistaanse mopjes pas kwamen toen de instroom in de jaren zestig toenam. Ja, zal hij met een glimlach zeggen, erg vroeg, trots dat zijn ouders tot de eerste golf behoorden. Maar de Voor-Indische gemeenschap in Yorkshire is nu groot, zal hij zeggen, tachtig- of negentigduizend man. En we zullen na Keighley door het dal rijden, met regenspetters in de lucht, en ik zal naar de natte heuvels kijken en naar de weilanden die in hun U ingebakerd liggen en naar de rivier de Aire die ze in tweeën snijdt, en ik zal bedenken hoe ongerijmd het eigenlijk is dat mensen uit een ver, warm land hier komen wonen, hoe leuk ook, want deze streek was indertijd saai en monochroom. In de jaren zestig woonden in Skipton maar een paar Voor-Indische gezinnen, neergeplant aan de rand van de stad alsof ze er elk moment uit verdreven konden worden. Nu wonen hier veel meer Voor-Indische gezinnen, niet allemaal aan de marge, niet allemaal arm.

Of ik ooit in Pakistan ben geweest, zal hij vragen. Wel in India, maar nee. Zijn familie komt uit Kashmir. Toen hij er het afgelopen jaar was, was het constant een gekakel vanjewelste. Met Voor-Indiërs is het altijd een gekakel vanjewelste, waar ze ook zitten. De Engelsen zijn zo rustig, vindt hij. Hij zal vragen waar ik woon en dan of ik het leuk vind in Londen en of ik Yorkshire niet mis, wat inderdaad zo is. Mijn moeder en zus wonen er nog, zal ik zeggen (zwijgend tussen haakjes: mijn moeder nog maar nauwelijks). Ik ga er vaak op bezoek, maar mijn kinderen zijn echte Londense kinderen en ikzelf woon er al meer dan twintig jaar. En waar woont hij? Hij woont in Keighley, zal hij zeggen, hij vindt Londen maar niks, het is een smerige rotstad, hij is er een keer geweest, maar dat is eens maar nooit meer. Dus het leuke van hier is het platteland, zal ik vragen, met een knik naar een hooiveld of naar een paar met koeienvlaaien bedekte vierkante meters bij de rivier. Nee, hij heeft liever de stad, zoals alle mensen uit Voor-Indië. Maar in Pakistan zullen toch wel een heleboel mensen van de opbrengst van het land leven? Jawel, zal hij zeggen, maar we hebben liever de stad, niet begrijpend waar ik naartoe wil, of mij beleefd tegensprekend. Je werkt alleen maar op het land als er verder niets te doen is. Alleen blanke Europeanen uit de middenklasse doen romantisch over akkers.

Het zal nu gestaag miezeren, bovendien is het St Swithin's Day en dat betekent veertig dagen en nachten regen. Maar toch zal hij nu voortgang maken, haalt op de rondweg van Skipton de tachtig, maar het stuur begint te trillen als hij harder rijdt, zoals hij me laat zien – de auto heeft gecoverde banden, vandaar. Het voertuig is niet van hem, maar hij heeft het gehuurd van zijn baas en die rijdt het voor het gemeentebestuur van Shipley. Als de auto privé was geweest zou hij wel in betere staat zijn, maar het gemeentebestuur doet alles op een koopje, als ik begrijp wat hij bedoelt. Tijdens dit hele gesprek zal een deel van mij bij mijn moeder zijn, zal vooruit zijn gegaan en bij haar in de kamer zitten, nauwlettend naar tekenen van leven speuren, die het ene moment vinden en het andere kwijtraken. Joost mag weten of ze nog ademhaalt. Ik weet het in elk geval niet, want ik zit hier opgesloten in het heden, in een gammele kar, met een chauffeur die, afgaande op zijn snelheid, liever rijdt dan aankomt. Maar terwijl ik naast hem zit en naar zijn gepraat luister, lijken verleden, heden en toekomst te vervliegen. Ik word weer kalm, weet dat ze me niet zal laten zakken.

Tien minuten later zullen we er zijn, stoppen we voor Cromwell's. Hij zal wachten terwijl ik mijn zakken afzoek naar de ritprijs, het blijkt £26 te zijn geworden, vraag me niet hoe het kan. Inmiddels is het tot hem doorgedrongen wat voor huis dit is en ziet hij, net als ik, een oud gezicht troosteloos door het raam naar buiten turen. Wanneer hij zonder me aan te kijken mijn geld aanpakt, zal ik merken dat hij het streng afkeurt dat ik mijn moeder in een tehuis heb gestopt (wat een moslim nooit zou doen). Terwijl hij wegrijdt voel ik me door hem beoordeeld: aan de ene kant heb je hem, een man uit deze buurt met familiewaarden, aan de andere kant heb je mij, een vreemde uit de wildernis van Londen zonder besef van verwantschap of bloedband.

Janice zal staan te wachten om me binnen te laten, niet de Ja-

nice die ik eerder sprak, maar haar kleinere en blondere plaatsvervanger die net zo heet. Ik zal in mijn eentje naar kamer Byron
lopen. Mijn moeder zal er nog zijn – zelfs als ze dood was zou ze
er nog zijn, maar ze leeft, is bewusteloos, haar hoofd ondersteund door een kussen, niet worstelend om lucht te krijgen en
ook niet hoestend zoals de laatste paar maanden, maar veel gemakkelijker ademhalend, dichter bij de dood. Gill zal bij haar
zijn, zal daar al de hele dag hebben gezeten en we zullen elkaar
plichtmatig op de wang zoenen, willen geen van beiden worden
afgeleid. Ze zal zeggen dat mam omstreeks lunchtijd een beetje
heeft gepraat – een ja of nee als bevestiging, verder niets – maar
dat ze sindsdien niets meer heeft gezegd. Ik zal op de rand van
het bed gaan zitten en mijn moeders handen vasthouden (die
nu warm zijn) en ik zal zeggen dat ik er ben. Maar haar ogen
zullen voor driekwart gesloten zijn en ze zal niet op mijn aanwezigheid reageren. Nu en dan zal er een 'hm' klinken, een kreun-
tje van instemming, maar ze zullen op willekeurige momenten
komen, niet als antwoord op wat wij zeggen. Janice, de oorspronkelijke Janice, niet de Janice die me binnenliet, zal binnenkomen en zeggen dat het altijd zo gaat bij comapatiënten: ze
weten dat je er bent en willen je laten weten dat ze het weten,
maar ze kunnen niet adequaat reageren. Zo ook bij terminale
zieken: het gehoor is het laatste zintuig dat wegvalt. Het is een
gedachte waar ik behoefte aan heb, een troost voor het feit dat
ik niet op tijd ben gekomen om mijn moeder te horen praten. Of
het waar is, is vers twee: ze is voor de helft doof en haar goede
(linker)oor is het oor waar ze op ligt. Volgens Janice zal ze waarschijnlijk vanavond overlijden, maar ze haalt gemakkelijk adem,
dus misschien duurt het langer.

Wanneer Gillian dat hoort zal ze gerustgesteld naar huis gaan,
aan de overkant van de weg. Haar kinderen zijn uit school, ze
moet thee zetten en haar man Wynn te pakken zien te krijgen;
die heeft ze naar het station gestuurd om me op te halen en mis-

schien staat hij er nog. Ik zal me opmaken voor een lange wake. Maar vijf minuten nadat Gill is vertrokken zal mijn moeder opeens haar ogen opslaan, zal ze me strak aankijken, en mijn hart zal opspringen van blijdschap en ik zal beginnen te praten, heel snel, heel zacht, kleine niemendalletjes, geruststellende woorden, communicatielijnen die haar weer binnenboord moeten halen: Ja mam, ik ben er, ik weet dat u niet lekker was vandaag, u hebt een slechte dag gehad, maar we krijgen u er gauw weer bovenop, we letten allemaal op u, Gill is hier de hele dag geweest, Janice is er ook, ik zie dat u uw ogen open hebt, u kunt me zien hè mam, ja ik ben hier ziet u wel, kunt u me horen, ik ben hier. Ik zal dat allemaal zeggen, maar ze zal me alleen strak aankijken en dan licht haar voorhoofd rimpelen, de zweem van een frons, alsof ze half-en-half registreert wat ik heb gezegd, maar het er niet mee eens is, of niet weet wat ze ervan moet maken, en dan zal op haar gezicht een uitdrukking van nog grotere verwarring verschijnen omdat er iets gebeurt wat nooit eerder is gebeurd, en haar gezicht zal betrekken en ze zal haar lippen op elkaar persen en in een van haar mondhoeken zal een druppeltje verschijnen, en dan zal ze haar mond wijder opendoen, schutterig, alsof ze iets enorms en definitiefs wil zeggen, alsof ze het er eindelijk uit wil hoesten, zichzelf wil bevestigen en het duidelijk te kennen wil geven, en de inspanning die deze hoest of zelfbevestiging haar kost is zo groot dat ze haar ogen zal sluiten, zal samenknijpen, en dat haar ogen zullen tranen van de inspanning (hoewel ze gesloten zijn zie ik dat ze tranen) en dan zal de stille hoest door haar heen trekken en weer door haar heen trekken en weer voor de derde maal, en wanneer haar mond bij de derde maal open- en dichtgaat zal er geen adem meer komen, alleen een traan in een van haar ooghoeken. En de manier waarop beide ogen wijd opengaan en naar het begin hiervan staren, zal me precies aan mijn vader doen denken, het laatste moment toen hij door me heen keek en zijn hele leven aan zijn ogen voorbij zag gaan. En vooral door deze herinnering, meer nog dan door het wegvallen van haar ademhaling of een beweging, zal ik beseffen dat mijn moeder zojuist is overleden.

Een blik op de klok: vijf over zes 's avonds, nog maar veertig minuten terug kwam ik hier aan. Ik zal hyper zijn, en trillerig, en ik zal mijn gezicht tegen het hare leggen, als een spiegel die je wilt bewasemen. En omdat ik mezelf ervan heb overtuigd dat ze misschien nog ademhaalt, of in elk geval nog net, zal ik haar hand loslaten en Gill bellen op het toestel naast het bed en zal ik tegen haar zeggen dat ze moet komen, nu, gauw, nu. En het is geen verbeelding, want ik zie de ader in mijn moeders hals kloppen en een andere kloppende ader beneden in haar hals, en dan zal de voordeurbel van het verpleeghuis gaan en daarna (omdat er niet wordt opengedaan) nog eens en ik zal ernaartoe hollen om Gill open te doen en terugrennen, en dan zullen we allebei aan weerskanten van het bed zitten en ons over het lichaam buigen waar we allebei uit zijn gekomen en we zullen het afspeuren naar leven. Op zeker moment zal Gill haar arm strekken om te voelen of er een pols is, maar de pols die ze vast heeft is mijn pols die mams pols vast heeft, en even hebben we het niet in de gaten en tuinen we erin – leven! hoop! – maar dan barstten we in lachen uit om de absurditeit, want we weten nu dat er geen twijfel mogelijk is, ze is dood. Maar we zullen nog niemand roepen. Want we willen dit – haar – voor onszelf alleen hebben.

Het zal vreedzaam zijn, daar te zitten: geen reden om bang te zijn dat het ergste zal gebeuren nu het is gebeurd, en voor iedereen het beste.

Na een minuut of vijf zal ik de gang oplopen en Janice roepen, elke Janice, en een van hen zal binnenkomen, een beetje opgejaagd, een beetje overdonderd en een tikkeltje nerveus, alsof we ons ontstemd of bekocht zouden kunnen voelen, omdat het zo plotseling is gegaan. Ze zal de geen-pols voelen en ons vragen haar tien minuten de tijd te geven om de 'arme schat te verzorgen' en dat doen we schoorvoetend. Wanneer we terugkomen zal onze moeder plat op haar rug liggen, door niets meer ondersteund, en zal ze een gele bloem tussen haar handen hebben waarvan de blaadjes tegen haar kin rusten. Ik zal die bloem om principiële redenen vreselijk vinden, een kwestie van liefde en solidariteit, want ik weet dat ook mijn moeder hem vreselijk zou hebben gevonden. Ik zal haar willen aanraken, uit medeleven met het feit dat ze hem vast moet houden en met alles wat ze had moeten doormaken. Maar ik zal veel te geremd zijn om haar aan te raken, wat ik niet had bij mijn vader toen hij stierf: ik heb het gevoel dat ik inbreuk zou plegen, iets ongepasts zou doen – Gill kan het doen, maar voor mij zou het op grensschending lijken. Ik zal alleen haar handen aanraken om te controleren of ze warm zijn en haar een kus op haar voorhoofd geven, zoals we tante Beaty hebben beloofd (die we hebben gebeld tijdens de tien minuten buiten haar kamer, de eerste die het weet). Haar gezicht zal opmerkelijk zijn genezen van de val die ze drie weken terug heeft gemaakt, alleen een schaafwond op haar rechterslaap. Onberoerd ligt ze op het bed, met hoge jukbeenderen en het haar teruggekamd, en ze zal er mooi uitzien. Alles heeft ze nu van zich afgelegd: warmte, vlees, koppigheid, het leven. Ze zal eruitzien als het lam in het pasgeschoren schaap. Bijna een kind. Agnes.

Ik zal een beetje huilen, niet veel wanneer Gill er is, veel meer wanneer ik naar het lege huis loop. Het kan niet voor mijn moeder zijn dat ik huil, want ze is (zegt iedereen) nu beter af, maar voor mezelf. Wat me onder andere verschrikkelijk zal aangrijpen zijn de kaarten voor haar tachtigste verjaardag van drie maanden terug, met de knullige rijmpjes die beloven dat de beste jaren allemaal nog zullen komen. Ik zal een fles whisky uit haar kamer pakken, hij is voor negen tiende leeg, en ik zal hem naar binnen gieten. Ik zal naar het huis van mijn zus lopen en mezelf met tv verdoven. Ik zal opnieuw grote, snakkende golven verdriet voelen wanneer ik mijn moeders huis weer inkom. Maar ik zal in haar bed als een blok in slaap vallen, op het bultige schuimrubber matras dat ze ondanks haar rugproblemen gierig aanhield. Geen spoken. Geen nachtmerries. Wij beiden vreedzaam.

De volgende morgen zal ik om half acht wakker worden, aardig uitgerust, best oké. De zestiende juli. Ik moet vanavond een lezing houden voor de Arvon Foundation in Hebden Bridge, een halfuur hiervandaan. Ik heb het maanden terug afgesproken, ten dele omdat ik dan *en route* bij mijn moeder langs kon. Ik zal het gewoon door laten gaan, bedenk ik – niet vertellen wat er is gebeurd en me gewoon aan mijn afspraak houden. Ik laat me niet kisten, ik kan zakelijk en privé van elkaar scheiden, geen probleem – dat zal ik een minuut of tien tegen mezelf zeggen, maar dan zie ik mijn moeder weer in haar kamer in Cromwell's: na de donzige fantasie dat ik het aankan de marmeren werkelijkheid van haar dood. Ze zal er nog altijd mooi uitzien, haar lippen iets strakker om haar tanden, haar mond op een minder slappe manier half geopend. Ik zal naast haar gaan zitten en in huilen uitbarsten en ik zal wachten tot ze zich uit haar ijshouding verroert en me troost. Ik huil als een kind, maar ze zal geen moeder voor me zijn – ze is deze ex-moeder geworden, niet vertroetelend, niet bereikbaar. Ik heb weleens gedacht dat ze, toen ik klein was, misschien veel warmer tegen me geweest zou kunnen zijn dan later, veel aanhaliger. Maar ik zie nu dat het niet waar kan zijn, want anders zou ik me nooit zo kwaad maken over haar onbeweeglijkheid – dat ontbreken van enige reactie is pijnlijk onvertrouwd. Voor het eerst voel ik me alleen. Een of twee keer dacht ik dat ik haar aan dementie kwijt was geraakt, maar ze kwam altijd terug. Nu niet; nooit niet.

De dag zal zich eindeloos voortslepen.

Om negen uur zal ik de krant lezen. Mijn moeder zal niet de enige dode zijn geweest. Daar zal de modeontwerper Gianni Versace zijn, neergeschoten voor zijn villa in Miami. En Bernadette Martin, een achttienjarig katholiek meisje dat verliefd was geworden op de protestantse Gordon Green uit Aghalee in de County Antrim en dat bij hem en zijn zus was blijven slapen, vier keer door haar hoofd geschoten door een loyalistische schutter die het huis was binnengedrongen en naar de slaapkamer was gelopen.

Om tien uur zal de begrafenisondernemer komen. Het zal Malcolm zijn, de man die ook mijn vader deed – als het zo doorgaat zullen we hem de familie-begrafenisondernemer moeten noemen, al heeft hij, zo zal hij ons vertellen (hij heeft het opgezocht en geturfd), in de tussentijd 248 begrafenissen verzorgd. Kwam hij voor mijn vader nog met een doodskist voorrijden, bij mijn moeder zal hij met een houten wagentje komen, onopvallend achter in zijn stationwagen. We zullen een datum voor de begrafenis vaststellen, dinsdag de week erop, en dan zal ik weggaan, niet blijven kijken, maar wel elke beweging voor mijn geestesoog zien, mijn moeder die van het bed wordt getild, op haar wagentje wordt gegespt en dan naar buiten wordt gereden, half rechtop alsof ze zit, in de ogen van de hele wereld een bejaarde patiënt die voor een onderzoek naar het ziekenhuis gaat. Ik kan het wagentje wel begrijpen. Patiënten in Cromwell's zitten graag uit het raam te kijken naar wat zich buiten afspeelt en een doodskist zou slecht zijn voor het moraal. Maar ik betwijfel of ze zich zo gemakkelijk bij de neus laten nemen. Het bericht zal de ronde hebben gedaan. De dokteres – mevrouw Morrison, u weet wel, die mevrouw in Byron verderop in de gang, die altijd met de zusters zat te praten, heel zielig, gisteravond, arm mens.

Om elf uur zal dokter Suleman opbellen met een probleem. Hij is de arts die mijn moeders dood heeft vastgesteld. Maar omdat hij pas de vorige dag bij de praktijk is gekomen en mijn moeder niet in levenden lijve heeft gezien, mag hij van de lijkschouwer de overlijdenspapieren niet tekenen. De twee artsen die haar de voorafgaande veertien dagen wel hebben gezien en de papieren dus zouden kunnen tekenen, zijn allebei met vakantie en komen pas maandag terug, waardoor alles erg krap wordt voor de begrafenis, want het crematorium moet het groene formulier minstens vierentwintig uur van tevoren van de lijkschouwer hebben gekregen. Het alternatief is een obductie... Ik zal tegen hem zeggen dat we erover na zullen denken en hem terug zullen bellen. Maar we hoeven er geen minuut over na te denken: mijn moeder heeft maanden en maanden een langzaam sterfbed gehad, iedereen wist wat ze had, en nu haar lichaam bezoedelen, hoe dood het ook is (de maag openritsen, de ribbenkast uit elkaar wrikken, het hoofd insnijden), nee, nee en nog eens nee, dat is een onwaardigheid te veel. De artsen moeten het maandagmorgen maar voor elkaar zien te krijgen. Ik zal dokter Suleman opbellen en hem dat vertellen en hij zal ermee instemmen.

Om twaalf uur zullen we Byron leegmaken en moeders spullen eruit halen – de radio, de rechte stoel, het nachtkastje, het houten tafeltje dat uit haar huis aan de overkant is gehaald, zodat ze zich hier meer thuis zou voelen. Ook de onaangesproken dozen chocola, de ongeopende cadeauverpakkingen zeep en parfum, de bloemen, de planten, de kleren, de glinsterende labradorbroche, de camee, de badges met de tekst: 'Tachtig jaar jong' en: 'Het kan me eerlijk gezegd geen donder schelen, schat' van haar verjaarsfeest. We zullen alles mee terugnemen naar haar huis, zullen de mantels en jurken in de klerenkast hangen, haar kaptafel vullen met panty's en onderbroeken, de meubelen weer op hun rechtmatige plaats zetten, alsof ze binnen zou kunnen komen en weer opnieuw zou kunnen beginnen; of om voor onszelf weer een gevoel van orde te krijgen, of om ons gewoon te wapenen tegen de aangrijpende aanblik, op de vensterbank, van de bruine, plastic kammetjes die ze in haar haar droeg.

Om één uur zullen we kijken wat er in haar tas zit: drie briefjes van tien pond, één van vijf en wat kleingeld; een bankpasje waarvan de handtekening nauwelijks leesbaar is; een telefoonkaart; verder niets.

Om twee uur zullen we een boterham eten en de Tarte au Citron-chocoladereep delen die we op haar kamer hebben gevonden, met op de wikkel 'Uiterste verkoopdatum 15-7-97', gisteren.

Om drie uur zal Trevor komen, de anglicaanse priester, aardig en opgewekt. Toen mijn vader overleed was hij nog maar pas bij deze parochie, maar mijn moeder heeft hij vrij goed leren kennen. Ze ging zelfs een poosje naar de kerk, maar stopte zomaar opeens. Vond ze de dienst van de anglicaanse kerk misschien niet echt, vraagt hij zich af. Ze hadden vaak gesprekken over het geloof. Twee weken terug was hij nog langsgekomen om haar te bezoeken, maar de verpleegkundigen zeiden dat ze vijf minuten nodig hadden om haar te verschonen, maar toen twintig minuten later nog niets erop wees dat ze klaar waren, was hij weggegaan. Terwijl hij dit vertelt zal de gedachte bij me opkomen dat mijn moeder om de een of andere reden (angst? schuldgevoel? katholicisme?) hem niet wilde zien en dat de verpleegkundigen haar een handje hebben geholpen. En toch bekvechtte ze graag met hem. Wat de begrafenisdienst betreft, twee gezangen is normaal, zal hij zeggen. Gill zal 'Amazing Grace' kiezen. Ik zal 'Abide with Me' nemen.

Om vier uur zal ik naar Skipton rijden om gedenkkaarten te laten drukken, voor vrienden die te oud zijn of te ver weg wonen om naar de begrafenis te komen.

Om vijf uur zal ik de mensen opbellen die wel kunnen komen, hun de plaats en de tijd geven. Tante Edna zal in huilen uitbarsten, Catherine Manby ook. Twee mannen zullen vreselijk zijn, helemaal de verkeerde toon, te vlak, bijna ongepast lollig.

Om zes uur zal ik met Gill en Wynn voor de rest van de avond dronken worden. Wynn zegt dat hij niet tegen lijken kan. De tijd die hij doorbracht bij zijn schoonvader (uit zijn eerste huwelijk) die aan kanker leed heeft hem niet onbeschadigd gelaten. 'Het bezorgde me voor mijn hele leven een afkeer van de dood.'

Om elf uur die avond zal ik in haar bed stappen. Zoals altijd zal in de kamer nog haar geur hangen. Hoeveel langer zal hij er nog blijven? Hoe draaglijk zal het leven zijn geworden wanneer ik de laatste geurzweem van haar kwijt ben?

En de dag van de begrafenis zal zomers zijn, maar ingetogen, met een donkere wolk die vol respect het blauw bedekt. Koekoeksbloemen en fluitenkruid zullen in de verwaarloosde tuin in bloei staan, roze fuchsia bij haar voordeur. Een paar oude vriendinnen zullen het laten afweten, maar de kerk zal vol zijn. En daarna, en na de crematie, zal een dertigtal gasten met ons teruggaan naar het huis van mijn ouders, zoals ze al zo vaak hebben gedaan, maar nooit zoals vandaag zonder de gastheer en de gastvrouw. Buiten, aan de rand van het gazon, zal een zestal kinderen, met één golfclub voor hen allemaal, op het weiland net zolang golfballen chippen en slaan tot de laatste bal zoek is geraakt.

En ik zal me bezorgd afvragen of het niet verkeerd was een Iers katholieke vrouw te laten sterven in een verpleeghuis dat Cromwell's heet.

En ik zal me proberen te herinneren of het raam van haar kamer wel openstond toen ze stierf (in legenden verlaat de ziel via de poort van de tanden het lichaam en vervolgens, als er een raam openstaat, het huis – anders blijft de ziel in het vagevuur)? Ging er een schaduw voorbij? Danste er buiten een extra koolwitje?

En na afloop, in het lege huis, zal mijn zus, geërgerd, tegen me zeggen dat ik natuurlijk best wel weet nietwaar dat zij, mam, meer van haar, Gill, hield dan van mij.

En de volgende morgen zullen vijf kraaien en vier eksters bezit nemen van het gazon en oprukken in de richting van de doden, verwaand stappend alsof ze hier de baas zijn.

En de morgen daarna, mijn laatste in Yorkshire, zal er een blauwe, afgeroomde hemel zijn en zal er mist hangen op de bodem van het dal bij het kanaal. En ik zal terugdenken aan de mist waar ik doorheen reed toen ik op bezoek ging bij mijn moeder toen ik vier jaar terug in Preston was voor de rechtszaak wegens de moord op de kleuter James Bulger. En ik zal denken aan de witte mist die haar longholten vulde, de aspergillus, en ik zal me afvragen hoe lang geleden die schimmel is begonnen. Was hij er destijds in 1993 al, of pas toen mijn vader stierf, of in mijn jeugd, of toen ze elkaar ontmoetten, waren de schimmelsporen toentertijd al aanwezig, wachtend op het moment dat het lichaam zou verzwakken, zodat ze (net als die kraaien en eksters) konden oprukken om bezit te nemen van de plek.

En in de heggen zal koekoeksspog hangen: het schuim van het verdriet, de uitgespogen nood van de rouwenden.

En voordat ik wegga maak ik zonder enige reden een inventarisatie van haar keukenkastje: 1 blikje Heinz champignonsoep; 1 pak Bistro bouillonpoeder, klonterig en hard geworden; 1 Saxa zoutstrooier; 1 pot Horlicks cacaopoeder; 1 glazen fles met een halve centimeter bruine azijn; 1 zout-peper-en-mosterdset (hout), minus het deksel van de mosterdpot; 1 pakje gedroogde uien; 1 blikje mandarijntjes, goed tot dec 96; 1 pak Uncle Ben long grain rijst; 1 pot mango-chutney; 1 pak Davis gelatine, jaren oud, prijs 10p; 1 fles Lea & Perrins worcestersaus; 1 pakje laurierbladeren.

En haar overlijdensadvertentie zal in de plaatselijke krant komen, naast een verhaal over Melvyn Burgess, een kinderboekenschrijver die in Earby woont en wiens boek *Junk*, over tieners die aan heroïne zijn verslaafd, een belangrijke prijs heeft gewonnen.

En haar vriendinnen zullen me vertellen hoe 'ondoorgronde-lijk' mijn moeder was.

En terug in Londen zal ik er niet aan kunnen wennen dat de telefoon niet meer gaat. Om half zeven zal een deel van mij nog steeds klaarstaan en alert zijn, een inwendig oor zal gespitst wachten op haar avondtelefoontje ('Na zessen is het goedko-per') en op het laatste nieuws over haar gezondheid. Nu is er geen laatste nieuws meer. Nu is ze oud nieuws.

En ik zal denken aan de kastanjebruine vlecht van vijfenveer-tig centimeter die ik in haar klerenkast vond, en aan alles wat er tegelijk mee werd afgeknipt, waaronder woede kwaadheid en individualiteit.

En ik zal me afvragen of de Mariadevotie waarin ze was grootgebracht, haar heeft geholpen om geestelijke rust te vin-den. En of het door het rooms-katholieke geloof kwam, of door het opgeven ervan, dat ze zo lankmoedig was geworden. En of deeltjes van haar geloof onzichtbaar, als zaadstof, bij mij naar binnen zijn gewaaid.

En ik zal op mijn rug op het nachtelijke gras liggen en naar de augustushemel kijken, naar de vallende sterren, de asregen van melkwegen. Vanavond erg groot, niet de gebruikelijke klei-ne, schuine volleys, maar opwaaierende fonteindruppels, verti-cale pluimen, met een naaisteek van zilver erachteraan. Hart-verstillend om te zien. Zoveel vuur en vervoering. En ik zal me herinneren dat in februari, toen mijn moeder bijna stierf, de ko-meet Hale-Bopp toekeek vanaf een van de hoeken van de he-mel. Zijn staart was wit en in slowmotion, zoals de schimmel in haar longen. De lichtshow in augustus daarentegen is feestelijk: lange levens schieten in een flits aan onze ogen voorbij, verlich-te slakkensporen zijn miljoenen malen versneld. Een prettige manier om over de doden te denken, dat dit hun dartelende zielen zouden kunnen zijn, elk zoevendsnel ritssluitingspoor een blij, voor ons bestemd vaarwel, alsof ze willen zeggen: 'Het

gaat ons allemaal goed, laat ons nu maar gaan – en niet verdrietig zijn.'

En maanden later zullen we haar as tussen de rozen ver-
strooien, daar waar de as van mijn vader is verstrooid.

En we zullen teruggaan naar Killorglin en de Carrauntoohil
beklimmen, de hoogste berg van Ierland, en we zullen ons op
de top verliezen en uitgeput raken als gevolg van vochtigheid en
paniek voordat we een weg naar beneden vinden.

En de heggen van Kerry zullen bloeden van rode fuchsia.

En haar gedenkdagen zullen komen en gaan. En anderen zullen haar in de duisternis volgen, onder wie oom Ron – en Beaty,
die me tot het laatst bleef schrijven en bellen.

En ik zal nog meer neven ontmoeten – Peter en Kerry Kehoe
(de zonen van Eileen), die voor DuPont werken, Peter en Alex
Curtin (van Kitty), allebei in het bankwezen, al is Alex' passie
vliegvissen en heeft hij een boek over de eendagsvlieg geschreven. En nog andere neven en nichten op het huwelijk van Marguerites zoon Ivor waarvoor ik ben uitgenodigd, eindelijk een
ere-O'Shea, al is het dan voor een dag.

En bij de dingen die mijn neven en nichten me zullen geven
zullen foto's zijn. Op geen enkele zal mijn moeder jonger zijn
dan twintig, maar op verschillende staat ze blij met haar zussen,
alsof ze weer tot jeugd en leven is gewekt.

En dat zal allemaal straks gebeuren, maar een deel van mij zal
dat nooit inhalen, zal nog in de auto zitten die op weg is ernaartoe, naast de chauffeur wiens ouders, net als mijn moeder, uit
een ander land hiernaartoe zijn gekomen en leerden dit hun
thuis te noemen. Elke straat waar we langs rijden tijdens onze rit
van Bingley naar Cromwell's heeft zulke verhalen, verhalen over
migratie en opoffering. De diaspora. De tallozen die op zoek zijn
naar een elders. Het leven dat ze achterlieten. Die heuvels hebben het allemaal al eens eerder gezien. De waterstromen die
langs hun flanken naar beneden druppelen wekken de indruk

dat ze er verdrietig om zijn, zoals ik ben geweest bij de gedachte aan wat mijn moeder opgaf. Maar het is geen tragedie, dat zie ik nu. Dat is het niet geweest voor deze chauffeur en zijn ouders en dat was het niet voor haar. Heb ik zelf ook niet elders een bestaan opgebouwd? Wat is daar mis mee? Opgeven wat jou bekend is, is niet erg wanneer je er liefde en vrijheid en werk voor terugkrijgt. Laat me verdriet hebben om mijn moeder, maar laat me geen medelijden met haar hebben. Wat zei ze ook alweer toen ik haar de laatste keer zag? 'Het is een goed leven geweest.'

Wanneer ik daaraan terugdenk zal ik me al een stuk beter voelen. Terwijl we door het zomerse licht naar Cromwell's kruipen zal ik me in de stoel van de taxi achterover laten zakken. 'Ga uw gang maar,' zal de chauffeur grinnikend zeggen. 'Neem uw gemak er maar van.' Dan zal de auto vaart maken en lange schaduwen zullen ons voorbijsnellen, en hij zal in zijn sissende mondstuk praten, als een medium dat de doden oproept.

Dankwoord

Velen hebben me bij het schrijven van dit boek met raad en daad terzijde gestaan of me nuttige suggesties gegeven. Mijn dank gaat onder anderen naar Mikela Callary, John Cornwell, Alex Curtin, Marguerite Falvey, Aisling Foster, Ian Jack, Liz Jobey, Pat Kavanagh, Kerry en Peter Kehoe, Margaret Melhuish, Susie Orbach, Bridie O'Shea, Janet Russell, Alison Samuel, John Walsh en Susanna White. Mary Blake, algemeen archivaris van Loreto Abbey, beantwoordde vriendelijk al mijn vragen, evenals zuster Cornelius en zuster Barbara O'Driscoll. Ik kreeg ook hulp van Mary Bredley en Suzanne O'Halloran van het University College in Dublin, van Katy Lindfield van het ministerie van Gezondheid en van de staf van de Wellcome Institute Library, de London Library en de British Library.

Het motto, afkomstig uit 'Twelve Songs: VIII' van Auden, is opgenomen met toestemming van de erven Auden en van Faber & Faber.

De regels uit 'Let's Do It' (Let's Fall in Love)' (woorden en muziek van Cole Porter, ©1920 Harms Inc, USA, Warner/Chappell Music Ltd, Londen W6 8BS) zijn opgenomen met toestemming van International Music Publications Ltd.

De openingsregels van Yeats' 'Never Give All the Heart' is opgenomen met toestemming van A.P. Watt Ltd, namens Michael B. Yeats.

De Nederlandse vertaling van het citaat uit Montaignes *Essays* is van Frank de Graaff, Boom, Amsterdam, 1998. Het citaat uit *Macbeth* werd vertaald door dr L.A. Burgersdijk, A.W. Bruna & Zoon, Utrecht, 1963. Het citaat uit Mary McCarthy's *Herinneringen aan mijn roomse jeugd* werd vertaald door Nini Brunt, De Arbeiderspers, 1966. De vertaling van de beginregels van Yeats' 'Geef nooit het hele hart' is van Jan Eijkelboom, Kwadraat, Utrecht, 1993.

De Nederlandse vertaler dankt de volgende personen voor hun hulp en adviezen: Gitta Paardekoper, John Giezen, H.J.E. van der Kop, schout-bij-nacht vlieger titulair, en Jochem van Schuppen.